D1753749

Rechtstransformation in der Europäischen Union

herausgegeben von
Prof. Dr. Dres. h.c. Peter-Christian Müller-Graff,
Prof. UJ Dr. hab. Jerzy Pisulinski und
Prof. Dr. Dagmar Kaiser

Band 7

Jürgen Aschoff

Vergaberechtliche Kooperation und Konkurrenz im Konzern

Verbundene Unternehmen als Bieter im deutschen und polnischen Recht

Nomos

Die Deutsche Nationalbibliothek verzeichnet diese Publikation in
der Deutschen Nationalbibliografie; detaillierte bibliografische
Daten sind im Internet über http://dnb.d-nb.de abrufbar.

Zugl.: Mainz, Univ., Diss., 2010

ISBN 978-3-8329-5663-9

1. Auflage 2010
© Nomos Verlagsgesellschaft, Baden-Baden 2010. Printed in Germany. Alle Rechte,
auch die des Nachdrucks von Auszügen, der fotomechanischen Wiedergabe und der
Übersetzung, vorbehalten. Gedruckt auf alterungsbeständigem Papier.

Vorwort

Diese Abhandlung ist im Wintersemester 2009/2010 vom Fachbereich Rechts- und Wirtschaftswissenschaften der Johannes Gutenberg-Universität Mainz als Dissertation angenommen worden. Für die Veröffentlichung sind Rechtsprechung und Literatur bis Mai 2010 berücksichtigt, insbesondere die seit Vorlage der Arbeit ergangene Rechtsprechung des *EuGH* in den Rechtssachen *Assitur* und *Serrantoni*.

Ich danke meinem Doktorvater, Herrn Professor Dr. *Meinrad Dreher*, LL.M., für seine wertvollen Anregungen bei der Themenwahl und der Abfassung der Arbeit. Sein fachlicher Rat und seine kritischen Anmerkungen waren mir eine große Unterstützung. Herrn Professor Dr. *Jürgen Oechsler* danke ich für die zügige Erstellung des Zweitgutachtens.

Die Abhandlung wurde im Rahmen des Europäischen Graduiertenkollegs „Systemtransformation und Wirtschaftsintegration im zusammenwachsenden Europa" mit Unterstützung eines Stipendiums der Deutschen Forschungsgemeinschaft erstellt. Für ihre Hilfe bei der Übersetzung und dem Verständnis polnischer Rechtstexte gebührt mein Dank vor allem Frau *Magdalena Wątroba* und Herrn *Michał Bobrzynski*.

Schließlich und ganz besonders danke ich meinen Eltern für Ihren Rückhalt und Zuspruch. Ihnen widme ich diese Arbeit.

Frankfurt, im Juni 2010   Jürgen Aschoff

Inhaltsübersicht

Abkürzungsverzeichnis	21
Gegenstand und Gang der Untersuchung	25

Teil 1 Grundlagen — 30

A. Verständnis verbundener Unternehmen als Einheit — 30
    I. Europarecht — 31
    II. Gesellschaftsrecht — 33
    III. Konzerne im Kartellrecht — 43
    IV. Konzerngestaltungen im Kartellvergaberecht — 48

B. Vergaberecht — 49
    I. Kooperationsformen — 50
    II. Angebotswertung — 55
    III. Präqualifikation — 96

Teil 2 Kooperation im Konzern — 98

A. Einleitung — 98
    I. Problemstellung — 98
    II. Interessenlage — 99
    III. Rechtliche Vorgaben — 99

B. Obergesellschaft als berufendes Unternehmen — 100
    I. Vertragskonzern — 100
    II. Faktischer Konzern — 103
    III. Gemeinschaftsunternehmen als verpflichtete Gesellschaft — 123

C. Tochter als berufendes Unternehmen — 125
    I. Mutter als verpflichtetes Unternehmen — 125
    II. Schwester als verpflichtetes Unternehmen — 130

D.	Zwischenergebnis	137
E.	Formaler Nachweis der Verfügungsmacht	137
	I. Gleichbehandlung mit Subunternehmerschaft?	138
	II. Grundsatz der Eigenerklärung	140
	III. Forderung von Fremdbelegen	141
	IV. Nachforderung von Fremdbelegen	142
	V. Forderung einer Verpflichtungserklärung	143
F.	Ergebnis Teil 2	144

Teil 3   Konkurrenz im Konzern   146

A.	Überblick über den Meinungsstand	147
	I. Beteiligung als Einzelbieter und Mitglied einer Bietergemeinschaft	147
	II. Beteiligung als Bieter und Nachunternehmer	150
	III. Beteiligung konzernverbundener Unternehmen	152
	IV. Grundlagen des Geheimwettbewerbs	156
B.	Geheimwettbewerb im allgemeinen Kartellrecht	160
	I. Marktinformationsverfahren	160
	II. Informationsfluß in Submissionsverfahren	165
C.	Mehrfachbeteiligung im Lichte einer kartellrechtsfunktionalen Auslegung	166
	I. Überblick	167
	II. Beteiligung als Einzelbieter und Mitglied einer Bietergemeinschaft	180
	III. Beteiligung als Bieter und Nachunternehmer	188
D.	Mehrfachbeteiligung verbundener Unternehmen	191
	I. Kein Konzernprivileg	191
	II. Allgemeine Grundlagen	192
	III. Keine rechtsformübergreifende Lösung	193
	IV. Vertragskonzern	193
	V. Faktischer GmbH-Konzern	203
	VI. Faktischer AG-Konzern	205
	VII. Personelle Verflechtungen	212

E.	Ergebnis Teil 3	218

Teil 4	Rechtslage in Polen	219

A.	Grundlagen	219
	I. Gesellschaftsrecht	219
	II. Kartellrecht	226
	III. Vergaberecht	227
B.	Kooperation im Konzern	231
	I. Obergesellschaft als berufendes Unternehmen	232
	II. Tochter als berufendes Unternehmen	246
	III. Formaler Nachweis der Verfügungsmacht	249
	IV. Ergebnis Abschnitt B	249
C.	Konkurrenz im Konzern	249
	I. Grundlagen der Mehrfachbeteiligung	250
	II. Mehrfachbeteiligung konzernverbundener Unternehmen	252
	III. Ergebnis Abschnitt C	256

Teil 5	Resümee	257
	I. Nachunternehmereinsatz	257
	II. Kooperation im Konzern	258
	III. Konkurrenz im Konzern	259
	IV. Rechtslage in Polen	261
	V. Kein einheitliches Konzernverständnis	262

Literaturverzeichnis	265

Inhaltsverzeichnis

Abkürzungsverzeichnis ... 21

Gegenstand und Gang der Untersuchung ... 25

Teil 1   Grundlagen ... 30
A.   Verständnis verbundener Unternehmen als Einheit ... 30
    I. Europarecht ... 31
    II. Gesellschaftsrecht ... 33
      1. Vertragskonzern ... 34
      2. Faktischer Konzern ... 35
        a. 100 %-ige GmbH-Tochter ... 36
        b. 100 %-ige AG-Tochter ... 37
          aa. Weisungsfreiheit des Vorstands ... 37
          bb. Abhängigkeitsvermutung ... 38
          cc. Konzernvermutung ... 38
          dd. Zwischenergebnis ... 40
        c. Tochter im Mehrheitsbesitz ... 40
        d. Minderheitsbeteiligung ... 41
      3. Gemeinschaftsunternehmen ... 41
    III. Konzerne im Kartellrecht ... 43
      1. Verbundklausel des § 36 Abs. 2 GWB ... 44
      2. Konzernprivileg ... 46
    IV. Konzerngestaltungen im Kartellvergaberecht ... 48
      1. § 100 Abs. 2 lit. o GWB ... 48
      2. In-house-Vergabe ... 49

B.   Vergaberecht ... 49
    I. Kooperationsformen ... 50
      1. Bietergemeinschaft ... 51
      2. Subunternehmerschaft ... 51
        a. Vorgaben des EuGH und der VKR ... 52
        b. Nachunternehmer- und Verpflichtungserklärung ... 53
        c. Zwei verschiedene Fallgruppen ... 54
      3. Einsatz eines verbundenen Unternehmens ... 54

II. Angebotswertung 55
1. Formelle Angebotsprüfung 56
   a. Relevanz für die Konkurrenz im Konzern 57
   b. Relevanz für die Kooperation im Konzern 57
   c. Grundsatz Ausschluß bei fehlenden Erklärungen 58
   d. Kritik 59
   e. Ausnahme Unzumutbarkeit 59
   f. Modifizierte BGH-Rechtsprechung zum Nachunternehmereinsatz 60
   g. Übernahme der BGH-Rechtsprechung 61
   h. Unklare Reichweite der modifizierten BGH-Rechtsprechung 62
   i. Ausschluß wegen des Fehlens einer geforderten Erklärung zum Nachunternehmereinsatz 63
2. Eignungsprüfung 64
   a. Prognoseentscheidung des Auftraggebers 65
   b. Eignungsprüfung bei Kooperationen 66
      aa. Bietergemeinschaft 66
      bb. Subunternehmerschaft 66
         (1) Gegenteilige Äußerungen 66
         (2) Bieter ist selbst geeignet 68
            (a) Anwendungsfälle 68
            (b) Parallele zur Bietergemeinschaft 69
            (c) Keine Rechtsgrundlage 69
            (d) Zwischenergebnis 71
            (e) Ausnahmen 72
            (f) Keine Erklärungen zum Nachunternehmereinsatz 73
         (3) Bieter ist selbst ungeeignet 74
      cc. Gebrauch der Eignung eines anderen Unternehmens 74
         (1) Verfügbarkeitsnachweis 75
         (2) Zeitpunkt der Prüfung der Eignung und der Verfügungsmacht 76
         (3) Keine Angaben in den Verdingungsunterlagen 76
         (4) Späteres Einreichen zugelassen 77
            (a) Europarechtliche Bedenken 78
            (aa) Vorgaben der VKR 78
            (bb) Bewertung formeller Bedenken 79
            (cc) Nichtdiskriminierung 81
            (dd) Zwischenergebnis 82

	(5) Vorlage mit dem Angebot gefordert	82
	(6) Zwischenergebnis bezüglich des offenen Verfahrens	83
	(7) Besonderheiten im nichtoffenen Verfahren	84
	(a) Entsprechende Interessenlage	84
	(b) Andere Rechtslage	84
	(aa) Vorlage mit dem Teilnahmeantrag gefordert	85
	(bb) Gestattung eines anderen Nachweises	85
	(c) Zwischenergebnis	86
	(8) Besonderheiten im Verhandlungsverfahren und im wettbewerblichen Dialog	87
	(9) Besonderheiten der VOL/A 2006	88
	(a) Offenes Verfahren	88
	(b) Verfahren mit Teilnahmewettbewerb	89
	(10) Beabsichtigte Neuregelung	90
	(a) VOB/A 2009	90
	(aa) Offenes Verfahren	90
	(bb) Verfahren mit Teilnahmewettbewerb	92
	(b) VOL/A 2009	94
	(11) Ergebnis zur Prüfung abgeleiteter Eignung	95
	III. Präqualifikation	96

Teil 2 Kooperation im Konzern 98

A. Einleitung 98

   I. Problemstellung 98
   II. Interessenlage 99
   III. Rechtliche Vorgaben 99

B. Obergesellschaft als berufendes Unternehmen 100

   I. Vertragskonzern 100
      1. Tochter als verpflichtete Gesellschaft 101
         a. Weisungsrecht der Mutter 101
         b. Beendigung des Unternehmensvertrags 101
      2. Enkel als verpflichtete Gesellschaft 102
   II. Faktischer Konzern 103
      1. 100 %-ige GmbH-Tochter als verpflichtete Gesellschaft 104
      2. GmbH-Tochter im Mehrheitsbesitz als verpflichtete Gesellschaft 106
         a. Stimmverbot der Mutter wegen Interessenkollision 106

	b. Kein Konzernprivileg	107
	c. Rechtsfolgen des Stimmverbots	109
	aa. Faktischer Einfluß auf die Geschäftsführung	109
	bb. Minderheitsrechte	110
	cc. Minderheitsbeteiligung unter 10 %	113
	dd. Beurteilungsperspektive	114
	ee. Personenidentität	115
	d. Zwischenergebnis	116
	3. GmbH-Enkel als verpflichtete Gesellschaft	116
	4. AG-Tochter als verpflichtete Gesellschaft	117
	5. Divergenz zum gesellschaftsrechtlichen Verständnis verbundener Unternehmen als Einheit	118
	6. Divergenz zum kartellrechtlichen Verständnis	120
	a. Verbundklausel	120
	b. Konzernprivileg	122
	7. Übertragung auf Töchter in anderen Rechtsformen	122
	III. Gemeinschaftsunternehmen als verpflichtete Gesellschaft	123
	1. Faktischer Konzern	123
	2. Vertragskonzern	124
C.	Tochter als berufendes Unternehmen	125
	I. Mutter als verpflichtetes Unternehmen	125
	1. Konzernleitungspflicht	126
	2. Gesellschaftsrechtlicher Grundsätze	127
	3. Pauschale Verpflichtungserklärung	128
	4. Zwischenergebnis	130
	II. Schwester als verpflichtetes Unternehmen	130
	1. Vertragskonzern	131
	a. Delegation des Weisungsrechts	131
	b. Verdrängende Übertragung des Weisungsrechts	133
	c. Zwischenergebnis	134
	d. Empfehlung	134
	2. Faktischer GmbH-Konzern	135
	3. Zwischenergebnis	136
D.	Zwischenergebnis	137
E.	Formaler Nachweis der Verfügungsmacht	137
	I. Gleichbehandlung mit Subunternehmerschaft?	138
	II. Grundsatz der Eigenerklärung	140
	III. Forderung von Fremdbelegen	141

	IV. Nachforderung von Fremdbelegen	142
	V. Forderung einer Verpflichtungserklärung	143
F.	Ergebnis Teil 2	144

Teil 3   Konkurrenz im Konzern   146

A. Überblick über den Meinungsstand   147
    I. Beteiligung als Einzelbieter und Mitglied einer
       Bietergemeinschaft   147
    II. Beteiligung als Bieter und Nachunternehmer   150
    III. Beteiligung konzernverbundener Unternehmen   152
       1. Mehrdeutige Rechtsprechung des OLG Düsseldorf   152
       2. Konzerninterne Konkurrenz grundsätzlich unzulässig 153
       3. Konzerninterne Konkurrenz grundsätzlich zulässig   154
       4. Assitur-Entscheidung des EuGH   156
    IV. Grundlagen des Geheimwettbewerbs   156
       1. Eigenständige vergaberechtliche Auslegung   157
       2. Kartellrechtliche Grundlagen   159

B. Geheimwettbewerb im allgemeinen Kartellrecht   160
    I. Marktinformationsverfahren   160
       1. Nationale Rechtspraxis   160
       2. Europäische Rechtspraxis   161
       3. Bewertung   163
       4. Zwischenergebnis   164
    II. Informationsfluß in Submissionsverfahren   165

C. Mehrfachbeteiligung im Lichte einer kartellrechtsfunktionalen
    Auslegung   166
    I. Überblick   167
       1. Abgestimmte Verhaltensweise   167
       2. Bezwecken oder Bewirken der Wettbewerbsbeschränkung   168
          a. Bedeutung der Abgrenzung für die Mehrfachbeteiligung   168
             aa. Kausales Marktverhalten bei Bezwecken   169
             bb. Prüfung des Bewirkens   169
             cc. Vorentscheidende Wirkung   170
          b. Allgemeine Abgrenzungskriterien   171
          c. Spezifika des Vergabeverfahrens   171
       3. Spürbarkeit   174

	a. Spürbarkeit bei bezweckter Wettbewerbsbeschränkung	174
	aa. Marktabgrenzung	175
	bb. Praktische Anwendung	177
	b. Spürbarkeit bei bewirkter Wettbewerbsbeschränkung	178
	4. Nachweis der Wettbewerbsbeschränkung	179
	5. Anwendung auf Fallgruppen	180
II.	Beteiligung als Einzelbieter und Mitglied einer Bietergemeinschaft	180
	1. Kenntnis des Inhalts eines anderen Angebots	181
	a. Vermutung der Kenntnis	181
	b. Personenverschiedenheit	182
	aa. Allgemeine Grundsätze der Wissenszurechnung	183
	bb. Wissenszurechnung im Fall der Mehrfachbeteiligung	184
	c. Zeitpunkt des Nachweises der Wahrung des Geheimwettbewerbs	185
	2. Kausales Marktverhalten	186
	3. Bezwecken oder Bewirken	187
	4. Zwischenergebnis	188
III.	Beteiligung als Bieter und Nachunternehmer	188
	1. Kenntnis	188
	2. Bezwecken oder Bewirken	190
	3. Zwischenergebnis	191

D. Mehrfachbeteiligung verbundener Unternehmen 191

    I. Kein Konzernprivileg 191
    II. Allgemeine Grundlagen 192
    III. Keine rechtsformübergreifende Lösung 193
    IV. Vertragskonzern 193
        1. Wissenszurechnung 194
        2. Möglichkeit der Informationserlangung 196
           a. Wertung des Konzernprivilegs 196
           b. Wertung der Verbundklausel 198
        3. Umkehr der Darlegungs- und Beweislast 200
        4. Zwischenergebnis 201
        5. Einsatz derselben konzerninternen Ressourcen 202
    V. Faktischer GmbH-Konzern 203
        1. Alleinbesitz 203
        2. Mehrheitsbeteiligung 204
    VI. Faktischer AG-Konzern 205
        1. Informationsaustausch im faktischen AG-Konzern 205

		a. Informationsrechte der Konzernrechnungslegung	206
		b. Risiko-Überwachungssysteme	207
		c. Informationsfluß für Dritte nicht ersichtlich	208
		d. Grundsatz Verschwiegenheitspflicht	208
		e. Verschwiegenheitspflicht im faktischen Konzern	209
		f. Zwischenergebnis	210
	2.	Ausschluß der Wissenszurechnung	210
	3.	Darlegungs- und Beweislast	211
	4.	Zwischenergebnis	211
	5.	Einsatz derselben konzerninternen Ressourcen	212
VII.	Personelle Verflechtungen		212
	1.	Doppelmandat in den Leitungsgremien	213
		a. Wissenszurechnung	213
		b. Informationsabfragepflicht	214
		c. Informationsweiterleitungspflicht	215
		d. Zwischenergebnis	215
	2.	Doppelmandat in Vorstand und Aufsichtsrat	216

E. Ergebnis Teil 3   218

Teil 4   Rechtslage in Polen   219

A. Grundlagen   219

I. Gesellschaftsrecht			219
1.	Vertragskonzern		220
2.	Faktischer Konzern		221
	a. Sp. z o. o. als abhängige Gesellschaft		222
	b. S. A. als abhängige Gesellschaft		223
		aa. 100 %-ige S. A.-Tochter	224
		bb. S. A.-Tochter im Mehrheitsbesitz	224
		cc. Zwischenergebnis	226
II. Kartellrecht			226
III. Vergaberecht			227
1.	Zulässigkeit der Betrachtung des Konzerns als Einheit		227
2.	Grundzüge der Eignungsprüfung		228
3.	Nachreichen fehlender Erklärungen		229
4.	Zeitpunkt des Nachforderns einer fehlenden Verpflichtungserklärung		230

B. Kooperation im Konzern   231
- I. Obergesellschaft als berufendes Unternehmen   232
  1. Vertragskonzern   232
     a. Problem nachteiliger Rechtsgeschäfte   232
     b. Anerkennung des Vertragskonzerns   233
     c. Schutz der Minderheitsgesellschafter   234
     d. Gläubigerschutz   236
     e. Zwischenergebnis   237
  2. Faktischer Konzern   238
     a. 100 %-ige sp. z o. o.-Tochter als verpflichtetes Unternehmen   238
        aa. Drohende Schadensersatzpflicht und Strafbarkeit des Vorstands   239
        bb. Wertung des Art. 244 KSH   239
        cc. Verdeckte Einlagenrückgewähr   240
        dd. Zwischenergebnis   241
        ee. Wohl der Gesellschaft   242
     b. sp. z o. o.-Tochter im Mehrheitsbesitz als verpflichtetes Unternehmen   243
     c. S. A.-Tochter als verpflichtetes Unternehmen   244
     d. Zwischenergebnis   244
  3. Gemeinschaftsunternehmen als verpflichtete Gesellschaft   245
  4. Zwischenergebnis   245
- II. Tochter als berufendes Unternehmen   246
  1. Mutter als verpflichtetes Unternehmen   246
  2. Schwester als verpflichtetes Unternehmen   247
     a. Delegation des Weisungsrechts   247
     b. Verdrängende Übertragung des Weisungsrechts   248
     c. Empfehlung   248
- III. Formaler Nachweis der Verfügungsmacht   249
- IV. Ergebnis Abschnitt B   249

C. Konkurrenz im Konzern   249
- I. Grundlagen der Mehrfachbeteiligung   250
  1. Artt. 82 Abs. 1, 89 Abs. 1 Nr. 1 PZP   250
  2. Vergleich mit Art. 89 Abs. 1 Nr. 4 PZP   251
  3. Zwischenergebnis   252
- II. Mehrfachbeteiligung konzernverbundener Unternehmen   252
  1. Bestehen ehrlichen Wettbewerbs   253
  2. Informationsaustausch   253

3. Vertragskonzern	254
a. Voraussetzungen einer Vermutung der Kenntnis	254
b. Nachteilige Maßnahmen im Vertragskonzern	254
c. Differenziertes Ergebnis	255
4. Faktischer Konzern	256
III. Ergebnis Abschnitt C	256
Teil 5 Resümee	**257**
I. Nachunternehmereinsatz	257
II. Kooperation im Konzern	258
III. Konkurrenz im Konzern	259
IV. Rechtslage in Polen	261
V. Kein einheitliches Konzernverständnis	262
Literaturverzeichnis	265

Abkürzungsverzeichnis

a.a.O.	am angegebenen Ort
aA	andere Ansicht
ABl.	Amtsblatt
Abs.	Absatz
AcP	Archiv für die civilistische Praxis
AG	Aktiengesellschaft; Die Aktiengesellschaft
AktG	Aktiengesetz
Anm.	Anmerkung
AnwBl	Anwaltsblatt
Art.	Artikel
Artt.	Artikel (Plural)
Aufl.	Auflage
BauR	Zeitschrift für das gesamte öffentliche und zivile Baurecht
BB	Betriebs-Berater
Bd.	Band
Begr.	Begründer
BGBl.	Bundesgesetzblatt
BGH	Bundesgerichtshof
BilMoG	Gesetz zur Modernisierung des Bilanzrechts (Bilanzrechtsmodernisierungsgesetz)
BKartA	Bundeskartellamt
BKR	Baukoordinierungsrichtlinie
bzw.	beziehungsweise
DBW	Die Betriebswirtschaft
ders.	derselbe
dies.	dieselbe; dieselben
DKR	Dienstleistungskoordinierungsrichtlinie
DNotZ	Deutsche Notar-Zeitschrift
DVA	Deutscher Vergabe- und Vertragsausschuß für Bauleistungen
Dz.U.	Dziennik ustaw (Gesetzblatt)
ECLR	European Competition Law Review
EG	Europäische Gemeinschaft; Vertrag zur Gründung der Europäischen Gemeinschaft
EL	Ergänzungslieferung
EU	Europäische Union
EuG	Europäisches Gericht erster Instanz
EuGH	Europäischer Gerichtshof
FK	Frankfurter Kommentar
Fn	Fußnote

FS	Festschrift
GA	Generalanwalt
GbR	Gesellschaft bürgerlichen Rechts
GK	Gemeinschaftskommentar
GmbH	Gesellschaft mit beschränkter Haftung
GmbHG	Gesetz betreffend die Gesellschaften mit beschränkter Haftung
GmbHR	GmbH-Rundschau
GWB	Gesetz gegen Wettbewerbsbeschränkungen
Hdb.	Handbuch
HGB	Handelsgesetzbuch
hM	herrschende Meinung
Hrsg.	Herausgeber
i.E.	im Ergebnis
i.S.d.	im Sinne des
IBR	Immobilien- & Baurecht
KK	Kölner Kommentar
KonTraG	Gesetz zur Kontrolle und Transparenz im Unternehmensbereich
KSH	Kodeks spółek handlowych (Gesetzbuch der Handelsgesellschaften)
LKR	Lieferkoordinierungsrichtlinie
LKV	Landes- und Kommunalverwaltung
Ls.	Leitsätze
MMR	MultiMedia und Recht
MoP	Monitor Prawniczy
MüKo	Münchener Kommentar
mwN	mit weiteren Nachweisen
NJOZ	Neue juristische Online-Zeitschrift
Nr.	Nummer
Nrn.	Nummern
NZBau	Neue Zeitschrift für Baurecht und Vergaberecht
NZG	Neue Zeitschrift für Gesellschaftsrecht
OG	Oberstes Gericht (Polens)
OLG	Oberlandesgericht
OSNC	Orzeczenie Sądu Najwyższego – Prawo Cywilne
PiP	Państwo i Prawo
poln.	polnisch
PPH	Przegląd prawa handlowego
PZP	Prawo zamówień publicznych (Recht des öffentlichen Vergabewesens)
Rn	Randnummer
RNotZ	Rheinische Notar-Zeitschrift
Rs.	Rechtssache
S.	Seite
S. A.	Spółka akcyjna (Aktiengesellschaft)

s.o.	siehe oben
Slg.	Sammlung
SN	Sąd Najwyższy (Oberstes Gericht)
sp. z o. o.	Spółka z ograniczoną odpowiedzialnością (Gesellschaft mit beschränkter Haftung)
ST	Samorząd terytorialny
St. Prawn.	Studia prawnicze
StudZR	Studentische Zeitschrift für Rechtswissenschaft
u.a.	unter anderem; und andere
UOKK	Ustawa o ochronie konkurencji i konsumentów (Gesetz über den Schutz des Wettbewerbs und der Verbraucher)
Verf.	Verfasser
VergabeR	Vergaberecht; Vergaberecht – Zeitschrift für das gesamte Vergaberecht
VersR	Zeitschrift für Versicherungsrecht, Haftungs- und Schadensrecht
vgl.	vergleiche
VgV	Vergabeverordnung
VK	Vergabekammer
VKR	Vergabekoordinierungsrichtlinie
VOB/A	Vergabe- und Vertragsordnung für Bauleistungen, Teil A
VOF	Verdingungsordnung für freiberufliche Leistungen
VOL/A	Verdingungsordnung für Leistungen, Teil A
VÜA	Vergabeüberwachungsausschuß
WiRO	Wirtschaft und Recht in Osteuropa
ZGB	Zivilgesetzbuch (KC, Kodeks cywilne)
ZGR	Zeitschrift für Unternehmens- und Gesellschaftsrecht
ZHR	Zeitschrift für das gesamte Handelsrecht und Wirtschaftsrecht
ZIP	Zeitschrift für Wirtschaftsrecht
zit.	zitiert
ZRP	Zeitschrift für Rechtspolitik
ZVB	Zeitschrift für Vergaberecht und Beschaffungspraxis
ZWeR	Zeitschrift für Wettbewerbsrecht

Gegenstand und Gang der Untersuchung

Gegenstand der Untersuchung

Die Kooperation und Konkurrenz innerhalb eines Konzerns im Vergabeverfahren im deutschen sowie im polnischen Recht bilden den Gegenstand der vorliegenden Arbeit. Ungeachtet des vermeintlich gegensätzlichen Marktverhaltens des Konzerns lassen sich beide Komplexe auf die gemeinsame Fragestellung zuspitzen, unter welchen Voraussetzungen verbundene Unternehmen im Kartellvergaberecht als Einheit zu qualifizieren sind. In der vergaberechtlichen Rechtsprechung werden beide Konstellationen bislang unabhängig voneinander behandelt und die Betrachtung eines Konzerns als Einheit wird gegensätzlich entschieden. So sieht das *OLG Düsseldorf* hinsichtlich ihrer Kooperation auch gesellschaftsrechtlich verbundene Unternehmen als „andere Unternehmen" an.[1] Auch eine Kooperation im Konzern sei daher grundsätzlich nur bei Vorlage von Verfügbarkeitsnachweisen möglich und das Angebot andernfalls auszuschließen. Demgegenüber sieht dieselbe Kammer bezüglich der konzerninternen Konkurrenz ein herrschendes und dessen abhängiges Unternehmen aufgrund ihrer gesellschaftsrechtlichen Verbundenheit als „ein einheitliches Unternehmen" an.[2] Infolgedessen sei eine unzulässige Mehrfachbeteiligung des Konzerns anzunehmen, die ebenfalls zum Ausschluß der Angebote zwinge.

Mit dem Ausdruck *Kooperation im Konzern* ist die Maßnahme eines konzernangehörigen Bieters bezeichnet, sich in seinem Angebot auf die Kapazitäten einer mit ihm verbundenen Gesellschaft zu berufen. Der Umfang und die Komplexität öffentlicher Aufträge erfordern oftmals eine Zusammenarbeit verschiedener Unternehmen. Dabei ist es für den Konzern als Gesamtheit sinnvoll, daß ein Bieter nicht auf dritte, sondern auf konzernangehörige Unternehmen zurückgreift. Dadurch kann die vollständige Wertschöpfung des Auftrags im Konzernverbund generiert werden.

Die Inanspruchnahme fremder Kapazitäten setzt im Rahmen der Eignungsprüfung den Nachweis voraus, daß der Bieter tatsächlich über diese Mittel verfügen

---

[1] *OLG Düsseldorf*, Beschluß vom 20.10.2008, VII-Verg 41/08, NZBau 2009, 63, 66.
[2] *OLG Düsseldorf*, Beschluß vom 27.07.2006, VII-Verg 23/06, „Vorlieferant", VergabeR 2007, 229, 232 f., wobei diese Qualifizierung im entschiedenen Fall auch auf weitere Indizien gestützt wurde, vgl. hierzu Teil 3 A.III.1. (S. 152).

kann.³ Will ein Bieter die Ressourcen eines verbundenen Unternehmens nutzen, stellt sich die Frage, ob ein auf den Einzelfall bezogener Verfügbarkeitsnachweis entbehrlich ist, weil die erforderliche Verfügungsmacht bereits kraft der Konzernverbundenheit zu bejahen ist. Ausgangspunkt der vorliegenden Untersuchung ist die These, daß eine solche *abgeleitete Eignung* ohne weitere Nachweise bejaht werden kann, sofern die verbundenen Unternehmen als Einheit anzusehen sind.

Die Qualifizierung eines Konzerns als Einheit ist nicht nur bei einer Kooperation verbundener Unternehmen, sondern umgekehrt auch bei deren *Konkurrenz* um denselben Auftrag von Bedeutung. Unter dem Schlagwort der *unzulässigen Mehrfachbeteiligung* wird die doppelte Bewerbung eines Unternehmens um denselben Auftrag für rechtswidrig erklärt. Soweit verbundene Unternehmen als Einheit anzusehen sind, kann ihre Beteiligung an konkurrierenden Angeboten als unzulässige Mehrfachbeteiligung „des Konzerns" eingestuft werden. In der vergaberechtlichen Rechtsprechung und Literatur sind Tendenzen zu beobachten, generell den Konzern als Einheit zu begreifen und daher jede konzerninterne Konkurrenz um einen öffentlichen Auftrag für unzulässig zu erklären. Der *EuGH* hat indes jüngst in der Assitur-Entscheidung die Möglichkeit der Konkurrenz im Konzern im Prinzip anerkannt, indem der *EuGH* feststellt, konkurrierende verbundene Unternehmen dürften nicht automatisch vom Vergabeverfahren ausgeschlossen werden.⁴ Die vorliegende Untersuchung legt für die Behandlung der Mehrfachbeteiligung ein dogmatisches Fundament und analysiert auf dessen Grundlage die Zulässigkeit der Konkurrenz konzernverbundener Unternehmen.

Schließlich ist die Kombination beider Konstellationen in die Arbeit einzubeziehen. Die gleichzeitige Kooperation und Konkurrenz verbundener Unternehmen ist keineswegs rein theoretischer Natur. Vielmehr drängt sie sich bei Bestehen eines Gemeinschaftsunternehmens geradezu auf: Ist in einem gemeinsamen Unternehmen eine Kompetenz gebündelt, welche zur Ausführung eines bestimmten öffentlichen Auftrags erforderlich ist, so werden im Falle konkurrierender Bewerbungen beide bzw. alle Mütter auf die Kapazitäten dieses jeweils von ihnen abhängigen Gemeinschaftsunternehmens zugreifen wollen.

Die unmittelbare Zielsetzung der vorliegenden Untersuchung bildet die Ermittlung der zutreffenden Behandlung verbundener Unternehmen sowohl bei ihrer Kooperation als auch bei ihrer Konkurrenz im Vergabeverfahren. Stellt sich dabei heraus, daß es sich bei den genannten Konstellationen um zwei im wesentlichen gleich zu behandelnde Facetten desselben Kernproblems handelt, sind hieraus die

---

3 Dieses Erfordernis formulierte zunächst der *EuGH* mit Urteil vom 14.04.1994, Rs. C-389/92, „Ballast Nedam Groep I", Slg. 1994, I-1289; inzwischen ist es im europäischen und deutschen Recht kodifiziert.
4 *EuGH*, Urteil vom 19.05.2009, Rs. C-538/07, „Assitur", NZBau 2009, 607, Rn 32 f.; diese Wertung bestätigte der *EuGH* mit Urteil vom 23.12.2009, Rs. C-376/08, „Serrantoni", NZBau 2010, 261 (vgl. hierzu Fn 684).

Leitlinien eines generellen Verständnisses von Konzernen als Bietern im Vergabeverfahren zu erarbeiten. Verhindern umgekehrt die Unterschiede zwischen beiden Komplexen die Bildung eines einheitlichen Konzernverständnisses, kommt auch diesem Ergebnis weitergehende Bedeutung zu. Versuche einer Verallgemeinerung der jeweils gefundenen Ergebnisse und deren Übertragung auf vermeintlich verwandte Fallgruppen wären dann mit äußerster Vorsicht zu genießen. Relevant ist dies für jene vergaberechtlichen Konstellationen mit konzernrechtlichem Bezug, die im Rahmen dieser Arbeit nicht behandelt werden können. Beispielhaft sei hierfür die umstrittene Frage genannt, ob eine gesellschaftsrechtliche Umstrukturierung als Bieterwechsel zu qualifizieren ist, welche den Ausschluß des Angebots nach sich zieht.[5]

Gang der Untersuchung

Die Arbeit gliedert sich in vier Teile, die in vielfältiger Weise miteinander verwoben sind. Kernpunkt der Beurteilung sowohl der Kooperation als auch der Konkurrenz verbundener Unternehmen ist deren Qualifizierung als Einheit oder aber als eigenständige Rechtssubjekte. In einem gemeinsamen allgemeinen Teil der rechtlichen *Grundlagen (Teil 1)* ist daher als erstes das *Verständnis verbundener Unternehmen als Einheit* in anderen Rechtsgebieten zu untersuchen (A.). Dabei stehen das *Aktien-* sowie das *Kartellrecht* im Blickpunkt (A.II. und III.). Die Ausführungen beschränken sich dabei wie in der gesamten Untersuchung auf die AG und die GmbH. Anhand dieser beiden Rechtsformen werden allgemeine Grundsätze aufgestellt, die sich auf andere Gesellschaften übertragen lassen. Die Darstellung unterschiedlicher Verständnisse verbundener Unternehmen schließt mit deren Behandlung im Vergaberecht, etwa im Rahmen der sogenannten *In-house-Problematik* (A.IV.).

Der folgende Abschnitt des allgemeinen *Vergaberechts* (B.) beginnt mit den möglichen *Kooperationsformen* (B.I.). Dieser Aspekt ist nicht nur für die Kooperation, sondern auch für die Konkurrenz konzernverbundener Unternehmen von ausschlaggebender Bedeutung. Über die Zulässigkeit beider Komplexe wird im Rahmen der *formellen Angebotsprüfung* entschieden (B.II.1.). Für den Gebrauch der abgeleiteten Eignung ist die Verfügbarkeit der Kapazitäten nachzuweisen. Im Hinblick auf den damit zu erbringenden Verfügbarkeitsnachweis entsprach es ständiger Rechtsprechung, daß diese Erklärung bereits mit dem Angebot vorzulegen sei und ihr Fehlen den zwingenden Ausschluß des Angebots zur Folge habe

---

5 So *OLG Düsseldorf*, Beschluß vom 18.10.2006, VII-Verg 30/06, NZBau 2007, 254 für den Fall einer Verschmelzung; aA *Rittwage*, NZBau 2007, 232 ff. sowie *Prieß/Sachs*, NZBau 2007, 763 ff.

(B.II.1.c.). In einem obiter dictum erklärt der *BGH* nunmehr die mit seiner ständigen Rechtsprechung verbundenen Anforderungen an einen Nachunternehmereinsatz für unzumutbar (B.II.1.f.). Die Beantwortung der davon betroffenen Frage, bis zu welchem Zeitpunkt ein Verfügbarkeitsnachweis vorzulegen ist, folgt aus dessen Bedeutung für die *Eignungsprüfung* (B.II.2.). Hierbei werden insbesondere die Auswirkungen der modifizierten Rechtsprechung des *BGH* auf den *Gebrauch der abgeleiteten Eignung eines anderen Unternehmens* untersucht (B.II.2.b.cc.). Diesem Punkt kommt bei einer Kooperation im Konzern entscheidende Bedeutung zu, wenn sich der Bieter nicht allein kraft der Konzernverbundenheit auf die Kapazitäten des anderen Unternehmens stützen kann.

Hinsichtlich dieser Konstellation ist eine explizite Regelung in der *VOB/A 2009* geplant (B.II.2.b.cc.(10)(a)). Diese reformierte Vergabe- und Vertragsordnung sollte ursprünglich ebenso wie die VOL/A 2009 gemeinsam mit dem „Gesetz zur Modernisierung des Vergaberechts" vom 20.04.2009 in Kraft treten.[6] Die VgV verweist in §§ 4 Abs. 1, 6 Abs. 1 allerdings weiterhin auf die VOL/A und VOB/A in den Fassungen von 2006. Folglich liegen letztere der Arbeit zugrunde, soweit bedeutsame Änderungen anstehen ist jedoch zusätzlich auf *beabsichtigte Neuregelungen* einzugehen (B.II.2.b.cc.(10)).[7]

Den allgemeinen vergaberechtlichen Abschnitt schließt eine Darstellung des *Präqualifikationsverfahrens* ab (B.III.). Aufgrund der dabei vorzunehmenden generellen und auftragsunabhängigen Eignungsprüfung ist für die Präqualifikation die in *Teil 2* untersuchte Frage von besonderer Relevanz, unter welchen Voraussetzungen der Gebrauch der Ressourcen konzernangehöriger Unternehmen allein kraft Verbundenheit möglich ist.

Die Analyse der *Kooperation im Konzern* (*Teil 2*) widmet sich nach einer Einleitung (A.) zuerst dem Fall, daß eine *Obergesellschaft als Bieter* auftritt und sich auf die Eignung von ihr abhängiger Unternehmen beruft (B.). Ist das derart verpflichtete Unternehmen kraft Beherrschungsvertrag abhängig oder eine 100 %-ige GmbH-Tochter, ist eine Lösung entsprechend gesellschaftsrechtlicher Grundsätze möglich (B.I. und B.II.1.). Komplizierter gestaltet sich die Rechtslage im *faktischen Konzern* gegenüber einer *GmbH-Tochter im Mehrheitsbesitz* und gegenüber einer *AG-Tochter* (II. 2. und 4.). Hierbei tritt eine *Divergenz zum gesellschaftrechtlichen sowie kartellrechtlichen Verständnis verbundener Unternehmen* zutage (B. 5. und 6.). Die Ausführungen zu einer Obergesellschaft als Bieter beschließen Erläuterungen zu einem *Gemeinschaftsunternehmen als verpflichteter Gesellschaft*

---

6 BGBl. I S. 790.
7 Die Arbeit basiert auf der konsolidierten Entwurfsfassung der VOL/A 2009 vom 26.01.2009 und der VOB/A 2009 in der Fassung zum Beschluß des Vorstands des DVA vom 25.11.2008. Für die Veröffentlichung sind die Bekanntmachungen im Bundesanzeiger Nr. 155 vom 15.10.2009 (VOB/A 2009) und im Bundesanzeiger Nr.196 a vom 29.12.2009 (VOL/A 2009) berücksichtigt.

(B.III.). Danach ist zu untersuchen, inwieweit sich eine *Tochter als Bieter* auf die Kapazitäten ihrer Mutter sowie einer Schwester berufen kann (C.I. und II.). Abschließend ist zu klären, auf welche Weise ein *formaler Nachweis der Verfügungsmacht* zu erfolgen hat, wenn sich ein Bieter materiellrechtlich kraft Konzernverbundenheit auf die Ressourcen einer anderen Gesellschaft berufen kann (E.).

In *Teil 3* erfolgt die Untersuchung der *Konkurrenz im Konzern*. Hierbei ist zunächst hinsichtlich der verschiedenen Konstellationen der Mehrfachbeteiligung ein *Überblick über den Meinungsstand* zu geben (A.). Daraus wird deutlich, daß ein Verstoß gegen den *Geheimwettbewerb* als Grundlage eines Ausschlusses angeführt wird, ohne daß zu diesem Begriff im Vergaberecht eine gesicherte Dogmatik besteht (A.IV.). Um eine solche entwickeln zu können, ist der *Geheimwettbewerb im allgemeinen Kartellrecht* darzustellen (B.). Dies ermöglicht für die Grundkonstellation der *Mehrfachbeteiligung* eine *kartellrechtsfunktionale Auslegung* (C.). Erst auf diesem dogmatischen Fundament kann die *Mehrfachbeteiligung verbundener Unternehmen* untersucht werden (D.). Hierfür ist zwischen den verschiedenen Konzernarten zu differenzieren (D.III.). Insbesondere im *Vertragskonzern* stellt sich die Frage, ob generell von einer Kenntnis der Obergesellschaft von den Angeboten ihrer Töchter auszugehen ist und ob bereits die Möglichkeit der Informationserlangung zur Annahme einer Informationseinheit ausreicht (D.IV.). Im *faktischen GmbH- und AG-Konzern* können für eine Klärung der Zulässigkeit einer konzerninternen Konkurrenz die jeweiligen gesellschaftsrechtlichen Besonderheiten nicht außer acht gelassen werden (D.V. und VI.). Teil 3 schließt eine Untersuchung der Besonderheiten bei *personellen Verflechtungen* zwischen den verbundenen Unternehmen ab (D.VII.).

In *Teil 4* ist die *Rechtslage in Polen* zu analysieren. Dieser Teil beginnt mit einer Darstellung der relevanten *Grundlagen* aus dem Gesellschafts- und Vergaberecht (A.I. und III.). Im Rahmen der *Kooperation im Konzern* (B.) erfordern die im Vergleich zum deutschen Recht bestehenden gesellschaftsrechtlichen Unterschiede eine eingehende Untersuchung insbesondere des *Vertragskonzerns* (B.I.1.). Aber auch bei einer *100 %-igen sp. z o. o.-Tochter als verpflichteter Gesellschaft* ergibt sich aus den Besonderheiten des polnischen Rechts eine eigenständige Lösung (B.I.2.). Für die Beurteilung der *Konkurrenz im Konzern* (C.) kann im Gegensatz zum deutschen Recht auf eine gesetzliche Regelung der Mehrfachbeteiligung zurückgegriffen werden (C.I.). Hierbei bestehen zwar Parallelen zur Lösung im deutschen Recht (C.II.2.). Wiederum bedingen allerdings die im Vergleich zum deutschen Recht bestehenden gesellschaftsrechtlichen Unterschiede insbesondere für die Konkurrenz im Vertragskonzern eine abweichende Lösung (C.II.3.)

Teil 1 Grundlagen

Das Verständnis der Kooperation und Konkurrenz verbundener Unternehmen als Bieter im Kartellvergaberecht setzt Kenntnisse aus verschiedenen Rechtsgebieten voraus. Namentlich sind dies das Gesellschafts- und Konzernrecht, das Kartellrecht und nicht zuletzt das Kartellvergaberecht. Am Anfang dieser Untersuchung sind daher die für die Analyse der Problemstellung unerläßlichen rechtlichen Grundlagen darzulegen.

Dies sind zum einen die unterschiedlichen Wege der Qualifizierung mehrerer Unternehmen als Einheit einerseits im Gesellschafts- und andererseits im Kartellrecht. Zum anderen handelt es sich um Spezifika eines Vergabeverfahrens, insbesondere dessen Ablauf, die Arten der Bieterkooperation und die Eignungsprüfung.

A. Verständnis verbundener Unternehmen als Einheit

Jede rechtswissenschaftliche Überlegung, verbundene Unternehmen als Einheit zu qualifizieren, muß zum Ausgangspunkt haben, daß verschiedene Gesellschaften eigenständige juristische Personen sind, die grundsätzlich getrennt voneinander zu betrachten sind.[8] Gleichwohl ist es in bestimmten Konstellationen unbestreitbar, daß eine gemeinsame Behandlung mehrerer Gesellschaften angezeigt ist, um den Zweck des Gesetzes zu erreichen. Aufgrund unterschiedlicher Schutzzwecke in verschiedenen Rechtsgebieten besteht allerdings sowohl auf europäischer als auch auf nationaler Ebene kein einheitliches Verständnis des Begriffs des Konzerns bzw. der verbundenen Unternehmen. Trotz dieser Divergenzen erscheint es möglich, in gewissem Umfang aus dem Konzernverständnis in anderen Rechtsgebieten Schlüsse für das Kartellvergaberecht zu ziehen.

---

8 *K. Schmidt*, Gesellschaftsrecht, § 17 I 1 b (S. 490 f.); *Emmerich*/Habersack, Aktien- und GmbH-Konzernrecht, § 18 Rn 5 f. mwN auch zu wirtschaftswissenschaftlichen Betrachtungen.

I. Europarecht

Auf europäischer Ebene bestehen seit langem Bemühungen, das Gesellschaft- und Konzernrecht der Mitgliedsstaaten zu harmonisieren.[9] Hieraus resultierten dreizehn gesellschaftsrechtliche Richtlinien und Richtlinienvorschläge.[10] Mit der endgültigen Aufgabe der nie offiziell vorgeschlagenen „Konzernrechtsrichtlinie"[11] waren die ursprünglichen Versuche der Schaffung einer einheitlichen Konzernverfassung zunächst gescheitert.[12] In einigen Teilbereichen existieren hingegen bereits europarechtliche Vorgaben.[13] Außer acht bleiben sollen vorliegend Bestimmungen der Konzernbildung durch Übernahme im Bereich des Kapitalmarktrechts.[14] Gleiches gilt für Regelungen zur Mitbestimmung im Arbeitsrecht, da in beiden Rechtsgebieten aufgrund spezieller Schutzzwecke eigenständige Begrifflichkeiten vorherrschen.[15] Diese lassen eine Verallgemeinerung und Übertragung auf den untersuchten Problemkreis nicht zielführend erscheinen.

Im Bereich der Konzernrechnungslegung gilt gemäß der 7. gesellschaftsrechtlichen Richtlinie[16] das *Control-Konzept*.[17] Nach deren Art. 1 hat eine Gesellschaft einen Konzernabschluß zu erstellen, wenn ihr bei einem Tochterunternehmen (1.) die Mehrheit der Stimmrechte der Gesellschafter oder (2.) das Recht zusteht, die Mehrheit der Mitglieder der Gesellschaftsorgane zu bestellen oder abzuberufen, und sie gleichzeitig Gesellschafter ist oder (3.) sie einen beherrschenden Einfluß auf Grund eines Beherrschungsvertrags oder auf Grund einer Satzungsbestimmung ausüben kann.[18] In Umsetzung des Control-Konzepts knüpft § 290 Abs. 2 HGB die Pflicht zur Konzernrechnungslegung an die *Möglichkeit* der Beherrschung; auf die tatsächliche Ausübung der Beherrschung kommt es nicht an.[19] Seit dem

---

9 Vgl. ausf. *Hopt*, ZGR 1992, 265 ff.; *Hommelhoff*, ZGR 1992, 121 ff. sowie insbes. zum Konzernrecht *Gleichmann*, AG 1988, 159, 161 ff.; *Lutter*, ZGR 1987, 324 ff.; *Forum Europaeum Konzernrecht*, ZGR 1998, 672 ff.
10 Eine Auflistung findet sich etwa bei *Behrens*, in: Dauses, EU-WirtschaftsR, E. III. Rn 27.
11 Geänderter Vorentwurf einer 9. Rl von 1984 über das Konzernrecht, abgedruckt bei *Lutter*, Europäisches Unternehmensrecht, S. 244 ff.
12 Vgl. *Hopt*, in: FS Röhricht, S. 235, 237.
13 *Behrens*, in: Dauses, EU-WirtschaftsR, E. III. Rn 107.
14 Ausf. hierzu *Hommelhoff*, in: FS Semler, S. 309 ff.; *Grundmann*, NZG 2005, 122; *ders.*, Europäisches Gesellschaftsrecht, § 27, (S. 431); *Schwarz*, Europäisches Gesellschaftsrecht, Rn 782 ff.; *Habersack*, Europäisches Gesellschaftsrecht, § 10 (S. 326 ff.) mwN.
15 *Behrens*, in: Dauses, EU-WirtschaftsR, E. III. Rn 120.
16 Rl. 83/349/EWG des Rates vom 13.06.1983 über den konsolidierten Abschluß, ABl. 1983, L 193/1 (Konzernbilanzrichtlinie).
17 Vgl. *Lutter*, in: Ders., Holding-Handbuch, § 1 Rn 55; *Wohlgemut*, DStR 1991, 1529 ff.
18 Art. 2 der Konzernrechtsrichtlinie sah eine entsprechende Regelung vor.
19 Ausf. *Gietl*, in: Ensthaler, GK-HGB, § 290 Rn 15; *Busse von Colbe*, in: MüKo HGB, § 290 Rn 27; *Wiedmann*, in: Ebenroth/Boujong/Joost/Strohn, HGB, § 290 Rn 18.

BilMoG[20] ist der Wechsel vom Konzept der einheitlichen Leitung zum Control-Konzept zudem in § 290 Abs. 1 S. 1 HGB kodifiziert.[21]

Das Control-Konzept liegt ebenfalls der nachträglich eingefügten Norm des Art. 24a der Kapitalrichtlinie in der Fassung vom 23.11.1992 zugrunde.[22] In der für die vergaberechtliche Kooperation im Konzern grundlegenden Rechtssache *Ballast Nedam Groep I*[23] hat Generalanwalt *Gulman* eine Nutzbarmachung des Control-Konzepts des Art. 24a für die Eignungsprüfung angedacht.[24] Für das streitentscheidende Merkmal, ob die Obergesellschaft mit hinreichender Gewißheit tatsächlich über die Leistungsfähigkeit einer Tochtergesellschaft verfügen kann, versucht er allgemeine Kriterien aufzustellen.[25] Er nimmt dafür die Möglichkeit, beherrschenden Einfluß auszuüben als Ausgangspunkt und kommt zu der Schlußfolgerung, „es wäre eventuell sinnvoll zu überlegen, ob im vorliegenden Zusammenhang ein hinreichend beherrschender Einfluß vorliegt, wenn die in Art. 24a der Zweiten Gesellschaftsrichtlinie aufgestellten Bedingungen erfüllt sind." Der *EuGH* ging auf diesen Ansatz nicht ein. Gleichwohl erscheint es nicht ausgeschlossen, aus dem Control-Konzept Rückschlüsse auf die vorliegende Problematik zu ziehen.

Wie eingangs erwähnt, war eine europarechtliche Harmonisierung des Konzernrechts zunächst gescheitert. Die wissenschaftliche Diskussion dauerte mit Vorschlägen des *Forum Europaeum Konzernrecht* und der „Hochrangigen Gruppe von Experten auf dem Gebiet des Gesellschaftsrechts" – sog. *High Level Group* – hingegen unvermindert an. Auf dieser Grundlage erarbeitete die Kommission mit dem Ziel punktueller Maßnahmen statt einer umfassenden Angleichung einen „Aktionsplan zur Modernisierung des Gesellschaftsrechts und Stärkung der Corporate Governance."[26] Für die vorliegende Untersuchung ist insbesondere eine Regelung zur Abstimmung der Konzernpolitik von Interesse. Unter 3.3. bestimmt der Aktionsplan: „Die Mitgliedstaaten sollten verpflichtet werden, eine Rahmenbestimmung für Gruppen einzuführen, wonach die Leitung eines Konzernunternehmens eine *abgestimmte Konzernpolitik* festlegen und umsetzen darf, sofern die

---

20 Gesetz zur Modernisierung des Bilanzrechts (Bilanzrechtsmodernisierungsgesetz - BilMoG) vom 26.05.2009, BGBl. I S. 1102.
21 *Merkt*, in: Baumbach/Hopt, HGB, § 290 Rn 5 f.
22 Rl. 92/101/EWG des Rates vom 23.11.1992 zur Änderung der Rl. 77/91/EWG, ABl. 1992, L 347/64, 65.
23 *EuGH*, Urteil vom 14.04.1994, Rs. C-389/92, „Ballast Nedam Groep I", Slg. 1994, I-1289.
24 Schlußanträge des GA *Gulmann* vom 24.02.1994, Rs. C-389/92, „Ballast Nedam Groep I", Slg. 1994, I-1291, 1299 f. Rn 35 f.
25 Ebenda, Rn 32 f. (S. 1299).
26 Mitteilung der *Kommission* an den Rat und an das Europäische Parlament vom 21.05.2003, „Modernisierung des Gesellschaftsrechts und Verbesserung der Corporate Governance in der Europäischen Union – Aktionsplan", KOM (2003) 284 endg.; ausf. dazu *Wiesner*, ZIP 2003, 977; *Maul/Lanfermann/Eggenhöfer*, BB 2003, 1289; *Habersack*, NZG 2004, 1 ff.; *van Hulle/Maul*, ZGR 2004, 484 ff.; *Baums*, AG 2007, 57 ff.

Interessen seiner Gläubiger wirkungsvoll geschützt werden und die Vor- und Nachteile im Lauf der Zeit gerecht auf die Aktionäre des Unternehmens verteilt werden." Mit diesem Vorschlag folgt die Kommission methodisch der vom französischen Kassationshof entwickelten Rozenblum-Doktrin.[27] Dieser Weg wurde ihr vom *Forum Europaeum Konzernrecht*[28] und von der *High Level Group*[29] empfohlen. Danach könnte im Namen einer kohärenten und auf Dauer angelegten Gruppenpolitik eine konzernangehörige Gesellschaft zu für sie nachteiligen Maßnahmen angehalten werden, ohne daß ihr daraus unmittelbar ein Anspruch auf Ausgleich dieses Nachteils entstünde.[30] Damit weicht der Kommissionsvorschlag von dem in §§ 311 ff. AktG verankerten Prinzip des Einzelausgleichs ab.[31] Aufgrund dieses Widerspruchs mit der derzeitigen Rechtslage in Deutschland ist dem Ansatz mit Zurückhaltung zu begegnen, daß ein Bieter im Vergabeverfahren unter Berufung auf ein Gruppeninteresse oder eine gemeinsame Konzernpolitik die Kapazitäten eines verbundenen Unternehmens ohne weiteres in Anspruch nehmen könne. Solange der Kommissionsvorschlag nicht in eine Richtlinie gegossen und umgesetzt ist bzw. umgesetzt werden muß, können entsprechende Gedankenspiele *de lege ferenda* für die vorliegende Untersuchung nicht als Grundlage einer Lösung dienen.

II. Gesellschaftsrecht

Das deutsche Gesellschaftsrecht besitzt mit den §§ 15 ff. und 291 ff. AktG ein kodifiziertes Recht der verbundenen Unternehmen.[32] Die §§ 15 ff. AktG enthalten vor allem rechtsformneutrale Begriffsdefinitionen. So ist ein Konzern legaldefiniert als die Zusammenfassung mehrerer rechtlich selbständiger Unternehmen unter *einheitlicher Leitung* (§ 18 Abs. 1 S. 1 und Abs. 2 AktG). Gemäß § 18 Abs. 1 S. 3 AktG wird von einem abhängigen Unternehmen widerleglich vermutet, daß es mit dem herrschenden Unternehmen einen Konzern bildet. Diese *Konzernvermutung* verweist auf die *Abhängigkeitsvermutung* des § 17 Abs. 2 AktG, wonach von einem

---

27 Kritisch *Kropff*, in: MüKo AktG, Vorbemerkung vor §§ 311 bis 318 Rn 38; *Habersack*, NZG 2004, 1, 7; ausf. zur Rozenblum-Doktrin *Lutter*, in: FS Kellermann, S. 257, 260 ff. sowie *Maul*, ZGR 1998, 965, 966 ff.
28 *Forum Europaeum Konzernrecht*, ZGR 1998, 672, 704 ff.
29 Bericht der Hochrangigen Gruppe von Experten auf dem Gebiet des Gesellschaftsrechts über „Moderne gesellschaftsrechtliche Rahmenbedingungen in Europa", S. 105 ff., im Internet abrufbar unter „http://ec.europa.eu/internal_market/company/modern/index_de.htm#background".
30 Ausf. zu dieser Gruppenpolitik *Windbichler*, in: FS Ulmer, S. 683 ff.
31 *Habersack*, NZG 2004, 1, 8; *Kropff*, in: MüKo AktG, Vorbemerkung vor §§ 311 bis 318 Rn 38.
32 Ausf. zur historischen Entwicklung des Konzernrechts *Altmeppen*, in: Bayer/Habersack, Aktienrecht im Wandel, Bd. II, 23. Kapitel (S. 1027 ff.).

in Mehrheitsbesitz stehenden Unternehmen vermutet wird, daß es von dem an ihm mit Mehrheit beteiligten Unternehmen abhängig ist.

Das eigentliche Recht der verbundenen Unternehmen findet sich in den §§ 291 ff. AktG.[33] Dieses begegnet den sog. Konzerngefahren, die sich daraus ergeben können, daß eine Gesellschaft unter dem maßgeblichen Einfluß eines Gesellschafters steht, der eigenständige und gegebenenfalls gegenläufige unternehmerische Interessen verfolgt.[34] Vor einer daraus resultierenden Benachteiligung durch den herrschenden Gesellschafter soll das Konzernrecht primär die abhängige Gesellschaft selbst sowie deren Gläubiger und Minderheitsgesellschafter schützen.[35] Neben dieser Intention als Schutzrecht ist es zugleich Organisationsrecht.[36] Vereinzelt wird die organisationsrechtliche Komponente sogar als vorrangig angesehen.[37]

Die Konzernbildungs- oder Konzerneingangskontrolle wird im folgenden nicht behandelt,[38] da diese für den weiteren Fortgang der Untersuchung nicht ergiebig ist. Im Hinblick auf die Kernfrage der Arbeit, wann verbundene Unternehmen im Vergabewettbewerb als Einheit anzusehen sind, steht die vergleichbare Problematik im Mittelpunkt, wann im Gesellschaftsrecht eine einheitliche Leitung anzunehmen ist. Dabei existieren entscheidende Unterschiede zwischen vertraglichen und faktischen Konzernen, so daß zwischen diesen zu differenzieren ist.

1. Vertragskonzern

Einen Vertragskonzern bilden Gesellschaften, die miteinander durch einen Beherrschungsvertrag gemäß § 291 Abs. 1 S. 1 AktG verbunden sind. Gemäß § 308 Abs. 1 S. 1 AktG gibt ein solcher Vertrag der herrschenden Gesellschaft das Recht, dem Vorstand der anderen Gesellschaft hinsichtlich der Leitung der Gesellschaft Weisungen zu erteilen. Spiegelbildlich verpflichtet § 308 Abs. 2 S. 1 AktG den Vorstand des abhängigen Unternehmens, die Weisungen des herrschenden Unter-

---

33 Die §§ 15 – 22 AktG werden auch als allgemeines und die §§ 291 – 328 AktG als materielles Konzernrecht bezeichnet, so *Fett*, in: Bürgers/Körber, AktG, § 15 Rn 1; *Windbichler*, in: Großkomm AktG, Vor § 15 Rn 2.
34 *Zöllner*, in: Baumbach/Hueck, GmbHG, Schlußanhang Rn 1.
35 Emmerich/*Habersack*, Aktien- und GmbH-Konzernrecht, Einl. Rn 1; *Hüffer*, AktG, § 15 Rn 3.
36 *Langenbucher*, in: K. Schmidt/Lutter, AktG, § 291 Rn 5 ff; *K. Schmidt*, Gesellschaftsrecht, § 17 II 1 (S. 491 f.).
37 *Mülbert*, ZHR 163 (1999), 1, 24 ff., 28 ff., ablehnend *K. Schmidt*, in: FS Lutter, S. 1167, 1180 ff.; *Koppensteiner*, in: KK AktG, § 15 Rn 13.
38 Vgl. dazu ausf. *Emmerich*, AG 1991, 303 ff.; *Bungert*, VersR 1997, 27 ff.; monographisch *Liebscher*, Konzernbildungskontrolle; *Seydel*, Konzernbildungskontrolle bei der AG; *Timm*, Die AG als Konzernspitze.

nehmens zu befolgen.[39] Dies betrifft nicht nur abstrakte Leitungsmaßnahmen, sondern auch Anweisungen im laufenden Tagesgeschäft.[40] Im Vertragskonzern untersteht eine abhängige Gesellschaft damit vollumfänglich der Leitungsmacht der Obergesellschaft. Gemäß § 18 Abs. 1 S. 2 AktG sind beide Gesellschaften als unter einheitlicher Leitung zusammengefaßt anzusehen.

Dasselbe gilt im Fall einer Eingliederung gemäß § 319 AktG. Nach § 323 Abs. 1 AktG besteht auch in diesem Fall ein Weisungsrecht der Hauptgesellschaft und eine korrespondierende Befolgungspflicht der eingegliederten Gesellschaft. Im weiteren Verlauf der Untersuchung wird nur noch von Vertragskonzernen kraft Beherrschungsvertrag die Rede sein, die Ausführungen gelten aber entsprechend für die Eingliederung.

§ 291 Abs. 1 S. 1 AktG ist im Gegensatz zu §§ 15 – 19 AktG nicht rechtsformneutral formuliert, sondern erfaßt unmittelbar nur Beherrschungsverträge mit abhängigen Aktiengesellschaften und KGaA. Aber auch mit einer GmbH als Untergesellschaft kann ein Vertrag geschlossen werden, welcher der Obergesellschaft umfassende Leitungsmacht verschafft.[41] Hinsichtlich dieser Rechtsfolge erfüllt ein Beherrschungsvertrag bei einer GmbH dieselbe Funktion wie bei einer AG, so daß diesbezüglich die aktienrechtlichen Regelungen analog anzuwenden sind.[42] Durch das MoMiG[43] wird die entsprechende Anwendung des § 291 AktG auf eine abhängige GmbH bestätigt, da die Neufassung des § 30 Abs. 1 S. 2 GmbHG für das Bestehen eines Beherrschungs- oder Gewinnabführungsvertrages auf § 291 AktG verweist. Die Rechtsform des herrschenden Unternehmens ist bereits nach dem Wortlaut des § 291 Abs. 1 S. 1 AktG nicht von Bedeutung.[44]

Mit Abschluß eines Beherrschungsvertrags zwischen zwei Kapitalgesellschaften entsteht damit unabhängig von deren Rechtsformen ein Weisungsrecht der Obergesellschaft und gemäß § 18 Abs. 1 S. 2 AktG wird die einheitlichen Leitung unwiderleglich vermutet.

2. Faktischer Konzern

Besteht ein beherrschender Einfluß eines Unternehmens auf eine abhängige Gesellschaft, ohne daß die Herrschaftsverhältnisse vertraglich fixiert sind, spricht man

---

39 Zur Ausnahme einer Pflicht zur Nicht-Befolgung der Weisung vgl. *Altmeppen*, in: MüKo AktG, § 308 Rn 148.
40 *Krieger*, in: MüHdb. AG, § 70 Rn 146.
41 *Lutter/Hommelhoff*, GmbHG, Anh § 13 Rn 31.
42 *Emmerich*/Habersack, Aktien- und GmbH-Konzernrecht, § 291 Rn 41 ff.
43 Gesetz zur Modernisierung des GmbH-Rechts und zur Bekämpfung von Mißbräuchen (MoMiG) vom 23.10.2008, BGBl. I S. 2026.
44 *Krieger*, in: MüHdb. AG, § 70 Rn 9.

von einem faktischen Konzern. Die §§ 311 ff. AktG treffen hierfür nur einige lückenhafte Regelungen. Diese beschränken zum Schutz der außenstehenden Aktionäre und Gläubiger den Einfluß des herrschenden Unternehmens und erkennen mit der Normierung dieses Sachverhalts die Ausübung faktischer Leitungsmacht an.[45] Die §§ 311 ff. AktG finden dabei nur auf eine abhängige AG und KGaA Anwendung, hingegen nicht auf eine abhängige GmbH.[46] Die Bindung des Vorstands einer AG an Weisungen eines Allein- oder Mehrheitsgesellschafters unterscheidet sich grundlegend von der Bindung des Geschäftsführers einer GmbH in der gleichen Situation. Hinsichtlich der Ausübung der Leitungsmacht ist daher im faktischen Konzern nach der Rechtsform der abhängigen Gesellschaft zu differenzieren und des weiteren nach der Intensität der Beherrschung.

a. 100 %-ige GmbH-Tochter

Die Rechtsform der GmbH ist prädestiniert für die Rolle einer abhängigen Gesellschaft im Konzern.[47] Trotz der daraus resultierenden enormen praktischen Bedeutung enthält das GmbHG keine Regelungen hinsichtlich der GmbH als Konzernbaustein.[48] Der Vorteil einer GmbH als Tochtergesellschaft liegt in der Weisungsbefugnis der Gesellschafter gegenüber dem Geschäftsführer. Dessen korrelierende Folgepflicht kennzeichnet das Organisationsstatut der GmbH und kommt vor allem in § 37 Abs. 1 GmbHG sowie weiteren Normen zum Ausdruck:[49] Gemäß § 37 Abs. 1 GmbHG hat der Geschäftsführer sich an Beschränkungen seiner Geschäftsführungsbefugnis durch Gesellschafterbeschluß zu halten, gemäß § 38 Abs. 1 GmbHG kann seine Bestellung jederzeit widerrufen werden und gemäß § 46 Nr. 5 GmbHG gehören die „Maßregeln zur Prüfung und Überwachung der Geschäftsführung" zum Aufgabenkreis der Gesellschafter.

Das Weisungsrecht umfaßt auch wirtschaftlich unzweckmäßige Weisungen und findet seine Grenze erst in rechtswidrigen Beschlüssen, die gegen Gesetz oder Gesellschaftsvertrag verstoßen.[50] Diskutiert wird ferner, ob die Gesellschafter dauerhaft ihre Weisungen derart intensivieren dürfen, daß dem Geschäftsführer nicht

---

45 *Kropff*, in: MüKo AktG, Vor § 311 Rn 1, 4; *Vetter*, in: K. Schmidt/Lutter, AktG, § 311 Rn 3 ff.;.
46 *Koppensteiner*, in: KK AktG, Vorb. § 311 Rn 34 mwN.
47 *K. Schmidt*, Gesellschaftsrecht, § 39 I 1 (S. 1210 f.).
48 Ausf. zum Gesamtkomplex *Liebscher*, GmbH-Konzernrecht; einen Überblick über die Rechtsquellen des GmbH-Konzernrechts gibt *Casper*, in: Ulmer, GmbHG, Anh. § 77 Rn 5.
49 Roth/*Altmeppen*, GmbHG, § 37 Rn 3; *Mennicke*, NZG 2000, 622; nach *Koppensteiner*, in: Rowedder/Schmidt-Leithoff, GmbHG, § 37 Rn 3 verkörpert § 37 GmbHG die „Kompetenz-Kompetenz" der Gesellschafter.
50 Ausf. mwN auch zu den teilweise streitigen Rechtsfolgen *Schneider*, in: Scholz, GmbHG, § 37 Rn 50 ff.

einmal ein Mindestmaß autonomen unternehmerischen Freiraums verbleibt.[51] Von den soeben genannten Extremfällen abgesehen können die Gesellschafter dem Geschäftsführer aber unzweifelhaft verbindliche Weisungen zur Ausführung einzelner Maßnahmen im Tagesgeschäft erteilen.[52]

Damit ist die Lage einer Konzernmutter als Alleingesellschafterin einer GmbH der einer Obergesellschaft im Vertragskonzern vergleichbar. Allerdings wird die einheitliche Leitung nicht wie bei Bestehen eines Beherrschungsvertrags gemäß § 18 Abs. 1 S. 2 AktG unwiderleglich vermutet. Vielmehr greift die widerlegliche Vermutung des § 18 Abs. 1 S. 3 AktG, wonach von einem abhängigen Unternehmen vermutet wird, daß es mit dem herrschenden Unternehmen einen Konzern bildet. Die in der Konzernvermutung vorausgesetzte Abhängigkeit ist bei einer 100 %-igen GmbH-Tochter im Verhältnis zu ihrer Mutter stets gegeben. Denn in Ermangelung anderer Gesellschafter kann die Mutter ihren beherrschenden Einfluß auf die Tochter kraft Halten aller Stimmrechte auf keine Weise ausschließen, so daß die Abhängigkeitsvermutung des § 17 Abs. 2 AktG nicht zu widerlegen ist.[53]

b. 100 %-ige AG-Tochter

aa. Weisungsfreiheit des Vorstands

Im Gegensatz zur Weisungsgebundenheit eines GmbH-Geschäftsführers hat der Vorstand einer AG die Gesellschaft gemäß § 76 Abs. 1 AktG unter eigener Verantwortung zu leiten. Insbesondere ist er in Fragen der Geschäftsführung nicht an Beschlüsse der Hauptversammlung – ergo den Willen eines Alleinaktionärs – gebunden. Ihm steht ein autonomer unternehmerischer Handlungsspielraum zu.[54] Dabei ist zwar im Detail umstritten, welche Aspekte in die Ermessensentscheidung einzubeziehen sind,[55] der Wille einer herrschenden Gesellschaft darf jedoch unzweifelhaft nicht allein maßgeblich sein. Im faktischen Konzern ist der Vorstand

---

51 Eine Degradierung des Geschäftsführers zum reinen Exekutivorgan für zulässig erachten *Mennicke*, NZG 2000, 622, 623; *Paefgen*, in: Ulmer, GmbHG, § 37 Rn 14, 18 f.; *Roth/Altmeppen*, GmbHG, § 37 Rn 5; aA *Hommelhoff*, ZGR 1978, 119, 127 ff.; *Lutter/Hommelhoff*, GmbHG, § 37 Rn 12, 18 a;*Lenz*, in: Michalski, GmbHG, § 37 Rn 18, die hierfür eine Satzungsänderung für erforderlich halten.
52 Statt aller *Lutter/Hommelhoff*, GmbHG, § 37 Rn 17.
53 Zur Möglichkeit der Widerlegung der Abhängigkeitsvermutung bei Mehrheitsbesitz s.u. Teil 1 A.II.2.c. (S. 40) sowie *Emmerich*/Habersack, Aktien- und GmbH-Konzernrecht, § 17 Rn 35 ff.
54 *Wiesner*, in: MüHdb. AG, § 19 Rn 20.
55 Vgl. *Seibt*, in: K. Schmidt/Lutter, AktG § 76 Rn 12; *BGH*, Urteil vom 21.04.1997, II ZR 175/95, „ARAG/Garmenbeck", BGHZ 135, 244, 253.

einer abhängigen AG an Weisungen der Obergesellschaft daher nicht gebunden.[56] Die Möglichkeit, sich dem Willen eines Groß- oder Alleinaktionärs zu widersetzen, wird dadurch abgesichert, daß ein Widerruf der Bestellung des Vorstands nur bei Vorliegen eines wichtigen Grundes zulässig ist (§ 82 Abs. 3 AktG).

bb. Abhängigkeitsvermutung

Die im Vergleich zur GmbH fehlende Weisungsmöglichkeit hat freilich keine negativen Auswirkungen darauf, daß die abhängige AG und ihre alleinige Mutter als ein Konzern im Sinne des Gesellschaftsrechts anzusehen sind. Die Abhängigkeitsvermutung des § 17 Abs. 2 AktG hat die gesellschaftsrechtlich abgesicherte Herrschaftsmöglichkeit zum Bezugspunkt.[57] Diese besteht bei einer abhängigen AG in der aus dem Stimmrecht folgenden Personalhoheit, mittels welcher ein Mehrheits- oder Alleinaktionär durch die Zusammensetzung des Aufsichtsrates (§ 101 Abs. 1 S. 1 AktG) mittelbar die Bestellung des Vorstands (§ 84 Abs. 1 S. 1 AktG) und damit indirekt dessen Geschäftspolitik bestimmen kann. § 17 Abs. 2 AktG baut mit dem Merkmal des „in Mehrheitsbesitz stehenden Unternehmens" auf der Regelung des § 16 Abs. 1 AktG auf. Dort ist die „Mehrheit der Stimmrechte" das maßgebliche Kriterium.[58] Folglich ist auch im Rahmen des § 17 AktG der Einfluß kraft Stimmrecht entscheidend. Eine Obergesellschaft kann die Abhängigkeitsvermutung daher nur bei einem Verlust der Mehrheit der Stimmrechte widerlegen.[59] Dies ist bei Alleinbesitz nicht möglich.

cc. Konzernvermutung

Die bei Alleinbesitz folglich vorliegende Abhängigkeit zieht die Konzernvermutung des § 18 Abs. 1 S. 3 AktG nach sich. Da diese Norm rechtsformneutral formuliert ist, bestehen im Ausgangspunkt keine Unterschiede zwischen einer abhän-

---

56 *Spindler*, in: MüKo AktG, § 76 Rn 22; *Seibt*, in: K. Schmidt/Lutter, AktG § 76 Rn 17; *Wiesner*, in: MüHdb. AG, § 19 Rn 28.
57 *BGH*, Beschluß vom 19.01.1993, KVR 32/91, „WAZ/IKZ I", BGHZ 121, 137, 145 sowie Beschluß vom 17.03.1997, II ZB 3/96, „VW-AG", BGHZ 135, 107, 114; *Casper*, in: Ulmer, GmbHG, Anh. § 77 Rn 28; *Emmerich*/Habersack, Aktien- und GmbH-Konzernrecht, § 17 Rn 5; in Abgrenzung zu schuldrechtlichem Einfluß: *Oechsler*, ZGR 1997, 464, 466 f.; *Vetter*, in: K. Schmidt/Lutter, AktG, § 17 Rn 15.
58 § 16 Abs. 1 AktG lautet: „Gehört die Mehrheit der Anteile eines rechtlich selbständigen Unternehmens einem anderen Unternehmen oder steht einem anderen Unternehmen die Mehrheit der Stimmrechte zu (Mehrheitsbeteiligung), so ist das Unternehmen ein in Mehrheitsbesitz stehendes Unternehmen, das andere Unternehmen ein an ihm mit Mehrheit beteiligtes Unternehmen".
59 *Emmerich*/Habersack, Aktien- und GmbH-Konzernrecht, § 17 Rn 35.

gigen GmbH und einer abhängigen AG. In beiden Fällen kann die Konzernvermutung nur durch den Nachweis widerlegt werden, daß das herrschende Unternehmen tatsächlich keine einheitliche Leitung praktiziert.[60] Die Konzernvermutung setzt Abhängigkeit i.S.d. § 17 AktG voraus und basiert demnach wie diese auf der gesellschaftsrechtlichen Beteiligung.[61] Ebenso wie Abhängigkeit hat auch einheitliche Leitung die gesellschaftsrechtlich begründete Leitungsmacht kraft Stimmrechtsmehrheit zum Bezugspunkt.[62] Folglich kann die Konzernvermutung nicht durch den Nachweis entkräftet werden, daß die abhängige Gesellschaft Maßnahmen des Tagesgeschäfts ohne Einflußnahme der Mutter vornimmt. Die vor allem in dieser Hinsicht aufgrund der Divergenz bezüglich eines Weisungsrechts bestehenden Unterschiede zwischen einer GmbH und einer AG im Alleinbesitz der Mutter sind daher im vorliegenden Zusammenhang irrelevant.[63] Somit sind bei beiden Rechtsformen die gleichen Voraussetzungen an ein Widerlegen der Konzernvermutung zu stellen.

Welche Tatsachen dafür beizubringen sind, hängt davon ab, was man unter einheitlicher Leitung versteht. Diesbezüglich werden ein enger und ein weiter Konzernbegriff vertreten. Der enge Konzernbegriff orientiert sich am Verständnis eines Konzerns als wirtschaftliche Einheit und weist damit Ähnlichkeiten zur wirtschaftswissenschaftlichen Betrachtung auf. Für die Annahme eines Konzerns ist danach die Aufstellung und Durchsetzung einer einheitlichen Planung in sämtlichen zentralen unternehmerischen Bereichen erforderlich, insbesondere im Finanzwesen.[64] Nach dem weiten Konzernbegriff wird ein Konzern nicht primär durch eine koordinierte Finanzplanung begründet, sondern kann auch bei einer einheitlichen Planung in anderen zentralen Unternehmensbereichen angenommen werden.[65] Auf Details dieses Streitstands ist im vorliegenden Zusammenhang jedoch nicht einzugehen, da er für den weiteren Fortgang der Untersuchung nicht

---

60 *Liebscher*, GmbH-Konzernrecht, B.V. 2., Rn 122; *Emmerich*/Habersack, Konzernrecht, § 4 III. 3. b. (S. 56).
61 *Raiser/Veil*, Recht der Kapitalgesellschaften, § 51 Rn 33.
62 *Emmerich*/Habersack, Aktien- und GmbH-Konzernrecht, § 18 Rn 13 verdeutlicht den engen Zusammenhang zwischen Mehrheitsbeteiligung (§ 16 AktG), Abhängigkeit (§ 17 Abs. 1 AktG) und einheitlicher Leitung (§ 18 Abs. 1 AktG) durch den Schluß, „daß einheitliche Leitung nichts anderes als derjenige *aktualisierte beherrschende Einfluß* i.S.d. § 17 Abs. 1 ist, der im Regelfall *durch* eine *Mehrheitsbeteiligung* vermittelt wird (§ 17 Abs. 2; Stichwort: mehrheitsbedingte Abhängigkeit als potentieller Konzern)".
63 AA *Adler/Düring/Schmaltz*, § 18 AktG Rn 75 sowie *Liebscher*, GmbH-Konzernrecht, B.V. 4. a., Rn 132, die verkennen, daß ein Weisungsrecht unmittelbar nur Bedeutung für die Abhängigkeitsvermutung und deren Widerlegung hat (s.u. c) und damit nur mittelbar auch für die Konzernvermutung; auf das unrichtige Verständnis von *Adler/Düring/Schmaltz* weist auch *Koppensteiner*, in: KK AktG, § 18 Rn 45, Fn 144 hin.
64 *Adler/Düring/Schmaltz*, § 18 AktG Rn 6; *Hüffer*, § 18 Rn 10; *Koppensteiner*, in: KK AktG, § 18 Rn 19.
65 *Bayer*, in: MüKo AktG, § 18 Rn 33 mwN in Rn 30; *Emmerich*/Habersack, Aktien- und GmbH-Konzernrecht, § 18 Rn 11.

von Relevanz ist und auch ansonsten keine große Bedeutung hat.⁶⁶ Beide Ansichten stimmen darin überein, daß ein Widerlegen der Vermutung einheitlicher Leitung den Nachweis erfordert, daß für die verbundenen Unternehmen keine Gesamtkonzeption besteht, insbesondere keine finanzielle Koordination erfolgt.⁶⁷ Auf die unbeeinflußte Vornahme einzelner Geschäfte durch die abhängige Gesellschaft kommt es hingegen unstreitig nicht an, eine punktuelle Einflußnahme hindert die Widerlegung der Konzernvermutung nicht.⁶⁸

dd. Zwischenergebnis

Sowohl eine GmbH als auch eine AG im Alleinbesitz einer Mutter sind immer von dieser abhängig und das Bestehen einheitlicher Leitung wird vermutet. Die Konzernvermutung ist in der Praxis schwer zu widerlegen,⁶⁹ so daß eine 100 %-ige Tochter mit ihrer Mutter nach dem gesellschaftsrechtlichen Verständnis in aller Regel einen Konzern bildet.

c. Tochter im Mehrheitsbesitz

Besitzt ein Unternehmen die Mehrheit der Anteile oder Stimmrechte an einer Gesellschaft, wird deren Abhängigkeit gemäß § 17 Abs. 2 AktG vermutet. Im Gegensatz zur Lage bei Alleinbesitz ist die Vermutung bei Mehrheitsbesitz auch praktisch widerlegbar. Hierzu muß nachgewiesen werden, daß die aus der Mehrheitsbeteiligung grundsätzlich folgende gesellschaftsrechtlich vermittelte Beherrschungsmöglichkeit ausgeschlossen ist. Sowohl bei einer AG als auch bei einer GmbH als Tochter muß dazu belegt werden, daß die Obergesellschaft in der Gesellschafterversammlung nicht über die Mehrheit der Stimmrechte verfügt.⁷⁰ Ursache kann beispielsweise der Abschluß eines Entherrschungsvertrages sein.⁷¹ Umstritten ist die für den weiteren Fortgang der Untersuchung unerhebliche Frage,

---

66 *Raiser/Veil*, Recht der Kapitalgesellschaften, § 51 Rn 36; Memento Gesellschaftsrecht, Rn 6706.
67 *Bayer*, in: MüKo AktG, § 18 Rn 48; *Emmerich*/Habersack, Aktien- und GmbH-Konzernrecht, § 18 Rn 24 als Vertreter des weiten Konzernbegriffs einerseits und *Adler/Düring/Schmaltz*, § 18 AktG Rn 73; *Hüffer*, § 18 Rn 19; *Koppensteiner*, in: KK AktG, § 18 Rn 45 als Vertreter des engen Konzernbegriffs andererseits.
68 *Windbichler*, in: Großkomm AktG, § 18 Rn 36.
69 *Emmerich*/Habersack, Konzernrecht, § 4 III. 3. b. (S. 57); *Bayer*, in: MüKo AktG, § 18 Rn 48.
70 *Casper*, in: Ulmer, GmbHG, Anh. § 77 Rn 30.
71 *Adler/Düring/Schmaltz*, § 18 AktG Rn 116; ausf. zu Entherrschungsverträgen *Emmerich*/Habersack, Aktien- und GmbH-Konzernrecht, § 17 Rn 42 ff.; *Hentzen*, ZHR 157 (1993), 65 ff.; *Hüttemann*, ZHR 156 (1992), 314 ff.; monographisch *Götz*, Der Entherrschungsvertrag im Aktienrecht.

ob über den Verlust der Personalhoheit hinaus zusätzlich auch das Fehlen sonstiger Beherrschungsmittel unter Beweis zu stellen ist.[72]

Die Abhängigkeitsvermutung ist nur widerlegt, wenn nachgewiesen ist, daß keine *Möglichkeit* der Beherrschung besteht. Insoweit entspricht dies dem Control-Konzept, welches zur Umsetzung europarechtlicher Vorgaben in die Rechnungslegungsvorschriften des HGB aufgenommen wurde.[73]

Gelingt es, die Abhängigkeitsvermutung zu widerlegen, entfällt eine notwendige Voraussetzung der Konzernvermutung. Anderenfalls wird infolge der Abhängigkeit gemäß § 18 Abs. 1 S. 3 AktG die einheitliche Leitung vermutet. Hinsichtlich der Konzernvermutung und deren Widerlegung bestehen bei Gesellschaften im Mehrheitsbesitz der Mutter keine dogmatischen Unterschiede zum Alleinbesitz.[74]

Bei einer im Mehrheitsbesitz stehenden Gesellschaft ist ein Widerlegen der Abhängigkeitsvermutung und damit ein Entfallen der Konzernvermutung nur bei atypischen Gestaltungen möglich, eine isolierte Widerlegung der Konzernvermutung fällt praktisch schwer. Im Regelfall bildet eine im Mehrheitsbesitz stehende Gesellschaft mit ihrer Mutter daher einen Konzern im gesellschaftsrechtlichen Sinn.

d. Minderheitsbeteiligung

Im Fall einer Minderheitsbeteiligung an einer anderen Gesellschaft greift die Vermutung der Abhängigkeit nicht ein. Letztere kann gemäß § 17 Abs. 1 AktG aber im Einzelfall vorliegen, wenn etwa aufgrund personeller Verflechtungen ein Gesellschafter beständig einen beherrschender Einfluß ausüben kann.[75] Ist ein Unternehmen danach als abhängig einzustufen, greift wiederum die Konzernvermutung. Sind hingegen keine besonderen Umstände gegeben, liegt bei einer Minderheitsbeteiligung keine Abhängigkeit und damit kein Konzern vor.

3. Gemeinschaftsunternehmen

Die Eigenheit von Gemeinschaftsunternehmen liegt darin, daß sie nicht nur eine, sondern mehrere Mütter haben. Existieren keine Unternehmensverträge und hält keine der Mütter alleine die Mehrheit, hat jede für sich genommen nicht die Mög-

---

72 Vgl. *Bayer*, in: MüKo AktG, § 17 Rn 95; *Vetter*, in: K. Schmidt/Lutter AktG, § 17 Rn 53, beide für dieses zusätzliche Erfordernis; aA *Koppensteiner*, in: KK AktG, § 17 Rn 100.
73 S.o. Teil 1 A.I. (S. 31).
74 S.o. Teil 1 A.II.2.b.cc. (S. 38).
75 *Hüffer*, AktG, § 17 Rn 6; ausf. zu weiteren Beherrschungsmöglichkeiten *Emmerich*/Habersack, Aktien- und GmbH-Konzernrecht, § 17 Rn 19 ff.

lichkeit, beherrschenden Einfluß auf die Tochter auszuüben. Abhängigkeit i.S.d. § 17 Abs. 1 AktG liegt dann grundsätzlich nicht vor. Sie ist hingegen zu bejahen, wenn mehrere Mütter, die zusammen über die Mehrheit verfügen, einheitlich einen herrschenden Unternehmenswillen bilden.[76] Eine abhängigkeitsbegründende Interessenkoordination kann auch durch rein tatsächliche Verhältnisse begründet werden, wenn die gemeinsame Beherrschung auf Dauer gesichert ist.[77] Treten die Mütter gegenüber dem Gemeinschaftsunternehmen hingegen unkoordiniert auf, fehlt es an einer mehrfachen Abhängigkeit.[78] Dies gilt auch für ein paritätisches Gemeinschaftsunternehmen, an welchem zwei Mütter je zur Hälfte beteiligt sind, weil sich deren unkoordinierter Einfluß gegenseitig neutralisiert.[79]

Verbreiteter als eine faktische Beherrschung eines Gemeinschaftsunternehmens ist jene auf vertraglicher Grundlage, in welcher die Einflußnahme auf die gemeinsame Tochter geregelt ist.[80] Hierfür bieten sich diverse Gestaltungsformen an, die vorliegend nicht alle behandelt werden können.[81] So wird auf die Zusammenfassung der Mütter in einem Gleichordnungskonzern sowie Konsortial- und Stimmbindungsverträge nicht eingegangen.[82]

Zur Organisation der koordinierten Beherrschung ist des weiteren der Abschluß paralleler Beherrschungsverträge zwischen der Tochter und jeder der Mütter möglich.[83] Gemäß § 18 Abs. 1 S. 2 AktG ist das Gemeinschaftsunternehmen dann jeweils mit der herrschenden Mutter als unter einheitlicher Leitung zusammengefaßt anzusehen und damit mehrfach konzernzugehörig. Durch aufeinander abgestimmte Ausgestaltungen der Beherrschungsverträge soll sichergestellt werden, daß es bei

---

76 *Henze*, Konzernrecht, Rn 43 ff. (S. 16 ff.); *Kuhlmann/Ahnis*, Konzern- und Umwandlungsrecht, Rn 48; die Abhängigkeit besteht dabei wie im Vertragskonzern im Verhältnis zu jeder der gemeinsam herrschenden Mütter, vgl. zur Begründung die folgenden Ausführungen zum Vertragskonzern sowie *Emmerich*/Habersack, Aktien- und GmbH-Konzernrecht, § 17 Rn 32 mwN.
77 *Emmerich*, in: Scholz, GmbHG, Anhang § 13 Rn 27 mwN; unter diesen Voraussetzungen kann nach *BGH*, Urteil vom 04.03.1974, II ZR 89/72, „Seitz", BGHZ 62, 193, 196 ff. auch eine Familienbande Grundlage einer faktischen Beherrschung kann sein.
78 *Bayer*, in: MüKo AktG, § 17 Rn 77; *Emmerich*/Habersack, Aktien- und GmbH-Konzernrecht, § 17 Rn 31 aE.
79 *Raiser/Veil*, Recht der Kapitalgesellschaften, § 51 Rn 21; *Bayer*, in: MüKo AktG, § 17 Rn 81.
80 Vgl. *Casper*, in: Ulmer, GmbHG, Anh. § 77 Rn 35 mwN zur sog. Grundvereinbarung in Fn 60.
81 Vgl. zu verschiedenen Möglichkeiten *Raiser/Veil*, Recht der Kapitalgesellschaften, § 51 Rn 21.
82 Ausf. zu unterschiedlichen vertraglichen Gestaltungsmöglichkeiten *Böttcher/Liefekett*, NZG 2003, 701, 703 ff.
83 *Baumanns*, in: Münchener Handbuch des Gesellschaftsrechts, Band 1, § 28 Rn 21; *Casper*, in: Ulmer, GmbHG, Anh. § 77 Rn 35; kritisch *Koppensteiner*, in: KK AktG § 291 Rn 57, der annimmt, Beherrschungsverträge zugunsten mehrerer untereinander unkoordinierter Herrschaftssubjekte würden nicht vorkommen.

der Ausübung der Herrschaftsrechte nicht zu Kollisionen zwischen den Müttern zu Lasten des Gemeinschaftsunternehmens kommt.[84]

In der Regel gründen die Mütter zwecks Koordinierung ihres Vorgehens eine gesonderte Gesellschaft, zumeist eine GbR.[85] In dieser Koordinationseinheit ist es zwar zulässig, einer Mutter alleine die Leitungszuständigkeit zuzuweisen.[86] Dann ist die Tochter ausnahmsweise nur von diesem Unternehmen anhängig, das die unternehmerische Führung inne hat.[87]

Demgegenüber haben in der Koordinationseinheit der weit verbreiteten paritätischen Gemeinschaftsunternehmen regelmäßig beide Mütter gleiches Stimmrecht. Das Gemeinschaftsunternehmen ist in diesem Fall von beiden Müttern abhängig i.S.d. § 17 Abs. 1 AktG.[88] Zur Gewährleistung des Außenseiterschutzes ist jede der Mütter und nicht die Koordinationseinheit als herrschendes Unternehmen anzusehen, weil bei jeder der Mütter die Gefahr besteht, daß sie den beherrschenden Einfluß zum Nachteil des Gemeinschaftsunternehmens für gesellschaftsfremde Interessen nutzt.[89] Aus der Abhängigkeit von jeder der Mütter folgt, daß auch die konzernrechtlichen Beziehungen zu jeder der Mütter bestehen.[90] Die gemeinsame Tochter ist folglich nicht nur mehrfach abhängig, sondern gehört auch mehreren Konzern an.[91]

III. Konzerne im Kartellrecht

Für das Kartellrecht ist die Einordnung von Konzernen als wirtschaftlicher Einheit in mehreren Bereichen von Bedeutung.[92] Im gesamten GWB einschließlich des darin integrierten Vergaberechts sollten gleiche Begrifflichkeiten grundsätzlich einheitlich ausgelegt werden, wenn nicht ausnahmsweise zwingende Gründe da-

---

84 *Casper*, in: Ulmer, GmbHG, Anh. § 77 Rn 35.
85 *Kuhlmann/Ahnis*, Konzern- und Umwandlungsrecht, Rn 91 (Innen-GbR); *Raiser/Veil*, Recht der Kapitalgesellschaften, § 51 Rn 21 (GbR oder GmbH); *Koppensteiner*, in: KK AktG geht davon aus, sowohl die Koordination (§ 291 Rn 57) als auch die Bildung einer GbR (Rn 58) seien zwingend.
86 Vgl. zu dieser Konstruktion in einer gemeinsamen BGB-Gesellschaft *Koppensteiner*, in: KK AktG § 308 Rn 7.
87 *Bayer*, in: MüKo AktG, § 17 Rn 77, 82; *Kuhlmann/Ahnis*, Konzern- und Umwandlungsrecht, Rn 49.
88 *Kuhlmann/Ahnis*, Konzern- und Umwandlungsrecht, Rn 49.
89 *Maul*, NZG 2000, 470, 471; *Kropff*, in: MüKo AktG, § 311 Rn 62; *Raiser/Veil*, Recht der Kapitalgesellschaften, § 51 Rn 21.
90 *Emmerich*/Habersack, Aktien- und GmbH-Konzernrecht, § 17 Rn 32 mwN.
91 *Emmerich*/Habersack, Aktien- und GmbH-Konzernrecht, § 17 Rn 32; *Kuhlmann/Ahnis*, Konzern- und Umwandlungsrecht, Rn 89 aE; an der Anwendung der widerlegbaren Konzernvermutung des § 18 Abs. 1 S. 3 AktG auf Gemeinschaftsunternehmen zweifelnd *Hüffer*, AktG, § 18 Rn 18 aE.
92 Einen kurzen Überblick geben *Kling/Thomas*, Kartellrecht, § 14 Rn 29.

gegen sprechen.⁹³ Es liegt daher nahe, die im allgemeinen Kartellrecht angelegten Kriterien zur Qualifizierung verbundener Unternehmen als Einheit auf das Kartellvergaberecht zu übertragen.⁹⁴

In diesem Sinne diskutierte die 2. *VK des Bundes* schon im Jahr 2000 eine Anwendung der sogleich näher untersuchten Verbundklausel des § 36 Abs. 2 GWB auf das Vergaberecht, nahm diese jedoch nur insoweit vor, „wie die jeweilige vergaberechtliche Vorschrift vorrangig der Durchsetzung von Wettbewerb dient."⁹⁵ Das *OLG Düsseldorf* hob diesen Beschluß in der „Euro-Münzplättchen III"-Entscheidung auf und ließ es dabei trotz einer Anwendung des Rechtsgedankens der Verbundklausel ausdrücklich offen, ob und inwieweit diese für das Kartellvergaberecht Geltung beansprucht.⁹⁶ In neueren Entscheidungen führt das *OLG Düsseldorf* die Verbundklausel als Begründung dafür an, daß verbundene Unternehmen als ein einheitliches Unternehmen anzusehen sind.⁹⁷ Erläuterungen, warum § 36 Abs. 2 GWB angewandt wird und ob dies für das gesamte Vergaberecht gelten soll, enthält sich das *OLG Düsseldorf*.

1. Verbundklausel des § 36 Abs. 2 GWB

Die soeben bereits erwähnte Verbundklausel des § 36 Abs. 2 S. 1 GWB stellt eine Kodifizierung konzernverbundener Unternehmen im GWB dar. Diese bestimmt für Konstellationen, in denen ein abhängiges oder herrschendes Unternehmen im Sinne des § 17 AktG oder ein Konzernunternehmen im Sinne des § 18 AktG an einem Zusammenschluß beteiligt ist, daß die so verbundenen Unternehmen als einheitliches Unternehmen anzusehen sind.⁹⁸ Durch diesen Verweis auf die Ab-

---

93 *Dreher*, in: Enforcement, S. 96 f.; *ders.*, in: Immenga/Mestmäcker, GWB, Vor § 97 ff. Rn 88, 109; *Opitz*, Marktmacht und Bieterwettbewerb, S. 86 f.; *Otting*, in: Bechtold, GWB, Vor § 97 Rn 10.
94 *Schneevogl*, NZBau 2004, 418, 420; *VÜA Bund*, Beschluß vom 12.04.1995, 1 VÜ 1/95, „Kraftwerkkomponenten", WuW/E VergAB 27, 33 f.
95 *2. VK Bund*, Beschluß vom 30.03.2000, VK 2 – 2/00; zu den Wettbewerbselementen in der vergaberechtlichen Spruchpraxis vor der Integration ins GWB vgl. *Stockmann*, in: FS Schmidt, S. 379, 388 f.
96 *OLG Düsseldorf*, Beschluß vom 15.06.2000, Verg 6/00, „Euro-Münzplättchen III", NZBau 2000, 440, 442 ff.; kritisch hierzu *Dreher*, EWiR 2001, 76 sowie *Opitz*, Marktmacht und Bieterwettbewerb, S. 124.
97 So etwa im Beschluß vom 27.07.2006, VII-Verg 23/06, „Vorlieferant", VergabeR 2007, 229, 232 f.: „Die Antragstellerin ist herrschendes Unternehmen im Sinne des § 36 Abs. 2 GWB, § 17 AktG [...]. Die miteinander verbundenen Unternehmen (Antragstellerin und Beigeladene) sind infolgedessen als ein einheitliches Unternehmen anzusehen".
98 Ausf. zur historischen Entwicklung der Verbundklausel *Mestmäcker/Veelken*, in: Immenga/ Mestmäcker, GWB, § 36 Rn 36 ff.

hängigkeits- und Konzernvermutung des AktG werden sowohl ein faktischer als auch ein Vertragskonzern im GWB grundsätzlich als Einheit betrachtet.[99] Unmittelbar betrifft diese Regelung nur die Fusionskontrolle. Laut Gesetzesbegründung gilt die Verbundklausel allerdings im gesamten Anwendungsbereich des Gesetzes.[100] Dieser Gesetzentwurf der Bundesregierung zur 6. GWB-Novelle wurde parallel zu jenem des Vergaberechtsänderungsgesetzes erstellt, mit welchem das Vergaberecht ins GWB integriert wurde.[101] Beide Gesetzesänderungen traten zeitgleich am 01.01.1999 in Kraft. Eine an der Gesetzesentstehung orientierte Auslegung kommt daher zu dem Ergebnis, daß die Verbundklausel auch für das Kartellvergaberecht Geltung beansprucht.

Vor dem Hintergrund der Einbettung des Vergaberechts ins GWB will *Schneevogel* bezüglich der Generalübernehmerproblematik die Zurechnungsfunktion des § 36 Abs. 2 S. 1 GWB auf das Kartellvergaberecht übertragen.[102] Hingegen lehnt *Rittwage* für den Fall der Rechtsnachfolge durch Vertragsübernahme zwischen verbundenen Unternehmen gegenüber einem öffentlichen Auftraggeber die Übertragung der Regelung des § 36 Abs. 2 GWB auf den Bereich des Vergaberechts ab.[103] Eine Betrachtung des Konzerns als Einheit habe im Vergaberecht einen bevorzugten Zugang verbundener Unternehmen zu öffentlichen Aufträgen zur Folge, wohingegen die Verbundklausel es im Kartellrecht Konzernunternehmen gerade verwehren solle, unter Berufung auf ihre formaljuristische Eigenständigkeit Vorteile im Wettbewerb zu erlangen.[104]

Ohne die von *Rittwage* behandelte Konstellation hier eingehend erläutern zu wollen, ist zu konstatieren, daß eine am Telos orientierte Auslegung gegenüber der Feststellung der Gesetzesbegründung insbesondere im vorliegenden Fall den Vorrang genießen kann. Denn die Gesetzesbegründung scheint bei der Aussage zur Geltung der Verbundklausel im gesamten GWB trotz der zeitlichen Parallele zum

---

99 Vgl. zur Frage, inwieweit den Begriffen „Unternehmen" und „Abhängigkeit" im Kartell- und Konzernrecht gleichwohl unterschiedliche Bedeutung zukommt *K. Schmidt*, ZGR 1980, 277 ff. sowie *Mestmäcker/Veelken*, in: Immenga/Mestmäcker, GWB, § 36 Rn 50 mwN.
100 BR-Drucks. 852/97 vom 07.11.1997, S. 57; BT-Drucks. 13/9720 vom 29.01.1998, S. 57; vgl. *Mestmäcker/Veelken*, in: Immenga/Mestmäcker, GWB, § 36 Rn 37, 40; *Thomas*, ZWeR 2005, 236, 246 f. sowie jüngst *BGH*, Urteil vom 23.06.2009, KZR 21/08, WM 2009, 1997, 1998 f.
101 BT-Drucks. 13/9340 vom 03.12.1997, Entwurf eines Gesetzes zur Änderung der Rechtsgrundlagen für die Vergabe öffentlicher Aufträge (Vergaberechtsänderungsgesetz – VgRÄG).
102 *Schneevogl*, NZBau 2004, 418, 421, s.u. Teil 2 A.I. (S. 98); *Lange*, NZBau 2008, 422, 423 führt die Verbundklausel als ein Argument für eine Einbeziehung verbundener Unternehmen in den Unternehmensbegriff des § 16 I Nr. 3 lit. b VgV an; vgl. zu dieser Projektantenproblematik bei Konzernsachverhalten auch *Bestermann/Petersen*, VergabeR 2006, 740, 743 ff.
103 *Rittwage*, VergabeR 2006, 327, 333.
104 *Rittwage*, ebenda.

Vergaberechtsänderungsgesetz nicht die Einfügung des Kartellvergaberechts ins GWB im Blick gehabt zu haben. Die Erhebung der Verbundklausel zu einer allgemein geltenden Norm steht in unmittelbaren Zusammenhang mit der Erwägung, daß „die bisher im Gesetz verstreuten Bezugnahmen entfallen."[105] Der gesetzgeberische Wille bei Erstellung der 6. GWB-Novelle umfaßte daher nur eine Erstreckung auf das damals bestehende Kartellrecht und bezog sich nicht auf das zeitgleich eingefügte Vergaberecht. Insofern ist der im Entwurf zur 6. GWB-Novelle zum Ausdruck kommende gesetzgeberische Wille zu relativieren. Daher gebührt dem Ergebnis einer teleologischen Auslegung der Vorrang, sofern dieses eindeutig gegen die Geltung der Verbundklausel auch im Kartellvergaberecht spricht.[106] Eine unkritische Übernahme der Verbundklausel auf die vorliegend untersuchten Problemkreise ist daher nicht angezeigt.

2. Konzernprivileg

Im Hinblick auf das in Art. 81 Abs. 1 EG, § 1 GWB normierte Verbot wettbewerbsbeschränkender Vereinbarungen stellt sich die Frage, ob auch Vereinbarungen innerhalb eines Konzerns als wettbewerbswidrige Absprachen zu qualifizieren sind oder ob den verbundenen Unternehmen das sog. Konzernprivileg zugute kommt.[107]

Dem Wortlaut nach ist das Kartellverbot auch im Falle des Abschlusses wettbewerbsbeschränkender Vereinbarungen zwischen mehreren demselben Konzern angehörenden Unternehmen anwendbar, da die Konzernzugehörigkeit nichts an der rechtlichen Selbständigkeit und damit an der Unternehmensqualität im Sinne des Art. 81 Abs. 1 EG; § 1 GWB ändert.[108] Besteht zwischen den konzernverbundenen Unternehmen aus rechtlichen oder tatsächlichen Gründen jedoch kein Wettbewerb, bilden sie aus wettbewerbsrechtlicher Sicht eine wirtschaftliche Ein-

---

105 BR-Drucks. 852/97 vom 07.11.1997, S. 58; BT-Drucks. 13/9720 vom 29.01.1998, S. 58.
106 S.u. Teil 2 B.II.6. (S. 120).
107 Ausf. hierzu *Fleischer*, AG 1997, 491 ff.; monographisch *Buntscheck*, Das Konzernprivileg sowie *Potrafke*, Konzerninterne Vereinbarungen; zur historischen Entwicklung des Konzernprivilegs auf europäischer Ebene *Heitzer*, Konzerne im Europäischen Wettbewerbsrecht, S. 174 ff.
108 *Emmerich*, in: Immenga/Mestmäcker, Wettbewerbsrecht EG, Art. 81 Abs. 1 Rn 53; *Roth/Ackermann*, in: FK-KartellR, Art. 81 Abs. 1 Grundfragen, Rn 210; hinsichtlich des Kartellverbots sind im Zuge der 7. GWB-Novelle die materiellen Unterschiede zwischen dem europäischen und deutschen Recht marginalisiert worden, so daß Art. 81 Abs. 1 EG, § 1 GWB im weiteren Verlauf der Untersuchung gemeinsam behandelt werden können. So auch *Dreher/Kling*, Versicherungskartellrecht, § 6 Rn 121 (S. 35).

heit.[109] Besteht kein Wettbewerb, der beschränkt werden könnte, ist kein Raum für die Anwendung des Kartellverbots.[110]

Zur Annahme einer wirtschaftlichen Einheit genügt es grundsätzlich, daß die Konzernleitung in der Lage ist, einen beherrschenden Einfluß auf die konzernangehörigen Unternehmen auszuüben. Ein tatsächlicher Gebrauch dieser Möglichkeit wird nicht gefordert.[111] Das Bestehen eines Weisungsrechts verschafft der Obergesellschaft die erforderliche Möglichkeit der Einflußnahme und begründet damit eine wirtschaftliche Einheit.[112] Eine wirtschaftliche Einheit aus rechtlichen Gründen ist daher prinzipiell bei Abschluß eines Beherrschungsvertrages zwischen den verbundenen Unternehmen anzunehmen.[113] Auch bei einem 100 %-igen Anteilsbesitz wird das Vorliegen einer wirtschaftlichen Einheit widerleglich vermutet.[114] In den Grenzbereichen sind allerdings einige Punkte umstritten.[115] Insbesondere dort wird zur Beurteilung verbundener Unternehmen als einer wirtschaftlichen Einheit eine Einzelfallbetrachtung für unumgänglich gehalten.[116]

Inwieweit diese Beurteilungsmaßstäbe auf die vorliegend untersuchten Problemkreise zu übertragen sind, kann erst beurteilt werden, nachdem diese eingehend analysiert wurden. Für einen anderen Komplex, der sogleich darzustellen ist, findet bereits eine gewisse Übertragung des kartellrechtlichen Konzernprivilegs auf das Vergaberecht statt.

---

109 *Emmerich*, in: Immenga/Mestmäcker, Wettbewerbsrecht EG, Art. 81 Abs. 1 Rn 55.
110 *Zimmer*, in: Immenga/Mestmäcker, GWB, § 1 Rn 134; einen Überblick über zahlreiche – im Detail unterschiedliche – Ansichten bezüglich der Anwendungsvoraussetzungen des Konzernprivilegs bietet *Buntscheck*, Das Konzernprivileg, S. 27 f.; kritisch zu den begrifflichen Ansätzen der hM, aber im Ergebnis übereinstimmend *Stockenhuber*, in: Grabitz/Hilf, EGV, Art. 81 Rn 165; aA *Potrafke*, Konzerninterne Vereinbarungen S. 201.
111 *Heitzer*, Konzerne im Europäischen Wettbewerbsrecht, S. 177; *Mestmäcker/Schweitzer*, Europäisches Wettbewerbsrecht, § 8 Rn 46; *Nordemann*, in: Loewenheim/Meessen/Riesenkampff, Kartellrecht, Bd. 2, § 1 Rn 95; *Roth/Ackermann*, in: FK-KartellR, Art. 81 Abs. 1 Grundfragen, Rn 217; *Stockenhuber*, in: Grabitz/Hilf, EGV, Art. 81 Rn 167.
112 *Bunte*, in: Langen/Bunte, Kartellrecht Bd. 1, § 1 Rn 116; *Emmerich*, in: Immenga/Mestmäcker, Wettbewerbsrecht EG, Art. 81 Abs. 1 Rn 56; *Kling/Thomas*, Kartellrecht, § 4 Rn 131; *Zimmer*, in: Immenga/Mestmäcker, GWB, § 1 Rn 133, 136.
113 *Bunte*, in: Langen/Bunte, Kartellrecht Bd. 1, § 1 Rn 117; *Fleischer*, AG 1997, 493, 498 f.; *Mestmäcker/Schweitzer*, Europäisches Wettbewerbsrecht, § 8 Rn 48; *Nordemann*, in: Loewenheim/Meessen/Riesenkampff, Kartellrecht, Bd. 2, § 1 Rn 95; *Zimmer*, in: Immenga/Mestmäcker, GWB, § 1 Rn 135; aA *Potrafke*, Konzerninterne Vereinbarungen S. 234.
114 *Emmerich*, in: Immenga/Mestmäcker, Wettbewerbsrecht EG, Art. 81 Abs. 1 Rn 57; *Kling/Thomas*, Kartellrecht, § 4 Rn 132; *Thomas*, ZWeR 2005, 236, 242 f. jeweils mwN; aA *Potrafke*, Konzerninterne Vereinbarungen S. 229, 235.
115 *Bunte*, in: Langen/Bunte, Kartellrecht Bd. 1, § 1 Rn 116.
116 *Müller-Graff*, in: Handkommentar EUV, Art. 85 Rn 73; *Roth/Ackermann*, in: FK-KartellR, Art. 81 Abs. 1 Grundfragen, Rn 214.

IV. Konzerngestaltungen im Kartellvergaberecht

1. § 100 Abs. 2 lit. o GWB

Im Kartellvergaberecht ist der Begriff des verbundenen Unternehmens in § 100 Abs. 2 lit. o GWB genannt. Diese Norm vereinigt in sich die bis zur „Modernisierung" des Vergaberechts 2009 in §§ 100 Abs. 2 lit. i, 127 Nr. 3 GWB, 10 VgV verteilten Regelungen. Danach gilt das Kartellvergaberecht grundsätzlich nicht für Aufträge, die ein Sektorenauftraggeber an ein mit ihm verbundenes Unternehmen erteilt. Diese Freistellung von konzerninternen Aufträgen im Sektorenbereich ist durch Art. 23 SKR europarechtlich gestattet.[117] Anlaß dieser Ausnahme ist, daß Leistungsbeziehungen zwischen Teilen der gleichen Rechtspersönlichkeit nicht dem Vergaberecht unterfallen. Das Vergaberechtsregime ist nicht eröffnet, wenn der Auftrag direkt durch eine eigene Abteilung des Auftraggebers ausgeführt wird.

Zur Begründung einer Übertragung dieses Prinzips auf Konstellationen, in welchen ein Auftraggeber den Auftrag direkt an ein mit ihm konzernverbundenes Unternehmen vergibt, kann grundsätzlich auf das soeben erläuterte Konzernprivileg des allgemeinen Kartellrechts verwiesen werden.[118] Handelt es sich bei den Beteiligten nicht um selbständig agierende Rechtsträger, besteht kein Bedarf für eine Erfassung dieser lediglich konzerninternen Aufgabenverteilung durch das Vergaberecht.[119]

Für den weiteren Fortgang der Untersuchung läßt sich aus § 100 Abs. 2 lit. o GWB bzw. der europäischen Vorgabe der Schluß ziehen, daß das Vergaberecht grundsätzlich „die Unternehmensgruppe als reale Struktur [...] akzeptiert."[120] Darüber hinaus ist es jedenfalls nicht ohne eingehende Analyse möglich, auf die untersuchten Problemkreise jene Kriterien zu übertragen, unter denen eine konzerninterne Aufgabenverteilung vom Vergaberechtsregime ausgenommen ist. Bei dieser Qualifizierung des Auftraggebers als Einheit mit verbundenen Unternehmen, an welche er Aufgaben übertragen will, geht es um einen Schutz des Vergaberechts vor Umgehung. Der Auftraggeber als Adressat des Vergaberechts soll sich diesem nicht entziehen können. Dieser Schutzzweck ist beim Auftreten eines Konzerns als Bieter nicht von Bedeutung. Dort sind für die Frage einer Qualifizierung verbundener Unternehmen als Einheit vielmehr andere Gesichtspunkte von Bedeutung, welche im weiteren Verlauf dieser Untersuchung herausgearbeitet werden.

---

117 Vgl. Statt aller *Summa*, in: jurisPK-VergabeR, § 100 GWB Rn 42 ff.
118 *Dreher*, NZBau 2004, 14, 19 bezüglich der entsprechenden Situation beim sog. In-house-Geschäft. Näheres zu diesem sogleich.
119 *Dreher*, in: Immenga/Mestmäcker, GWB, § 100 Rn 59 aE; *Summa*, in: jurisPK-VergabeR, § 10 VgV Rn 3.
120 Begründung Nr. 20 zur früheren SKR, BR-Drucks. 749/91, S. 10; siehe auch *Dreher*, in: Immenga/Mestmäcker, GWB, § 100 Rn 59.

2. In-house-Vergabe

Der Problemkreis der sog. In-house-Vergabe ist sowohl in der Rechtsprechung als auch in der Literatur bereits ausgiebig behandelt worden.[121] Die Diskussion dreht sich um die Frage, ob ein Auftrag ausschreibungspflichtig ist, den ein öffentlicher Auftraggeber an ein mit ihm verbundenes Unternehmen erteilen will. Damit handelt es sich um das entsprechende Problem, welches bereits soeben in Bezug auf Sektorenauftraggeber erörtert wurde – bzw. anders herum gewendet handelt es sich bei § 100 Abs. 2 lit. o GWB „gleichsam um eine spezialgesetzliche Fassung des In-house-Geschäfts."[122]

Damit trifft auch diesbezüglich die soeben getätigte Aussage zu, daß eine unkritische Übertragung der zur In-house-Vergabe entwickelten Regeln auf die untersuchten Problemkreise nicht möglich ist. Infolgedessen verbieten sich längere Ausführungen zur In-house-Vergabe. Lediglich das Resümee der Rechtsprechung des *EuGH* soll wiedergegeben werden, da der Gerichtshof die Entwicklung der Figur des vergabefreien In-house-Geschäfts maßgeblich bestimmt hat.[123] Danach liegt ein In-house-Geschäft nur dann vor, wenn der Auftraggeber erstens über das verbundene Unternehmen die Kontrolle wie über eine eigene Dienststelle ausübt – wozu ein 100 %-iger Anteilsbesitz erforderlich ist[124] – und zweitens die abhängige Gesellschaft im Wesentlichen oder ausschließlich für den öffentlichen Auftraggeber tätig ist.[125]

B. Vergaberecht

Neben der Qualifizierung verbundener Unternehmen als Einheit oder aber als mehrerer juristischer Personen erfordert die Lösung der untersuchten Problemkreise das Verständnis vergaberechtlicher Grundlagen. An erster Stelle sind hier die in § 97 Abs. 1, 2 GWB verankerten Vergabegrundsätze des Wettbewerbs, der

---

121 Ausf. etwa *Frenz*, NJW 2006, 2665 ff.; *Höfler*, NZBau 2003, 431 ff.; *Orlowski*, NZBau 2007, 80 ff.; *Pape/Holz*, NJW 2005, 2264 ff.; *Siegel*, NVwZ 2008, 7 ff. jeweils mwN auch zur Rechtsprechung; monographisch etwa *Hardraht*, In-house-Geschäfte sowie *Konstas*, Das vergaberechtliche Inhouse-Geschäft.
122 *Summa*, in: jurisPK-VergabeR, § 10 VgV Rn 4 bezüglich der Regelung in § 10 VgV, welche in § 100 Abs. 2 lit. o GWB aufgegangen ist.
123 Insbes. *EuGH*, Urteil vom 18.11.1999, Rs. C-107/98, „Teckal", NZBau 2000, 90, Urteil vom 11.01.2005, Rs. C-26/03, „Stadt Halle", NZBau 2005, 111 sowie Urteil vom 11.05.2006, Rs. C-340/04, „Carbotermo", NZBau 2006, 452.
124 Klargestellt im Urteil vom 11.01.2005, Rs. C-26/03, „Stadt Halle", NZBau 2005, 111, 115 Rn 49 f.
125 Nach der „Carbotermo"-Entscheidung vom 11.05.2006, NZBau 2006, 452 muß jede andere Tätigkeit als rein nebensächlich erscheinen.

Transparenz und der Gleichbehandlung zu nennen.[126] Diese allgemeinen Prinzipien werden keineswegs als abstrakte Zielvorgaben verstanden, sondern von den Nachprüfungsinstanzen und der Literatur zur Lösung zahlreicher Detailprobleme herangezogen.[127] Eine nähere Betrachtung erfolgt im Rahmen dieser Arbeit erst dort, wo den Vergabegrundsätzen entscheidende Konsequenzen für die untersuchten Problemkreise gefolgert werden. Des weiteren sind bei der Auslegung kartellvergaberechtlicher Vorschriften die Grundsätze der kartellrechtlich-funktionalen und der gemeinschaftskonformen Auslegung zu beachten.[128]

Die folgenden Ausführungen zu Grundlagen des Kartellvergaberechts umfassen jene Bereiche, die für die Lösung der behandelten Problemkreise relevant sind. Im Rahmen der Darstellung der Angebotswertung durch den öffentlichen Auftraggeber muß das Risiko eines Ausschlusses des Angebots im Fall einer Kooperation besonders hervorgehoben werden. Zuvor sind die verschiedenen Kooperationsformen auf Bieterseite darzustellen, abschließend ist auf die Präqualifikation als typischen Fall einer Kooperation im Konzern einzugehen.

I. Kooperationsformen

Einen Hauptteil der vorliegenden Arbeit bildet die Untersuchung der Kooperation im Konzern. Hierbei kann auf bestehende Grundlagen bezüglich der Kooperation voneinander unabhängiger Unternehmen aufgebaut werden. Eine solche Zusammenarbeit ist insbesondere dann sinnvoll, wenn interessierte Bieter nicht zur Erbringung des gesamten ausgeschriebenen Auftrags in der Lage sind. Gemäß § 97 Abs. 4 S. 1 GWB werden Aufträge nur an fachkundige, leistungsfähige sowie gesetzestreue und zuverlässige Unternehmen vergeben. Ist ein Unternehmen an einem öffentlichen Auftrag interessiert, für welchen es nicht bezüglich jeder Teilleistung über die notwendige Fachkunde oder Leistungsfähigkeit verfügt, bietet sich eine Kooperation mit einem Partner an, der die fehlenden Eignungsmerkmale erfüllt. Als Organisationsformen kommen die Bildung einer Bietergemeinschaft und der Einsatz von Subunternehmern in Betracht.

Die folgenden allgemeinen Feststellungen zu den Kooperationsformen haben auch Bedeutung für die Zulässigkeit einer Konkurrenz konzernverbundener Unternehmen. Sind zwei miteinander verbundene Unternehmen an konkurrierenden Angeboten beteiligt, hängt die Rechtmäßigkeit dieser Konkurrenz auch davon ab, ob sie jeweils aktiv an der Erstellung des Angebots beteiligt sind, oder ob sie bloß eine Teilleistung erbringen, ohne das Gesamtangebot zu überblicken.

---

126 Vgl. statt aller *Dreher*, in: Immenga/Mestmäcker, GWB, § 97 Rn 5 ff.
127 Einen kritischen Überblick bietet *Burgi*, NZBau 2008, 29 ff.
128 Statt aller *Dreher*, in: Immenga/Mestmäcker, GWB, Vor §§ 97 ff. Rn 97, 110 ff.

1. Bietergemeinschaft

Schließen sich mehrere Unternehmen zur gemeinsamen Erstellung eines Angebots zusammen, bilden sie eine Bietergemeinschaft. Eine umfassende Regelung erfährt diese Kooperationsform weder im europäischen noch im nationalen Recht.[129] Die Zulässigkeit ihrer Bildung steht jedoch außer Frage und ist in Art. 4 Abs. 2 S. 1 VKR angeordnet: „Angebote oder Anträge auf Teilnahme können auch von Gruppen von Wirtschaftsteilnehmern eingereicht werden." Neben der Zulässigkeit der Bildung von Bietergemeinschaften steht auch das Verbot ihrer Diskriminierung außer Frage, welches beispielsweise im Entwurf des § 6 Abs. 1 Nr. 2 VOB/A 2009 normiert ist. Auf streitige Detailprobleme kann vorliegend nicht eingegangen werden.[130]

Bei dem Zusammenschluß zu einer Bietergemeinschaft braucht jedes beteiligte Unternehmen nur für die in seinem Aufgabenbereich liegende Tätigkeiten geeignet zu sein. Es genügt, wenn die Bietergemeinschaft in ihrer Gesamtheit sämtliche Eignungskriterien erfüllt, allerdings darf kein Mitglied der Bietergemeinschaft unzuverlässig sein.[131] Diese Kooperationsform bietet sich daher insbesondere für mittelständische Unternehmen an, die alleine nicht zur Durchführung des ausgeschriebenen Auftrags in der Lage wären.[132]

2. Subunternehmerschaft

Auch der Einsatz eines Sub- oder Nachunternehmers ist sowohl im europäischen als auch im nationalen Recht nur rudimentär geregelt.[133] Bei der Kooperation mit einem Nachunternehmer ist alleine der Bieter für die Erstellung des Angebots verantwortlich. Die Subunternehmer treten gegenüber dem Auftraggeber nur mittelbar über den Bieter in Erscheinung. Durch den Einsatz von Subunternehmern kann der Bieter auch Leistungsbestandteile anbieten, zu deren Erbringung er selbst nicht in der Lage oder nicht willens ist. Ebenso wie bei der Kooperation mittels einer Bie-

---

129 *Prieß/Gabriel*, WuW 2006, 385, 385 f.; *Prieß*, Hdb. des europäischen Vergaberechts, S. 269 f..
130 Vgl. hierzu *Ohrtmann*, VergabeR 2008, 426 ff. die einen umfassenden Überblick bietet; allgemein zur Bau-ARGE *Mantler*, in: MüHdb. Bd. 1, § 26 sowie *Thierau/Messerschmidt*, NZBau 2007, 129 ff.; zum Muster-ARGE-Vertrag *Zerhusen/Nieberding*, BauR 2006, 296 ff. sowie speziell zur Dach-ARGE *Messerschmidt/Thierau*, NZBau 2007, 205 ff.
131 *Hausmann*, in: Kulartz/Marx/Portz/Prieß, VOL/A, § 7 Rn 196, *Prieß/Gabriel*, WuW 2006, 385, 390; *Weyand*, Vergaberecht, § 97 GWB Rn 529; *Wirner*, ZfBR 2003, 545, 546; *OLG Düsseldorf*, Beschluß vom 15.12.2004, Verg 48/04, „Gerätekapazität", VergabeR 2005, 207 ff.; *OLG Naumburg*, Beschluß vom 30.04.2007, 1 Verg 1/07, „Trink- und Abwasserleitungen", NZBau 2008, 73, 75.
132 Vgl. *Thierau/Messerschmidt*, NZBau 2007, 129; *Zerhusen/Nieberding*, BauR 2006, 296.
133 Vgl. *Egger*, Europäisches Vergaberecht, Rn 1266 (S. 301).

tergemeinschaft kann auch durch die Subunternehmerschaft eine Unzuverlässigkeit des Bieters grundsätzlich nicht ausgeglichen werden.[134]

a. Vorgaben des EuGH und der VKR

Hinsichtlich der anderen Eignungskriterien wurde durch mehrere Entscheidungen des *EuGH* klargestellt, daß eine insoweit fehlende Eignung des Bieters selbst nicht zum Ausschluß seines Angebots führen darf, sofern er auf die Kapazitäten anderer Unternehmen zugreifen kann.[135] In Anlehnung an diese Rechtsprechung wurden in der Vergabekoordinierungsrichtlinie in Artt. 47 Abs. 2, 48 Abs. 3 entsprechende Regelungen hinsichtlich der abgeleiteten Eignung getroffen. Art. 47 Abs. 2 VKR bestimmt für die Prüfung der wirtschaftlichen und finanziellen Leistungsfähigkeit:

„Ein Wirtschaftsteilnehmer kann sich gegebenenfalls für einen bestimmten Auftrag auf die Kapazitäten anderer Unternehmen ungeachtet des rechtlichen Charakters der zwischen ihm und diesem Unternehmen bestehenden Verbindungen stützen. Er muß in diesem Fall [...] nachweisen, daß ihm die erforderlichen Mittel zur Verfügung stehen, indem er beispielsweise die diesbezüglichen Zusagen dieser Unternehmen vorlegt."

Eine parallele Regelung erfolgte in Art. 48 Abs. 3 VKR hinsichtlich der Prüfung der technischen und/oder beruflichen Leistungsfähigkeit. Entsprechende Regelungen finden sich in Art. 54 Abs. 5, 6 SKR. Auf das dort geregelte Recht der Sektorenauftraggeber wird im folgenden indes nicht mehr eingegangen.

In nationales Recht umgesetzt wurden die europarechtlichen Vorgaben im Rahmen des Legislativpakets 2006 mit entsprechenden Kodifikationen in §§ 6 Abs. 2 Nr. 2 VgV, 8 a Nr. 10 VOB/A für den Baubereich und §§ 4 Abs. 4 VgV, 7 a Nr. 3 Abs. 6 VOL/A für Liefer- und Dienstleistungen.[136] Demnach können sich Bieter zum Nachweis der Leistungsfähigkeit und Fachkunde der Fähigkeiten anderer Unternehmen bedienen, wenn sie als Nachweis ihrer Verfügungsmacht etwa eine entsprechende *Verpflichtungserklärung* vorlegen.[137]

---

134 *Terwiesche*, VergabeR 2009, 26, 37.
135 *EuGH*, Urteil vom 14.04.1994, Rs. C-389/92, „Ballast Nedam Groep I", Slg. 1994, I-1289, Rn 17; Urteil vom 18.12.1997, Rs. C-5/97, „Ballast Nedam Groep II", Slg. 1997, I-7549; Urteil vom 02.12.1999, Rs. C-176/98, „Holst Italia", Slg. 1999, I-8607, 8639 f, Rn 31, Urteil vom 18.03.2004, Rs. C-314/01, „Siemens, ARGE Telekom", Slg. 2004, I-2549.
136 §§ 4 Abs. 4, 6 Abs. 2 Nr. 2 VgV gestatten in Bezug auf die gewerbsmäßige Ausführung der Leistung bzw. das Eigenleistungserfordernis einen Rückgriff auf fremde Ressourcen und ermöglichen damit eine Beteiligung von Generalunternehmern und –übernehmern. Zur Rechtslage vor Einfügung des § 8 a Nr. 10 VOB/A 2006 vgl. *VK Düsseldorf*, Beschluß vom 23.04.2007, VK - 9/2007 – B, ZfBR 2007, 617, 620.
137 *Hausmann*, in: Kulartz/Marx/Portz/Prieß, VOL/A, § 7 Rn 197; in der VOB/A 2009 soll in § 6 a Abs. 10 S. 2 erstmals eine Regelung hinsichtlich des Verfahrensablaufs getroffen werden, welche einer Anregung des *BGH* entspricht (s.u. Teil 1 B.II.1.f., S. 60). Danach ist die

b. Nachunternehmer- und Verpflichtungserklärung

Bei der Verpflichtungserklärung handelt es sich um eine *Erklärung des Subunternehmers*, in welcher er sich verpflichtet, seine Kapazitäten dem Bieter zur Verfügung zu stellen. Demgegenüber handelt es sich bei der *Nachunternehmererklärung* um eine *Erklärung des Bieters*, in der er die Teilleistungen und die Nachunternehmer benennt, welche er für eine Subvergabe vorgesehen hat.[138] Aufgrund der nunmehr vom *BGH* vorgenommen Differenzierung zwischen der Benennung der Leistungen und der Namen der Nachunternehmer ist zu beachten, daß im folgenden mit Nachunternehmererklärung die namentliche Bezeichnung der Nachunternehmer gemeint ist. Hiervon zu unterscheiden ist die Benennung der subvergebenden Leistungen. Diese Erklärung kann auf Grundlage des Art. 25 S. 1 VKR gefordert werden, wonach im Fall einer beabsichtigten Unterbeauftragung durch den Bieter die an Nachunternehmern zu vergebenden Leistungen zu benennen sind, sofern dies in den Verdingungsunterlagen gefordert wird. Dementsprechend sehen § 10 Nr. 5 Abs. 3 VOB/A 2006; § 8 Abs. 2 Nr. 2 VOB/A 2009 fakultativ vor, daß der Auftraggeber die Bieter auffordern kann, in ihrem Angebot jene Leistungen anzugeben, die sie an Nachunternehmer zu vergeben beabsichtigen.[139]

Bezüglich eines Nachunternehmereinsatzes ist somit zwischen drei verschiedenen Erklärungen des Bieters zu differenzieren:

1. der Angabe der subzuvergebenden Teilleistungen,
2. der Nachunternehmererklärung als namentlicher Benennung der Nachunternehmer und
3. deren Verpflichtungserklärungen.

Diese Unterscheidung ist auch nach den beabsichtigten Neuregelungen in der VOB/A 2009 noch von Bedeutung.[140]

Verpflichtungserklärung nicht mit dem Angebot vorzulegen, vielmehr „fordert der Auftraggeber von den in der engeren Wahl befindlichen Bietern den Nachweis darüber, daß ihnen die entsprechenden Mittel zur Verfügung stehen".

138 Zur Erforderlichkeit der Differenzierung vgl. *OLG Naumburg*, Beschluß vom 13.10.2008, 1 Verg 10/08, NZBau 2008, 788, 792.
139 Die VOL/A 2006 regelt in §§ 9 Nr. 4 lit. d, 10 zwar die Weitervergabe an Unterauftragnehmer, enthält aber keine § 10 Nr. 5 Abs. 3 VOB/A 2006 entsprechende Regelung; zahlreiche Entscheidungen der Vergabenachprüfungsinstanzen bezüglich der Angaben über den beabsichtigten Nachunternehmereinsatz finden sich bei *Weyand*, Vergaberecht, § 10 VOB/A Rn 4350.
140 § 6 a Abs. 10 VOB/A 2009 bezieht sich unmittelbar nämlich nur auf die Verpflichtungserklärung, vgl. Teil 1 B.II.2.b.cc.(10)(a)(aa) (S. 90).

c. Zwei verschiedene Fallgruppen

Neben den Fall, daß ein Bieter auf die Leistungsfähigkeit und Fachkunde eines Subunternehmers verweisen muß, um die Eignungsprüfung zu bestehen, tritt die Konstellation, daß ein Bieter sich für einzelne Teilleistungen eines Nachunternehmers bedienen will, ohne sich auf dessen Eignung berufen zu wollen bzw. zu müssen. Dies ist insofern der klassische Fall der Subunternehmerschaft, als die erstgenannte Konstellation, bezüglich der Eignung auf die Ressourcen anderer Unternehmen zu verweisen, erst durch die Rechtsprechung des *EuGH* einen breiten Anwendungsbereich gefunden hat.[141] Vor diesen Entscheidungen wurde die Teilnahme eines große Leistungsanteile subvergebenden Generalunternehmers und insbesondere jene eines Generalübernehmers unter dem Gesichtspunkt des im nationalen Recht normierten Selbstausführungsgebots überwiegend abgelehnt.[142]

3. Einsatz eines verbundenen Unternehmens

Die Kooperation zwischen verbundenen Unternehmen kann entsprechend einer Bietergemeinschaft gestaltet werden, wenn mehrere Unternehmen das Angebot gemeinsam erstellen und in dieser Form gegenüber dem Auftraggeber auftreten. Konstruktiv handelt es sich dabei um das Auftreten eigenständiger juristischer Personen, die sich zwecks Teilnahme am Vergabeverfahren zusammengeschlossen haben. Besonderheiten im Vergleich zu einem Zusammenschluß voneinander unabhängiger Unternehmen zu einer Bietergemeinschaft bestehen hierbei nicht. Folglich ist auf diese Konstellation nicht näher einzugehen.

Den Regelfall einer Kooperation im Konzern bildet das Auftreten einer einzigen Gesellschaft als Bieter, welche sich bestimmter Kapazitäten konzernangehöriger Unternehmen bedient. Betrachtet man die verbundenen Unternehmen jeweils als eigenständige juristische Personen, handelt es sich um den klassischen Fall des Einsatzes von Subunternehmern.

Im Rahmen der vorliegenden Untersuchung werden hingegen Konstellationen untersucht, in denen die verbundenen Unternehmen als Einheit zu qualifizieren sind. Hierbei handelt es sich streng genommen nicht mehr um Subunternehmerschaft, da diese den Einsatz eines anderen Unternehmens zur Voraussetzung hat. Eine rechtstheoretische Diskussion um die korrekte Bezeichnung soll an dieser Stelle jedoch nicht eröffnet werden. Als Konsenslinie soll der Terminologie des

---

141 Die *VK Lüneburg*, Beschluß vom 30.01.2009, VgK-54/2008, juris-Rn 44 f. unterscheidet vergleichbar zwischen dem „gewöhnlich" bzw. „normalen" Nachunternehmereinsatz und dem „qualifizierten".
142 Vgl. *Boesen/Upleger*, NVwZ 2004, 919 ff.; *Werner*, in: Willenbruch/Bischoff, Vergaberecht, 4. Los, § 8 VOB/A Rn 8 ff. (S. 403 f.); *Wirner*, LKV 2005, 185 ff.

OLG Düsseldorf gefolgt werden, welches die Kooperation im Konzern im Vergleich zur Nachunternehmerbeauftragung abgrenzt als „rechtlich verwandte Fallgestaltung [...], in der sich der Bieter bei der Erfüllung des Auftrags der Kapazitäten ihm verbundener Unternehmen bedienen will."[143] Dies dürfte allseits akzeptiert werden, da das *OLG Düsseldorf* in der Entscheidung „weiße Post" entgegen der hier verfolgten These darauf besteht, verbundene Unternehmen seien als verschiedene juristische Personen zu behandeln und daran negative Konsequenzen knüpft. Bei diesem Verständnis des *OLG Düsseldorf* liegt der klassische Fall einer Subunternehmerschaft vor, so daß es der abweichenden Bezeichnung als rechtlich verwandter Fallgestaltung nicht bedurft hätte. Indem das Gericht gleichwohl eine eigenständige Terminologie wählt, gibt es zu erkennen, daß es sich sehr wohl um eine von der Subunternehmerschaft zu unterscheidende Fallgruppe handelt.[144] Inwieweit für die Kooperation im Konzern Sonderregeln gelten, wird in Teil 2 eingehend untersucht.

II. Angebotswertung

Die Angebotswertung läßt sich systematisch in vier Stufen einteilen. Im Regelfall des offenen Verfahrens haben die Bieter bis zum Ablauf der Angebotsfrist ein vollständiges Angebot abzugeben. Dieses bildet sodann den Gegenstand der formellen Prüfung und der Eignungsprüfung. Der eigentlichen Angebotsabgabe kann allerdings im nichtoffenen Verfahren, im Verhandlungsverfahren mit Vergabebekanntmachung und im wettbewerblichen Dialog ein Teilnahmewettbewerb vorgeschaltet sein. In diesem Fall bezieht sich die Eignungsprüfung auf den Teilnahmeantrag, zur Angebotsabgabe werden nur geeignete und gegebenenfalls gesondert ausgewählte Bewerber aufgefordert.[145] Im folgenden wird terminologisch die Ab-

---

143 *OLG Düsseldorf*, Beschluß vom 12.12.2007, Verg 34/07, NJOZ 2008, 1439, 1444 sowie Beschluß vom 28.04.2008, VII-Verg 1/08, „weiße Post", VergabeR 2008, 948, 954.
144 Aufgrund dieser Ungleichheit dürfte es unzulässig sein, mittels der Vergabeunterlagen eine Gleichstellung zu bewirken; aA *OLG Düsseldorf* vom 12.12.2007, Verg 34/07, NJOZ 2008, 1439, 1444; in dem dort zu entscheidenden Fall hieß es in der Leistungsbeschreibung unter dem Titel Unterbeauftragung: „Der Auftraggeber weist darauf hin, daß verbundenen Unternehmen, wie z.B. Schwester- oder Tochterunternehmen des Bieters, auch Unterauftragnehmer sind." Will ein Bieter sich allein kraft Verbundenheit auf die Eignung konzernangehöriger Unternehmen berufen und würde dies durch eine entsprechende Klausel verhindert, sollte er diese als rechtswidrig rügen, um später mit einem derartigen Vortrag nicht präkludiert zu sein.
145 Dies bestimmt für das nichtoffene Verfahren § 8 a Nr. 3 S. 1 u. 4 VOB/A 2006; § 6 a Abs. 3 S. 1 u. 4 VOB/A 2009, für das Verhandlungsverfahren §§ 8 a Nr. 5 i.V.m. 8 Nr. 4 S. 1 VOB/A 2006; §§ 6 a Abs. 5 i.V.m. § 6 Abs. 3 VOB/A 2009 und für das Verhandlungsverfahren mit Vergabebekanntmachung und den wettbewerblichen Dialog ergibt es sich aus § 8 a Nr. 4 S. 1 VOB/A 2006; § 6 a Abs. 4 VOB/A 2009; vgl. *Dreher*, in: Immenga/Mestmäcker, GWB, § 97 Rn 152; *Prieß*, Hdb. des europäischen Vergaberechts, S. 252 f.

gabe eines Angebots zugrunde gelegt und die Alternative eines Teilnahmeantrags in der Regel nicht erwähnt. Ebenso wird nur der Bieter genannt, der ein Angebot abgegeben hat und nicht auch der Bewerber, der an einem Teilnahmewettbewerb beteiligt ist. Sofern sich bei einzelnen Problemen unterschiedliche Rechtsfolgen ergeben, werden diese erwähnt.

Bezüglich der ersten und zweiten Wertungsstufe sind umfangreiche Ausführungen unerläßlich, welche sogleich in gesonderten Abschnitten erfolgen. Im Rahmen eines einführenden Überblicks soll daher an dieser Stelle eine kurze Darstellung der dritten und vierten Wertungsstufe vorgezogen werden. Auf der dritten Stufe der Angebotswertung wird im Einklang mit Art. 55 VKR geprüft, ob die Angebotspreise angemessen sind. Angebote mit einem unangemessen hohen oder niedrigen Preis sind auszuschließen, §§ 25 Nr. 3 Abs. 1 VOB/A 2006; 25 Nr. 2 Abs. 2 VOL/A 2006. Hierbei werden insbesondere sog. Unterkostenangebote ausgeschlossen, die unauskömmlich kalkuliert sind. Nur Angebote, die unter Berücksichtigung rationellen Betriebs und sparsamer Wirtschaftsführung eine einwandfreie Ausführung einschließlich Gewährleistung erwarten lassen, überstehen die preisliche Wertungsstufe und kommen in die engere Wahl, § 25 Nr. 3 Abs. 3 Satz 1 VOB/A 2006. In die engere Wahl gelangen damit regelmäßig nur eine begrenzte Zahl von Angeboten, die kostenmäßig relativ eng beieinander liegen.[146]

Unter diesen Angeboten wird auf der vierten und letzten Stufe der Angebotswertung anhand der bekanntgegebenen Zuschlagskriterien das wirtschaftlichste Angebot ermittelt und auf dieses der Zuschlag erteilt.[147]

1. Formelle Angebotsprüfung

Auf der ersten Stufe der Angebotswertung erfolgt eine formelle Prüfung. Angebote, welche einen Mangel aufweisen, der in den Aufzählungen der §§ 25 Nr. 1 VOB/A 2006, 25 Nr. 1 VOL/A 2006 genannt ist, sind auszuschließen. In den Fassungen von 2009 sind entsprechende Regelungen in § 16 Abs. 1 Nr. 1 VOB/A und § 19 EG Abs. 3 VOL/A vorgesehen.

Bereits im Rahmen der ersten Wertungsstufe wird die Frage nach der Rechtmäßigkeit sowohl einer Kooperation als auch einer Konkurrenz verbundener Unternehmen virulent.

---

146 *Dähne*, in: Kapellmann/Messerschmidt, VOB, § 25 VOB/A Rn 67.
147 Art. 53 VKR; §§ 97 Abs. 5 GWB, 25 Nr. 3 Abs. 3 S. 2 VOB/A 2006; 25 Nr. 3 VOL/A 2006.

a. Relevanz für die Konkurrenz im Konzern

Auf die Konkurrenz verbundener Unternehmen können §§ 25 Nr. 1 Abs. 1 lit. c VOB/A 2006; 25 Nr. 1 Abs. 1 lit. f VOL/A 2006 Anwendung finden, denen §§ 16 Abs. 1 Nr. 1 lit. d VOB/A 2009; 19 EG Abs. 3 lit. f VOL/A 2009 entsprechen. Danach werden Angebote von Bietern ausgeschlossen, die in Bezug auf die Ausschreibung eine unzulässige wettbewerbsbeschränkende Abrede getroffen haben. Auf dieser Rechtsgrundlage erfolgt ein Ausschluß der Angebote bei einer unzulässigen Mehrfachbeteiligung, welche bei der Teilnahme mehrerer Gesellschaften desselben Konzerns regelmäßig vorliegt, wenn man die verbundenen Unternehmen als Einheit betrachtet.[148]

b. Relevanz für die Kooperation im Konzern

Auch im Fall der Kooperation verbundener Unternehmen droht ein Ausschluß bereits im Rahmen der ersten Wertungsstufe. Kann sich ein Bieter nicht allein kraft Konzernverbundenheit auf die Ressourcen eines konzernangehörigen Unternehmens berufen – entweder weil man diese Möglichkeit generell ablehnt oder weil der Grad der Verbundenheit nicht ausreicht – muß er zur Nutzung der Kapazitäten des anderen Unternehmens durch letzteres ermächtigt sein. Diese Berechtigung ist nachzuweisen, beispielsweise durch eine Verpflichtungserklärung.[149] Wird ein solcher Nachweis in den Vergabeunterlagen gefordert und legt der Bieter ihn nicht vor, fehlt es zumindest nach der bisherigen Rechtsprechung an einer geforderten Erklärung, so daß das Angebot grundsätzlich wegen eines formellen Mangels auszuschließen ist.[150] Dieser formelle Ausschlußgrund findet indes nur Anwendung, wenn die Vergabeunterlagen für den Fall des Gebrauchs der abgeleiteten Eignung explizit die Vorlage von Verpflichtungserklärungen fordern.[151]

Stellen die Vergabeunterlagen diese Forderung nicht auf und weist der Bieter seine Berechtigung zur Nutzung fremder Ressourcen nicht nach, fehlt keine geforderte Erklärung. Ist der Bieter aber selbst nicht zur Ausführung der subvergebenen Teilleistung in der Lage, ist die Eignung nicht belegt. Das Angebot genügt nicht den Anforderungen der §§ 25 Nr. 2 Abs. 1 VOB/A 2006; 25 Nr. 2 Abs. 1

---

148 Siehe ausf. Teil 3 (S. 146 ff.).
149 S.o. Teil 1 B.I.2. (S. 51) sowie zu den Anforderungen an den Verfügbarkeitsnachweis Teil 1 B.II.2.b.cc.(1) (S. 75).
150 § 25 Nr. 1 Abs. 1 lit. b i.V.m. § 21 Nr. 1 Abs. 2 S. 5 VOB/A 2006 und § 25 Nr. 1 Abs. 2 lit. a i.V.m. § 21 Nr. 1 Abs. 1 S. 1 VOL/A 2006.
151 *OLG München*, Beschluß vom 06.11.2006, Verg 17/06, „Ortsumfahrung Werneck", VergabeR 2007, 225.

VOL/A 2006, so daß es aufgrund dessen aus der Wertung zu nehmen ist.[152] Systematisch erfolgt der Ausschluß damit nicht auf der ersten, sondern auf der zweiten Stufe der Angebotswertung.

c. Grundsatz Ausschluß bei fehlenden Erklärungen

Bis zum Jahr 2008 war es gängige Praxis, für den Fall eines beabsichtigten Nachunternehmereinsatzes die Vorlage der Nachunternehmer- und Verpflichtungserklärung mit dem Angebot bzw. Teilnahmeantrag zu fordern. An der Zulässigkeit, diese Erklärung zu fordern, wurden keine Zweifel geäußert und teilweise wurde sogar angenommen, auch ohne eine entsprechende Forderung des Auftraggebers habe der Bieter diese Erklärungen unaufgefordert von sich aus mit dem Angebot vorzulegen.[153]

Waren die Nachunternehmer- und Verpflichtungserklärung gefordert und lagen sie nicht vor, galt seit einer grundlegenden Entscheidung des *BGH* als geklärt, daß dies den zwingenden Ausschluß des Angebots zur Folge haben müsse.[154] Damit erteilte der *BGH* der zuvor verbreiteten Auffassung eine Absage, die nach der Wettbewerbsrelevanz fehlender Erklärungen differenzierte.[155] Der *BGH* vertrat seit 2003 in ständiger Rechtsprechung, daß bei Fehlen geforderter Erklärungen kein Raum für eine großzügige Handhabe bestehe. Ein transparentes, auf Gleichbehandlung aller Bieter beruhendes Vergabeverfahren sei nur zu erreichen, wenn lediglich Angebote gewertet würden, die in jeder sich aus den Verdingungsunterlagen ergebenden Hinsicht und grundsätzlich ohne weiteres vergleichbar seien.[156] Sei in den Verdingungsunterlagen eine Erklärung gefordert worden, sei diese als Umstand ausgewiesen, der für die Vergabeentscheidung relevant sein solle, so

---

152 *OLG Düsseldorf*, Beschluß vom 22.08.2007, VII-Verg 20/07, ZfBR 2009, 102, 104; ausf. zum Nachweis der Eignung sogleich unter Teil 1 B.II.2. (S. 64); im Beschluß vom 28.04.2008, VII-Verg 1/08, „weiße Post", VergabeR 2008, 948, 953 f. begründet das *OLG Düsseldorf* den Ausschluß eines Angebots wegen der Nichtvorlage einer Verpflichtungserklärung sowohl mit dem Fehlen einer geforderten Erklärung als auch mit dem mangelnden Nachweis der Eignung.
153 *Schranner*, in: Ingenstau/Korbion, VOB, § 2 VOB/A Rn 5.
154 *BGH*, Beschluß vom 18.02.2003, X ZB 43/02, „Rohbauarbeiten", BGHZ 154, 32 = NZBau 2003, 293; zu Nachweisen aus der obergerichtlichen Rechtsprechung vgl. *Franke/Grünhagen*, in: Franke/Kemper/Zanner/Grünhagen, VOB, § 25 VOB/A Rn 102 sowie *Schramm*, in: Müller-Wrede, Kompendium, Kapitel 11 Rn 59 (S. 325 f.); zur Rechtslage vor dieser BGH-Entscheidung vgl. *Gröning*, NZBau 2003, 86 ff.
155 *Franke/Grünhagen*, in: Franke/Kemper/Zanner/Grünhagen, VOB, § 25 VOB/A Rn 107; *Summa*, in: jurisPK-VergabeR, § 25 VOB/A Rn 91.
156 *BGH*, Beschluß vom 18.02.2003, X ZB 43/02, „Rohbauarbeiten", BGHZ 154, 32, 45 = NZBau 2003, 293, 296; Beschluß vom 18.05.2004, X ZB 7/04, „Rudower Höhe", BGHZ 159, 186 ff. = NZBau 2004, 457, 458 f. sowie Urteil vom 24.05.2005, X ZR 243/02, NZBau 2005, 594, 595.

daß ihr Fehlen zwingend den Ausschluß des Angebots nach sich ziehe.[157] Als Folge dieser Vorgaben des *BGH* entwickelte sich eine Rechtsprechung der Vergabenachprüfungsinstanzen, nach welcher Angebote auch wegen des Fehlens völlig bangloser Erklärungen ausgeschlossen werden konnten.[158]

d. Kritik

Diese Gewährleistung der Transparenz und Gleichbehandlung durch Formenstrenge wird in der Literatur zwar vereinzelt befürwortet.[159] Überwiegend wird die strikte Anwendung der Sanktion des Ausschlusses hingegen als „Verabsolutierung des Gleichheitsgrundsatzes zu Lasten des Vergabewettbewerbs" abgelehnt.[160] Auch einige Obergerichte verweigern dem *BGH* die Gefolgschaft.[161] So ist etwa nach Ansicht des *OLG Düsseldorf* ein Ausschluß nicht gerechtfertigt, wenn die fehlende Erklärung für den Auftraggeber objektiv ohne Bedeutung und zudem ohne Relevanz für den Bieterwettbewerb ist.[162]

e. Ausnahme Unzumutbarkeit

Die auf breiter Front geäußerte Kritik führte zu einer Modifikation der Rechtsprechung des *BGH*. In zwei Urteilen vom 01.08.2006 und vom 10.06.2008 bejahte der *BGH* Ausnahmen vom Grundsatz des strikten Ausschlusses bei Unzumutbarkeit der Vorlage geforderter Erklärungen.[163] Die Ausnahme der Unzumutbarkeit als Hintertür zu einer weniger formalistischen Linie hatte sich der *BGH* bereits in dem grundlegenden strikten Urteil offen gehalten.[164] In den Urteilen aus jüngerer Zeit

---

157 Vgl. hierzu statt aller *Weyand*, Vergaberecht, § 25 VOB/A Rn 5321 mwN aus der Rechtsprechung der Oberlandesgerichte und Vergabekammern.
158 Vgl. *Luber*, VergabeR 2009, 14 ff.; *Weyand*, Vergaberecht, § 25 VOB/A Rn 5323 ff.
159 *Summa*, in: jurisPK-VergabeR, § 25 VOB/A Rn 92 ff. sowie *Franke/Grünhagen*, in: Franke/Kemper/Zanner/Grünhagen, VOB, § 25 VOB/A Rn 94.
160 So *Dreher*, in: Immenga/Mestmäcker, GWB, § 97 Rn 87; ebenfalls kritisch gegenüber der strikten Rechtsprechung *Maier*, NZBau 2005, 374, 375 ff.; *Möllenkamp*, NZBau 2005, 557, 561; *Rittwage*, NZBau 2007, 484, 488.
161 Vgl. *Dreher*, in: Immenga/Mestmäcker, GWB, § 97 Rn 87; *Maier*, NZBau 2005, 374; *Weyand*, Vergaberecht, § 25 VOB/A Rn 5326 ff. je mwN.
162 *OLG Düsseldorf*, Beschluß vom 05.04.2006, VII-Verg 3/06, juris-Rn 47.
163 *BGH*, Urteil vom 01.08.2006, X ZR 115/04, NZBau 2006, 797 sowie Urteil vom 10.06.2008, X ZR 78/07, „Nachunternehmererklärung" = „BAB-Leiteinrichtungen", NZBau 2008, 592.
164 *BGH*, Beschluß vom 18.02.2003, X ZB 43/02, „Rohbauarbeiten", BGHZ 154, 32, 45 = NZBau 2003, 293, 296, wonach nur eine solche Erklärung vorliegen muß, „deren Angabe den Bieter nicht unzumutbar belastet".

konkretisiert der *BGH* die Voraussetzungen für ein Eingreifen dieses Ausnahmefalles.[165]

Der *BGH* bejahte die Unzumutbarkeit zunächst für den Fall, daß die Ausschreibungsbedingungen eine technisch unmögliche Leistung verlangen und eine diesbezügliche Erklärung des Bieters fehlt. Laut Urteil vom 10.06.2008[166] kann es für Bieter zudem unzumutbar sein, schon mit dem Angebot angeben zu müssen, welche Subunternehmer sie einzusetzen beabsichtigen.

f. Modifizierte BGH-Rechtsprechung zum Nachunternehmereinsatz

Das Urteil vom 10.06.2008[167] stellt einen Wendepunkt in der Einstellung des *BGH* bezüglich der Pflicht zur Vorlage geforderter Nachunternehmer- und Verpflichtungserklärungen dar. Dies rechtfertigt es, sogleich eine längere Passage wortwörtlich wiederzugeben. Vorab ist zu bemerken, daß es in der Entscheidung nicht streitentscheidend war, ob die Forderung einer Nachunternehmer- und Verpflichtungserklärung im konkreten Fall unzumutbar und deshalb trotz der Nichtvorlage von einem zwingenden Ausschluß abzusehen war. Somit handelte es sich bei den folgenden Ausführungen um ein obiter dictum:[168]

> „Die VOB/A selbst sieht lediglich – fakultativ – vor, daß der Auftraggeber die Bieter auffordern kann, in ihrem Angebot die Leistungen anzugeben, die sie an Nachunternehmer zu vergeben beabsichtigen (§ 10 Nr. 5 Abs. 3 VOB/A). Diese Angaben reichen zunächst aus, um den Auftraggeber darüber ins Bild zu setzen, wie der einzelne Bieter den Auftrag zu erfüllen gedenkt. Den Bietern ist es zuzumuten, schon in diesem Stadium des Vergabeverfahrens Auskunft darüber zu geben, ob für bestimmte Leistungsteile eine Subunternehmereinschaltung vorgesehen ist. Anders kann es sich verhalten, wenn sie schon bei der Angebotsabgabe verbindlich mitteilen müssen, welche Subunternehmer sie bei der Ausführung einschalten wollen. Um dazu wahrheitsgemäße Erklärungen abzugeben, müßten sich alle Ausschreibungsteilnehmer die Ausführung der fraglichen Leistungen von den jeweils ins Auge gefaßten Nachunternehmern bindend zusagen lassen. Eine solche Handhabung kann die Bieter insgesamt in Anbetracht des Umstands, daß der Zuschlag naturgemäß nur auf ein Angebot ergeht, in einem Maße belasten, das in der Regel nicht in einem angemessenen Verhältnis zu den Vorteilen dieser Vorgehensweise für die Vergabestellen steht. Sie ersparen sich damit lediglich den zusätzlichen organisatorischen und zeitlichen Aufwand, zu gegebener Zeit nach Angebotseröffnung von einem engeren Kreis der Bieter – etwa von denjenigen, deren Angebote in die engere Wahl gelangt sind (§ 25 Nr. 3 Abs. 3 Satz 1 VOB/A) – die gegebenenfalls vorgesehenen Nachunternehmer zu erfragen. Zusätzlich ist zu bedenken, daß sich das

---

165 Im Sinne einer Konkretisierung bezeichnet der *BGH* die jüngeren Urteile nicht als Änderung, sondern als Fortführung der früheren Rechtsprechung: *BGH*, Urteil vom 01.08.2006, X ZR 115/04, NZBau 2006, 797, Leitsatz 1 b.
166 X ZR 78/07, „Nachunternehmererklärung" = „BAB-Leiteinrichtungen", NZBau 2008, 592.
167 X ZR 78/07, „Nachunternehmererklärung" = „BAB-Leiteinrichtungen", NZBau 2008, 592.
168 So auch *OLG München*, Beschluß vom 22.01.2009, Verg 26/08, juris-Rn 47.

Risiko der Auftraggeber, lukrative Angebote wegen unvollständiger Abgabe von geforderten Erklärungen ausschließen zu müssen, nach den Beobachtungen des Senats mit der steigenden Zahl dieser vorgesehenen Erklärungen und außerdem dann erhöht, wenn die Abgabe verbindlich zum frühestmöglichen Zeitpunkt, also mit dem Angebot vor dem Eröffnungstermin verlangt wird."[169]

In einem zuvor entschiedenen Urteil stützt der *BGH* den Ausschluß eines Angebots ausschließlich auf die fehlenden Erklärungen bezüglich der von den Nachunternehmern zu erbringenden Leistungen.[170] Die Frage, ob das Angebot auch deshalb von der Wertung auszuschließen war, weil die Nachunternehmer mit dem Angebot nicht namentlich benannt waren, ließ der *BGH* ausdrücklich offen.[171]

Der neueren BGH-Rechtsprechung kann daher der Grundsatz entnommen werden, daß die von Nachunternehmer zu erbringenden Leistungen sehr wohl mit dem Angebot gefordert werden dürfen und vom Bieter zu benennen sind. Die Forderung nach einer Nennung der Namen der Nachunternehmer und der Vorlage von Verpflichtungserklärungen kann hingegen unzumutbar sein.

g. *Übernahme der BGH-Rechtsprechung*

Entsprechend dieser Änderung bzw. Konkretisierung der Rechtsprechung sind Aktualisierungen im Vergabehandbuch des Bundes (VHB) in der Fassung vom 1.7.2008 erfolgt.[172] So wurde für dem Kartellvergaberecht unterfallende Ausschreibungen die bis dahin im VHB vorgesehene Verfahrensweise aufgegeben, daß der Bieter bereits mit dem Angebot Art und Umfang der zur Subvergabe vorgesehenen Leistungen samt Namen der Nachunternehmer angeben muß.[173] Nunmehr sind nach dem VHB mit dem Angebot nur noch die Art und der Umfang der für eine Subvergabe vorgesehenen Leistung anzugeben, die Namen der Subunternehmer und deren Verpflichtungserklärungen sollen von der Vergabestelle gesondert angefordert werden.[174]

Die modifizierte Rechtsprechung des *BGH* klingt auch in der beabsichtigten Neuregelung der VOB/A 2009 an, wird dort allerdings nur teilweise übernommen.[175]

---

169 *BGH*, Urteil vom 10.06.2008, X ZR 78/07, „Nachunternehmererklärung" = „BAB-Leiteinrichtungen", NZBau 2008, 592, 593.
170 *BGH*, Urteil vom 18.09.2007, X ZR 89/04, „Altenheim", NZBau 2008, 137, 138.
171 Ebenda.
172 *Gulich*, VergabeR 2009, 75, 76.
173 Vgl. Erlaß des Bundesministeriums für Verkehr, Bau und Stadtentwicklung (BMVBS) vom 02.06.2008 – Einführung des VHB 2008, S. 3; im Internet abrufbar unter http://www.bmvbs.de/Bauwesen/Bauauftragsvergabe/Vergabehandbuch-,1535.1052597/Vergabe-und-Vertragshandbuch-f.htm.
174 Vgl. Erlaß des BMVBS vom 02.06.2008, ebenda.
175 S.u. Teil 1 B.II.2.b.cc.(10)(a) (S. 90).

h. Unklare Reichweite der modifizierten BGH-Rechtsprechung

Unter Geltung der VOB/A 2006 sind bezüglich der Forderung von Nachunternehmer- und Verpflichtungserklärungen mehrere Fragen offen. Dies gilt zunächst bezüglich der Feststellung des *BGH*, die Forderung nach einer Nennung der Namen der Nachunternehmer könne unzumutbar sein. Anhaltspunkte dafür, ob diese Forderung nur im absoluten Ausnahmefall unzumutbar ist oder aber in aller Regel, lassen sich der Rechtsprechung des *BGH* nicht entnehmen.[176] Aufgrund des Charakters der Ausführungen als obiter dictum ist zudem unklar, inwieweit damit eine Rechtsprechungsänderung für den Fall verbunden ist, daß in den Verdingungsunterlagen ausdrücklich und unmißverständlich die Forderung nach einer Vorlage der Nachunternehmer- und Verpflichtungserklärung bereits mit dem Angebot gestellt wird.

Das *OLG München* schwenkte in Abweichung von seiner früheren Ansicht auf die Linie des *BGH* ein. Das Gericht sieht die Forderung nach einer Vorlage der Nachunternehmer- und Verpflichtungserklärung mit dem Angebot im konkreten Fall – aber mit verallgemeinerungsfähigen Begründungen – als unzumutbar an.[177] Entgegengesetzt lehnt das *OLG Naumburg* eine Verallgemeinerung des neuen Ansatzes des *BGH* mit pauschalen Argumenten ab.[178] Für den gebotenen zwingenden Ausschluß eines Angebotes wegen fehlender Verpflichtungserklärung sei es unerheblich, ob die subvergebenen Leistungen einen mehr oder weniger bedeutenden Teil der ausgeschriebenen Leistungen beträfen. Nur bei formenstrenger Angebotswertung sei die Gleichbehandlung aller Bieter gewährleistet.[179] Auch das *OLG Celle* bezieht im ausdrücklichen Gegensatz zum *BGH* klar Stellung zugunsten einer streng formalistischen Auffassung und kontert das obiter dictum des *BGH* mit einem ebensolchen.[180] Obwohl derartige Ausführungen – mangels rechtzeitiger Rüge – entbehrlich gewesen wären, führt das *OLG Celle* aus:

> „Ob einem Umstand Relevanz für die Vergabeentscheidung zukommt, entscheidet allein der Auftraggeber. Indem die Antragsgegnerin keine Leistungsposition von der Verpflichtung zur Benennung etwaiger zu ihrer Erfüllung eingesetzter Nachunternehmen ausgenommen hat sowie entsprechende Verpflichtungserklärungen bereits bei

---

176 Gleichwohl nimmt etwa *Bungenberg*, WuW 2009, 503, 507 an, diese Forderung sei „in der Regel unverhältnismäßig".
177 *OLG München*, Beschluß vom 22.01.2009, Verg 26/08, juris-Rn 49; in der Literatur stimmt etwa *Gulich*, VergabeR 2009, 75, 76 der neuen Rechtsprechungslinie des *BGH* zu.
178 *OLG Naumburg*, Beschluß vom 04.09.2008, 1 Verg 4/08, „Autowäsche", VergabeR 2009, 211, 215 ff.
179 A.a.O., 217.
180 *OLG Celle*, Beschluß vom 02.10.2008, 13 Verg 4/08, „Schellenbergbrücke" NZBau 2009, 58, 61.

Angebotsabgabe verlangt hat, wird hinreichend deutlich, daß sie jeder der in dem Leistungsverzeichnis genannten Positionen eine wettbewerbliche Relevanz beimißt."[181]

Kus beschränkt die Reichweite der neuen Linie des *BGH* auf die entschiedene Fallgruppe der Auslegung mehrdeutiger Verdingungsunterlagen.[182] Andernfalls sei ein Angebot nach ständiger Rechtsprechung des *BGH* wegen des Fehlens geforderter Erklärungen zwingend auszuschließen.[183] Auch *Horn* mißt dem Urteil des *BGH* vom 10.06.2008 keine weitreichende Bedeutung bei.[184] Die vom *BGH* als interessengerecht empfundene späte Benennung der Nachunternehmer sei nur für Standardbeschaffungen im VOB-Bereich gut vertretbar. Für komplexere Bauleistungsvergaben werde auch weiterhin eine Nachunternehmerbenennung im Angebot wegen der Weitergabe wesentlicher Teilleistungen kaum verzichtbar sein. Ohnehin sei der Bieter gemäß § 8 a Nr. 10 S. 2 VOB/A 2006 gezwungen, Verpflichtungserklärungen der Nachunternehmer vorzulegen, folglich müsse der Auftraggeber deren Benennung verlangen.[185]

Schließlich hat der *BGH* selbst in einer Entscheidung vom 20.01.2009 eine streng formalistische Position verfochten. Dieses Urteil betraf zwar einen Wertungsausschluß von Preisnachlässen. Zur Begründung des Ausschlusses greift der *BGH* aber explizit auf seine ältere, streng formalistische Rechtsprechung bezüglich des Fehlens geforderter Erklärungen zurück.[186]

Diese unklare Reichweite der modifizierten BGH-Rechtsprechung läßt auch unter rechtspraktischen Erwägungen Raum für die Entwicklung eines eigenen Ansatzes. Dessen Resultate sind auch für die Auslegung der Neuregelung in der VOB/A 2009 heranzuziehen.

i. Ausschluß wegen des Fehlens einer geforderten Erklärung zum Nachunternehmereinsatz

Sowohl in der Rechtsprechung als auch in der Literatur wird der neuen Linie des *BGH* somit teilweise die Gefolgschaft verweigert und eine Verallgemeinerung abgelehnt. Es ist daher streitig, ob weiterhin ein Ausschluß wegen fehlender Erklärungen zulässig ist, wenn geforderte Nachunternehmer- und Verpflichtungserklärungen nicht mit dem Angebot vorlegt werden.

---

181 *OLG Celle*, Beschluß vom 02.10.2008, 13 Verg 4/08, „Schellenbergbrücke" NZBau 2009, 58, 61.
182 *Kus*, VergabeR 2009, 219, 220.
183 *Kus*, VergabeR 2009, 219, 220.
184 *Horn*, VergabR 2008, 785 ff.
185 *Horn*, VergabR 2008, 785, 787.
186 *BGH*, Urteil vom 20.01.2009, X ZR 113/07, „Altenheim mit Begegnungsstätte G.", NZBau 2009, 262, 264.

Dies ist zunächst mit einem klaren ja zu beantworten für den Fall, daß ein Bieter diese Forderung nicht rügt.[187] Gemäß § 107 Abs. 3 S. 1 GWB ist ein Antrag auf Einleitung eines Nachprüfungsverfahrens nur dann zulässig, wenn der Antragsteller einen erkannten Verstoß gegen Vergabevorschriften unverzüglich gerügt hat. Ist der Verstoß bereits aus der Bekanntmachung erkennbar, muß die Rüge spätestens bis zum Ablauf der Angebotsfrist erfolgen (§ 107 Abs. 3 S. 2 GWB).[188] Nur nach einer rechtzeitigen Rüge ist über die Rechtmäßigkeit der Abforderung der Nachunternehmer- und Verpflichtungserklärung schon mit dem Angebot zu entscheiden. Die Feststellung des *BGH*, eine solche Forderung könne unzumutbar sein, ist wenig aussagekräftig, weil nicht ersichtlich wird, ob es sich bei der Unzumutbarkeit um einen Ausnahme- oder den Regelfall handelt.

Im Rahmen dieser Arbeit ist daher zu untersuchen, in welchen Fallgruppen eine Unzumutbarkeit anzunehmen ist und wann eine solche Forderung des Auftraggebers legitim ist. Fehlende Angaben, deren zusätzlicher Informations- und Kenntniswert für den Auftraggeber bei verständiger Würdigung in keinem angemessenen Verhältnis zum Aufwand für den Bieter stehen, können – bei erfolgter Rüge durch den Bieter – nicht zu einem Ausschluß seines Angebots führen.[189] Inwieweit eine Nachunternehmer- und Verpflichtungserklärung für die Angebotswertung von Bedeutung ist, ist eine Frage der Eignungsprüfung. Dort ist daher der Frage nachzugehen, ob bei Fehlen einer Nachunternehmer- und Verpflichtungserklärung ein *Ausschluß wegen fehlender Eignung* gerechtfertigt ist. Ist dies der Fall, darf die entsprechende Erklärung – schon um dem Bieter die Bedeutung vor Augen zu führen – auch gefordert werden, so daß ein Ausschluß dann bereits auf der ersten Wertungsstufe erfolgen könnte. Eine Entscheidung, wann die Erklärungen gefordert werden dürfen, erfordert eine eingehende Untersuchung der Eignungsprüfung im Fall des Nachunternehmereinsatzes. Daher wird die Frage des Ausschlusses erst im folgenden Abschnitt thematisiert.

2. Eignungsprüfung

Auf der zweiten Stufe der Angebotswertung erfolgt die Prüfung der Eignung der nach der formellen Prüfung verbliebenen Bieter gemäß §§ 25 Nr. 2 VOB/A 2006;

---

187 *OLG Celle*, Beschluß vom 02.10.2008, 13 Verg 4/08, „Schellenbergbrücke", NZBau 2009, 58, 61; auch der *BGH* geht im Urteil vom 01.08.2006, X ZR 115/04, NZBau 2006, 797, 798 f. (Rn 16) bei der Forderung einer unzumutbaren Erklärung von einer Rügeobliegenheit des Bieters aus; demgegenüber sieht *Stoye*, IBR 2008, 588 es als offen an, ob bereits eine unzumutbare Forderung in den Ausschreibungsunterlagen die Rügeobliegenheit auslöst oder ob erst der vollzogene Ausschluß gerügt werden müsse.
188 Vgl. allgemein zur Präklusion *Dreher*, in: Immenga/Mestmäcker, GWB, § 97 Rn 29 ff. sowie zu aktuellen Problemen *Goede*, VergabeR 2008, 268.
189 *Werner*, in: Willenbruch/Bischoff, Vergaberecht, 4. Los, § 8 VOB/A Rn 17 (S. 405 f.).

25 Nr. 2 Abs. 1 VOL/A 2006. Diese Prüfung ist strikt von der Auswahl des wirtschaftlichsten Angebots als letzter Stufe der Wertung zu trennen, auch wenn beide Stufen im offenen Verfahren nach außen hin als einheitliche Angebotswertung erscheinen.[190] Die Eignungsprüfung dient nicht der Ermittlung qualitativer Unterschiede, sondern der Untersuchung, welche Bieter zur Erbringung der nachgefragten Leistung generell in Betracht kommen.[191] Gemäß der Vorgabe des § 97 Abs. 4 GWB umfaßt die Eignungsprüfung grundsätzlich die Fachkunde, Leistungsfähigkeit und Zuverlässigkeit. Insoweit liegt eine terminologische Abweichung zur VKR vor, nach welcher der Bieter über die wirtschaftliche und finanzielle (Art. 47 VKR) sowie technische und/oder berufliche Leistungsfähigkeit (Art. 48 VKR) verfügen muß. Besondere Ausschlußgründe wegen mangelnder Zuverlässigkeit nennt Art. 45 VKR. Eine inhaltliche Divergenz ist mit der unterschiedlichen Bezeichnung keineswegs verbunden. Die Begriffspaare der wirtschaftlichen und finanziellen sowie der technischen und/oder beruflichen Leistungsfähigkeit und der Leistungsfähigkeit und Fachkunde sind deckungsgleich.[192] Auf Details der jeweiligen Eignungskriterien kann vorliegend nicht eingegangen werden.[193]

a. Prognoseentscheidung des Auftraggebers

Allen Eignungskriterien ist gemein, daß der Auftraggeber im Wege einer Prognoseentscheidung festzustellen hat, ob der Bieter voraussichtlich zur Ausführung des Auftrags in der Lage ist.[194] Die Eignungsprüfung stellt sich keineswegs als streng schematisiertes Verfahren dar und dem Auftraggeber steht ein Entscheidungsspielraum hinsichtlich der Forderung der Nachweise und der Einstufung der Bieter als geeignet oder ungeeignet zu.[195] Die Nachprüfbarkeit des dem Auftraggeber eingeräumten Beurteilungsspielraums ist auf Beurteilungsfehler begrenzt.[196]

---

190 *Franke/Grünhagen*, in: Franke/Kemper/Zanner/Grünhagen, VOB, § 25 VOB/A Rn 364; *Hausmann*, in: Kulartz/Marx/Portz/Prieß, VOL/A, § 7 Rn 152; *Prieß*, Hdb. des europäischen Vergaberechts, S. 252.
191 *OLG München*, Beschluß vom 21.08.2008, Verg 13/08, „Schweißnachweis", VergabeR 2009, 65, 75 mwN.
192 *Dreher*, in: Immenga/Mestmäcker, GWB, § 97 Rn 135; *Dreher/Hoffmann*, NZBau 2008, 545, 546.
193 Ausf. hierzu etwa *Hausmann*, in: Kulartz/Marx/Portz/Prieß, VOL/A, § 7 Rn 158 ff.; *Prieß*, Hdb. des europäischen Vergaberechts, S. 255 f.
194 *Gröning*, NZBau 2003, 86, 90; *Heiermann*, ZfBR 2005, 766, 772; *Wirner*, ZfBR 2003, 545, 546.
195 *Dähne*, in: Kapellmann/Messerschmidt, VOB, § 25 VOB/A Rn 42 ff.; *Terwiesche*, VergabeR 2009, 26, 28; *Wirner*, ZfBR 2003, 545, 546.
196 *Dreher*, in: Immenga/Mestmäcker, GWB, § 97 Rn 143; Der Regierungsentwurf des

b. Eignungsprüfung bei Kooperationen

aa. Bietergemeinschaft

Bei der gemeinsamen Angebotsabgabe durch mehrere Unternehmen wird die Eignung in Bezug auf diesen Zusammenschluß geprüft. Die Bietergemeinschaft in ihrer Gesamtheit muß sämtliche Eignungskriterien erfüllen, so daß jedes beteiligte Unternehmen nur für die seinem Aufgabenbereich entsprechenden Tätigkeiten in der Lage zu sein braucht.[197]

bb. Subunternehmerschaft

Während derartige Erläuterungen zur Eignungsprüfung zum Standardrepertoire fast aller Ausführungen über Bietergemeinschaften gehören, fehlen bei Anmerkungen bezüglich der Subunternehmerschaft oftmals entsprechende Stellungnahmen. Außer Frage stehen dürfte lediglich, daß als besonderer Aspekt zu prüfen ist, ob der Bieter die Gewähr für eine ordnungsgemäße Koordination und Aufsicht über die Subunternehmer bietet.[198] Unklar ist hingegen, ob die Eignung des Nachunternehmers bezüglich des zur Subvergabe vorgesehenen Leistungsteils zu prüfen ist. Dezidierte Stellungnahmen dazu finden sich selten und auch in der Rechtsprechung ist die Frage nicht abschließend geklärt.[199] Wird ein bestimmter Standpunkt bezogen, erfolgt dies meist durch lapidare Feststellungen ohne mögliche Gegenargumente in Erwägung zu ziehen.

(1) Gegenteilige Äußerungen

Die *VK Rheinland-Pfalz* konstatiert schlicht:
> „Soweit der Bieter beabsichtigt, einen Teil der Leistung nicht selbst zu erbringen, sondern durch einen Dritten ausführen zu lassen, versteht es sich von selbst, daß der Nach-

---

VgRÄG wollte dem Auftraggeber im Hinblick auf die Eignungskritierien einen „Bewertungsspielraum" einräumen, ohne dieses näher zu bestimmen; RegE VgRÄG, BT-Drucks. 13/9340, S. 8; kritisch hierzu *Dreher*, in: Immenga/Mestmäcker, GWB, § 97 Rn 142.

[197] *Dreher*, NZBau 2005, 427, 432; *Hausmann*, in: Kulartz/Marx/Portz/Prieß, VOL/A, § 7 Rn 196, *Terwiesche*, VergabeR 2009, 26, 37 f., *Weyand*, Vergaberecht, § 97 GWB Rn 529; *OLG Düsseldorf*, Beschluß vom 15.12.2004, Verg 48/04, „Gerätekapazität", VergabeR 2005, 207 ff.; *OLG Naumburg*, Beschluß vom 30.04.2007, 1 Verg 1/07, „Trink- und Abwasserleitungen", NZBau 2008, 73, 75.

[198] *Brinker*, in: Beck'scher VOB-Kommentar, § 25 Rn 47; *Hausmann*, in: Kulartz/Marx/Portz/ Prieß, VOL/A, § 7 a Rn 123.

[199] *Diemon-Wies/Viegener*, VergabeR 2007, 576, 582.

weis der eigenen Leistungsfähigkeit durch den Nachweis der Leistungsfähigkeit des zu beauftragenden Dritten zu ersetzen ist."[200]

Entsprechend setzt das *OLG Düsseldorf* als zweifelsfrei voraus, der Bieter habe bei einer entsprechenden Forderung des Auftraggebers im Umfang einer von ihm beabsichtigten Nachunternehmerbeauftragung die Eignung von ihm einzusetzender Nachunternehmer nachzuweisen „und zwar deckungsgleich anhand genau derselben Anforderungen, die der Auftraggeber an einen Nachweis der Eignung der Bieter stellt."[201]

Demgegenüber stellt *Dähne* bezüglich der Eignungsnachweise von Subunternehmern fest,

> es „besteht für den Auftraggeber i.d.R. kein außergewöhnliches Interesse an solchen Nachweisen, weil sein unmittelbarer Auftragnehmer ihm allein gem. § 4 Nr. 7, § 13 Nr. 1 VOB/B für eine mangelfreie Leistung haftet. Nur wenn sichere Anhaltspunkte für die Nichteignung des vorgeschlagenen Nachunternehmers vorliegen, kann sich die Notwendigkeit ergeben, derartige Nachweise auch für jenen zu verlangen."[202]

Die scheinbar unüberbrückbare Divergenz zwischen diesen beiden Ansichten wird relativiert, wenn man sich verdeutlicht, daß sie sich auf unterschiedliche Konstellationen der Subunternehmerschaft beziehen. Die Entscheidung der *VK Rheinland-Pfalz* betrifft einen Fall der Generalunternehmerschaft, in welchem der Betrieb des Bieters selbst nur auf einen kleinen Teil der zu erbringenden Leistungen eingerichtet ist. In dem der Entscheidung zugrundeliegenden Fall beabsichtigte der Bieter nur die Positionen „Baustelleneinrichtung" und „technische Bearbeitung der Pläne [...]" selbst auszuführen, die Vergabestelle ging von einem Eigenleistungsanteil von 11 % aus.[203] Um seine Eignung zur Durchführung des Auftrags zu belegen, ist der Bieter in einem solchen Fall darauf angewiesen, sich auf die Eignung seiner Nachunternehmer zu berufen.

Demgegenüber dürfte *Dähne* den klassischen Fall der Subunternehmerschaft im Blick haben, in welchem der Bieter nur einen relativ kleinen Leistungsanteil subvergibt. Aus der Verschiedenheit dieser Fälle folgt, daß sie zwar unter dem Oberbegriff der Subunternehmerschaft zusammenzufassen sind, zur rechtlichen Analyse jedoch eine feinere Differenzierung angezeigt ist. Hierbei soll im Ausgangspunkt nicht nach dem Umfang der subvergebenen Leistungen unterschieden wer-

---

200 *VK Rheinland-Pfalz*, Beschluß vom 14.06.2006, VK 13/06, juris-Rn 67; entsprechend *Weyand*, Vergaberecht, § 97 GWB Rn 535; ähnlich *OLG Düsseldorf*, Beschluß vom 22.12.2004, VII-Verg 81/04, „Städtereinigung", VergabeR 2005, 222, 228 sowie *Schranner*, in: Ingenstau/Korbion, VOB, § 2 VOB/A Rn 5.
201 *OLG Düsseldorf*, Beschluß vom 12.12.2007, Verg 34/07, NJOZ 2008, 1439, 1444.
202 *Dähne*, in: Kapellmann/Messerschmidt, VOB, § 25 VOB/A Rn 44; ähnlich *Vavra*, in: Völlink/Kehrberg, VOB/A, § 25 Rn 23; *Wirner*, ZfBR 2003, 545, 549 sieht einen generellen Ausschluß von Angeboten wegen fehlender Eignungsnachweisen von Nachunternehmern als gemeinschaftsrechtswidrig an.
203 *VK Rheinland-Pfalz*, Beschluß vom 14.06.2006, VK 13/06, juris-Rn 12.

den, da dieses Kriterium zu unscharf ist. Vielmehr ist zunächst danach zu differenzieren, ob der Bieter selbst zur Ausführung des gesamten Auftrags in der Lage oder aber zumindest partiell ungeeignet ist.[204] Eine entsprechende Unterscheidung, ob der Betrieb des Auftragnehmers auf die Erbringung der Leistung eingerichtet ist, erfolgt bereits im Rahmen des § 4 Nr. 8 Abs. 1 VOB/B, der die Übertragung einer Leistung an einen Nachunternehmer regelt.[205] Dementsprechend wird diese Unterscheidung auch in den Verdingungsunterlagen regelmäßig vorgenommen.[206]

(2) Bieter ist selbst geeignet

(a) Anwendungsfälle

Der Fall, daß ein Bieter selbst zur Ausführung des gesamten Auftrags in der Lage ist und gleichwohl Nachunternehmer einzusetzen gedenkt, ist keineswegs nur theoretischer Natur. Dies kann beispielsweise dann sinnvoll sein, wenn der Bieter sich mit seinen eigenen Kapazitäten bei parallelen Ausschreibungen beworben hat oder für einen Teil von ihnen Aussicht auf einen lukrativeren Auftrag hat.

Einen weiteren Anwendungsfall bildet die Kooperation im Konzern, wenn zwei konzernangehörige Gesellschaften (G1 und G2) die zur Auftragsdurchführung benötigten Ressourcen aufweisen, sich der Bieter aber kraft Verbundenheit nur auf die Eignung einer von ihnen (G1) berufen kann. Hat der Bieter im Namen des Konzerns an einer Präqualifikation teilgenommen, gilt er als geeignet, weil er sich auf die Eignung der verbundenen Gesellschaft G1 stützen kann. Selbstverständlich ist es aber nicht ausgeschlossen, daß der Bieter in einem konkreten Vergabeverfahren eine Teilleistung durch jenes konzernangehörige Unternehmen ausführen lassen will, auf dessen Eignung er sich nicht kraft Verbundenheit berufen kann

---

204 Ähnlich *Hausmann*, in: Kulartz/Marx/Portz/Prieß, VOL/A, § 7 Rn 197 ff.
205 § 4 Nr. 8 Abs. 1 VOB/B lautet: „Der Auftragnehmer hat die Leistung im eigenen Betrieb auszuführen. Mit schriftlicher Zustimmung des Auftraggebers darf er sie an Nachunternehmer übertragen. Die Zustimmung ist nicht notwendig bei Leistungen, auf die der Betrieb des Auftragnehmers nicht eingerichtet ist. [...]" Eine entsprechende Regelung trifft § 4 Nr. 4 VOL/B.
206 Vgl. etwa *VK Sachsen*, Beschluß vom 22.07.2005, 1/SVK/080-05. In den zugrundeliegenden Verdingungsunterlagen standen folgende drei Alternativen zur Wahl: „Zur Ausführung der Leistung erkläre(n) ich/wir: Ich/Wir werden(n) die Leistung im eigenen Betrieb ausführen.; Ich/Wir werde(n) die in der beigefügten Liste aufgeführten Leistungen an Nachunternehmer übertragen, obwohl mein/unser Betrieb auf diese Leistung eingerichtet ist.; (Gilt nicht als Anerkenntnis durch den Auftraggeber => schriftliche Zustimmung erforderlich); ( ) Ich/Wir werde(n) die in der beigefügten Liste aufgeführten Leistungen an Nachunternehmer übertragen, weil mein/unser Betrieb auf diese Leistung nicht eingerichtet ist [...]." (Umdruck S. 8).

(G2). In diesem Fall ist der Bieter selbst geeignet und plant gleichwohl den Einsatz eines Nachunternehmers.

(b) Parallele zur Bietergemeinschaft

Für die Behauptung, trotz der originären Eignung des Bieters sei die Eignung des Nachunternehmers maßgeblich, läßt sich die Parallele zur Bietergemeinschaft anführen. Dort wird für den jeweiligen Teilbereich die Eignung desjenigen Mitglieds geprüft, welches die konkrete Leistung ausführen soll. Überträgt man dies unkritisch auf die Subunternehmerschaft, muß für den zur Subvergabe vorgesehenen Teil die Eignung des ausführenden Nachunternehmers geprüft werden. Gegen eine Übernahme der Regeln der Bietergemeinschaft spricht jedoch, daß der Nachunternehmer im Gegensatz zum Mitglied einer Bietergemeinschaft in keiner direkten Beziehung zum Auftraggeber steht, sondern letzterem unmittelbar nur der Auftragnehmer haftet.[207] Letzterer ist für die ordnungsgemäße Ausführung des Auftrags verantwortlich. Besitzt er selbst die erforderliche Eignung und bietet er die Gewähr für eine sorgsame Überwachung sowie Koordination der eingesetzten Subunternehmer, ist regelmäßig davon auszugehen, daß eine ordnungsgemäße Leistungserbringung sichergestellt ist.

(c) Keine Rechtsgrundlage

Gegen eine generelle Prüfung der Eignung der Nachunternehmer spricht auch, daß dafür keine gesetzliche Grundlage existiert. Weder im europäischen noch im nationalen Recht ist eine Überprüfung der Eignung der Nachunternehmer normiert. Als Adressat der Anforderung von Eignungsnachweisen werden ausschließlich die Bieter benannt.[208] Hierbei handelt es sich auch keineswegs um eine unbewußte Regelungslücke. So hatte das Europäische Parlament im Rahmen der Beratungen über die VKR in Änderungsvorschlägen angeregt, Nachunternehmer sollten die für den Hauptauftragnehmer geltenden Eignungskriterien erfüllen.[209] Die EG-Kommission hielt es hingegen für unangemessen, vom Nachunternehmer dieselben Eignungsanforderungen wie vom Hauptauftragnehmer zu verlangen und lehnte diese Vorschläge ab. Die Kommission führt aus:

---

207 Vgl. die oben widergegebenen Ausführungen *Dähnes*, in: Kapellmann/Messerschmidt, VOB, § 25 VOB/A Rn 44.
208 *Noch*, Vergaberecht, Rn 365 aE.
209 Stellungnahme und legislative Entschließung des Europäischen Parlaments vom 17.01.2002, Az A5/2001/378, Abänderungen 159 und 49; vgl. *Opitz*, NZBau 2003, 183, 196.

„Der Bieter wäre verpflichtet, in seinem Angebot nicht nur den Teil der Leistung anzugeben, der weitervergeben wird, sondern auch die Namen der gewählten Nachunternehmer. Eine derartige Verpflichtung auf Gemeinschaftsebene aufzuerlegen erscheint überzogen, da die Zuständigkeit für die Auftragsausführung stets beim Auftraggeber liegt. Nach dem Subsidiaritätsprinzip wäre es Aufgabe der Mitgliedstaaten, gegebenenfalls die Verpflichtung aufzuerlegen, daß die Namen der Nachunternehmer angegeben werden müssen."[210]

Die Entstehungsgeschichte der VKR spricht damit entschieden gegen eine generelle Prüfung der Eignung der Nachunternehmer.

Daher fehlt es an einer europarechtlichen Grundlage, um die für die Prüfung der Eignung der Nachunternehmer erforderlichen Eignungsnachweise anfordern zu können. Art. 25 S. 1 VKR gestattet lediglich die Bestimmung, daß die Leistungen zu benennen sind, welche subvergeben werden sollen.[211] Im nationalen Recht trifft § 10 Nr. 5 Abs. 3 VOB/A 2006 eine entsprechende Regelung, so daß eine ausdrückliche Ermächtigung zum Anfordern der Namen der Nachunternehmer fehlt.

§§ 8 a Nr. 10 VOB/A 2006, 7 a Nr. 3 Abs. 6 VOL/A 2006 implizieren zwar eine Benennung des Nachunternehmers, indem sie vom Bieter den Nachweis verlangen, daß ihm die erforderlichen Mittel des Nachunternehmers zur Verfügung stehen. Aus der Systematik und der Entstehungsgeschichte dieser Normen wird jedoch deutlich, daß sie sich nur auf den Fall beziehen, in dem ein selbst ungeeigneter Bieter sich zum Nachweis der Eignung der Ressourcen anderer Unternehmen bedienen will. Die nationalen Normen gehen auf Artt. 47 Abs. 2, 48 Abs. 3 VKR zurück. Diese befinden sich im Abschnitt „Eignungskriterien" und stehen unter der Überschrift „Wirtschaftliche und finanzielle" sowie „Technische und/oder berufliche Leistungsfähigkeit." Sie regeln damit nur den Fall, daß sich ein Bieter *im Rahmen der Eignungsprüfung* auf die Kapazitäten eines anderen Unternehmens stützen will. Nur hierfür ist der Nachweis zu erbringen, daß ihm die konkret bezeichneten Mittel des Nachunternehmers zur Verfügung stehen. Ist der Bieter hingegen selbst geeignet, bedarf er dieses Nachweises nicht. Dies ergibt sich auch aus der Rechtsprechung des *EuGH*, welche den Regelungen der VKR zugrundeliegt. Als Kläger trat dort stets ein selbst ungeeigneter Bieter auf, so daß sich die EuGH-Entscheidungen nur auf diese Konstellation erstrecken.[212] Mit der Rechtsprechung

---

210 KOM (2002) 236 endg., zu Abänderung 159, Ziffer 3 (S. 48).
211 Insofern aA *Dreher*, in: Immenga/Mestmäcker, GWB, § 97 Rn 152, der davon ausgeht, seit dem EU-Legislativpaket folge aus Art. 25 VKR, daß die Nachunternehmer bis zum maßgeblichen Zeitpunkt zur Eignungsprüfung benannt werden müßten, wenn sie nicht nur unerhebliche Arbeiten ausführen. Danach müßten beim offenen Verfahren die Nachunternehmer bereits mit dem Angebot benannt werden (Rn 153); ebenso leitet *Egger*, Europäisches Vergaberecht, Rn 1266 (S. 301) aus Art. 25 VKR das Recht ab, „von den Bietern die Bekanntgabe der Nachunternehmer zu verlangen".
212 *EuGH*, Urteil vom 14.04.1994, Rs. C-389/92, „Ballast Nedam Groep I", Slg. 1994, I-1289; Urteil vom 18.12.1997, Rs. C-5/97, „Ballast Nedam Groep II", Slg. 1997, I-7549; Urteil vom 02.12.1999, Rs. C-176/98, „Holst Italia", Slg. 1999, I-8607, 8639 f.

des *EuGH* und den entsprechenden Kodifikationen sollte für selbst ungeeignete Bieter eine Möglichkeit geschaffen werden, sich als Generalunternehmer oder -übernehmer am Vergabeverfahren zu beteiligen.[213] Es sollten bezüglich selbst geeigneter Bieter hingegen keine zusätzlichen Hürden für einen Nachunternehmereinsatz aufgestellt werden.[214]

(d) Zwischenergebnis

Sieht ein Angebot den Einsatz eines Nachunternehmers vor, ohne daß sich der Bieter auf dessen Eignung beruft, ist grundsätzlich nur die originäre Eignung des Bieters zur Durchführung des Auftrags zu prüfen, einschließlich der Fähigkeiten zur Koordination und Überwachung der eingesetzten Subunternehmer.

Dieses Ergebnis kann zudem durch die Überlegung gestützt werden, daß eine Prüfung der Eignung des Nachunternehmers entbehrlich ist, weil der selbst geeignete Bieter im Zweifel auf die Subunternehmerschaft verzichten und die Leistung selbst ausführen kann. Es ist allerdings umstritten, ob ein solcher Wechsel von Nachunternehmerschaft zur Eigenleistung zulässig ist. Das *OLG Düsseldorf* ist der Meinung, nach Ablauf der Angebotsfrist sei der Bieter an seine Angaben gebunden.[215] Ein Wechsel von einer vorgesehenen Subvergabe zur Ausführung im eigenen Betrieb sei unzulässig, denn dadurch werde das Angebot geändert, so daß ein Verstoß gegen das Nachverhandlungsverbot vorliege.[216]

Das *OLG München* vertritt dagegen die Auffassung, nach Erhalt der Leistung sei ein Wechsel von der vorgesehenen Subvergabe zur Eigenleistung zulässig.[217] Aus der Regelung des § 4 Nr. 4 S. 1 VOL/B, wonach der Auftragnehmer die Ausführung der Leistung an andere übertragen dürfe – aber nicht müsse, folge, daß er die Leistung auch selbst ausführen könne.[218] Das *OLG München* sieht seine Auffassung nicht im Widerspruch zu jener des *OLG Düsseldorf*, da dessen Entschei-

---

213 Dementsprechend gestatten §§ 4 Abs. 4, 6 Abs. 2 Nr. 2 VgV in Bezug auf die gewerbsmäßige Ausführung der Leistungen bzw. das Eigenleistungserfordernis einen Rückgriff auf fremde Ressourcen.
214 *OLG Naumburg*, Beschluß vom 04.09.2008, 1 Verg 4/08, „Autowäsche", VergabeR 2009, 210, 215.
215 *OLG Düsseldorf*, Beschluß vom 05.05.2004, VII-Verg 10/04, NZBau 2004, 460, 461.
216 Zustimmend *Roth*, NZBau 2005, 316, 319, der davon ausgeht, eine geänderte Grenzziehung zwischen Eigen- und Fremdleistungen verstoße gegen die Angebotsbindung und das Verhandlungsverbot gem. §§ 19 Nr. 3, 24 Nr. 3 VOB/A 2006.
217 *OLG München*, Beschluß vom 12.09.2005, Verg 20/05, NZBau 2006, 131 ff.
218 *OLG München*, Beschluß vom 12.09.2005, Verg 20/05, NZBau 2006, 131, 132.

dung sich auf die Konstellation eines ungeeigneten Bieters beschränke.[219] Eine Entscheidung über die Streitfrage, ob ein Wechsel zur Eigenleistung statt vorgesehener Subvergabe möglich ist, muß an dieser Stelle unterbleiben, da die Komplexität des Problemkreises in keinem angemessenen Verhältnis zum Nutzen für den Fortgang der Untersuchung steht. Denn bei einem ungeeigneten Bieter kommt eine Eigenleistung ohnehin nicht in Betracht und bei einem geeigneten Bieter ist bereits aufgrund obiger Erwägungen grundsätzlich nur dessen Eignung zu prüfen, nicht jene eines vorgesehenen Subunternehmers.

(e) Ausnahmen

In bestimmten Konstellationen reicht die originäre Eignung des Bieters hingegen möglicherweise nicht aus, um mit hinreichender Sicherheit eine Prognose darüber treffen zu können, ob er in Verbindung mit den Nachunternehmern zu einer ordnungsgemäßen Ausführung des Auftrags in der Lage ist. Ist für die Ausführung einer zur Subvergabe vorgesehen Leistung eine besondere Qualifikation vorgeschrieben, reicht die Überwachung durch den qualifizierten Bieter nicht aus. Vielmehr muß auch der ausführende Subunternehmer diese Qualifikation besitzen.[220] Ebenso erscheint es vertretbar, daß der Auftraggeber trotz der originären Eignung des Bieters Nachweise von den vorgesehenen Nachunternehmern fordert, wenn die Subvergabe sich quantitativ auf einen wesentlichen Anteil erstreckt oder eine vom Auftraggeber als qualitativ bedeutsam eingeschätzte Teilleistung betrifft.[221] Diese und weitere mögliche Ausnahmen ergeben sich aus dem Charakter der Eignungsprüfung als nicht schematisiertem Verfahren, in welchem dem Auftraggeber ein gewisser Beurteilungsspielraum zuzugestehen ist.[222] Ist der Auftraggeber aus nachvollziehbaren Erwägungen der Meinung, aufgrund einer Prüfung nur der Eignung des Bieters könne er keine Entscheidung darüber treffen, ob dieser zur Ausführung des Auftrags in der Lage sei, kann der Auftraggeber Nachweise im Hinblick auf

---

219 *OLG München*, Beschluß vom 12.09.2005, Verg 20/05, NZBau 2006, 131, 132 f. das bezüglich der Entscheidung des *OLG Düsseldorf* die Nichteignung des dortigen Bieters aus dessen formularmäßigen Erklärungen ableitet. Diese Feststellung ist insofern zu kritisieren, als das *OLG Düsseldorf*, Beschluß vom 05.05.2004, VII-Verg 10/04, NZBau 2004, 460, 461 die Frage der Eignung des Bieters ausdrücklich offen ließ.
220 Vgl. *OLG Celle*, Beschluß vom 02.10.2008, 13 Verg 4/08, „Schellenbergbrücke" NZBau 2009, 58, 61 für den Fall des Nachweises über die Zulassung als Entsorgungsfachbetrieb.
221 Unklar *Egger*, Europäisches Vergaberecht, Rn 1266 f. (S. 301 f.), der einerseits eine Differenzierung bzgl. „wichtiger Leistungsteile" befürwortet (Rn 1266), andererseits aber eine Differenzierung danach, „ob es sich um wesentliche oder unwesentliche Teile des Auftrags handelt" ablehnt (Rn 1267).
222 S.o. Teil 1 B.II.2.a. (S. 65) sowie *Dreher*, in: Immenga/Mestmäcker, GWB, § 97 Rn 143.

die Subunternehmer fordern. Hierbei muß es sich bei einer bestehenden Eignung des Bieters jedoch um gesondert zu begründende Einzelfälle handeln.

(f) Keine Erklärungen zum Nachunternehmereinsatz

Aus dem Zwischenergebnis, daß die Eignung der Nachunternehmer grundsätzlich nicht zu prüfen ist, wenn der Bieter selbst geeignet ist, ergeben sich unmittelbare Konsequenzen für die Frage der Rechtmäßigkeit einer Abforderung von Nachunternehmer- und Verpflichtungserklärungen sowie eines darauf gestützten Ausschlusses. Da die Eignung eines Nachunternehmers grundsätzlich nicht zu prüfen ist, besteht kein rechtlich relevantes Interesse des Auftraggebers an der Vorlage einer Nachunternehmer- und Verpflichtungserklärung. An die Nichtvorlage dieser Erklärungen darf daher nicht die Sanktion des Ausschlusses geknüpft werden. Eine gleichwohl erfolgende Forderung des Auftraggebers nach Vorlage der Erklärungen schon mit dem Angebot – etwa weil undifferenziert für alle Fälle des Nachunternehmereinsatzes die Vorlage der Nachunternehmer- und Verpflichtungserklärungen gefordert wird – ist für einen selbst geeigneten Bieter unzumutbar. Um sich den Aufwand ersparen zu können, sollte der Bieter entsprechende Verdingungsunterlagen als vergaberechtswidrig rügen.

Zwar hat der Auftraggeber faktisch ein Interesse daran, möglichst schon vor der Erteilung des Zuschlags zu wissen, mit welchen Subunternehmern er es bei der Auftragsdurchführung zu tun haben wird. Im Fall eines selbst geeigneten Bieters ist dieses Interesse aber faktischer und nicht rechtlicher Natur. Rechtlich gesehen bedarf es dieser Information vor der Erteilung des Zuschlags nämlich nicht. Gemäß § 4 Nr. 8 Abs. 1 VOB/B; § 4 Nr. 4 VOL/B darf ein selbst geeigneter Auftragnehmer Teilleistungen nur mit schriftlicher Zustimmung des Auftraggebers an Nachunternehmer übertragen. Bezüglich dieser Erklärung ist es unter rechtlichen Gesichtspunkten irrelevant, ob sie bereits mit Erteilung des Zuschlags als konkludenter Zustimmung zu den benannten Nachunternehmern erfolgt oder ob nach deren späterer Benennung die Zustimmung in einem gesonderten Prüfungsschritt erteilt wird. Setzt man das rein faktische Interesse des Auftraggebers an einer Vorlage der Nachunternehmer- und Verpflichtungserklärung schon mit dem Angebot ins Verhältnis zu dem erheblichen Aufwand, den der Bieter hierfür leisten müßte, ergibt sich die Unzumutbarkeit einer entsprechenden Forderung.

Für die genannten Ausnahmefälle gilt freilich etwas anderes. Da es sich hierbei aber um begründungsbedürftige Ausnahmen handelt, muß der Auftraggeber auf eine entsprechende Rüge eines Bieters hin eine auf den konkreten Fall bezogene Begründung dafür abgeben, warum die Erklärungen erforderlich sind. Unterläßt

der Bieter eine Rüge, hat er die Forderung des Auftraggebers zu akzeptieren.[223] Ist
– in Übereinstimmung mit der Neuregelung des VHB – keine Vorlage der Erklärungen mit dem Angebot gefordert und verlangt der Auftraggeber sie später von einem selbst geeigneten Bieter, muß der Auftraggeber begründen, warum die Erklärungen im konkreten Fall von Bedeutung sind.

(3) Bieter ist selbst ungeeignet

Ist ein Bieter selbst nicht zur Ausführung des gesamten Auftrags in der Lage, kann sein Angebot die Eignungsprüfung grundsätzlich nur dann bestehen, wenn er sich der Eignung seiner Subunternehmer bedient. Folglich steht die Erforderlichkeit einer Prüfung der Eignung der Nachunternehmer außer Frage.[224] Seit dem Urteil des BGH vom 10.06.2008 ist hingegen fraglich, zu welchem Zeitpunkt die Eignungsprüfung zu erfolgen hat.[225]

Um den Unterschied zur klassischen Subunternehmerschaft als bloßer Ausführung durch einen Dritten zu verdeutlichen, wird die Nutzung fremder Ressourcen im Rahmen der Eignungsprüfung unter dem folgenden, von der Subunternehmerschaft getrennten Gliederungspunkt behandelt.[226]

cc. Gebrauch der Eignung eines anderen Unternehmens

Durch die Rechtsprechung des *EuGH* und die entsprechenden Kodifikationen ist geklärt, daß ein Bieter, der nicht selbst zur Ausführung des Auftrags in der Lage, sich auf die Eignung eines anderen Unternehmens berufen kann. Hierzu hat er

---

223 *OLG Celle*, Beschluß vom 02.10.2008, 13 Verg 4/08, „Schellenbergbrücke", NZBau 2009, 58, 61; *BGH*, Urteil vom 01.08.2006, X ZR 115/04, NZBau 2006, 797, 798 f. (Rn 16); demgegenüber sieht *Stoye*, IBR 2008, 588 es als möglich an, daß erst der vollzogene Ausschluß die Rügeobliegenheit auslöst.
224 Allenfalls in zu begründenden Ausnahmefällen bei unwesentlichen Subvergaben kann es aufgrund des Charakters der Eignungsprüfung als Prognoseentscheidung zulässig sein, daß der Auftraggeber die Eignung eines Bieters bejaht, obwohl dieser für bestimmte Teilleistungen weder selbst geeignet ist noch sich auf die Eignung anderer Unternehmen beruft. In diese Richtung etwa *VK Lüneburg*, Beschluß vom 30.01.2009, VgK-54/2008, juris-Rn 49 f. mwN. Mit der Ermöglichung derartiger Ausnahmeklauseln wird hingegen die Gefahr geschaffen, daß der Auftraggeber bestimmte Bieter willkürlich privilegiert, denen er wohlgesonnen ist.
225 *BGH*, Urteil vom 10.06.2008, X ZR 78/07, „Nachunternehmererklärung" = „BAB-Leiteinrichtungen", NZBau 2008, 592, 593.
226 Vgl. zu der Unterscheidung dieser beiden Arten des Nachunternehmereinsatzes schon oben Teil 1 B.I.2.c (S. 54) sowie *VK Lüneburg*, Beschluß vom 30.01.2009, VgK-54/2008, juris-Rn 44 f., welche die Bezeichnungen des „gewöhnlich" bzw. „normalen" im Gegensatz zum „qualifizierten" Nachunternehmereinsatz verwendet und unter letzterem den Gebrauch der abgeleiteten Eignung versteht.

nachzuweisen, daß ihm die Fähigkeiten des anderen Unternehmens tatsächlich zur Verfügung stehen.[227]

(1) Verfügbarkeitsnachweis

Eine explizite Vorgabe, welche rechtliche Qualität der Verfügbarkeitsnachweis haben muß, existiert nicht.[228] Aus der Rechtsprechung des *EuGH*[229] und den entsprechenden Kodifizierungen[230] ergibt sich aber, daß die Verfügbarkeit mit Sicherheit gegeben sein muß.[231] Die Verpflichtungserklärung soll sicherstellen, daß der Bieter verbindlich mit der Leistung des Nachunternehmers disponieren kann.[232] Der Nachweis muß daher die tatsächliche Verfügungsmacht des Bieters garantieren.[233]

Die Prüfung der Verfügbarkeit über fremde, die Eignung des Bieters begründende Ressourcen steht in unmittelbarem Zusammenhang mit der Prüfung der Eignung jenes Unternehmens, auf dessen Kapazitäten sich der Bieter beruft. Das eine macht ohne das andere wenig Sinn.[234] Eine Bejahung der abgeleiteten Eignung des Bieters setzt beide Elemente voraus, sowohl die Eignung des Nachunternehmers als auch die Verfügungsmacht des Bieters über diese, seine Eignung begründenden Kapazitäten. Die Frage nach dem Zeitpunkt der Prüfung der Verpflichtungserklärung und der Eignung der dadurch verpflichteten Gesellschaft – ergo des Nachunternehmers – ist daher einheitlich zu beantworten.

---

227 S.o. Teil 1 B.I.2. (S. 51).
228 *Prieß*, Hdb. des europäischen Vergaberechts, S. 263 mwN; *VK Rheinland-Pfalz*, Beschluß vom 14.06.2006, VK 13/06, juris-Rn 68; kritisch und ungeklärte Fragen aufwerfend *Bischoff*, NZBau 2006, 13, 15.
229 *EuGH*, Urteil vom 14.04.1994, Rs. C-389/92, „Ballast Nedam Groep I", Slg. 1994, I-1289, Rn 17: „muß nachweisen, daß sie [...] tatsächlich über die diesen zustehenden Mittel verfügen kann".
230 Artt. 47 Abs. 2, 48 Abs. 3 VKR; § 8 a Nr. 10 VOB/A 2006; § 7 a Nr. 3 Abs. 6 VOL/A 2006: „muß [...]nachweisen, daß ihm die erforderlichen Mittel zur Verfügung stehen".
231 *Brinker*, in: Beck'scher VOB-Kommentar, § 25 Rn 49; *Terwiesche*, VergabeR 2009, 26, 37.
232 *OLG München*, Beschluß vom 06.11.2006, Verg 17/06, „Ortsumfahrung Werneck", VergabeR 2007, 225, 227; *Schneider*, VergabeR 2007, 227, 227 f.
233 *Bischoff*, NZBau 2006, 13, 15; der *EuGH* forderte im Urteil vom 12.07.2001, Rs. C-399/98, „Teatro alla Bicocca", Slg. 2001, I-5409, 5466 Rn 90 hinsichtlich des Berufens auf fremde Fähigkeiten hinsichtlich der Einstufung des Bieters als Unternehmer, daß dieser „die Ausführung der fraglichen Leistung veranlassen kann und hierfür die erforderlichen Garantien bietet".
234 *OLG München*, Beschluß vom 22.01.2009, Verg 26/08, juris-Rn 48; nach Vollzug der beabsichtigten Änderungen in der VOB/A 2009 trifft dies nicht mehr uneingeschränkt zu, s.u. Teil 1 B.II.2.b.cc.(10)(a) (S. 90).

(2) Zeitpunkt der Prüfung der Eignung und der Verfügungsmacht

Der *EuGH* äußert sich nicht ausdrücklich zu dem Zeitpunkt, in welchem der Nachweis der Verfügbarkeit über die Ressourcen des verpflichteten Unternehmens nachgewiesen sein muß.[235] Auch die entsprechenden Kodifikationen enthalten hierzu keine Regelung. Allerdings betreffen die Urteile des *EuGH* die Eignungsprüfung. Daraus ist der Schluß zu ziehen, daß die Verfügungsmacht jedenfalls im Zeitpunkt der Eignungsprüfung nachgewiesen sein muß.

Art. 44 Abs. 1 S. 1. VKR sieht vor, daß die Prüfung ungewöhnlich niedriger Preise und des wirtschaftlichsten Angebots als dritte und vierte Wertungsstufe erst erfolgen, *nachdem* die Eignung der Wirtschaftsteilnehmer festgestellt wurde. Entsprechend dokumentiert das Wort „zunächst" in § 25 Nr. 2 Abs. 1 S. 1 VOB/A 2006 formell die Priorität der Prüfung der Eignung des Bieters vor der sachlichen Wertung des Angebots.[236] Nach der europarechtlich vorgegebenen Prüfungsreihenfolge ist die Eignungsprüfung grundsätzlich abzuschließen, bevor das wirtschaftlichste Angebot ermittelt wird.[237] Insofern besteht eine Divergenz zu dem vom *BGH* aufgeworfenen Ansatz, erst „von einem engeren Kreis der Bieter - etwa von denjenigen, deren Angebote in die engere Wahl gelangt sind" die Erklärungen betreffend des Nachunternehmereinsatzes zu verlangen. Eine derartige Vorlagepflicht erst zu Beginn der vierten Wertungsstufe stellt eine Modifikation der Prüfungsreihenfolge dar.

(3) Keine Angaben in den Verdingungsunterlagen

Enthalten die Verdingungsunterlagen keine Angaben über eine derartige Modifikation der Prüfungsreihenfolge, bestehen hiergegen im Hinblick auf die Transparenz der Angebotswertung Bedenken. Es würde von dem gesetzlich vorgegebenen Ablauf abgewichen, ohne daß dies für die Bieter vorab ersichtlich ist.

Vor allem würde es gegen den Gleichbehandlungsgrundsatz verstoßen, wenn die Eignung der Bieter betreffend ihrer Eigenleistung schon auf der zweiten Wertungsstufe geprüft würde, die Eignung von Nachunternehmern hingegen erst zu Beginn der vierten Wertungsstufe. Dies gilt insbesondere in Anbetracht der daraus folgenden Konsequenzen. Enthält das Angebot eines selbst geeigneten Bieters

---

235 Das *OLG Naumburg*, Beschluß vom 09.09.2003, 1 Verg 5/03, „Restabfallentsorgung", VergabeR 2004, 80, 82 mwN entnimmt den Urteilen des *EuGH* hingegen die zeitliche Festlegung, daß der Nachweis der tatsächlichen Verfügungsgewalt über die Kapazitäten anderer Unternehmen innerhalb der Angebotsfrist zu führen sei; zustimmend *Glahs*, VergabeR 2004, 85, 86.
236 *Dähne*, in: Kapellmann/Messerschmidt, VOB, § 25 VOB/A Rn 36.
237 Statt aller *Summa*, in: jurisPK-VergabeR, § 25 VOB/A Rn 5.

nicht alle geforderten Eignungsnachweise, ist es auf der zweiten Wertungsstufe auszuscheiden. Demgegenüber würde einem Bieter, der Subunternehmer einsetzen will, wegen deren Eignungsnachweisen kein Ausschluß drohen. Ein Generalübernehmer wäre de facto nicht dem Risiko eines Ausschlusses auf der zweiten Wertungsstufe ausgesetzt.

Der darin liegende Verstoß gegen den Gleichbehandlungsgrundsatz ist insbesondere im Vergleich zu einer Bietergemeinschaft offensichtlich.[238] Bei dieser Kooperationsform muß bereits mit dem Angebot hinsichtlich jeder Leistungsposition die Eignung jenes Mitglieds nachgewiesen werden, das diese Teilleistung ausführen soll. Ein Nachreichen der Eignungsnachweise ist nicht möglich. Scheitert der Nachweis der Eignung eines Mitglieds der Bietergemeinschaft oder wird ein entsprechender Nachweis nicht mit dem Angebot vorgelegt, so ist das Angebot der Bietergemeinschaft auszuschließen. Im Gegensatz hierzu einem ungeeigneten Bieter, der sich auf die Eignung anderer Unternehmen berufen will, die Möglichkeit zu geben, fehlende Nachweise nachzureichen, ist jedenfalls dann nicht gerechtfertigt, wenn diese Vorgehensweise nicht bereits in den Verdingungsunterlagen angekündigt worden ist.

(4) Späteres Einreichen zugelassen

Der *BGH* geht in seinem obiter dictum offensichtlich von der Möglichkeit aus, hinsichtlich der Nachunternehmer- und Verpflichtungserklärung ein Einreichen erst zu Beginn der vierten Wertungsstufe anzuordnen. Völlig unproblematisch ist eine solche Modifizierung der Angebotswertung im Hinblick auf die Vereinbarkeit mit formellen Vorgaben des Europarechts hingegen nicht. Zudem könnte darin eine ungerechtfertigte Privilegierung der Subunternehmerschaft gegenüber der Kooperation in Form einer Bietergemeinschaft erblickt werden.

Im nationalen Recht existiert mit § 8 Nr. 3 Abs. 4 S. 1 VOB/A 2006 eine Norm, welche die Möglichkeit eröffnet, die Vorlage von Erklärungen nicht schon mit dem Angebot, sondern erst auf Verlangen zu fordern. Der Zeitpunkt der späteren Anforderung ist hingegen nicht geregelt. Im Hinblick auf die europarechtlich vorgegebene Prüfungsreihenfolge ist ein Verlangen zur Vorlage der Erklärungen während der laufenden Eignungsprüfung unbedenklich. Die vom *BGH* angeregte Ab-

---

238 Vgl. hierzu auch unten Teil 1 B.II.2.b.cc.(4)(a)(cc) (S. 81).

forderung nach Abschluß der eigentlichen Eignungsprüfung könnte hingegen europarechtwidrig sein.

(a) Europarechtliche Bedenken

(aa) Vorgaben der VKR

Europarechtliche Bedenken gegen die Anregung des *BGH* bestehen unter zwei miteinander zusammenhängenden formellen Aspekten. Zum einen ist in Art. 44 Abs. 1 S. 1. VKR bezüglich der Prüfungsreihenfolge europarechtlich vorgegeben, daß die Eignungsprüfung vor der Wertung der Angebote zu erfolgen hat. Zum anderen ist zumindest für einen Spezialfall explizit normiert, daß die Eignungsnachweise mit der Abgabe der Angebote bzw. der Teilnahmeanträge vorliegen müssen.

Ein pauschaler Verweis auf Art. 51 VKR, nach welchem der Auftraggeber Bieter auffordern kann, vorgelegte Bescheinigungen und Dokumente zu vervollständigen und zu erläutern, gestattet nicht das erstmalige Einreichen von Erklärungen zum Nachunternehmereinsatz nach Ablauf der Angebotsfrist. Die Gestattung des Nachreichens komplett neuer Unterlagen ist qualitativ etwas anderes als die bloße Vervollständigung bereits eingereichter Unterlagen und überschreitet damit die Vorgaben des Art. 51 VKR.[239]

Eine allgemeine europarechtliche Norm, welche den Zeitpunkt der Vorlagepflicht fixiert, besteht nicht. Art. 42 Abs. 5 lit. d VKR bestimmt aber in Bezug auf die elektronische Übermittlung explizit, daß Eignungsnachweise bereits mit dem Angebot abgegeben werden müssen:

> „Bieter und Bewerber sind verpflichtet, vor Ablauf der vorgeschriebenen Frist für die Vorlage der Angebote und Anträge auf Teilnahme die in den Artikeln 45 bis 50 und 52 genannten Unterlagen, Bescheinigungen und Erklärungen einzureichen, wenn diese nicht auf elektronischem Wege verfügbar sind."

Es ist allerdings fraglich, ob dieser im Kontext der elektronischen Übermittlung stehenden Vorschrift ein verallgemeinerungsfähiges Prinzip entnommen werden kann, welches einer abweichenden nationalen Norm entgegensteht.

Art. 40 Abs. 5 lit. d VKR ermöglicht für die Verfahren mit vorgeschaltetem Teilnahmewettbewerb zwar ein Einreichen von Unterlagen zum Belegen der Eig-

---

[239] AA *Byok*, VergabeR 2008, 110, 111; wie hier etwa *VK Sachsen*, Beschluß vom 10.10.2008, 1/SVK/051-08, IBR 2009, 106 in Bezug auf die Art. 51 VKR entsprechende Norm des § 7 a Nr. 5 S. 4 VOL/A. Diese könne „nicht als generelle Öffnungsklausel dahin verstanden werden, daß das Nachreichen vollständig fehlender Eignungsunterlagen zulässig ist, solange nur ein einziger Eignungsnachweis beigefügt wurde".

nung erst mit dem Angebot.[240] Die Vorlage erfolgt damit nach dem Abschluß der eigentlichen Eignungsprüfung, da diese sich grundsätzlich nur auf den Teilnahmeantrag bezieht. Die Vorschrift erfaßt indes nur Unterlagen zum Belegen bereits abgegebener nachprüfbarer Erklärungen und zielt damit insbesondere auf die Vorlage von Fremderklärungen zum Belegen bereits eingereichter Eigenerklärungen. Nach der Anregung des *BGH* muß im Hinblick auf die abgeleitete Eignung aber noch nicht einmal eine Eigenerklärung des Bieters vorliegen. Denn die laut *BGH* für den Bieter jedenfalls zumutbare Erklärung, er beabsichtige eine bestimmte Leistung subzuvergeben, ohne den Nachunternehmer zu benennen, kann logischerweise nicht die von Art. 40 Abs. 5 lit. d VKR vorausgesetzten „nachprüfbaren Erklärungen" bezüglich der Eignung des Nachunternehmers enthalten. Die Aussage, ein avisierter Nachunternehmer sei geeignet, kann ohne dessen Nennung nicht überprüft werden.

Damit ist eine erstmalige Vorlage von Unterlagen zum Belegen der Eignung nach Ablauf der Angebotsfrist im Europarecht nicht vorgesehen. Insofern bestehen europarechtliche Bedenken gegen die Anregung des *BGH*, es reiche aus, mit dem Angebot alleine die Leistung zu bezeichnen, die subvergeben werden solle.

(bb) Bewertung formeller Bedenken

Um die Durchschlagskraft der europarechtlichen Bedenken beurteilen zu können, sind die Rechtsfolgen in den Blick zu nehmen, die aus einer Vorlagepflicht der Nachunternehmer- und Verpflichtungserklärung erst in der engeren Wahl resultieren. Mit der Zulassung der späteren Einreichung der Erklärungen wird ein Ausschluß der betroffenen Angebote wegen fehlender Eignung verhindert.

In diesem Kontext sind bereits Entscheidungen des *EuGH* ergangen. Die Entscheidungen „La Cascina"[241] und „Michaniki AE"[242] behandeln die im Rahmen der Eignungsprüfung zu berücksichtigenden Ausschlußgründe.[243] Hierzu stellt der *EuGH* fest, daß

> die Richtlinie „einer nationalen Regelung oder Verwaltungspraxis nicht entgegensteht, nach der ein Dienstleistungserbringer, der bei Ablauf der Frist für die Einreichung des Antrags auf Teilnahme am Vergabeverfahren seine Verpflichtungen im Bereich der

---

240 Art. 40 Abs. 5 lit. d VKR lautet: „die Aufforderung zur Angebotsabgabe, zur Verhandlung bzw. - im Falle des wettbewerblichen Dialogs - zur Teilnahme am Dialog enthält mindestens […]die Bezeichnung der gegebenenfalls beizufügenden Unterlagen zum Beleg der vom Bewerber gemäß Artikel 44 abgegebenen nachprüfbaren Erklärungen oder als Ergänzung der in demselben Artikel vorgesehenen Auskünfte, wobei keine anderen als die in den Artikeln 47 und 48 genannten Anforderungen gestellt werden dürfen".
241 *EuGH*, Urteil vom 09.02.2006, Rs. C-226/04, „La Cascina", Slg. 2006, I-1347.
242 *EuGH*, Urteil vom 16.12.2008, Rs.C-213/07, „Michaniki AE", NZBau 2009, 133.
243 Vgl. hierzu jüngst *Prieß/Friton*, NZBau 2009, 300 ff.

Sozialbeiträge sowie der Steuern und Abgaben nicht durch vollständige Zahlung der entsprechenden Beträge erfüllt hat, seine Situation [...] nachträglich regularisieren kann."[244]

Die Entscheidung über die Rechtmäßigkeit einer möglichen Nachreichung von Unterlagen bezieht sich in den entschiedenen Fällen auf Ausschlußgründe wegen mangelnder Zuverlässigkeit, die europarechtlich in Art. 45 Abs. 2 VKR vorgegeben sind. Die grundsätzlichen Erwägungen in Bezug auf jene Ausschlußgründe dürften sich jedoch auf die Frage des Ausschlusses wegen eines fehlenden Nachweises anderer Eignungskriterien übertragen lassen.[245] Bezüglich beider Gruppen von Ausschlußgründen besteht ein entsprechendes „multipolares Spannungsfeld."[246] Für den Ausschluß lassen sich die Grundsätze der Gleichbehandlung und der Transparenz anführen, umgekehrt wird durch einen Ausschluß der Wettbewerb beeinträchtigt.[247] Die Wettbewerbsbeeinträchtigung fällt insbesondere in der vorliegend behandelten Problematik der Vorlage der Nachunternehmer- und Verpflichtungserklärung ins Gewicht, weil oftmals die Mehrzahl der Angebote wegen diesbezüglicher formaler Mängel auszuschließen ist. Daher ist eine „Verabsolutierung des Gleichheitsgrundsatzes zu Lasten des Vergabewettbewerbs" abzulehnen.[248] Wie in den vom *EuGH* entschiedenen Fällen ist vielmehr der Grundsatz der Verhältnismäßigkeit zu beachten.[249]

In Anwendung dieses gemeinsamen Ansatzpunktes ist es gemäß der La Cascina-Entscheidung zulässig, den Bietern im nationalen Recht die Möglichkeit zu eröffnen, einen Ausschluß aufgrund eines bei Angebotsabgabe zunächst bestehenden Mangels durch ein Nachreichen einer nicht fristgerecht vorgelegten Erklärung nach Angebotsabgabe abzuwenden.[250] Dann muß es erst recht zulässig sein, im Interesse des Wettbewerbs von vornherein die Frist für die Abgabe bestimmter Erklärungen auf einen Zeitpunkt nach der Angebotsabgabe zu verlegen. Die Verschiebung der Pflicht zur Vorlage bestimmter Erklärungen auf einen Zeitpunkt nach Angebotsabgabe ist damit europarechtlich zulässig.

Die Zulässigkeit eines Einreichens bestimmter Erklärungen erst nach Ablauf der Angebotsfrist führt indes nicht zwangsläufig zur Annahme der Rechtmäßigkeit einer generellen Verschiebung der Eignungsprüfung bezüglich der Nachunternehmer auf einen Zeitpunkt nach dem Abschluß der eigentlichen Eignungsprüfung.

---

244 *EuGH*, Urteil vom 09.02.2006, Rs. C-226/04, „La Cascina", Slg. 2006, I-1347 Rn 40.
245 Verallgemeinernd auch *Schabel*, VergabeR 2006, 346, 347.
246 So *Prieß/Friton*, NZBau 2009, 300, 301.
247 *Prieß/Friton*, NZBau 2009, 300, 301.
248 So *Dreher*, in: Immenga/Mestmäcker, GWB, § 97 Rn 87 mwN.
249 *EuGH*, Urteil vom 16.12.2008, Rs.C-213/07, „Michaniki AE", NZBau 2009, 133 Rn 48, 61; vgl. auch *EuGH*, Urteil vom 19.05.2009, Rs. C-538/07, „Assitur", NZBau 2009, 607, Rn 30 sowie *EuGH*, Urteil vom 23.12.2009, Rs. C-376/08, „Serrantoni", NZBau 2010, 261, Rn 33, 38.
250 *EuGH*, Urteil vom 09.02.2006, Rs. C-226/04, „La Cascina", Slg. 2006, I-1347, Rn 31.

Hierdurch wird unbestreitbar gegen die europarechtlich im Grundsatz vorgegebene Prüfungsreihenfolge verstoßen. Deren Einhaltung ist indes kein Selbstzweck. Durch die strukturellen Vorgaben sollen willkürliche Entscheidungen verhindert und den Grundsätzen des Wettbewerbs, der Gleichbehandlung und der Transparenz zur Geltung verholfen werden. Sind diese Grundsätze gewahrt, ist es in sachlich begründeten Fällen zulässig, die zeitliche Prüfungsabfolge zu modifizieren.[251] Der Wettbewerb wird durch die vereinfachte Ermöglichung eines Subunternehmereinsatzes gestärkt. Die Transparenz ist gewahrt, wenn die Modifikation bereits in den Vergabeunterlagen angekündigt wird.[252] Sofern auch der Gleichbehandlungsgrundsatz gewahrt ist,[253] bestehen gegen die vom *BGH* angeregte Modifikation der Prüfungsreihenfolge keine durchgreifenden europarechtlichen Bedenken.

Es ist allerdings zu gewährleisten, daß die Prüfung der Eignungs- und Zuschlagskriterien strikt getrennt wird.[254] Hierzu hat die nach hinten verschobene Prüfung der Eignung der Subunternehmer sowie der Verfügungsmacht des Bieters am Anfang der vierten Stufe zu erfolgen, bevor das wirtschaftlichste Angebot ermittelt wird.

(cc) Nichtdiskriminierung

Der Einwand einer Diskriminierung von Bietergemeinschaften ist nicht ohne weiteres vom Tisch zu wischen. Deren Mitglieder haben mit dem Angebot zumindest im Innenverhältnis verbindlich festzulegen, wer welche Leistungen ausführen wird.[255] Eine spätere Änderung in der Zusammensetzung der Bietergemeinschaft ist unzulässig und zieht den Ausschluß des Angebots der Bietergemeinschaft nach sich.[256] Eine Bietergemeinschaft muß danach den möglicherweise vergeblichen Aufwand, verbindliche Vereinbarungen über die Aufteilung der Leistungserbringung abzuschließen, schon vor Ablauf der Angebotsfrist erbringen. Die hierfür

---

251 Vgl. *Glahs*, in: Kapellmann/Messerschmidt, VOB, § 8 VOB/A Rn 37; die *VK Düsseldorf*, Beschluß vom 11.01.2006, VK 50/2005-L hat bezüglich des Vorliegens sehr vieler Angebote entschieden, es sei zur Vermeidung eines deutlich erhöhten Verwaltungsaufwands zulässig, zunächst die zehn preisgünstigsten Angebote auf formale Korrektheit, Eignung und Wirtschaftlichkeit zu überprüfen, also die dritte, preisliche Wertungsstufe an den Anfang der Wertung zu ziehen.
252 *Schabel*, VergabeR 2006, 346, 347.
253 Hierzu sogleich.
254 *Franke/Grünhagen*, in: Franke/Kemper/Zanner/Grünhagen, VOB, § 25 VOB/A Rn 364; *Hausmann*, in: Kulartz/Marx/Portz/Prieß, VOL/A, § 7 Rn 152; *Prieß*, Hdb. des europäischen Vergaberechts, S. 252; *Summa*, in: jurisPK-VergabeR, § 25 VOB/A Rn 6.
255 Eine Festlegung tritt auch im Außenverhältnis ein, wenn die Vergabeunterlagen die Bestimmung enthalten, bei Teilnahme einer Bietergemeinschaft sei die „Angabe, welche Teilleistungen von den einzelnen Mitgliedern erbracht werden" erforderlich (so etwa im Fall der *VK Sachsen*, Beschluß vom 10.10.2008, 1/SVK/051-08).
256 *Prieß/Gabriel*, WuW 2006, 385, 388; ausf. *Roth*, NZBau 2005, 316 ff.

aufzubringenden Mühen sind denen eines Generalunternehmers vergleichbar, der Vereinbarungen mit Subunternehmern abschließt. Insofern erscheint eine pauschale Privilegierung der Subunternehmerschaft als ungerechtfertigt.

Ist für letztere in den Vergabeunterlagen allerdings ein späteres Einreichen der Eignungsnachweise bezüglich der Nachunternehmer und der Verpflichtungserklärungen vorgesehen, steht Unternehmen, die gemeinsam eine Bietergemeinschaft bilden wollen, die Möglichkeit offen, sich statt dessen in Form der Subunternehmerschaft zu organisieren. Sie können sich die Privilegierung der Subunternehmerschaft damit zu eigen machen und ihre Benachteiligung verhindern.

(dd) Zwischenergebnis

Folglich ist es europarechtlich zulässig, bei einer entsprechenden Bekanntgabe die Prüfung der Eignung der Nachunternehmer erst nach Abschluß der eigentlichen Eignungsprüfung vorzunehmen. Es ist gleichfalls nicht europarechtlich zu beanstanden, wenn die Vergabeunterlagen bezüglich der Subunternehmerschaft vorsehen, daß die Nachunternehmer- und Verpflichtungserklärungen noch nicht mit dem Angebot vorliegen müssen, sondern erst zu einem späteren Zeitpunkt (§ 8 Nr. 3 Abs. 4 S. 1 VOB/A). Der Zeitpunkt der Anforderung darf dabei auch nach dem Abschluß der eigentlichen Eignungsprüfung liegen.

(5) Vorlage mit dem Angebot gefordert

Ist in den Vergabeunterlagen vorgesehen, daß die Nachunternehmer- und Verpflichtungserklärungen mit dem Angebot vorzulegen sind, muß ein Bieter dieser Anforderung nachkommen. Ein selbst ungeeigneter Bieter kann sie auch nicht mittels einer Rüge beseitigen.[257] Diese Forderung ist nicht als unzumutbar anzusehen, da sich ein selbst nicht geeigneter Bieter zum Nachweis der Eignung fremder Kapazitäten bedienen muß. Die Prüfung der fremden Eignung sowie der Verfügungsmacht sind hierbei zur Bejahung der Eignung unabdingbar. Fordert der Auftraggeber die Vorlage dieser Erklärungen bereits mit dem Angebot, weil er keine Modifikation des Prüfungsablaufs vornehmen will, ist dieser Formalismus zu akzeptieren. Schließlich hält sich der Auftraggeber an die europarechtlich und im nationalen Recht vorgegebene Prüfungsreihenfolge.

---

257 Anderes gilt im Regelfall für einen selbst geeigneten Bieter, s.o. Teil 1 B.II.2.b.bb.(2)(f) (S. 73).

(6) Zwischenergebnis bezüglich des offenen Verfahrens

Der Auftraggeber hat es im offenen Verfahren in der Hand, sich im Interesse eines höheren Wettbewerbs für eine erleichterte Teilnahme von Angeboten zu entscheiden, die einen Nachunternehmereinsatz vorsehen. Hierzu kann er zur Verringerung des Ausschlußrisikos dieser Angebote in den Verdingungsunterlagen festlegen, daß die Nachunternehmer- und Verpflichtungserklärungen nicht schon mit dem Angebot, sondern erst auf Verlangen vorzulegen sind.

Die Vorlage kann der Auftraggeber in Anlehnung an die modifizierte BGH-Rechtsprechung auch erst verlangen, wenn das Angebot in die engere Wahl gekommen ist. Eine solche Abforderung der Nachunternehmer- und Verpflichtungserklärung nach Abschluß der eigentlichen Eignungsprüfung stellt allerdings eine Abweichung von der im europäischen und nationalen Recht vorgegebenen Prüfungsreihenfolge dar. Soll selbst ungeeigneten Bietern diese Privilegierung einer späteren Prüfung ihrer abgeleiteten Eignung zugute kommen, muß dies in den Vergabeunterlagen explizit angekündigt werden. Die bloße Bekanntmachung, Nachunternehmer- und Verpflichtungserklärungen seien erst auf Verlangen vorzulegen, reicht hierfür nicht aus, da diese Formulierung eine Abforderung der Erklärungen im Rahmen der für alle Bieter gleichermaßen angewandten Eignungsprüfung als zweiter Wertungsstufe impliziert.

Ob eine derartige generelle Erleichterung des Nachunternehmereinsatzes auch zweckmäßig ist, soll an dieser Stelle nicht entschieden werden. Es sei aber kritisch angemerkt, daß ein latenter Konflikt zu dem Grundsatz besteht, die Zuschlagsfrist solle so kurz wie möglich bemessen werden.[258] Eine generelle nachträgliche Abforderung der Nachunternehmer- und Verpflichtungserklärungen samt deren Prüfung dürfte eine längere Zuschlags- und Bindefrist bedingen. Da ein seriös kalkulierender Bieter mit seinem potentiellen Subunternehmer ohnehin vor Angebotsabgabe die Grundzüge einer Subvergabe festlegen muß, erscheint jedenfalls die namentliche Nennung des Nachunternehmers zumutbar.[259] Zudem ist ein genereller Verzicht auf die Nachunternehmererklärung jedenfalls bei einem Generalübernehmer bedenklich, da dessen Eignungsprüfung kein einziges auftragsbezogenes Kriterium umfassen, sondern sich auf die Fähigkeit zur Koordination von Subunternehmern beschränken würde.[260]

Besteht der Auftraggeber beispielsweise aus diesen Erwägungen darauf, daß die Nachunternehmer- und Verpflichtungserklärungen bereits mit dem Angebot vor-

---

258 § 19 Nr. 2 S. 1 VOB/A 2006.
259 So auch *Weyand*, ibr-online-Kommentar Vergaberecht, Stand 24.04.2009, § 25 VOB/A Rn 5436/2.
260 Auch diesbezüglich ist eine seriöse Prüfung kaum möglich, da ohne die Nennung der Nachunternehmer unklar ist, ob der Bieter nur 2 oder vielleicht sogar 100 Subunternehmer koordinieren muß.

zulegen sind, ist ein Angebot, das diese Erklärungen nicht enthält, wegen mangelnder Eignung auszuschließen. Ein Nachreichen fehlender Eignungsnachweise ist nicht möglich.[261]

Der Ausschluß ist hingegen nicht bei einem selbst geeigneten Bieter gerechtfertigt, der bei der Ausführung des Auftrags zwar Nachunternehmer einsetzen will, sich bei der Wertung des Angebots aber nicht deren Eignung bedienen muß.[262]

(7) Besonderheiten im nichtoffenen Verfahren

Im Ausgangspunkt unklar ist, inwieweit die vom *BGH* in Bezug auf das offene Verfahren getroffenen Erwägungen auf das nichtoffene Verfahren übertragbar sind.

(a) Entsprechende Interessenlage

Im nichtoffenen Verfahren sind die Bewerber bei der Abgabe des Teilnahmeantrags über ihre Erfolgsaussichten ebenso im Ungewissen, wie ein Bieter bei der Abgabe seines Angebots im offenen Verfahren. Auch der Aufwand, schon im Zeitpunkt des Teilnahmeantrags jeden avisierten Nachunternehmer vertraglich binden zu müssen, ist jenem im offenen Verfahren vergleichbar. Auch im nichtoffenen Verfahren kann dieser Aufwand unter Berufung auf die modifizierte Rechtsprechung des *BGH* guten Gewissens als unzumutbar bezeichnet werden.

Ist hingegen eine begrenzte Anzahl von Bewerbern zur Abgabe eines Angebots aufgefordert worden, haben diese in etwa die gleichen Chancen auf den Zuschlag wie ein Bieter, dessen Angebot sich im offenen Verfahren in der engeren Wahl befindet. Aufgrund einer Interessenabwägung liegt es daher nahe, die Anregung des *BGH* auf das nichtoffene in der Form zu übertragen, daß Nachunternehmer- und Verpflichtungserklärungen nicht schon mit dem Teilnahmeantrag, sondern erst mit dem Angebot vorzulegen sind.

(b) Andere Rechtslage

Eine derartige interessengeleitete Auslegung bzw. Ausgestaltung der Vergabeunterlagen ist jedoch unzulässig, wenn sie gegen geltendes Recht verstößt.

---

261 Statt aller *Dähne*, in: Kapellmann/Messerschmidt, VOB, § 25 VOB/A Rn 44 aE.
262 S.o. Teil 1 B.II.2.b.bb.(2)(f) (S. 73), auch zur Rüge als Voraussetzung der Entbehrlichkeit einer Vorlage geforderter Erklärungen.

(aa) Vorlage mit dem Teilnahmeantrag gefordert

Während § 8 Nr. 3 Abs. 4 VOB/A 2006 in Satz 1 für das offene Verfahren dem Auftraggeber die Möglichkeit eröffnet, sich bezüglich bestimmter Nachweise eine spätere Anforderung vorzubehalten, bestimmt die Norm in Satz 2 für das nichtoffene Verfahren, es sei „zu verlangen, daß die Nachweise bereits mit dem Teilnahmeantrag vorgelegt werden." Wenn im ersten Satz des § 8 Nr. 3 Abs. 4 VOB/A 2006 für das offene Verfahren explizit die Möglichkeit einer späteren Anforderung geschaffen wird und diese Möglichkeit im zweiten Satz fehlt, muß von einer bewußten Differenzierung ausgegangen werden. Deren Aushebelung aufgrund einer Interessenabwägung ist nicht zulässig. Zudem bestimmt § 8a Nr. 3 S. 4 VOB/A 2006, daß „die Eignung anhand der *mit dem Teilnahmeantrag vorgelegten* Nachweise zu prüfen" ist.

Ein Rückgriff auf europarechtliche Vorgaben hilft nicht weiter, denn es entspricht gerade dem Grundsatz des Europarechts, daß die Eignungsnachweise bereits mit dem Teilnahmeantrag vorzulegen sind.[263] Zwar gestattet Art. 40 Abs. 5 lit. d VKR für Verfahren mit Teilnahmewettbewerb in eingeschränktem Umfang eine Abweichung von diesem Grundsatz. Es ist dem nationalen Gesetzgeber allerdings nicht verwehrt, von der Eröffnung dieser Ausnahmemöglichkeit im nationalen Recht abzusehen und statt dessen uneingeschränkt am Grundsatz einer Vorlage der Eignungsnachweise mit dem Teilnahmeantrag festzuhalten.

Ein Gebrauch der abgeleiteten Eignung im nichtoffenen Verfahren setzt danach die Vorlage der Nachunternehmer- und Verpflichtungserklärung bereits mit dem Teilnahmeantrag voraus.

(bb) Gestattung eines anderen Nachweises

Einen Ausweg aus dieser im Einzelfall unzumutbaren Lage zu einer als interessengerecht empfundenen Lösung könnte § 8a Nr. 7 VOB/A bieten. Die Regelung lautet entsprechend Art. 47 Abs. 5 VKR:

„Kann ein Unternehmer aus einem berechtigten Grund die geforderten Nachweise nicht beibringen, so kann er den Nachweis seiner Eignung durch Vorlage jedes anderen vom Auftraggeber als geeignet erachteten Belegs erbringen."

Ist in einem konkreten Fall die Vorlage der Nachunternehmer- und Verpflichtungserklärung entsprechend der vom *BGH* vorgenommenen Abwägung als unzumutbar einzustufen, kann dies zweifellos als berechtigter Grund für deren Nichtvorlage angesehen werden. Die Voraussetzungen für ein Eingreifen dieser Aus-

---

263 S.o. Teil 1 B.II.2.b.cc.(4)(a)(aa) (S. 78).

nahmenorm muß ein Bieter, damit die Grundsätze der Transparenz und Gleichbehandlung gewahrt sind, innerhalb der Vorlagefrist darlegen und zugleich geeignete Belege beifügen.[264] Auf diese Weise ließe sich Einzelfallgerechtigkeit herstellen und zugleich eine pauschale Privilegierung des Nachunternehmereinsatzes verhindern. Nur in jenen Fällen, in denen die Vorlage der Nachunternehmer- und Verpflichtungserklärung für den Bieter tatsächlich unzumutbar wäre, könnte auf deren Vorlage verzichtet werden.

Allerdings muß die Eignung bei der Nichtvorlage einer geforderten Erklärung durch andere Belege nachgewiesen werden. Ist der Bieter selbst nicht geeignet, ist hierzu jedenfalls die Benennung des Nachunternehmers und die Vorlage von Nachweisen bezüglich dessen Eignung erforderlich. Auf die Nachunternehmererklärung kann damit im nichtoffenen Verfahren keinesfalls verzichtet werden.

Darüber hinaus erfordert ein Gebrauch der abgeleiteten Eignung den Nachweis der Verfügungsmacht über die Kapazitäten des Nachunternehmers. Entsprechend den europarechtlichen Vorgaben muß sich aus der Verpflichtungserklärung mit Sicherheit ergeben, daß der Bieter verbindlich mit der Leistung des Nachunternehmers disponieren kann.[265] Auch wenn man statt der Erklärung des Nachunternehmers eine Eigenerklärung des Bieters zulassen würde, müßte sich aus dieser ergeben, daß der Nachunternehmer sich – aufschiebend bedingt durch den Zuschlag – verbindlich verpflichtet hat.[266] Bei einem selbst ungeeigneten Bieter ist für die Bejahung seiner abgeleiteten Eignung die Verfügbarkeit über die Ressourcen des geeigneten Nachunternehmers zwingende Voraussetzung. Ohne die Verfügbarkeit kann der Nachweis der Eignung eines insoweit beliebigen Dritten die abgeleitete Eignung des Bieters nicht begründen. Ein Nachweis über eine bindende Zusage des Nachunternehmers ist daher unerläßlich.

Begnügt sich der Auftraggeber gleichwohl mit einer Absichtserklärung des Nachunternehmers, verstößt er gegen gesetzliche Vorgaben und überschreitet damit die Grenzen des ihm im Rahmen der Eignungsprüfung zustehenden Beurteilungsspielraums.

(c) Zwischenergebnis

Gemäß der unmißverständlichen Anordnung des § 8 Nr. 3 Abs. 4 S. 2 VOB/A 2006 sind die Eignungsnachweise im nichtoffenen Verfahren bereits mit dem Teilnah-

---

264 *OLG Koblenz*, Beschluß vom 04.07.2007, 1 Verg 3/07; *Weyand*, ibr-online-Kommentar Vergaberecht, Stand 24.04.2009, § 8 a VOB/A Rn 4019/3.
265 Vgl. statt aller *OLG München*, Beschluß vom 06.11.2006, Verg 17/06, „Ortsumfahrung Werneck", VergabeR 2007, 225, 227 sowie oben Teil 1 B.II.2.b.cc.(1) (S. 75).
266 Vgl. *Diemon-Wies/Viegener*, VergabeR 2007, 576, 579 f. sowie *2. VK Bund*, Beschluß vom 29.12.2006, VK 2 – 125/06, S. 20 f. (veris).

meantrag vorzulegen, der Vorbehalt einer späteren Anforderung ist nicht gestattet. Ein Gebrauch der abgeleiteten Eignung im nichtoffenen Verfahren setzt damit die Vorlage der Nachunternehmer- und Verpflichtungserklärung bereits mit dem Teilnahmeantrag voraus.[267]

§ 8 a Nr. 7 VOB/A kann dieses Ergebnis nicht verändern. Hierzu sei auf einen Beschluß der *2. VK des Bundes* verwiesen:

> „Der berechtigte Grund und die Vorlage eines anderen geeigneten Nachweises sind die kumulativen Voraussetzungen dafür, daß die Eignung anders als mit den geforderten Nachweisen belegt werden darf. Sie ermöglichen lediglich ein anderes Mittel für den Nachweis, erlauben es dagegen nicht, den Nachweis erst zu einem späteren Zeitpunkt zu erbringen."[268]

(8) Besonderheiten im Verhandlungsverfahren und im wettbewerblichen Dialog

In der VOB/A ist hinsichtlich des Verhandlungsverfahrens und des wettbewerblichen Dialogs nicht explizit bestimmt, daß die Eignungsnachweise bereits mit dem Teilnahmeantrag vorzulegen sind. Dies ergibt sich jedoch aus der Zusammenschau mehrerer Normen und wird zudem durch die explizite Regelung in der Parallelvorschrift der VOL/A 2006 bestätigt.[269] Gemäß § 8 Nr. 4 S. 1 VOB/A 2006 ist „vor der Aufforderung zur Angebotsabgabe die Eignung der Bewerber zu prüfen." Nach § 8 a Nr. 4 S. 1 VOB/A 2006 dürfen beim Verhandlungsverfahren und beim wettbewerblichen nur geeignete Bewerber zu Verhandlungen aufgefordert werden.

Die Eignung des Bewerbers muß daher schon vor der Angebotsabgabe feststehen. Will ein selbst ungeeigneter Bewerber sich zum Belegen seiner abgeleiteten Eignung fremder Ressourcen bedienen, muß er daher schon mit dem Teilnahmeantrag entsprechende Nachunternehmer- und Verpflichtungserklärungen vorlegen.

---

267 AA etwa *1. VK Bund*, Beschluß vom 02.10.2007, VK 1-104/07, IBR 2007, 1363 zur VOL/A: Da die § 8 a Nr. 10 VOB/A 2006 entsprechende Norm des § 7 a Nr. 3 Abs. 6 VOL/A 2006 nichts darüber aussage, zu welchem Zeitpunkt der Verfügbarkeitsnachweis zu führen sei, sei es nicht geboten, daß der Nachweis – ohne ausdrückliche Forderung durch den AG – bereits mit dem Teilnahmeantrag vorzulegen sei. Bei einem selbst ungeeigneten Bieter ist die Verfügbarkeit über die Ressourcen des Nachunternehmers allerdings zwingende Voraussetzung für die Bejahung der Eignung des Bieters. Ohne die Verfügbarkeit kann der Nachweis der Eignung eines insoweit beliebigen Dritten die abgeleitete Eignung des Bieters nicht begründen. Die *1. VK des Bundes* scheint denn auch ausschließlich auf den Ausschlußgrund der fehlenden Erklärung fixiert zu sein und übersieht, daß ein Ausschluß auch – und bei fehlender Forderung der Erklärung ausschließlich – aufgrund fehlender Eignung in Betracht kommt.
268 *2. VK Bund*, Beschluß vom 13.06.2007, VK 2-51/07, wiedergegeben bei *Weyand*, ibr-online-Kommentar Vergaberecht, Stand 24.04.2009, § 8 a VOB/A Rn 4019/1.
269 S.u. Teil 1 B.II.2.b.cc.(9)(b) (S. 89).

(9) Besonderheiten der VOL/A 2006

Die bisherigen Ausführungen in diesem Abschnitt beziehen sich ausschließlich auf Ausschreibungen nach der VOB/A 2006.

(a) Offenes Verfahren

Im offenen Verfahren ergibt sich im Anwendungsbereich der VOL/A 2006 ein anderes Resultat, weil es an einer § 8 Nr. 3 Abs. 4 S. 1 VOB/A 2006 vergleichbaren Norm mangelt. Es ist dem Auftraggeber gemäß der VOL/A 2006 daher nicht explizit gestattet, sich bezüglich bestimmter Nachweise eine spätere Anforderung nach Abgabe der Angebote vorzubehalten. §§ 7 Nr. 4, 7 a Nr. 3 VOL/A 2006 bestimmen nur, welche Nachweise gefordert werden können, aber nicht, zu welchem Zeitpunkt diese vorliegen müssen. Eine solche Festlegung trifft aber § 21 Nr. 1 Abs. 1 S. 1 VOL/A 2006. Danach müssen *die Angebote* die geforderten Angaben enthalten.

Gemäß § 7 a Nr. 5 Abs. 2 S. 4 VOL/A 2006 kann der Auftraggeber zwar Unternehmen auffordern, die vorgelegten Bescheinigungen zu vervollständigen oder zu erläutern. Wie schon hinsichtlich der entsprechenden europarechtlichen Norm des Art. 51 VKR ausgeführt,[270] gestattet diese Regelung nur die Vervollständigung bereits eingereichter Teilunterlagen und ermöglicht gerade nicht das Nachreichen vollständig fehlender Eignungsunterlagen.[271] Die VOL/A 2006 enthält daher keine Ermächtigung für den Auftraggeber, hinsichtlich der Eignungsnachweise auf eine Vorlage mit dem Angebot zu verzichten.

Ein Verzicht auf die Nachunternehmer- und Verpflichtungserklärung kann auch nicht über § 7 a Nr. 3 Abs. 3 S. 2 VOL/A 2006 erreicht werden, wonach ein Unternehmen bei einem stichhaltigen Grund, daß es einen geforderten Nachweis nicht beibringen kann, seine Leistungsfähigkeit durch die Vorlage anderer Belege nachweisen kann. Zur Begründung ist auf die Ausführungen zur entsprechenden Norm des § 8 a Nr. 7 VOB/A zu verweisen.[272] Auch hilft ein Rückgriff auf das Europarecht aufgrund des dort entsprechend geltenden Grundsatzes, daß die Eignungsnachweise bereits mit dem Angebot vorzulegen sind, nicht weiter.[273] Für das offene Verfahren unter Geltung der VOL/A 2006 müssen die Eignungsnachweise somit

---

270 S.o. Teil 1 B.II.2.b.cc.(4)(a)(aa) (S. 78).
271 *VK Sachsen*, Beschluß vom 10.10.2008, 1/SVK/051-08, IBR 2009, 106.
272 S.o. Teil 1 B.II.2.b.cc.(7)(b)(bb) (S. 85).
273 S.o. Teil 1 B.II.2.b.cc.(4)(a)(aa) (S. 78).

schon mit dem Angebot vorliegen.[274] Bei Gebrauch der abgeleiteten Eignung durch einen selbst ungeeigneten Bieter muß daher mit dem Angebot

1. die Eignung des Subunternehmers nachgewiesen werden – was dessen Benennung voraussetzt (Nachunternehmererklärung) und
2. die Verfügungsmacht über dessen Kapazitäten belegt werden, etwa durch eine Verpflichtungserklärung.

Unter dem Aspekt der Unzumutbarkeit bestehen zwischen offenen Verfahren nach der VOL/A einerseits und der VOB/A andererseits zwar keine Unterschiede. Die derzeit geltende Rechtslage läßt eine Berücksichtigung der Ergebnisse einer Interessenabwägung aber nur im Rahmen der VOB/A zu.

(b) Verfahren mit Teilnahmewettbewerb

In dem, soweit ersichtlich, ersten Beschluß zur Frage einer Übernahme der BGH-Rechtsprechung auf ein Verhandlungsverfahren legt die *VK Sachsen* ihrer Entscheidung eine Interessenabwägung zugrunde: „Hier lag zum Zeitpunkt der geforderten Vorlage der Verpflichtungserklärung noch nicht einmal ein Leistungsverzeichnis vor. In Anbetracht der Kenntnis von einer nur grob umrissenen Leistungsbeschreibung ist dies im Lichte der Rechtsprechung des *BGH* erst recht als unzumutbar anzusehen."[275] Läßt man sich ausschließlich von Interessenserwägungen leiten, ist dies in der Tat ein gerechtes Ergebnis.

Ein solches interessengerechtes Vorgehen ist jedoch rechtlich unzulässig. In der VOL/A 2006 bestimmt § 7 a Nr. 4:

„Ist ein Teilnahmewettbewerb durchgeführt worden, so wählt der Auftraggeber anhand der [...] mit dem Teilnahmeantrag vorgelegten Unterlagen unter den Bewerbern, die den Anforderungen an Fachkunde, Leistungsfähigkeit und Zuverlässigkeit entsprechen, diejenigen aus, die er [...] auffordert, in einem nichtoffenen Verfahren oder einem Verhandlungsverfahren ein Angebot einzureichen oder in einem wettbewerblichen Dialog den Dialog zu eröffnen."

Da im geltenden Recht keine Ausnahmenorm ein späteres Einreichen fehlender Eignungsnachweise gestattet, kommt ein selbst ungeeigneter Bewerber bei Ver-

---

274 AA *Stolz*, in: Willenbruch/Bischoff, Vergaberecht, 7. Los, § 25 VOL/A Rn 29 (S. 807), der von der Möglichkeit ausgeht, in den Vergabeunterlagen vorzugeben, „daß bei Fehlen einzelner Eignungsnachweise eine einmalige Nachforderung mit Fristsetzung erfolgt" – ohne hierfür allerdings eine Ermächtigungsgrundlage zu nennen. Da eine solche nicht existiert, ist eine derartige Gestaltung der Vergabeunterlagen rechtlich unzulässig und kann allenfalls faktisch Bestand haben, wenn sie von keiner Seite gerügt wird. Auch dann ist allerdings ein Nachreichen nicht erst in der engeren Wahl, sondern schon zur eigentlichen Eignungsprüfung erforderlich.
275 *VK Sachsen*, Beschluß vom 10.10.2008, 1/SVK/051-08.

fahren mit Teilnahmewettbewerb nicht umhin, die Nachunternehmer- und Verpflichtungserklärungen mit dem Teilnahmeantrag vorgelegen.

(10) Beabsichtigte Neuregelung

Die beabsichtigten Änderungen in der VOB/A und VOL/A gestalten die Rechtslage bezüglich eines Nachunternehmereinsatzes um. Bedenklich erscheint, daß zumindest nach dem aktuellen Stand der Dinge das Ziel einer Vereinheitlichung von VOB/A und VOL/A konterkariert zu werden droht.

(a) VOB/A 2009

In der VOB/A 2009 ist erstmals eine Verfahrensregel hinsichtlich der Vorlage der Verpflichtungserklärung aufgenommen worden. § 6a Abs. 10 VOB/A 2009 bestimmt:

> „Ein Bieter kann sich [...] bei der Erfüllung eines Auftrags der Fähigkeiten anderer Unternehmen bedienen, ungeachtet des rechtlichen Charakters der zwischen ihm und diesen Unternehmen bestehenden Verbindungen. In diesem Fall fordert der Auftraggeber von den in der engeren Wahl befindlichen Bietern den Nachweis darüber, daß ihnen die erforderlichen Mittel zur Verfügung stehen, indem sie beispielsweise entsprechende Verpflichtungserklärungen dieser Unternehmen vorlegen."

Entgegen dem ersten Anschein wird hierdurch die modifizierte Rechtsprechung des *BGH* gerade nicht adaptiert. Dies ist im folgenden anhand der Auswirkungen der Neuregelung auf die einzelnen Verfahrensarten zu belegen.

(aa) Offenes Verfahren

Die Neuregelung des § 6a Abs. 10 VOB/A 2009 bezieht sich unmittelbar nur auf die Vorlage der Verpflichtungserklärung. Ausschließlich im Hinblick auf den Nachweis der Verfügungsmacht des Bieters über die Kapazitäten des Nachunternehmers wird der maßgebliche Zeitpunkt auf die engere Wahl fixiert. Bezüglich der Benennung der Nachunternehmer und des Nachweises von deren Eignung wird keine Regelung getroffen. Daraus ist der Schluß zu ziehen, daß ein selbst ungeeigneten Bieter die Nachunternehmer, deren Eignung er sich bedienen will, grundsätzlich bereits mit dem Angebot zu benennen hat und daß deren Eignung im Rahmen der normalen Eignungsprüfung zu untersuchen ist.

Bei einer Nichtvorlage der Nachunternehmererklärung mit dem Angebot droht aber nicht mehr unmittelbar der Ausschluß. Die VOB/A 2009 liefert bezüglich des

Angebotsausschlusses wegen fehlender Erklärungen einen Paukenschlag.[276] Zwar bestimmt § 13 Abs. 1 Nr. 4 VOB/A 2009 allgemein, daß Angebote die geforderten Erklärungen enthalten müssen. Das Fehlen der nach § 13 Abs. 1 Nr. 4 VOB/A 2009 geforderten Erklärungen ist in der Aufzählung der Ausschlußgründe des § 16 Abs. 1 Nrn. 1 u. 2 VOB/A 2009 jedoch nicht genannt. Vielmehr „verlangt der Auftraggeber die fehlenden Erklärungen oder Nachweise nach" (§ 16 Abs. 1 Nr. 3 S. 1 VOB/A 2009). Diesbezüglich besteht kein Ermessen des Auftraggebers. Erst wenn die Erklärungen nicht innerhalb einer Nachfrist von sechs Kalendertagen vorgelegt werden, ist das Angebot auszuschließen.[277]

Der Zeitpunkt der Nachforderung ist offen. Sofern sich der Auftraggeber aber gegen die Möglichkeit entschieden hat, die Vorlage der Nachunternehmererklärung erst im Verfahrensstadium der engeren Wahl zu verlangen,[278] dürfte er daran zur Wahrung des Gleichbehandlungsgrundsatzes gebunden sein. Er muß daher die Vorlage einer fehlenden Nachunternehmererklärung bereits vor bzw. während der Eignungsprüfung verlangen. Für einen Bieter bietet dies immerhin den Vorteil, daß er aufgrund der Erkenntnisse aus dem Eröffnungstermin seine Chancen auf den Zuschlag besser einschätzen und damit auch abschätzen kann, ob sich der Aufwand einer Bindung der Nachunternehmer für ihn wirtschaftlich lohnt.

Indem zwar die Nachunternehmererklärung grundsätzlich mit dem Angebot vorzulegen ist, nicht hingegen die Verpflichtungserklärung, ist der Weg zu einem weiteren Problem vorgezeichnet. So ist es keinesfalls ausgeschlossen, daß ein Subunternehmer einem Bieter gegenüber, der den Zuschlag erhalten hat, den Vertragsschluß verweigert, weil er seine Kapazitäten inzwischen bei einem besser dotierten Angebot verplant hat.[279] In dieser Konstellation stellt sich die Frage, ob der Bieter einen anderen Subunternehmer beauftragen darf. Eine solche Auswechslung des Nachunternehmers wird indes als unzulässige Angebotsänderung abgelehnt.[280]

Das Problem des Abspringens eines avisierten Nachunternehmers stellt sich bei einer Umsetzung der Anregung des *BGH* nicht, da danach auch die Benennung des Nachunternehmers erst in der engeren Wahl verlangt wird. Es ist nicht ersichtlich, daß dem Auftraggeber diese Möglichkeit zur großzügigen Gestaltung der Vergabeunterlagen durch die insoweit strengeren Neuregelung in § 6 a Abs. 10 VOB/A

---

276 So *Gröning*, VergabeR 2009, 117, 125.
277 § 16 Abs. 1 Nr. 3 S. 2 u. 4 VOB/A 2009; zu Unklarheiten vgl. *Gröning*, VergabeR 2009, 117, 125 f.
278 Zu dieser möglichen Gestaltung der Vergabeunterlagen sogleich.
279 Das *OLG München*, Beschluß vom 22.01.2009, Verg 26/08, juris-Rn 49 begründet unter Geltung der VOB/A 2006 die Unzumutbarkeit der Vorlage einer bindenden Zusage des Nachunternehmers auch damit, daß diesem damit die Möglichkeit genommen werde, sich bei mehr Ausschreibungen als Subunternehmer zu beteiligen, als er auszuführen in der Lage ist.
280 *OLG Düsseldorf*, Beschluß vom 05.05.2004, VII- Verg 10/04, NZBau 2004, 460, 461; aA *OLG Bremen*, Beschluß vom 20.07.2000, 2 Verg 1/00, juris-Rn 30; dem *OLG Düsseldorf* zustimmend *Goede*, VergabeR 2004, 653, 654; kritisch *Roth*, NZBau 2005, 316, 319.

2009 abgeschnitten werden sollte. Der Auftraggeber kann daher auch unter Geltung der VOB/A 2009 in den Vergabeunterlagen vorsehen, daß auch die Vorlage der Nachunternehmererklärung erst in der engeren Wahl verlangt wird.[281]

Demgegenüber dürfte es dem Auftraggeber aufgrund des zwingenden Wortlauts der Neuregelung verwehrt sein, die Vergabeunterlagen strenger zu gestalten, indem er auch eine Vorlage der Verpflichtungserklärung bzw. eines anderen Verfügbarkeitsnachweises bereits mit dem Angebot verlangt.

(bb) Verfahren mit Teilnahmewettbewerb

Die Neuregelung in § 6 a Abs. 10 VOB/A 2009 beginnt mit den Worten „*Ein Bieter* kann sich…" Der vorherige Absatz 9 beginnt demgegenüber mit den Worten „Hat ein Bieter *oder Bewerber*…" Eine Auslegung anhand des Wortlauts muß danach zu dem Ergebnis kommen, daß § 6 a Abs. 10 VOB/A 2009 für das nichtoffene Verfahren, das Verhandlungsverfahren und den wettbewerblichen Dialog noch nicht im Stadium des Teilnahmewettbewerbs gilt, sondern erst ab dem Zeitpunkt der Angebotsabgabe. Erst dann ist das am Auftrag interessierte Unternehmen als Bieter zu bezeichnen. Eine derartige Auslegung verstößt im Hinblick auf die Möglichkeit, sich im Rahmen der Eignungsprüfung überhaupt fremder Ressourcen zu bedienen, gegen Artt. 47 Abs. 2, 48 Abs. 3 VKR.[282] Diese Regelungen erfassen allgemein Wirtschaftsteilnehmer, worunter auch Bewerber zu subsumieren sind.

Der *EuGH* und die VKR treffen hingegen keine Vorgaben zum Zeitpunkt der Prüfung der Verfügungsmacht. Eine Erstreckung der neu eingefügten Verfahrensregel auch auf Bewerber ist damit europarechtlich nicht geboten. Zudem ist auch diese Formulierung, daß die Verfügungsmacht erst „von den in der engeren Wahl befindlichen Bietern" abgefragt wird, nicht unmittelbar auf Bewerber im Teilnahmewettbewerb anwendbar. In Ermangelung europarechtlicher Vorgaben ist die Frage einer analogen Anwendung ausschließlich anhand des nationalen Rechts zu lösen.

Aus der Entstehungsgeschichte der VOB/A 2009 folgt, daß es sich bei der Wahl des Wortlauts in § 6 a Abs. 10 VOB/A 2009 und dessen Erstreckung ausschließlich auf Bieter um eine bewußte Entscheidung handeln muß. Dies ergibt sich aus der Zusammenschau mit der zweiten wesentlichen Neuregelung hinsichtlich der Vorlage von Eignungsnachweisen. Die in § 16 Abs. 1 Nr. 3 VOB/A 2009 neu geschaffenen Möglichkeit des Nachreichens fehlender Erklärungen bezieht sich nur auf ein Angebot und nicht auch auf einen Teilnahmeantrag. Der Wortlaut dieser Norm

---

281 Zu der Kritik an dieser Gestaltung s.o. Teil 1 B.II.2.b.cc.(6) (S. 83).
282 Bezüglich der VOL/A 2006 etwa *2. VK Bund*, Beschluß vom 29.12.2006, VK 2 – 125/06, S. 18 f. (veris).

umfaßt daher ebenfalls nicht das Stadium eines Teilnahmewettbewerbs. Der *Vergaberechtsausschuß des Deutschen Anwaltvereins* schlug vor, die Möglichkeit des Nachreichens auch auf die Verfahren mit Teilnahmewettbewerb zu erstrecken.[283] Diesem Vorschlag wurde indes nicht gefolgt. Läßt der Gesetzgeber – so man den Deutschen Vergabe- und Vertragsausschuß für Bauleistungen bzw. dessen Hauptausschuß Allgemeines unter diesen Begriff subsumiert – die explizite Aufforderung unberücksichtigt, seine geplanten Neuregelungen hinsichtlich der Verfahrensgestaltung auch auf Teilnahmewettbewerbe zu erstrecken, kann in deren Nichterwähnung kein Redaktionsversehen erblickt werden, sondern ist von einer bewußten Entscheidung auszugehen.

Dies wird durch eine systematische Auslegung der VOB/A 2009 bestätigt. § 6 Abs. 3 Nr. 6 S. 1 VOB/A 2009 bestimmt für das nichtoffene Verfahren und das Verhandlungsverfahren, daß *vor der Aufforderung zur Angebotsabgabe die Eignung der Bewerber zu prüfen* ist. Entsprechend sind gemäß § 6a Abs. 3 S. 1, Abs. 4 S. 1 VOB/A 2009 nur *geeignete* Bewerber aufzufordern. § 6a Abs. 3 S. 4 VOB/A 2009 bestimmt für das nichtoffene Verfahren unmißverständlich: „Die Eignung ist *anhand der mit dem Teilnahmeantrag vorgelegten Nachweise* zu prüfen." Schließlich verbleibt es unverändert bei der Gegenüberstellung, daß im offenen Verfahren eine spätere Anforderung von Nachweisen vorbehalten werden kann,[284] sie nichtoffenen Verfahren hingegen „bereits mit dem Teilnahmeantrag vorgelegt werden" müssen.[285]

Für die Verfahren mit Teilnahmewettbewerb scheidet nach alledem weiterhin die Möglichkeit aus, eine Vorlage der Nachunternehmer- und Verpflichtungserklärung erst mit dem Angebot zuzulassen. Auch ein Nachreichen fehlender Erklärungen dürfte unzulässig sein, da § 16 Abs. 1 Nr. 3 VOB/A 2009 diese Möglichkeit, wie bereits dargelegt, nur für Angebote eröffnet.

Die in § 6 Abs. 3 Nr. 2 S. 3 VOB/A 2009 dem Auftraggeber eröffnete Möglichkeit, vorzusehen, „daß für einzelne Angaben Eigenerklärungen ausreichend sind", kann das gefundene Ergebnis nicht relativieren. Denn wie bereits zur VOB/A 2006 dargelegt, müßte sich auch aus einer Eigenerklärung ergeben, daß der Nachunternehmer sich verbindlich verpflichtet hat.[286] An der Erforderlichkeit einer bindenden Vereinbarung mit dem Nachunternehmer – welche im Anlehnung an den

---

[283] Stellungnahme des *Vergaberechtsausschusses des Deutschen Anwaltvereins*, Stellungnahme Nr. 68/08 vom 06.11.2008 mit dem Vorschlag zur Aufnahme folgender Neuregelung „Für die vom Auftraggeber in einem Teilnahmewettbewerb dazu geforderten Erklärungen und Nachweise gilt § 16 Nr. 1 [nun § 16 Abs. 1 Nr. 3] entsprechend".
[284] § 8 Nr. 3 Abs. 4 S. 1 VOB/A 2006 = § 6 Abs. 3 Nr. 5 S. 1 VOB/A 2009.
[285] § 8 Nr. 3 Abs. 4 S. 2 VOB/A 2006 = § 6 Abs. 3 Nr. 5 S. 2 VOB/A 2009.
[286] S.o. Teil 1 B.II.2.b.cc.(7)(b)(bb) (S. 85) sowie *Diemon-Wies/Viegener*, VergabeR 2007, 576, 579 f. und *2. VK Bund*, Beschluß vom 29.12.2006, VK 2 – 125/06, S. 20 f. (veris).

BGH jedenfalls im Einzelfall guten Gewissens als unzumutbar bezeichnet werden kann – ändert die Zulassung von Eigenerklärungen also nichts.

(b) VOL/A 2009

Im Gegensatz zur Neuerung in § 6 a Abs. 10 S. 2 VOB/A 2009 entspricht § 7 EG Abs. 9 S. 2 VOL/A 2009 der bisherigen Regelung zum Gebrauch der Fähigkeiten anderer Unternehmen in §§ 8 a Nr. 10 VOB/A 2006, 7 a Nr. 3 Abs. 6 VOL/A 2006. Demnach bleibt es im Rahmen der VOL/A bei der bisherigen Rechtslage.

Eine Änderung ergibt sich auch nicht daraus, daß in der VOL/A 2009 ein Nachreichen fehlender Erklärungen gestattet wird. § 19 EG Abs. 2 S. 1 VOL/A 2009 normiert:

> „Erklärungen und Nachweise, die auf Anforderung der Auftraggeber bis zum Ablauf der Angebotsfrist nicht vorgelegt wurden, können bis zum Ablauf einer zu bestimmenden Nachfrist nachgefordert werden."

Für das offene Verfahren ermöglicht diese Neuregelung zwar ein Nachreichen der Nachunternehmer- und Verpflichtungserklärung. Bei deren Fehlen im Angebot darf der Auftraggeber diese Möglichkeit jedoch nicht dazu nutzen, die fehlende Erklärung erst in der engeren Wahl anzufordern. Die vorherige Bekanntgabe einer Anforderung der Nachunternehmer- und Verpflichtungserklärung erst in diesem Stadium mittels der Vergabeunterlagen ist nicht zulässig, da hierfür keine Ermächtigung existiert. Eine damit allenfalls mögliche unangekündigte Anforderung erst in der engeren Wahl verstößt gegen die Grundsätze der Transparenz und Gleichbehandlung.

Für Verfahren mit Teilnahmewettbewerb ist eine Änderung durch § 19 EG Abs. 2 S. 1 VOL/A 2009 von vornherein ausgeschlossen. Denn diese Norm bezieht sich nur auf das Angebot und nicht auf einen Teilnahmeantrag. Für das Stadium des Teilnahmewettbewerbs wird damit nicht die Möglichkeit eröffnet, fehlende Erklärungen nachzureichen. Wie schon bei der Reform der VOB/A weist der *Deutsche Anwaltverein* wiederum mit Nachdruck darauf hin,

> es „sollte die Möglichkeit zur Nachforderung von Eignungsnachweisen, die entgegen einer Forderung nicht beigefügt werden, ausdrücklich geregelt werden, und zwar so, daß sie auch für Teilnahmeanträge wirksam wird."[287]

Sofern dieser Vorschlag bei der Reform der VOL/A, wie schon bei jener der VOB/A, nicht berücksichtigt wird, muß auch hier von einer bewußten Ausklam-

---

287 Stellungnahme des *Deutschen Anwaltvereins* durch den Ausschuß Vergaberecht zur Novellierung der Verdingungsordnung für Leistungen (VOL/A), Stellungnahme Nr. 25/09 vom 18.03.2009 unter der unmißverständlichen Überschrift „Teilnahmewettbewerb und Nachforderungsmöglichkeit".

merung des Teilnahmewettbewerbs ausgegangen werden. Eine analoge Anwendung ist dann ausgeschlossen.

Die in § 7 EG Abs. 13 VOL/A 2009 allgemein für Unternehmen – ergo Bieter und Bewerber – eingeräumte Möglichkeit, die vorgelegten Bescheinigungen zu vervollständigen oder zu erläutern, eröffnet, wie schon bezüglich der entsprechenden Art. 51 VKR und § 7a Nr. 5 Abs. 2 S. 4 VOL/A 2006 dargelegt, nicht die Möglichkeit, das Nachreichen einer komplett fehlenden Nachunternehmer- oder Verpflichtungserklärung zu gestatten.[288]

(11) Ergebnis zur Prüfung abgeleiteter Eignung

Hinsichtlich des Zeitpunkts, zu welchem die Nachunternehmer- und Verpflichtungserklärung vorliegen müssen, um die abgeleitete Eignung eines selbst nicht geeigneten Bieters begründen zu können, ist für das offene Verfahren zwischen der VOB/A und der VOL/A zu differenzieren. Ausschließlich im offenen Verfahren unter Geltung der VOB/A 2006 kann der Auftraggeber sich eine Vorlage der Nachunternehmer- und Verpflichtungserklärung erst in der engeren Wahl vorbehalten. Demgegenüber enthält die VOL/A 2006 für den Auftraggeber keine entsprechende Ermächtigung. Dort sind die Nachunternehmer- und Verpflichtungserklärung daher zwingend mit dem Angebot vorzulegen, wenn sich ein selbst ungeeigneter Bieter im Rahmen der Eignungsprüfung auf die Kapazitäten seiner Nachunternehmer berufen will.

Entsprechend sind in den Verfahren mit Teilnahmewettbewerb sowohl gemäß der VOB/A 2006 als auch der VOL/A 2006 die Nachunternehmer- und Verpflichtungserklärungen bereits mit dem Teilnahmeantrag vorzulegen.

An dieser Divergenz zwischen dem offenen Verfahren gemäß der VOB/A einerseits und allen anderen Verfahrensarten der VOB/A und der VOL/A andererseits wird sich durch die beabsichtigten Änderungen in VOB/A; VOL/A 2009 nichts ändern.

Der Weg zur Nutzung der abgeleiteten Eignung eines anderen Unternehmens ist daher steinig, auch nach der anstehenden Reform der VOB/A und VOL/A. Müßte der erhebliche – in Anlehnung an den *BGH* möglicherweise unzumutbare – Aufwand zur Nutzung der Kapazitäten anderer Unternehmen auch im Konzern betrieben werden, würde dies ein gemeinsames Agieren verschiedener Konzerngesellschaften kompliziert gestalten. Im folgenden Teil zur Kooperation im Konzern wird daher untersucht, ob konzernverbundene Unternehmen einen leichteren Weg beschreiten können, indem sie schlicht darauf verweisen, sie seien als ein

---

288 S.o. Teil 1 B.II.2.b.cc.(4)(a)(aa) (S. 78) sowie Teil 1 B.II.2.b.cc.(9)(a) (S. 88).

Konzern ein einheitliches Unternehmen, so daß weitere Nachweise hinsichtlich der Verfügbarkeit entbehrlich sind.

Zuvor ist kurz auf eine andere Konstellation einzugehen, in welcher sich das praktische Interesse eines Konzerns aufdrängt, sich kraft Verbundenheit auf sämtliche seiner Teilgliederungen berufen zu können.

III. Präqualifikation

Die Präqualifikation wurde durch das Gesetz zur Modernisierung des Vergaberechts vom 20.04.2009[289] mit der Aufnahme in § 97 GWB zu einem Grundsatz des Vergaberechts erhoben.[290] Ein neuer § 97 Abs. 4a GWB bestimmt:

„Auftraggeber können Präqualifikationssysteme einrichten oder zulassen, mit denen die Eignung von Unternehmen nachgewiesen werden kann."

Ein Präqualifikationsverfahren ermöglicht eine vorgelagerte, auftragsunabhängige Prüfung der Eignungsnachweise.[291] Die Präqualifikation ist mithin zu definieren als generelle Bewertung eines Unternehmens, ob bzw. inwieweit es zur Ausführung bestimmter Leistungen überhaupt geeignet ist.[292] Sie verfolgt das Ziel einer Vereinfachung und Kostenreduzierung der Eignungsprüfung.[293] Aus der generellen und auftragsunabhängigen Vorwegnahme der Prüfung vor allem jener Eignungsnachweise, die nahezu bei jeder Ausschreibung anfallen, resultiert für den Auftraggeber der Vorteil, sie nicht einzeln im Rahmen jedes konkreten Vergabeverfahrens prüfen zu müssen. Für den Bieter bedeutet die Entbehrlichkeit der Beibringung sämtlicher Einzelnachweise für jede Ausschreibung eine Vereinfachung der Angebotserstellung.

Die europarechtliche Grundlage der Präqualifikation bildet Art. 52 VKR, der die Einführung amtlicher Verzeichnisse zugelassener Wirtschaftsteilnehmer und der Zertifizierung durch öffentlich-rechtliche oder privatrechtliche Stellen ermöglicht.[294] Entsprechend der letzten Alternative ist im nationalen Recht für die Präqualifikation eine privatwirtschaftliche Organisation zuständig, welche letztlich von der öffentlichen Hand dominiert wird.[295] Gemäß § 8 Nr. 3 Abs. 2 VOB/A 2006

---

289 BGBl. I S. 790.
290 Vgl. *Byok*, NVwZ 2009, 551, 552.
291 Statt aller *Rusam/Weyand*, in: Heiermann/Riedl/Rusam, VOB, A § 8 Rn 48.
292 *Werner*, NZBau 2006, 12.
293 Ausf. *Kratzenberg*, NZBau 2006, 601, 605.
294 Zur historischen Entwicklung der Präqualifikation auf europäischer Ebene vgl. *Franke/Häußler*, ZfBR 1993, 47 ff., zu etablierten Präqualifizierungssystemen in verschiedenen europäischen Ländern vgl. *Werner*, NZBau 2006, 12 f.
295 *Rusam/Weyand*, in: Heiermann/Riedl/Rusam, VOB, A § 8 Rn 50; *Koenig/Hentschel/Steiner*, VergabeR 2006, 691, 692 ff. sehen in dem System der Präqualifikation einen Verstoß gegen das Kartellverbot.

können Auftragnehmer durch die Eintragung in die Liste präqualifizierter Bauunternehmen des „Vereins für die Präqualifikation von Bauunternehmen e.V." feststellen lassen, daß sie in bezug auf bestimmte Leistungsbereiche fachkundig, leistungsfähig und zuverlässig sind.[296] Diese Feststellung der generellen Eignung ist für die Bereiche „Einzelleistungen" und „Komplettleistungen" möglich, jeweils unterteilt in fünf Klassen – wie etwa Hochbau oder Verkehrswegebau – mit weiteren Untergliederungen.[297]

Der Charakter als genereller, auftragsunabhängiger Eignungsprüfung erschwert es voneinander unabhängigen Kooperationspartner, eine gemeinsame Präqualifizierung zu erreichen. Aufgrund der hohen Anforderungen an die Verbindlichkeit und Bestimmtheit der Verfügbarkeitsnachweise ist es problematisch, sich im Rahmen einer Präqualifikation auf die Eignung eines anderen Unternehmens zu berufen.[298]

Insofern würde es für verbundene Unternehmen einen bedeutenden Vorteil darstellen, wenn sie sich kraft Verbundenheit auf die Ressourcen anderer konzernangehöriger Gesellschaften berufen könnten. Durch die Nutzung dieser Möglichkeit im Rahmen einer Präqualifikation könnte sich ein konzernangehöriges Unternehmen für alle Leistungen als geeignet eintragen lassen, für welche eine andere konzernangehörige Gesellschaft leistungsfähig oder fachkundig ist. Ein Konzern könnte damit seine sämtlichen Kapazitäten im Hinblick auf öffentliche Ausschreibungen bei einer Gesellschaft bündeln, ohne sie dieser organisatorisch zuordnen zu müssen.

---

296 Eine entsprechende Regelungen trifft § 6 Abs. 3 Nr. 2 VOB/A 2009. Mit der Aufnahme in § 7 EG Abs. 4 VOL/A 2009 – „Die Auftraggeber können Eignungsnachweise, die durch Präqualifizierungsverfahren erworben werden, zulassen" – findet die Präqualifikation Eingang in die Eignungsprüfung für Lieferungen und Dienstleistungen.
297 Ausf. *Werner*, in: Willenbruch/Bischoff, Vergaberecht, 4. Los, § 8 VOB/A Rn 29 ff. (S. 408 f.).
298 Für den Bereich Komplettleistungen soll es Generalunternehmern möglich sein, sich in bestimmten Kategorien präqualifizieren zu lassen: *Werner*, in: Willenbruch/Bischoff, Vergaberecht, 4. Los, § 8 VOB/A Rn 31 (S. 409); bzgl. der Pflicht zur Konkretisierung von Verpflichtungserklärungen vgl. oben Teil 1 B.II.2.b.cc.(1) (S. 75) sowie unten Teil 2 C.I. 3. (S. 128).

Teil 2 Kooperation im Konzern

A. Einleitung

Im Gegensatz zur Stellung eines Konzerns als öffentlicher Auftraggeber, die unter dem Schlagwort der In-house-Problematik bereits Gegenstand ausgiebiger Diskussionen war, erscheinen Erörterungen über Konzerne auf Bieterseite vernachlässigt. Dies gilt insbesondere für die rechtlichen Rahmenbedingungen einer Kooperation innerhalb eines Konzerns. So fehlen bislang gesicherte Erkenntnisse, unter welchen Voraussetzungen sich ein Bieter im Rahmen der vergaberechtlichen Eignungsprüfung der Kapazitäten eines konzernangehörigen Unternehmens bedienen kann.

I. Problemstellung

Für die Betrachtung verbundener Unternehmen als Einheit in der vergaberechtlichen Eignungsprüfung kann auf Ausführungen zur sog. Generalübernehmerproblematik Bezug genommen werden. Dort geht es um die Frage, ob aus § 8 Nr. 2 Abs. 1 VOB/A 2006 die Forderung nach einem gewissen Eigenleistungsanteil des Bieters herzuleiten ist oder ob ein Bieter alle Leistungen an Nachunternehmer subvergeben darf.[299] Der *EuGH* hat die Beteiligung eines Generalübernehmers als Bieter im Vergabeverfahren grundsätzlich für zulässig erklärt.[300] Im Zusammenhang mit dem Gebot der Selbstausführung führt *Schneevogel* aus, es erscheine sachgerecht, die Eignung eines Bieters und einer als Subunternehmer tätigen Tochtergesellschaft als Einheit zu beurteilen, wenn der Bieter auf die Tochter einen beherrschenden Einfluß gem. § 36 Abs. 2 S. 1 GWB habe.[301] Für die Betrachtung als Einheit müsse der Bieter dartun, daß er über die sachlichen Mittel des verbundenen Unternehmens verfüge. Bezüglich dieses Nachweises kommt *Schneevogel* zu dem Schluß, eine Erklärung des Bieters, daß es sich bei den herangezogenen Dritten um konzernverbundene Unternehmen handele, reiche nicht aus; vielmehr

---

299 Ausf. zur Generalübernehmerproblematik: *Bartl*, NZBau 2005, 195 ff.; *Hausmann/Wendenburg*, NZBau 2004, 315 ff; *Pauly*, VergabeR 2005, 312 ff.; *Prieß/Decker*, VergabeR 2004, 159 ff.
300 *EuGH*, Urteil vom 18.03.2004, Rs. C-314/01, „Siemens, ARGE Telekom", Slg. 2004, I-2549 Rn 43; gleichwohl ist es dem Auftraggeber möglich, eine Eigenleistungsquote des Bieters zu fordern vgl. *Dreher*, NZBau 2005, 427, 434 f., *ders*, in: Immenga/Mestmäcker, GWB § 97 Rn 124 sowie *Bischof/Stoye*, MMR 2006, 138, 145.
301 *Schneevogl*, NZBau 2004, 418, 421 f.

müßten Verpflichtungserklärungen der Tochtergesellschaften vorgelegt werden.[302] Im Widerstreit dazu liegt der vorliegenden Arbeit die Annahme zugrunde, in bestimmten Konstellationen müßten Verpflichtungserklärungen entbehrlich sein. Demgemäß steht die Frage, wann sich ein Bieter allein kraft Konzernverbundenheit auf die Ressourcen eines konzernangehörigen Unternehmens berufen kann, im Mittelpunkt dieses Teils der Untersuchung.

Der Bieter, der seine Eignung mit fremden Ressourcen belegt, wird im folgenden als *berufendes* Unternehmen bezeichnet, das die Kapazitäten zur Verfügung stellende Unternehmen als *verpflichtete* Gesellschaft.

II. Interessenlage

Die Möglichkeit des Eignungsnachweises durch einen Verweis auf geeignete konzernangehörige Unternehmen kraft der Verbundenheit stellt für ein berufendes Unternehmen bei der Bewerbung um einen einzelnen Auftrag eine Erleichterung dar, da die Gefahr des Angebotsausschlusses wegen fehlender Erklärungen verringert wird. Für die Beteiligung eines Gesamtkonzerns an Präqualifikationsverfahren ist das Berufen auf die Eignung anderer Unternehmen kraft Verbundenheit sogar von essentieller Bedeutung. Nur bei Eröffnung dieser Möglichkeit kann ein Konzern als Einheit an solchen generellen Eignungsprüfungen teilnehmen.[303] Denn eine auftragsunabhängige Beibringung einer Vielzahl von Verpflichtungserklärungen mehrerer Konzernunternehmen für unbestimmte künftige Aufträge ist mangels Konkretisierung zumindest problematisch wenn nicht unmöglich.[304]

III. Rechtliche Vorgaben

Der *EuGH* hat sich bereits 1994 im Urteil „Ballast Nedam Groep I"[305] mit einer Konstellation befaßt, in welcher eine Konzernmutter in einem Präqualifikationsverfahren auf die Eignung von Tochtergesellschaften verweisen wollte. Der Gerichtshof erklärte das Berufen auf die Mittel abhängiger Unternehmen unter der Voraussetzung für zulässig, daß eine Obergesellschaft als Bieter „nachweisen [muß], daß sie unabhängig von der Art der rechtlichen Beziehungen zu ihren Tochtergesellschaften tatsächlich über die diesen zustehenden Mittel verfügen kann, die

---

302 *Schneevogl*, NZBau 2004, 418, 422.
303 S.o. Teil 1 B.III. (S. 96).
304 Vgl. bzgl. der Pflicht zur Konkretisierung von Verpflichtungserklärungen oben Teil 1 B.II. 2.b.cc.(1) (S. 75) sowie unten Teil 2 C.I.3. (S. 128).
305 *EuGH*, Urteil vom 14.04.1994, Rs. C-389/92, „Ballast Nedam Groep I", Slg. 1994, I-1289.

zur Ausführung der Aufträge erforderlich sind."[306] In Anlehnung an diese Rechtsprechung wurden in Artt. 47 Abs. 2, 48 Abs. 3 VKR entsprechende Regelungen hinsichtlich der abgeleiteten Eignung getroffen.[307] In nationales Recht umgesetzt wurden diese europarechtlichen Vorgaben im Rahmen des Legislativpakets 2006 mit entsprechenden Kodifikationen in § 8a Nr. 10 VOB/A 2006 und § 7a Nr. 3 Abs. 6 VOL/A 2006.

Um allgemeine Grundsätze für die Kooperation im Konzern kraft Verbundenheit aufstellen zu können, ist zunächst zu untersuchen, in welchen Konstellationen ein Bieter materiellrechtlich tatsächlich über die Mittel eines verbundenen Unternehmens verfügen kann. Anschließend ist darauf einzugehen, auf welche Weise ein Bieter, der sich der abgeleiteten Eignung im Konzern bedienen will, im Vergabeverfahren den formalen Nachweis zu erbringen hat, daß er über die entsprechende Berechtigung verfügt.[308]

B. Obergesellschaft als berufendes Unternehmen

Als Ausgangspunkt der materiellrechtlichen Betrachtung dient die Konstellation, in welcher sich eine Obergesellschaft auf die Eignung einer Tochtergesellschaft beruft. Dieser Fall wird insbesondere in einer Holding-Struktur relevant, bei welcher die benötigten Kapazitäten nicht bei der Konzernmutter, sondern bei deren Töchtern angesiedelt sind. Ein solcher Sachverhalt lag auch der grundlegenden Ballast Nedam Groep I-Entscheidung des *EuGH* zugrunde.

I. Vertragskonzern

Für die Verfügungsmacht über Mittel einer Tochter sind die der Mutter zustehenden Möglichkeiten der Einflußnahme von entscheidender Bedeutung. Da diese im Vertragskonzern einerseits und im faktischen Konzern andererseits auf unterschiedlichen Grundlagen beruhen, sind beide Organisationsformen getrennt voneinander zu untersuchen.

---

306 *EuGH*, ebenda, Rn 17; bestätigt durch *EuGH*, Urteil vom 18.12.1997, Rs. C-5/97, „Ballast Nedam Groep II", Slg. 1997, I-7549.
307 S.o. Teil 1 B.I.2. (S. 51).
308 S.u. Teil 2 E. (S. 137).

1. Tochter als verpflichtete Gesellschaft

a. Weisungsrecht der Mutter

Im Vertragskonzern ist die Obergesellschaft berechtigt, der Geschäftsleitung ihrer Tochter verbindliche Weisungen zu erteilen.[309] Gemäß § 308 Abs. 1 S. 2 AktG können der angewiesenen Gesellschaft auch nachteilige Weisungen erteilt werden, wenn sie den Belangen des herrschenden Unternehmens oder der mit ihm verbundenen Unternehmen dienen. Dies gestattet es der Obergesellschaft, das abhängige Unternehmen ihren eigenen Interessen bzw. dem Gruppeninteresse unterzuordnen, was dem Zweck eines Beherrschungsvertrages entspricht.[310] Der Vorteil für das übergeordnete Konzerninteresse muß dabei der Schädigung der angewiesenen Tochter mindestens entsprechen.[311] Unter dieser Voraussetzung wandelt sich der isoliert betrachtete Nachteil in einen Vorteil, weil der Vertragskonzern als eine einzige wirtschaftliche Einheit anzusehen ist, in welcher die Interessen des einzelnen Konzernunternehmens mit jenen des Gesamtunternehmens verschmelzen.[312] Für den Gesamtkonzern ist die Höhe einer finanziellen Gegenleistung für konzernintern überlassene Kapazitäten als Nullsummenspiel grundsätzlich unbeachtlich. Die Obergesellschaft kann ihre Tochter folglich auch dann verbindlich anweisen, ihr die benötigten Kapazitäten zur Verfügung zu stellen, wenn ein Dritter der abhängigen Gesellschaft dafür einen höheren Preis bietet.

Die Mutter besitzt infolge ihrer Weisungsbefugnis uneingeschränkten Zugriff auf die Ressourcen ihrer Tochter. Zum Nachweis der Verfügbarkeit über diese Mittel ist folglich eine Erklärung der verpflichteten Tochter entbehrlich, in welcher sie der berufenden Mutter den Zugriff auf die benötigten Kapazitäten garantiert.

b. Beendigung des Unternehmensvertrags

Gegen eine solche formale Erleichterung zum Gebrauch der abgeleiteten Eignung durch die Obergesellschaft eines Vertragskonzerns greift der denkbare Einwand, die Weisungsbefugnis sei infolge gesellschaftsrechtlicher Änderungen jederzeit disponibel, nicht durch. Die fristlose Kündigung eines Unternehmensvertrags ist nach § 297 Abs. 1 S. 1 AktG nur möglich, sofern ein wichtiger Grund gegeben ist. Gemäß § 297 Abs. 1 S. 2 AktG liegt ein wichtiger Grund namentlich vor, wenn die

---

309 S.o. Teil 1 A.II.1. (S. 34); monographisch *Kantzas*, Das Weisungsrecht im Vertragskonzern, S. 52 ff.
310 *Hirte*, in: Großkomm AktG, § 308 Rn 48.
311 *Emmerich*/Habersack, Konzernrecht, § 23 V. 2. a. (S. 345).
312 *Altmeppen*, Die Haftung des Managers im Konzern, S.20; *Emmerich*/Habersack, Aktien- und GmbH-Konzernrecht, § 308 Rn 46.

Obergesellschaft voraussichtlich nicht in der Lage sein wird, ihre auf Grund des Vertrags bestehenden Verpflichtungen zu erfüllen. Damit besteht bei mangelnder Solvenz einer berufenden Mutter das Risiko, daß die Tochter deren Zugriffsmöglichkeit durch fristlose Kündigung des Unternehmensvertrags vereitelt. Bei mangelnder Solvenz des Bieters im Zeitpunkt der Angebotswertung ist jedoch bereits dessen finanzielle Zuverlässigkeit zu verneinen. Da ein nicht solventer Bieter daher ohnehin nicht geeignet ist, ist es nicht geboten, aufgrund des bloß abstrakten Risikos mangelnder Solvenz der berufenden Mutter – und damit einer etwaigen außerordentlichen Kündigungsmöglichkeit der Tochter – die Nutzung der abgeleiteten Eignung im Konzern einzuschränken.

Die Möglichkeit der ordentlichen Kündigung eines Unternehmensvertrags zwingt ebenfalls nicht dazu, es einem Bieter zu versagen, sich allein kraft der Konzernverbundenheit auf die Eignung einer abhängigen Tochtergesellschaft zu berufen. Im Regelfall ist die Frage der ordentlichen Kündbarkeit ausdrücklich in Unternehmensverträgen geregelt.[313] Die entsprechenden Klauseln umfassen auch Bestimmungen zur Abwicklung bestehender wirtschaftlicher Beziehungen. Daraus dürfte regelmäßig eine Berechtigung der Obergesellschaft folgen, sich benötigte Ressourcen der Tochter gegen einen marktüblichen Preis zu sichern. Wenn der Unternehmensvertrag keine solche Berechtigung vorsieht – beispielsweise weil er die Frage der Kündigung nicht erwähnt – kann die berufende Obergesellschaft nach der Erklärung einer ordentlichen Kündigung während des Laufs der Kündigungsfrist ihre Tochtergesellschaft anweisen, eine Verpflichtungserklärung hinsichtlich der benötigten Ressourcen abzugeben. Jedenfalls wenn für die Überlassung eine angemessene Gegenleistung vorgesehen ist, widerspricht eine solche Weisung nicht der Wertung des § 299 AktG, wonach der abhängigen Gesellschaft nicht die Weisung erteilt werden darf, den Unternehmensvertrag aufrechtzuerhalten.

Im Fall einer einvernehmlichen Beendigung des Unternehmensvertrags gemäß § 296 AktG kann die berufende Obergesellschaft die Überlassung der benötigten Ressourcen ohne weiteres zur Bedingung der Aufhebung machen. Das abstrakte Risiko der Beendigung eines Beherrschungsvertrags schränkt daher nicht die Möglichkeit der herrschenden Obergesellschaft ein, sich allein kraft der Konzernverbundenheit auf die Eignung einer abhängigen Tochtergesellschaft zu berufen.

2. Enkel als verpflichtete Gesellschaft

Diese Möglichkeit zum Gebrauch der abgeleiteten Eignung besteht im Vertragskonzern grundsätzlich auch gegenüber einer Enkel-Gesellschaft. Bei mehrstufigen

---

313 *Emmerich*/Habersack, Aktien- und GmbH-Konzernrecht, § 297 Rn 6.

Unternehmensverbindungen existiert zwar kein direktes Weisungsrecht der Obergesellschaft gegenüber der Enkelgesellschaft.[314] Denn Träger des aus einem Beherrschungsvertrag folgenden Weisungsrechts ist gemäß § 308 Abs. 1 S. 1 AktG nur der andere Vertragsteil.[315] Ausschließlich der vermittelnden Tochter steht das Weisungsrecht gegenüber der Enkelgesellschaft zu.[316] Eine Übertragung des Rechts auf ihre Mutter und die unmittelbare Ausübung durch diese sind nicht möglich.[317] Die abweichende Ansicht von *Altmeppen*, die Mutter könne das Weisungsrecht gegenüber der Enkelgesellschaft ausüben, weil die Tochter mit der Mutter wirtschaftlich fusioniert habe,[318] läßt eine fundierte dogmatische Begründung vermissen. Ohnehin ist eine derartige Annahme in der vorliegenden Konstellation nicht erforderlich. Bei einer durchgehenden Kette von Beherrschungsverträgen ist es der Mutter unstreitig möglich, die Tochtergesellschaft verbindlich anzuweisen, ihrerseits der Enkelgesellschaft bestimmte Weisungen zu erteilen.[319] Es ist somit zwar die Mitwirkung der den Enkel unmittelbar beherrschenden Tochter erforderlich, damit die Mutter die Kapazitäten der Enkelgesellschaft kraft gesellschaftsrechtlicher Befugnisse anfordern kann. Dieser formale Zwischenschritt hat indes keine negativen Auswirkungen auf die Verbindlichkeit der Weisung bzw. der Weisungen. Bei durchlaufenden Beherrschungsverträgen ist daher die Verfügbarkeit des Bieters über die Ressourcen einer Enkelgesellschaft kraft Verbundenheit zu bejahen.

II. Faktischer Konzern

Im faktischen Konzern ist im Gegensatz zum Vertragskonzern keine generalisierende Lösung möglich. Vielmehr ist sowohl nach der Rechtsform der verpflichteten Tochtergesellschaft als auch nach der Beteiligungshöhe der berufenden Mutter zu differenzieren.

---

314 *BGH*, Urteil vom 14.05.1990, II ZR 122/89, AG 1990, 459, 460; *Cahn*, BB 2000, 1477, 1481 ff.; *Emmerich*/Habersack, Konzernrecht, § 23 II (S. 340); zweifelnd *Altmeppen*, in: MüKo AktG, § 308 Rn 29, 58.
315 *Altmeppen*, in: MüKo AktG, § 308 Rn 29; *Hüffer*, AktG, § 308 Rn 3.
316 *Koppensteiner*, in: KK AktG, § 308 Rn 5 f.; *Pentz*, Die Rechtsstellung der Enkel-AG, S. 114 f.
317 Ausf. *Cahn*, BB 2000, 1477, 1482 f.; vgl. zu der verwandten Problematik der Übertragung des Weisungsrechts auf eine abhängige Gesellschaft unten Teil 2 C.II.1.b. (S. 133) sowie allgemein *Emmerich*/Habersack, Aktien- und GmbH-Konzernrecht, § 308 Rn 6, 16.
318 *Altmeppen*, in: FS Lutter, 975, 976 ff.
319 *BGH*, Urteil vom 14.05.1990, II ZR 122/89, AG 1990, 459, 460; *Emmerich*/Habersack, Aktien- und GmbH-Konzernrecht, § 308 Rn 6; diesbezüglich in Übereinstimmung mit der hM *Altmeppen*, in: FS Lutter, 975, 979.

1. 100%-ige GmbH-Tochter als verpflichtete Gesellschaft

Der Geschäftsführer einer GmbH ist an Weisungen der Gesellschafter gebunden.[320] Der einer Weisung zugrundeliegende Beschluß wird gemäß § 48 Abs. 1 GmbHG grundsätzlich in einer Gesellschafterversammlung gefaßt, welche unter Beachtung der Förmlichkeiten des § 51 Abs. 1 GmbHG einzuberufen ist. Trotz fehlerhafter Einberufung können wirksame Beschlüsse gefaßt werden, wenn sämtliche Gesellschafter anwesend sind (§ 51 Abs. 3 GmbHG). Eine solche Vollversammlung ist bei der Existenz nur eines einzigen Gesellschafters mit dessen Anwesenheit immer gegeben. Für dessen Willensbildung ist die Einhaltung der ansonsten für Gesellschafterversammlungen geltenden Förmlichkeiten damit entbehrlich.[321] Auch unterliegt er bei Beschlüssen über Geschäfte mit sich selbst keinem Stimmverbot.[322] Es ist jedoch die sog. Protokollpflicht des § 48 Abs. 3 GmbHG zu beachten, wonach ein Alleingesellschafter unverzüglich nach der Beschlußfassung eine Niederschrift aufzunehmen und zu unterschreiben hat. Unter Wahrung dieser Protokollpflicht kann der Alleingesellschafter jederzeit einen wirksamen Beschluß fassen.[323] Auf dessen Grundlage kann er dem Geschäftsführer die Weisung erteilen, der alleinigen Mutter die benötigten Kapazitäten zur Verfügung zu stellen. An diese Weisung ist der Geschäftsführer auch dann gebunden, wenn die Tochter-GmbH die benötigten Ressourcen anderweitig gewinnbringender einsetzen könnte.[324]

Eine Pflicht zur Berücksichtigung eines vom Interesse der Gesellschafter möglicherweise abweichenden Unternehmensinteresses ist für den Geschäftsführer ei-

---

320 S.o. Teil 1 A.II.2.a. (S. 36).
321 *Hüffer*, in: Ulmer, GmbHG, § 48 Rn 66.
322 *BGH*, Beschluß vom 24.10.1988, II ZB 7/88, BGHZ 105, 324, 333; *Ingerl*, in: MüHdb. GmbH, § 38 Rn 23; *Koppensteiner*, in: Rowedder/Schmidt-Leithoff, GmbHG, § 47 Rn 54; *Römermann*, in: Michalski, GmbHG, § 47 Rn 94.
323 *Hüffer*, in: Ulmer, GmbHG, § 49 Rn 10 aE.
324 Eine Ausnahme gilt nur in dem Extremfall, daß das Stammkapital der Tochter nicht mehr gedeckt ist und eine Überlassung der Kapazitäten unter Marktpreis an den Alleingesellschafter eine verdeckte Gewinnausschüttung aus dem gebundenen Vermögen darstellen würde. In dieser Konstellation wäre die Weisung nichtig (statt aller *Haas*, in: Michalski, GmbHG, § 43 Rn 61) und bei ihrer Ausführung würde sich der Geschäftsführer gemäß § 43 Abs. 3 S. 1 GmbHG schadensersatzpflichtig machen (*Schneider*, in: Scholz, GmbHG, § 43 Rn 268 ff.); die damit in diesem Extremfall ausnahmsweise nicht bestehende Zugriffsmöglichkeit der Mutter nötigt nicht dazu, generell eine Verpflichtungserklärung für erforderlich zu halten. In dem Fall des angegriffenen Stammkapitals dürfte nämlich die finanzielle Zuverlässigkeit der Tochter zu verneinen sein, so daß die Eignung ohnehin nicht besteht.

ner GmbH abzulehnen.[325] Zwar ist der Geschäftsführer zur Beachtung des Unternehmenswohls verpflichtet.[326] Bei der GmbH legen jedoch ausschließlich die Gesellschafter das Unternehmensziel und das Gesellschafts- oder Unternehmensinteresse fest.[327] Auch im Anwendungsbereich des Mitbestimmungsgesetzes bleibt die GmbH eine Veranstaltung der Gesellschafter.[328] Deren gemeinsame Interessen gehen daher im Zweifel bei der Bestimmung des Gesellschafts- oder Unternehmensinteresses vor.[329] Eine Weisung des Alleingesellschafters kann folglich nicht im Widerspruch zu diesem Interesse stehen.

Die damit uneingeschränkt bestehende gesellschaftsrechtliche Zugriffsmöglichkeit der alleinigen Mutter macht im Rahmen der vergaberechtlichen Eignungsprüfung die Vorlage einer Verpflichtungserklärung der Tochter entbehrlich. Bei einer GmbH im Alleinbesitz des berufenden Unternehmens ist die Inanspruchnahme der Ressourcen der abhängigen GmbH allein kraft der Verbundenheit möglich.

Gegen diese formale Erleichterung zum Gebrauch der abgeleiteten Eignung kann nicht mit Erfolg eingewandt werden, die Zugriffsmöglichkeit sei nicht ausreichend gesichert, da die Weisungsbefugnis durch eine Veräußerung der Anteile an der verpflichteten GmbH entfallen könne.[330] Eine Entscheidung zum Verkauf der GmbH-Anteile kann nicht durch Dritte veranlaßt werden, sondern beruht auf einem freien Entschluß der berufenden Mutter. Der Verkauf einer Tochtergesellschaft, die nicht lediglich als Finanzbeteiligung gehalten wird, erfolgt in einem komplexen Verfahren, bei welchem den bestehenden wirtschaftlichen Verbindungen Rechnung getragen wird. Beim vollständigen oder teilweisen Verkauf einer verpflichteten Tochter kann und wird sich eine berufende Mutter die benötigten Ressourcen der Tochter vertraglich sichern.

---

325 Monographisch zum Unternehmensinteresse *Schmidt-Leithoff*, Die Verantwortung der Unternehmensleitung, S. 45 ff.; kritisch zum Begriff des Unternehmensinteresses schon *Rittner*, in: FS Hefermehl, 365, 368 und *Wiedemann*, Gesellschaftsrecht, Bd. 1, § 11 III. 2. b. (S. 625 ff.) sowie aus jüngerer Zeit *Kling*, DZWIR 2005, 45, 51 mwN; zu unterschiedlichen Konzeptionen *Mülbert*, ZGR 1997, 129, 142 f.; in Gegensatz zum deutschen Recht bestehen im polnischen Gesellschaftsrecht starke Tendenzen für eine Pflicht zur Beachtung des Unternehmensinteresses, s.u. Teil 4 B.I.2.a.ee. (S. 242).
326 *Haas*, in: Michalski, GmbHG, § 43 Rn 76 ff. mwN; in diesem Zusammenhang werden die Begriffe Gesellschaftsinteresse, Unternehmensinteresse und Unternehmenswohl benutzt, ohne daß damit notwendigerweise eine inhaltliche Differenzierung verbunden ist.
327 *Schneider*, in: Scholz, GmbHG, § 43 Rn 68; für ein Rekurrieren auf den Begriff des Gesellschaftsinteresses statt des Unternehmensinteresses etwa *Kling*, DZWIR 2005, 45, 51.
328 *Wiedemann*, ZGR 1977, 160, 164; Einschränkungen sind allenfalls in der mitbestimmten GmbH denkbar, wenn eine Weisung der Gesellschafter die Arbeitnehmerinteressen gröblich verletzt (vgl. *Schneider*, in: Scholz, GmbHG, § 43 Rn 42 mwN); es ist allerdings schwerlich vorstellbar, daß eine Weisung zum Einsatz von Kapazitäten, etwa geeigneter Arbeitnehmer, deren Interessen gröblich verletzt und nicht vom weiten Ermessensspielraum des Geschäftsführers gedeckt wäre.
329 *Ebenroth/Lange*, GmbHR 1992, 69, 72; *Schneider*, in: Scholz, GmbHG, § 43 Rn 68.
330 Vgl. zum entsprechenden Einwand im Vertragskonzern Teil 2 B.I.1.b. (S. 101).

2. GmbH-Tochter im Mehrheitsbesitz als verpflichtete Gesellschaft

Existieren bei der verpflichteten GmbH Minderheitsgesellschafter, kann die Obergesellschaft dem Geschäftsführer der Tochter-GmbH nicht mehr jederzeit verbindliche Weisungen erteilen. Vielmehr ist hierfür ein Gesellschafterbeschluß erforderlich, für welchen die anderen Gesellschafter in die Entscheidungsfindung einzubeziehen sind.[331] Eine Ausnahme gilt nur dann, wenn im Gesellschaftsvertrag der Obergesellschaft ein Sonderrecht zur Erteilung von Weisungen an den Geschäftsführer eingeräumt ist.[332]

a. Stimmverbot der Mutter wegen Interessenkollision

Auch ohne ein solches Sonderrecht liegt bei unbefangener Betrachtung der Schluß nahe, die berufende Obergesellschaft könne mit ihrer Mehrheit in der Gesellschafterversammlung grundsätzlich jeden von ihr gewünschten Beschluß durchsetzen. Die Minderheitsgesellschafter haben zwar die Möglichkeit, dagegen eine Anfechtungsklage zu erheben. Diese hindert den Geschäftsführer indessen nicht an der Ausführung des Beschlusses.[333] Er hat vielmehr in eigener Verantwortung zu entscheiden, ob er den Beschluß trotz der anhängigen Anfechtungsklage ausführt.[334] Im Vertrauen auf eine Befolgung durch den Geschäftsführer könnte die Obergesellschaft mit ihrer Mehrheit in der Gesellschafterversammlung den Beschluß fassen, ihr die zur Durchführung des öffentlichen Auftrags erforderlichen Mittel zur Verfügung zu stellen.

Eine solche Stimmabgabe, sich selbst eine Leistung der Gesellschaft zukommen zu lassen, steht jedoch im Widerspruch zu § 47 Abs. 4 S. 2 Alt. 1 GmbHG. Danach hat ein Gesellschafter „kein Stimmrecht [... bei] einer Beschlußfassung, welche die Vornahme eines Rechtsgeschäfts [...] gegenüber einem Gesellschafter betrifft". Käme aufgrund einer Mißachtung des Stimmverbots eine Mehrheit für den Beschluß zustande, hätte eine Anfechtungsklage der unterlegenen Minderheitsgesellschafter offensichtlich Aussicht auf Erfolg. Der Geschäftsführer würde im Falle einer Ausführung des Beschlusses haften,[335] so daß er diese zumeist unterlassen wird.

---

331 *Konzen*, NJW 1989, 2977, 2979; *Mennicke*, NZG 2000, 622, 623; *Schneider*, in: Scholz, GmbHG, § 37 Rn 31.
332 *Schneider*, in: Scholz, GmbHG, § 43 Rn 126 aE; *Lutter/Hommelhoff*, GmbHG, § 37 Rn 21 lehnen die Übertragung eines über einzelne Maßnahmen hinausreichenden umfassenden Weisungsrechts auf einen Gesellschafter ab.
333 *Schneider*, in: Scholz, GmbHG, § 43 Rn 132.
334 Oppenländer/Trölitzsch, GmbH-Geschäftsführung, § 16 Rn 22; *Raiser*, in: Ulmer, GmbHG, Anh. § 47 Rn 208; Roth/Altmeppen, GmbHG, § 37 Rn 17.
335 *Schneider*, in: Scholz, GmbHG, § 43 Rn 132 mwN.

Der Regelung des § 47 Abs. 4 S. 2 Alt. 1 GmbHG liegt der Grundgedanke zugrunde, daß bei einer Abstimmung über ein Geschäft mit sich selbst typischerweise das Eigeninteresse des Gesellschafters mit dem Gesellschaftsinteresse kollidiert.[336] Der betroffene Gesellschafter gilt als befangen. Um eine Beeinflussung der Bildung des Verbandswillens durch Sonderinteressen auszuschließen, ist das gesetzliche Stimmverbot des § 47 Abs. 4 GmbHG als starre Stimmrechtsschranke ausgestaltet.[337] Folglich besteht das Stimmverbot unabhängig von den Umständen des Einzelfalls, so daß die Stimmabgabe auch dann unzulässig ist, wenn im konkreten Fall das Gesellschaftsinteresse nicht gefährdet wird oder das Geschäft für die GmbH vorteilhaft ist.[338]

Zwar wird der Anwendungsbereich teilweise eingeschränkt. So gilt § 47 Abs. 4 S. 2 Alt. 1 GmbHG nicht für sog. Sozialakte oder korporative Geschäfte.[339] Die vorliegend relevante Überlassung von Ressourcen fällt als sog. Drittgeschäft aber unzweifelhaft in den Anwendungsbereich der gesetzlichen Regelung. Gleiches gilt für den Beschluß über die Erteilung einer Weisung an den Geschäftsführer, ein konkretes Rechtsgeschäft mit einem Gesellschafter vorzunehmen; diesbezüglich umstritten ist lediglich die Geltung des Stimmverbots bei einer Ermächtigung des Geschäftsführers zur Vornahme eines solchen Geschäfts, wobei ihm im Gegensatz zur Weisung ein eigenes Ermessen verbleibt.[340]

In einer Gesellschafterversammlung, in welcher über die Weisung an den Geschäftsführer zu entscheiden ist, die benötigten Kapazitäten der berufenden Obergesellschaft zur Verfügung zu stellen, unterliegt letztere danach einem Stimmverbot. Folglich kann sie ihre Stimmrechtsmehrheit nicht zu einer entsprechenden Weisung nutzen.

b. Kein Konzernprivileg

Die Anwendung des Stimmverbots auf verbundene Unternehmen erscheint allerdings zweifelhaft.[341] Die Norm soll Minderheitsgesellschafter davor schützen, daß ein Mehrheitsgesellschafter seine Stimmrechtsmehrheit dazu nutzt, in der von ihm beherrschten GmbH seine eigenen Interessen zum Nachteil der GmbH durchzusetzen.

---

336 *Bacher*, GmbHR 2001, 133, 134; *Lohr*, NZG 2002, 551; ausf. zur historischen Entwicklung des Stimmverbots *Zöllner*, Schranken mitgliedschaftlicher Stimmrechtsmacht, S. 145 ff.
337 *Lohr*, NZG 2002, 551, 552.
338 *Bremer*, GmbHR 1999, 651.
339 Statt aller *Römermann*, in: Michalski, GmbHG, § 47 Rn 233 ff.
340 *Lohr*, NZG 2002, 551, 557; *K. Schmidt*, in: Scholz, GmbHG, § 47 Rn 120.
341 *K. Schmidt*, in: Scholz, GmbHG, § 47 Rn 107; äußerst kritisch *Westermann*, in: FS Raisch, 309, 316 ff. und *Liebs*, in: FS Claußen, 251 ff.

Hiergegen wird eingewandt, bei realitätsnaher Betrachtung bedürften die Minderheitsgesellschafter in der Regel keines übertriebenen Schutzes. In fast jedem Gesellschaftsvertrag einer GmbH sei die Übertragung von Geschäftsanteilen gemäß § 15 Abs. 5 GmbHG vinkuliert. Die Gesellschafter müßten also in aller Regel zustimmen, bevor ein Gesellschafter die Mehrheit erlangt und könnten bei dieser Gelegenheit Instrumentarien zu ihrem Schutz aushandeln.[342] Zudem gebe es auch ohne ein Stimmverbot Mechanismen, um die Interessen von Minderheitsgesellschaftern effektiv zu schützen.[343] So könnten diese einen Beschluß, mit dem der Mehrheitsgesellschafter für sich rechtswidrige Sondervorteile erstrebt oder gegen die Treupflicht verstößt, anfechten. Es erscheine widersprüchlich, wenn einerseits eine faktische Leitung durch die Konzernspitze anerkannt werde und andererseits Minderheitsgesellschafter die Umsetzung einer abgestimmten Konzernpolitik torpedieren könnten.[344]

Die mit einer Konzernierung oftmals verfolgten Synergieeffekte träten insbesondere bei Geschäften mit anderen Konzerngesellschaften auf und das diesbezüglich bestehende Stimmverbot der Obergesellschaft gefährde die verläßliche Durchsetzung dieser Geschäfte.[345] Der im Fall einer treuwidrigen Ablehnung eines solchen Geschäfts durch die Minderheitsgesellschafter dem Mehrheitsgesellschafter offenstehende Weg einer positiven Beschlußfeststellungsklage sei in der Praxis wenig hilfreich. Das Stimmverbot bewirke nicht nur eine Verschiebung von Angreifer- und Verteidigerrolle mit Konsequenzen hinsichtlich der Darlegungs- und Beweislast.[346] Praktisch bewirke das Stimmverbot, daß die Minderheitsgesellschafter auch mit einer rechtswidrigen Ablehnung ein Geschäft ein für allemal verhindern könnten, weil nach einem erfolgreichen Prozeß des Mehrheitsgesellschafters die Geschäftschance entgangen sei.[347]

Insoweit bestehen rechtspolitische Bedenken gegen die Anwendung des Stimmverbots des § 47 Abs. 4 S. 2 Alt. 1 GmbHG im Konzern. Auch der *BGH* sieht die Regelung als nicht unproblematisch an.[348] In Überlegungen de lege ferenda erscheint ein Verzicht auf das Stimmverbot bei Konzerntatbeständen daher durchaus sinnvoll. Wenn aber die Kritiker des Stimmverbots im Konzern darauf verweisen, die Minderheitsgesellschafter könnten vor einer Konzernierung Schutzinstrumentarien vereinbaren, ist ihnen entgegenzuhalten, daß der Mehrheitsgesellschafter seinen ungehinderten Einfluß durch den Abschluß eines Beherrschungsvertrags

---

342 *Liebs*, in: FS Claußen, 251, 253; zu Mitteln zum Schutz der Unabhängigkeit einer GmbH vgl. Emmerich/*Habersack*, Aktien- und GmbH-Konzernrecht, Anh. § 18 Rn 10 f.
343 *Westermann*, in: FS Raisch, 309, 319 f.
344 *Westermann*, in: FS Raisch, 309, 320 f.
345 *Liebs*, in: FS Claußen, 251, 253.
346 *Westermann*, in: FS Raisch, 309, 322 f.
347 *Liebs*, in: FS Claußen, 251, 259.
348 *BGH*, Urteil vom 29.03.1973, II ZR 139/70, NJW 1973, 1039, 1041: „[...]problematische Schutzbestimmung wie die des § 47 Abs. 4 Satz 2 GmbHG (1. Alternative)".

zweifelsfrei sichern kann.[349] Demgegenüber besteht bei der Alternative, ohne Beherrschungsvertrag lediglich das Stimmverbot des § 47 Abs. 4 S. 2 Alt. 1 GmbHG in der Satzung abzubedingen, eine gewisse Rechtsunsicherheit, da die Regelung teilweise als nicht dispositiv angesehen wird.[350]

Eine Diskussion de lege ferenda soll hier indes nicht geführt werden. Aktuell ist eine Gesetzesänderung, insbesondere ein Kodifizierung des GmbH-Konzerns, nicht absehbar. Folglich hat allein das geltende Recht maßgeblich zu sein. Auch die Kritiker des Stimmverbots im Konzern müssen einräumen, daß die Regelung de lege lata eindeutig ist.[351] Der Wortlaut normiert bei der Beschlußfassung über ein Geschäft mit einem Gesellschafter für diesen ausnahmslos ein generelles Stimmverbot. Dieses findet daher auch im Konzern Anwendung, ein Konzernprivileg gibt es nicht.[352]

c. Rechtsfolgen des Stimmverbots

Das Stimmverbot hat zur Folge, daß die Obergesellschaft bei einer Beschlußfassung bezüglich der Überlassung benötigter Kapazitäten keine automatische Mehrheit besitzt. Infolgedessen könnte die Verfügbarkeit über die Ressourcen der Tochter-GmbH zu verneinen sein.

aa. Faktischer Einfluß auf die Geschäftsführung

Die Überlassung bestimmter Betriebsmittel fällt als Geschäftsführungsmaßnahme aber grundsätzlich nicht in die Zuständigkeit der Gesellschafterversammlung, sondern in jene des Geschäftsführers. Auf diesen hat die Obergesellschaft auch bei Bestehen eines Stimmverbots einen enormen faktischen Einfluß. Denn sie hat über

---

349 In diese Richtung *Römermann*, in: Michalski, GmbHG, § 47 Rn 151; die umstrittene Frage, ob die Obergesellschaft bei der Abstimmung über den Abschluß eines Beherrschungsvertrags einem Stimmverbot unterliegt, hat keine praktische Bedeutung, wenn ohnehin die Zustimmung aller Gesellschafter gefordert wird, vgl. *Hüffer*, in: FS Heinsius, 337, 353 f. sowie *K. Schmidt*, in: Scholz, GmbHG, § 47 Rn 115 jeweils mwN.
350 Gegen die Abdingbarkeit *Roth*/Altmeppen, GmbHG, § 47 Rn 59; demgegenüber hält etwa *Zöllner*, in: Baumbach/Hueck, GmbHG, § 47 Rn 106 das Stimmverbot hinsichtlich der Vornahme von Rechtsgeschäften grundsätzlich für dispositiv; so auch *OLG Hamm*, Urteil vom 05.11.2002, 27 U 15/02, NZG 2003, 545, 546 in Abweichung vom früheren Urteil vom 02.11.1992, 8 U 43/92, GmbHR 1993, 815, 816; umfassend zum Streitstand *Bacher*, GmbHR 2001, 133 ff.
351 *Liebs*, in: FS Claußen, 251, 256.
352 *BGH*, Urteil vom 29.03.1973, II ZR 139/70, NJW 1973, 1039, 1041; *Bacher*, GmbHR 2002, 143, 147; *Lutter/Hommelhoff*, GmbHG, § 47 Rn 23; *K. Schmidt*, in: Scholz, GmbHG, § 47 Rn 107, 165; *Hüffer*, in: Ulmer, GmbHG, § 47 Rn 128.

ihrer Mehrheit in der Gesellschafterversammlung die Möglichkeit, den Geschäftsführer vorbehaltlich einer anderen gesellschaftsvertraglichen Regelung jederzeit ohne Angabe von Gründen abzuberufen (§ 38 Abs. 1 GmbHG).[353]

Das Abberufungsverfahren läßt sich auch bei Widerstand des um seine Abberufung fürchtenden Geschäftsführers innerhalb weniger Wochen durchführen. Zwar kann der Geschäftsführer auf ein Verlangen des Mehrheitsgesellschafters zur Einberufung einer Gesellschafterversammlung (§ 50 Abs. 1 GmbHG) untätig bleiben. Nach Ablauf einer Wartefrist von gewöhnlich einem Monat ist der Mehrheitsgesellschafter aber gemäß § 50 Abs. 3 S. 1 GmbHG befugt, die Einberufung selbst zu bewirken.[354] Dies geschieht durch eingeschriebenen Brief mindestens eine Woche vor dem Versammlungstermin (§ 51 Abs. 1 GmbHG). Bei der Abstimmung über die Abberufung des Geschäftsführers besteht kein Stimmverbot des Mehrheitsgesellschafters. In der Regel kann dieser daher innerhalb von 5 Wochen die Abberufung des Geschäftsführers durchsetzen.

Angesichts der drohenden Konsequenz einer zeitnahen Abberufung erscheint es wahrscheinlich, daß ein Geschäftsführer sich dem Willen des Mehrheitsgesellschafters nicht widersetzt und einer informellen Einflußnahme beugt. Auf diesem Wege könnte die Obergesellschaft trotz des Stimmverbots Zugriff auf die Kapazitäten der Tochter haben.

bb. Minderheitsrechte

Diese faktischen Beherrschungsmittel nötigen hingegen nicht zu der Annahme, es sei nun doch ohne weiteres von einer Verfügbarkeit der Mutter über die Mittel ihrer Tochter-GmbH auszugehen. Denn das GmbHG räumt den Minderheitsgesellschaftern Abwehrmittel gegen eine ungezügelte Einflußnahme des Mehrheitsgesellschafters ein.[355] Sofern die Minderheitsgesellschafter zusammen mindestens 10 % des Stammkapitals halten, können sie ihrerseits die Einberufung einer Gesellschafterversammlung zwecks Abstimmung über die Überlassung der Betriebsmittel erzwingen (§ 50 Abs. 1, Abs. 3 S. 1 GmbHG). Aufgrund des Stimmverbots des Mehrheitsgesellschafters können die Minderheitsgesellschafter durch eine entgegenstehende Weisung verhindern, daß sich der Geschäftsführer einer Einflußnahme der Obergesellschaft beugt und ihr die benötigten Kapazitäten zur Verfügung stellt. Um das Minderheitsrecht nicht zu untergraben, ist es auch nicht zulässig, daß

---

353 Gemäß § 38 Abs. 2 GmbHG kann im Gesellschaftsvertrag vorgesehen werden, daß die Abberufung nur aus wichtigem Grund zulässig ist.
354 Näher zur Wartefrist *Hüffer*, in: Ulmer, GmbHG, § 50 Rn 13; Memento Gesellschaftsrecht, Rn 2722.
355 Einen Überblick über den Minderheitenschutz in der GmbH und der AG bietet *Semler*, AnwBl 1991, 440 ff.

die Gesellschafter – ergo der Mehrheitsgesellschafter – beschließen, einen Tagesordnungspunkt wieder abzusetzen oder jegliche Beschlußfassung abzulehnen.[356]

Von den Kritikern des Stimmverbots im Konzern wird hingegen bestritten, daß die Minderheit gemäß § 50 GmbHG in jedem Fall die Abstimmung über ein einzelnes Geschäft verlangen könne und daß der Mehrheitsgesellschafter dann einem Stimmverbot unterläge. Vielmehr könne die Minderheit ihre Rechte dadurch sichern, daß sie im Gesellschaftsvertrag auf der Aufnahme eines Katalogs zustimmungspflichtiger Geschäfte bestehe oder ihr die Ermächtigung eingeräumt werde, bestimmte Geschäfte für zustimmungsbedürftig zu erklären.[357] Bei der Abstimmung über derartige Geschäfte greife das Stimmverbot. Den Minderheitsgesellschaftern sei es jedoch nicht gestattet, über den Umweg des § 50 GmbHG den Katalog zustimmungspflichtiger Rechtsgeschäfte zu erweitern.[358] Ein solches Recht der Minderheit, für jedes Geschäft eine Abstimmung der Gesellschafterversammlung zu erzwingen, stelle sich der Sache nach als Satzungsänderung dar, bei welcher der Mehrheitsgesellschafter nicht vom Stimmrecht ausgeschlossen sei.[359] Sofern Gesetz oder Satzung es nicht vorsähen, daß die Gesellschafterversammlung über ein konkretes Geschäft zu beschließen habe, habe die Minderheit nicht das Recht, über § 50 GmbHG eine Abstimmung zu erzwingen.

Diese Kritik steht jedoch im Widerspruch zum Wortlaut des § 50 GmbHG. Dort ist der Anwendungsbereich der Minderheitsrechte sachlich nicht beschränkt. Auch unter teleologischen Aspekten ist kein Raum für eine Einschränkung. Ein Verweis auf die Rechtslage im Aktienrecht,[360] in welchem § 136 Abs. 1 AktG hinsichtlich der Vornahme eines Geschäfts gerade kein Stimmverbot vorsieht, verfängt nicht. Bei einem Geschäft zwischen einer abhängigen AG und deren herrschendem Aktionär wird gemäß § 312 AktG die Angemessenheit von Leistung und Gegenleistung mit Hilfe eines Abhängigkeitsberichts kontrolliert.[361] Entstehen aus dem Geschäft für die abhängige AG Nachteile, sind diese nach § 311 AktG bis zum Geschäftsjahresende auszugleichen und andernfalls gemäß § 317 Abs. 1 AktG zu ersetzen.[362] Mit dieser Pflicht zum Nachteilsausgleich korreliert die Privilegierung des Mehrheitsaktionärs, mit der Tochter-AG einzelne Geschäfte abschließen zu

---

356 *Goette*, in: FS Ulmer, 129 ff. entgegen der früher hM; vgl. auch *K. Schmidt/Seibt*, in: Scholz, GmbHG, § 50 Rn 4 mwN.
357 *Liebs*, in: FS Claußen, 251, 253, 256.
358 *Liebs*, in: FS Claußen, 251, 256, 260.
359 *Liebs*, in: FS Claußen, 251, 260.
360 So etwa *Westermann*, in: FS Raisch, 309, 323 in Fn 55.
361 Ausf. zum Inhalt des Abhängigkeitsberichts *Vetter*, in: K. Schmidt/Lutter, AktG, § 312 Rn 27 ff.
362 Zum Verhältnis der beiden Normen vgl. *Kropff*, in: MüKo AktG, § 317 Rn 5 ff.

dürfen, die einem Drittvergleich nicht standhalten, das heißt nicht zu den marktüblichen Bedingungen erfolgen.[363]

Auf eine GmbH sind die §§ 311 – 318 AktG hingegen nicht anwendbar, weil sie auf die anders strukturierte AG zugeschnitten sind.[364] Im Gegensatz zum Vorstand einer AG unterliegt der Geschäftsführer einer GmbH den Weisungen der Gesellschafter, so daß er bei der Aufstellung eines Abhängigkeitsberichts über Geschäfte mit der Obergesellschaft nicht unabhängig agieren könnte.[365] Zudem besteht bei der GmbH kein obligatorischer Aufsichtsrat, der bei der AG gemäß § 314 AktG zur Prüfung des Abhängigkeitsberichts berufen ist.[366] Ein effektiver Nachteilsausgleich aufgrund der §§ 311 ff. AktG wäre in der GmbH daher nicht gewährleistet. Folglich kann auch nicht die aus der Pflicht des Nachteilsausgleichs folgende Privilegierung des herrschenden Unternehmens Geltung beanspruchen, mit der Tochter für diese nachteilige Geschäfte abschließen zu dürfen. In der mehrgliedrigen GmbH ist daher von einem uneingeschränkten Verbot der nachteiligen Einflußnahme auszugehen.[367]

Um die Einhaltung dieses Verbots sicherzustellen, müssen sich die Minderheitsgesellschafter gegen eine rechtswidrige Einflußnahme des Mehrheitsgesellschafters auf den Geschäftsführer zur Wehr setzen können. Zu diesem Zweck eröffnen ihnen die §§ 47 Abs. 4 S. 2 Alt. 1, 50 Abs. 1 GmbHG die Möglichkeit, dem Willen des herrschenden Unternehmens widersprechende Weisungen an den Geschäftsführer durchzusetzen.[368] Eine teleologische Reduktion des hierdurch gewährten Minderheitenschutzes ist nicht angezeigt.[369]

Mittels der §§ 47 Abs. 4 S. 2 Alt. 1, 50 Abs. 1 GmbHG können die Minderheitsgesellschafter daher die Überlassung von Ressourcen an die Obergesellschaft verhindern, wenn sich der Geschäftsführer deren Einflußnahme beugen will.

Im umgekehrten Fall, daß sich der Geschäftsführer dem Willen der Obergesellschaft widersetzt und diese ihn in einer eigens einberufenen Gesellschafterversammlung abberufen will, läßt sich dasselbe Ergebnis erzielen. Gemäß § 50

---

363 Ausf. *Koppensteiner*, in: KK AktG, § 311 Rn 34 ff. *Kropff*, in: MüKo AktG, § 311 Rn 150 ff.; *Vetter*, in: K. Schmidt/Lutter, AktG, § 311 Rn 40 ff.
364 *BGH*, Urteil vom 05.06.1975, II ZR 23/74, „ITT", BGHZ 65, 15; *Emmerich*, in: Scholz, GmbHG, Anhang § 13 Rn 69 aE; *Goette*, Die GmbH, § 9 Rn 9; *Koppensteiner*, in: KK AktG, Vorb. § 311 Rn 34; *Zeidler*, in: Michalski, GmbHG, Syst. Darst. 4 Rn 11; kritisch *Kropff*, in: MüKo AktG, Vor § 311 Rn 96 ff.
365 Emmerich/*Habersack*, Aktien- und GmbH-Konzernrecht, Anh. § 318 Rn 6.
366 *Ulmer*, ZHR 148 (1984), 391, 411 f.
367 *Emmerich*, in: Scholz, GmbHG, Anhang § 13 Rn 71; Emmerich/*Habersack*, Aktien- und GmbH-Konzernrecht, Anh. § 318 Rn 23.
368 *Emmerich*, in: Scholz, GmbHG, Anhang § 13 Rn 84 unter Nennung weiterer allgemeiner Minderheitsrechte.
369 Eine Einschränkung dieses Minderheitenschutzes könnte nur durch den Gesetzgeber im Rahmen einer umfassenden Kodifizierung des GmbH-Konzernrechts erfolgen; vgl. *Hüffer*, in: Ulmer, GmbHG, § 47 Rn 128.

Abs. 2 GmbHG können die Minderheitsgesellschafter, sofern sie 10 % des Stammkapitals halten, für eine bereits anberaumte Gesellschafterversammlung die Beschlußfassung über ein bestimmtes Geschäft verlangen. Bei der Abstimmung über die Überlassung der Kapazitäten an die Obergesellschaft unterliegt diese wiederum einem Stimmverbot, so daß die Minderheitsgesellschafter einen das Geschäft ablehnenden Beschluß herbeiführen können. An diesen Beschluß ist auch ein neuer Geschäftsführer gebunden, so daß es der Obergesellschaft nicht weiterhilft, einen gefügigen Geschäftsführer zu installieren.

Die gesetzlich normierten Minderheitsrechte ermöglichen es daher Minderheitsgesellschaftern einer GmbH, deren Kapazitäten einem Zugriff durch eine herrschende Gesellschaft zu entziehen.

cc. Minderheitsbeteiligung unter 10 %

Fraglich ist, ob entsprechendes auch dann gilt, wenn der Mehrheitsgesellschafter über 90 % der Anteile hält, so daß die übrigen Gesellschafter nicht das Quorum des § 50 Abs. 1 GmbHG erreichen, um die in diesem Paragraphen normierten Minderheitenrechte geltend machen zu können. Sie haben dann nicht die Möglichkeit, eine Abstimmung der Gesellschafterversammlung über ein konkretes Geschäft herbeizuführen.[370] Die Minderheitsgesellschafter können daher nicht verhindern, daß der Geschäftsführer dem Willen der Obergesellschaft folgt und ihr die benötigten Mittel zur Verfügung stellt.

Daraus folgt jedoch mitnichten, daß die Obergesellschaft nach ihrem Belieben auf die Kapazitäten der Tochter zugreifen kann. Trotz der Drohung mit Abberufung ist es nicht ausgeschlossen, daß der Geschäftsführer sich weigert, der Mutter die benötigten Kapazitäten zur Verfügung zu stellen. Zu diesem Verhalten ist er nach dem für ihn geltenden Sorgfaltsmaßstab eines ordentlichen Geschäftsmannes (§ 43 Abs. 1 GmbHG) verpflichtet, wenn er die Kapazitäten gewinnbringender einsetzen kann.[371] Der Geschäftsführer hat das Interesse der Gesellschaft und nicht jenes eines einzelnen Gesellschafters zu verfolgen.[372] Ungeachtet des informellen Drucks, den ein Mehrheitsgesellschafter aufbauen kann, darf die Alternative eines rechtmäßigen Verhaltens des Geschäftsführers nicht außer acht gelassen werden.

---

370 *Hüffer*, in: Ulmer, GmbHG, § 49 Rn 10, § 50 Rn 6; aA *Schäfer*, ZHR 167 (2003), 66, 74 ff., 79, der wenig überzeugend ein individuelles Bescheidungsrecht jedes Gesellschafters annimmt. Als dessen Voraussetzung fordert er zwar einen wirksam gestellten Antrag bzw. dessen Ankündigung (S. 78), spricht aber im Widerspruch zu § 50 Abs. 2 GmbHG jedem Gesellschafter ein Antragsrecht zu (S. 74).
371 *Timm*, AcP 193 (1993), 423, 442.
372 Statt aller *Schneider*, in: Scholz, GmbHG, § 43 Rn 57.

Zudem ist die Machtbalance zwischen Geschäftsführer und Mehrheitsgesellschafter für letzteren nicht so vorteilhaft, daß er jederzeit eine Eskalation riskieren wird. Zwar kann die Obergesellschaft eine Gesellschafterversammlung einberufen und dort mit ihrer Mehrheit den Geschäftsführer abberufen. Die Minderheitsgesellschafter, welche das Quorum des § 50 Abs. 1 GmbHG nicht erreichen, können sich dagegen nicht in effektiver Weise wehren.

Allerdings kann der Geschäftsführer sich für seine bevorstehende Abberufung revanchieren. Gibt er dem Verlangen der Obergesellschaft nach Einberufung einer Versammlung zwecks seiner Abberufung statt, kann er als Einberufungsorgan zusätzlich die Abstimmung über das streitbegründende Rechtsgeschäft auf die Tagesordnung setzen. Zwar sind die Gesellschafter die „Herren der Tagesordnung",[373] so daß sie grundsätzlich einen Tagesordnungspunkt wieder absetzen können. Greift für einen Tagesordnungspunkt jedoch ein Stimmverbot ein, muß dies entsprechend für den Beschluß gelten, diesen Punkt wieder abzusetzen. Andernfalls würde das Stimmverbot unterlaufen.

Bei einem gemeinsamen Widerstand des Geschäftsführers und der Minderheitsgesellschafter können sie damit die Weisung bewirken, die Kapazitäten nicht der Obergesellschaft zu überlassen, auch wenn die Minderheit das Quorum des § 50 Abs. 1 GmbHG nicht erreicht.

dd. Beurteilungsperspektive

Der Einwand, eine derartige Rebellion gegen den Mehrheitsgesellschafter sei eine praxisferne Konstruktion, ist im vorliegenden Zusammenhang nicht relevant. Zwar mag es in den meisten Fällen zutreffen, daß die Obergesellschaft der Tochter für die Kapazitäten einen marktüblichen Preis zahlt und bei der Existenz eines für die Tochter außergewöhnlich lukrativen Konkurrenzangebotes ihrerseits diese Konditionen gewährt. Unbestreitbar dürfe jedoch sein, daß ein gemeinsamer Widerstand des Geschäftsführers und der Minderheitsgesellschafter jedenfalls dann realistisch ist, wenn die Obergesellschaft auch auf ein derartiges Konkurrenzangebot hin ihrer Tochter keinen entsprechenden Preis für ihre Betriebsmittel bietet. Sind die Mindereinnahmen oder etwaige Vertragsstrafen gegenüber Dritten bei einer Überlassung an die Obergesellschaft so groß, daß diese Entscheidung nicht mehr

---

373 *K. Schmidt/Seibt*, in: Scholz, GmbHG, § 50 Rn 4.

vom weiten Ermessensspielraum des Geschäftsführers gedeckt ist,[374] muß er sich schon zur Vermeidung seiner Haftung gegen das Geschäft entscheiden.[375]

Im vorliegenden Zusammenhang reicht es aus, daß in einigen wenigen Konstellationen ein Zugriff der berufenden Obergesellschaft auf die Kapazitäten der Tochter nicht möglich ist. Dabei geht es weder um die Einschätzung, ob eine Überlassung generell wahrscheinlicher ist, noch um die Prüfung der Eignung in einem konkreten Fall. Gerade um eine Einzelfallbetrachtung entbehrlich zu machen, sollen allgemeingültige Kriterien aufgestellt werden, bei deren Erfüllung die abgeleitete Eignung zu bejahen ist. Dafür müssen die Kriterien so scharf gewählt sein, daß bei ihrer Erfüllung mit hinreichender Gewißheit sichergestellt ist, daß die Obergesellschaft auf die Kapazitäten der Tochter zugreifen kann.

Dieser Befund deckt sich mit dem Ergebnis von *Schneevogel* zur Generalübernehmerproblematik: „Vergaberechtlich muß entscheidend bleiben, daß dem Generalübernehmer der alleinige Einfluß auf das andere Unternehmen ermöglicht ist und er deswegen die eigenen Vorstellungen über den Einsatz der personellen und wirtschaftlichen Mittel – äußerstenfalls auch gegen die Interessen des ausführenden Unternehmens selbst – durchsetzen kann."[376] Eine solche Befugnis der berufenden Mutter ist insbesondere bei Bestehen eines verbindlichen Weisungsrechts zu bejahen.

Bei einer GmbH-Tochter im Mehrheitsbesitz kann aufgrund des Stimmverbots der berufenden Obergesellschaft die Gesellschafterversammlung umgekehrt die Weisung erteilen, die Überlassung der benötigten Kapazitäten zu verweigern. In dieser Konstellation ist daher nicht ohne weiteres von einer uneingeschränkten Verfügbarkeit der Mutter über die Ressourcen der Tochter auszugehen.

ee. Personenidentität

Teilweise gilt etwas anderes, wenn neben die Beherrschung durch Mehrheitsbesitz Personalverflechtungen zwischen der Geschäftsleitung der berufenden Obergesellschaft und der Geschäftsführung der verpflichteten Tochter-GmbH treten.[377] Sind die Leitungsgremien der Obergesellschaft mit jener der Tochter-GmbH voll-

---

374 Zum Ermessensspielraum des Geschäftsführers vgl. *Lutter/Hommelhoff*, GmbHG, § 43 Rn 14.
375 *Paefgen*, in: Ulmer, GmbHG, § 43 Rn 22, 52; bei einer GmbH-Tochter im Alleinbesitz darf der Geschäftsführer hingegen auf Anweisung der Mutter grundsätzlich auch nachteilige Geschäfte vornehmen, sofern nicht das rechtsmißbräuchliche bzw. sittenwidrige Stadium des existenzvernichtenden Eingriffs (früher: qualifzert faktischer Konzern) erreicht wird.
376 *Schneevogl*, NZBau 2004, 418, 423.
377 Ausf. zu Doppelmandaten vor allem im AG-Konzern *Fleischer*, in: Ders., Hdb. des Vorstandsrechts, § 18 Rn 126 ff.; *Hoffmann-Becking*, ZHR 150 (1986), 570 ff.; *Leuering/Rubner*, NJW-Spezial 2008, 495 f.

kommen identisch, kann ein Widerstand des oder der Geschäftsführer gegen die quasi sich selbst erteilte Anfrage als ausgeschlossen gelten. Auf den damit zusammenhängenden Problemkreis der Anwendung des § 181 BGB auf Mehrfachvertretungen und Insichgeschäfte im Konzern kann vorliegend nicht eingegangen werden.[378] Gleiches gilt für die Frage einer unbeeinflußten Entscheidungsfindung bei Kollegialorganen, zwischen denen nur teilweise Personalidentität besteht.[379]

Sofern die Obergesellschaft über 90 % der Anteile hält, haben die Minderheitsgesellschafter nur bei einem Zusammenspiel mit dem Geschäftsführer die Chance, eine Weisung durchzusetzen, die dem Willen der Obergesellschaft widerspricht. Entfällt aufgrund von Personenidentität die Möglichkeit eines Geschäftsführers, der sich den Wünschen der Obergesellschaft widersetzt, steht einem gesicherten Zugriff der Mutter auf die Kapazitäten ihrer Tochter nichts im Wege.

Dies gilt freilich nur, wenn die Minderheitsgesellschafter weniger als 10 % der Anteile auf sich vereinigen. Erfüllen sie das Quorum des § 50 Abs. 1 GmbHG, sind sie für einen erfolgreichen Widerstand gegen die Obergesellschaft nicht auf die Mitwirkung des Geschäftsführers angewiesen.

d. Zwischenergebnis

Eine Obergesellschaft kann sich daher nicht allein kraft ihrer Verbundenheit auf die Ressourcen einer GmbH-Tochter im Mehrheitsbesitz berufen. Vielmehr ist wie im Verhältnis zu Dritten die Vorlage von Verpflichtungserklärungen erforderlich. Etwas anderes gilt nur dann, wenn entweder das Stimmverbot des § 47 Abs. 4 S. 2 Alt. 1 GmbHG wirksam abbedungen ist oder die Obergesellschaft über 90 % der Anteile an der Tochter-GmbH hält und deren Geschäftsführung mit jener der Mutter identisch ist.[380]

3. GmbH-Enkel als verpflichtete Gesellschaft

Hält ein Unternehmen 100 % der Anteile an einer GmbH-Tochter und ist diese wiederum Alleineigentümerin einer weiteren GmbH, kann sich die Mutter kraft

---

378 Hierzu ausf. *Bachmann*, ZIP 1999, 85 ff., *Baetzgen*, RNotZ 2005, 193 ff.; *Paefgen*, in: Ulmer, GmbHG, § 35 Rn 56 ff. sowie *Timm*, AcP 193 (1993), 423, 442 ff.
379 Vgl. hierzu *Aschenbeck*, NZG 2000, 1015, 1019.
380 Zum Streitstand, ob das Stimmverbot überhaupt dispositiv ist s.o. Fn 350; im weiteren Verlauf der Untersuchung werden diese Ausnahmefälle bei Aufzählungen der Möglichkeiten, in denen ein Gebrauch der abgeleiteten Eignung kraft Konzernverbundenheit möglich ist, in der Regel nicht mehr ausdrücklich erwähnt, um den Lesefluß nicht über Gebühr zu beeinträchtigen.

ihrer Stellung im Konzern auch auf die Ressourcen ihrer Enkelgesellschaft berufen. Die gesetzlichen Vertreter der Mutter als Alleingesellschafterin der Tochter können jederzeit beschließen, den Geschäftsführer der Tochter anzuweisen, seinerseits der Enkel-GmbH die Weisung zu erteilen, deren benötigte Kapazitäten der Konzernmutter zur Verfügung zu stellen. Hierbei ist lediglich die für den Beschluß eines Alleingesellschafters geltende formale Protokollpflicht des § 48 Abs. 3 GmbHG zu beachten.[381] Materielle Hindernisse stehen einer derartigen Weisungskette nicht entgegen. Daher besteht eine gesicherte Zugriffsmöglichkeit der Mutter auf die Ressourcen einer Enkel-GmbH. Entsprechendes gilt bei längeren Beherrschungsketten, wenn jede der zwischengeschalteten GmbHs im Alleineigentum ihrer jeweiligen Mutter steht.

4. AG-Tochter als verpflichtete Gesellschaft

Bei einer AG, die im Alleinbesitz ihrer Mutter steht, ist es zwar unwahrscheinlich, daß der Vorstand der abhängigen AG sich dem Willen des Alleinaktionärs widersetzt. Wie schon dargelegt, kommt es im vorliegenden Zusammenhang jedoch nicht auf eine Wahrscheinlichkeitsbetrachtung an.[382] Die formale Pflicht zur Vorlage einer Verpflichtungserklärung ist nur dann entbehrlich, wenn sie materiellrechtlich überflüssig ist, weil die Durchsetzung des Willens des berufenden Unternehmens in allen denkbaren Fällen gesichert ist. Jenseits allgemeiner Erfahrungssätze gilt dabei für 100 %-ige AG-Töchter unter rechtlichen Gesichtspunkten dasselbe wie für AG-Töchter im Mehrheitsbesitz:

Der Vorstand einer AG ist nach § 76 Abs. 1 AktG nicht an Weisungen der Hauptversammlung gebunden.[383] Selbst ein Alleinaktionär kann dem Vorstand die Vornahme einer bestimmten Geschäftsführungsmaßnahme nicht durch Drohung mit unmittelbaren Konsequenzen abnötigen, da gemäß § 82 Abs. 3 AktG ein Widerruf der Bestellung des Vorstands nur bei Vorliegen eines wichtigen Grundes zulässig ist.

Eine Mutter hat daher keinen gesicherten Zugriff auf die Kapazitäten einer Tochter in der Rechtsform einer AG. Will deren Vorstand die Ressourcen aus welchen Gründen auch immer anderweitig einsetzen, kann die Mutter eine Überlassung an sich nicht erzwingen. Beruft sich eine Obergesellschaft als Bieter im Vergabeverfahren auf die Eignung einer Tochter-AG, ist folglich die Vorlage einer Verpflichtungserklärung erforderlich. Dies gilt sowohl bei einer Tochter im Allein- als auch im Mehrheitsbesitz.

---

381 S.o. Teil 2 B.II.1. (S. 104).
382 S.o. Teil 2 B.II.2.c.dd. (S. 114).
383 Siehe bereits oben Teil 1 A.II.2.b.aa. (S. 37).

Etwas anderes gilt nur bei vollkommener Personenidentität des Vorstandes der verpflichteten Tochter mit der Geschäftsführung der Mutter.[384]

5. Divergenz zum gesellschaftsrechtlichen Verständnis verbundener Unternehmen als Einheit

Eine Obergesellschaft kann sich somit im Vergabeverfahren allein kraft der Konzernverbundenheit nicht auf die Eignung einer AG-Tochter in ihrem Alleinbesitz berufen. Insoweit besteht ein Unterschied zum gesellschaftsrechtlichen Verständnis. Danach ist eine Tochter im Alleinbesitz ihrer Mutter von dieser *immer* abhängig (s.o. Teil 1 A.II.2.b.bb., S. 38) und bildet mit dieser in aller Regeln einen Konzern (s.o. Teil 1 A.II.2.b.dd., S. 40). Regelmäßig besteht eine Divergenz auch bei GmbH- und AG-Töchtern im Mehrheitsbesitz. Dies nötigt allerdings keineswegs zu einem Hinterfragen der gefundenen Lösung. Denn die divergierenden Ergebnisse haben ihre Ursache in den verschiedenen Perspektiven zur Qualifizierung verbundener Unternehmen als Einheit.[385] Unterschiede bestehen hinsichtlich der betrachteten Dauer des Einflusses und hinsichtlich seiner Wirkungsweise.

Die vergaberechtliche Prüfung einer Einheit zweier Unternehmen erfaßt naturgemäß nur ein konkretes Vergabeverfahren. Dagegen muß es für die gesellschaftsrechtliche Qualifizierung verbundener Unternehmen als Konzern das Ziel einheitlicher Leitung sein, die Politik der verbundenen Unternehmen beständig, also über den Einzelfall hinaus und nicht nur punktuell, zu koordinieren.[386] Für die Annahme eines Abhängigkeitsverhältnisses i.S.d. § 17 Abs. 1 AktG ist es gerade nicht erforderlich, daß das herrschende Unternehmen die Befolgung seines Willens hinsichtlich eines konkreten Geschäfts erzwingen kann, sondern es reicht aus, daß es bei dessen Mißachtung in der Lage ist, auf längere Sicht Konsequenzen herbeizuführen.[387]

Bezüglich der Wirkung des Einflusses ist im Rahmen der vergaberechtlichen Eignungsprüfung die Gewißheit zu fordern, daß dem Verlangen des berufenden Unternehmens nachgekommen wird. Dies setzt die Möglichkeit der verbindlichen Einflußnahme auf einzelne Maßnahmen der Geschäftsführung voraus, abgesichert etwa durch ein Weisungsrecht.

---

384 Zu den damit verbundenen Problemen vgl. *Fleischer*, in: Ders., Hdb. des Vorstandsrechts, § 18 Rn 126 ff.; *Hoffmann-Becking*, ZHR 150 (1986), 570 ff.; *Leuering/Rubner*, NJW-Spezial 2008, 495 f.
385 Siehe bereits Teil 2 B.II.2.c.dd. (S. 114).
386 *Emmerich*/Habersack, Konzernrecht, § 4 III. 1. b. und c. (S. 53 f.); s.o. Teil 1 A.II.2.b.cc. (S. 38).
387 *OLG Karlsruhe*, Beschluß vom 11.12.2003, 12 W 11/02, „Heidelberger Schloßquell Brauerei/Brau und Brunnen", AG 2004, 147, 148.

Das gesellschaftsrechtliche Konzernverständnis setzt hingegen kein Weisungsrecht voraus,[388] wie bereits die Gesetzesbegründung festgestellt hat.[389] Die gesellschaftsrechtliche Abhängigkeit ist zwar auch bei Bestehen eines Weisungsrechts gegenüber der Geschäftsleitung gegeben,[390] jedoch ist diese Art verbindlichen Einflusses keine notwendige Voraussetzung. Vielmehr reicht ein gesellschaftsrechtlich vermittelter Einfluß auf die Besetzung der Verwaltungsorgane aus.[391] Abhängigkeit und einheitliche Leitung basieren beide auf der gesellschaftsrechtlichen Beteiligung,[392] weshalb beide die Leitungsmacht kraft Stimmrechtsmehrheit zum Bezugspunkt haben.[393] Bei der AG kann ein Alleinaktionär mittels seiner Personalhoheit nicht direkt den Vorstand bestellen, sondern nur die Besetzung des Aufsichtsrats bestimmen, welcher seinerseits den Vorstand bestellt (§§ 84 Abs. 1 S. 1, 101 Abs. 1 S. 1 AktG). Daraus ergibt sich keine Gewißheit, sondern nur eine „Wahrscheinlichkeit einflußkonformen Verhaltens"[394] des Vorstands. Dieser Grad an Einfluß auf die Geschäftsführung reicht für die gesellschaftsrechtliche Einordnung als Abhängigkeitsverhältnis und die Annahme einheitlicher Leitung aus.[395] Es sind keine Möglichkeiten der Einflußnahme erforderlich, die qualitativ über jene einer Mehrheitsbeteiligung hinausgehen.[396] Insbesondere ist entgegen der Annahme des Reichsgerichts nicht Voraussetzung, „daß das herrschende Unternehmen über Mittel verfügt, die es ihm ermöglichen, das abhängige Unternehmen seinem Willen zu unterwerfen und diesen bei ihm durchzusetzen."[397]

Die gesellschaftsrechtlichen Begriffe der Abhängigkeit und der einheitlichen Leitung können aufgrund dieser unterschiedlichen Bezugspunkte nicht auf die Betrachtung verbundener Unternehmen im Vergabewettbewerb übertragen werden. Folglich kann der These von *Rittwage*, es gebe eine „Gleichstellung gesellschaftsrechtlicher und tatsächlicher Verfügungsgewalt"[398] nicht gefolgt werden. Gleiches gilt für den von GA *Gulman* in den Schlußanträgen der Rechtssache Ballast Nedam

---

388 *Vetter*, in: K. Schmidt/Lutter, AktG, § 18 Rn 12; *Wohlgemuth*, DStR 1991, 1495, 1499.
389 Vgl. *Kropff*, AktG 1965, S. 33.
390 *Vetter*, in: K. Schmidt/Lutter, AktG, § 17 Rn 8.
391 *Adler/Düring/Schmaltz*, § 17 AktG Rn 25; *Hüffer*, AktG, § 17 Rn 5.
392 BGH, Beschluß vom 19.01.1993, KVR 32/91, „WAZ/IKZ I", BGHZ 121, 137, 145 sowie Beschluß vom 17.03.1997, II ZB 3/96, „VW-AG", BGHZ 135, 107, 114.
393 *Raiser/Veil*, Recht der Kapitalgesellschaften, § 51 Rn 33; *Emmerich*/Habersack, Aktien- und GmbH-Konzernrecht, § 17 Rn 5, § 18 Rn 13; *Casper*, in: Ulmer, GmbHG, Anh. § 77 Rn 28; s.o. Teil 1 A.II.2.b.bb. und cc. (S. 38).
394 *Hüffer*, AktG, § 17 Rn 5; *Koppensteiner*, in: KK AktG, § 17 Rn 21.
395 *Emmerich*/Habersack, Aktien- und GmbH-Konzernrecht, § 17 Rn 8 mwN.
396 *Bayer*, in: MüKo AktG, § 17 Rn 25.
397 RG, Urteil vom 21.04.1941, II 128/40, „Thega", RGZ 167, 40, 49; dem zustimmend *K. Schmidt*, Gesellschaftsrecht, § 31 II 3 b (S. 941 f.) sowie *ders.*, ZGR 1980, 277, 285; wie hier *Bayer*, in: MüKo AktG, § 17 Rn 25; *Koppensteiner*, in: KK AktG, § 17 Rn 21.
398 *Rittwage*, VergabeR 2006, 327, 332.

Groep I vorgeschlagenen Ansatz einer Nutzbarmachung des Control-Konzepts,[399] denn das Control-Konzept baut ebenfalls auf gesellschaftsrechtlich vermittelten Möglichkeiten der Einflußnahme auf.

Parallelen bestehen hingegen zu dem Abhängigkeitsverständnis des Reichsgerichts, wonach das herrschende Unternehmen über Mittel verfügen muß, mit denen es das abhängige Unternehmen seinem Willen unterwerfen und diesen bei ihm durchsetzen kann.[400] In jüngerer Zeit wird diese Ansicht, soweit ersichtlich, nur noch von *K. Schmidt* vertreten.[401] Dieser Auffassung ist bezüglich eines Abhängigkeitsverhältnisses i.S.d. § 17 Abs. 1 AktG indes nicht zu folgen, da dieses – wie bereits dargelegt – keine Möglichkeit zur sofortigen Durchsetzung des Willens erfordert. Eine solche Befugnis ist bei einer AG-Tochter wegen der Weisungsfreiheit des Vorstands nur im Vertrags- und Eingliederungskonzern gegeben. Neben diese Varianten sind sowohl in § 18 Abs. 1 S. 3 AktG als auch in § 311 AktG weitere Fälle der Abhängigkeit gestellt. Diese Regelungen wären sinnwidrig, wenn der Abhängigkeitsbegriff des AktG auf Konstellationen eines Beherrschungsvertrages und der Eingliederung beschränkt wäre.[402]

Es besteht daher eine begründete Divergenz zwischen dem gesellschaftsrechtlichen Verständnis der Abhängigkeit sowie der einheitlichen Leitung zur Betrachtung verbundener Unternehmen bei ihrer Kooperation im Vergabewettbewerb.

6. Divergenz zum kartellrechtlichen Verständnis

Aus der Divergenz zum gesellschaftsrechtlichen Verständnis verbundener Unternehmen als Einheit ergibt sich als zwingende Folge zumindest teilweise auch eine Divergenz zum kartellrechtlichen Verständnis.

a. Verbundklausel

Die Verbundklausel des § 36 Abs. 2 S. 1 GWB verweist explizit auf §§ 17, 18 AktG. Der zum AktG bestehende Unterschied wirkt sich daher unmittelbar auf die Betrachtung verbundener Unternehmen als Einheit in § 36 Abs. 2 GWB aus. So ist auch dort der Gegenstand des beherrschenden Einflusses die allgemeine Geschäfts-

---

399 Schlußanträge des GA *Gulmann* vom 24.02.1994, Rs. C-389/92, „Ballast Nedam Groep I", Slg. 1994, I-1291, 1299 f. Rn 35 f.; s.o. Teil 1 A.I. (S. 31).
400 *RG*, Urteil vom 21.04.1941, II 128/40, „Thega", RGZ 167, 40, 49.
401 *K. Schmidt*, Gesellschaftsrecht, § 31 II 3 b (S. 941 f.); *ders.*, ZGR 1980, 277, 285.
402 *Emmerich*/Habersack, Aktien- und GmbH-Konzernrecht, § 17 Rn 8.

politik.[403] Zur Begründung der Divergenz kann daher auf die soeben gemachten Ausführungen verwiesen werden.[404]

Gegenüber den dort vorgebrachten Argumenten muß der Wunsch nach einer einheitlichen Auslegung des GWB inklusive des Kartellvergaberechts zurücktreten. Auch die Feststellung der Gesetzesbegründung, die Verbundklausel gelte im gesamten GWB, vermag das gefundene Ergebnis nicht zu erschüttern, da dieser gesetzgeberische Wille ohnehin zu relativieren ist.[405]

Neben den bereits bezüglich des Gesellschaftsrechts vorgebrachten Gründen rechtfertigt sich die Divergenz zudem aus einer entgegengesetzten Interessenlage und Beweislastverteilung. Im Rahmen der Fusionskontrolle sind die miteinander verbundenen Unternehmen daran interessiert, nicht als eine wirtschaftliche Einheit eingestuft zu werden. Sie tragen die materielle Beweislast, so daß letztlich verbleibende Zweifel an der Abhängigkeit zu ihren Lasten gehen.[406] Bezüglich des Gebrauchs der abgeleiteten Eignung im Konzern würden die über § 36 Abs. 2 S. 1 GWB vermittelten Vermutungen der §§ 17 Abs. 2, 18 Abs. 1 S. 2 AktG hingegen umgekehrt den verbundenen Unternehmen zugute kommen.

Der Bieter trägt die Darlegungs- und Beweislast für die Erfüllung der Eignungskriterien. Bei einer Anwendung der Vermutungswirkung der §§ 36 Abs. 2 S. 1 GWB, 17 Abs. 2 AktG könnte ein Bieter allein mit dem Nachweis der Abhängigkeit des verpflichteten Unternehmens seine Verfügungsmacht darlegen und zumindest widerleglich beweisen. Ein konzernangehöriger Bieter könnte sich dadurch ohne weitere Nachweise auf alle Ressourcen der Gesellschaften des Konzernverbundes als ein und desselben Unternehmens berufen. Ein Gebrauch der abgeleiteten Eignung wäre auch jeder Obergesellschaft – und gegebenenfalls sogar jeder abhängigen Gesellschaft – eines faktischen Konzerns möglich, sofern sie nur die Mehrheitsbeteiligung zwischen sich und dem verpflichteten Unternehmen darlegen würde. Die daraus resultierende Ersetzung einer Prüfung der tatsächlichen Verfügungsmacht über die erforderlichen Betriebsmittel des verbundenen Unternehmens durch eine Vermutung würde sowohl gegen den Transparenz- als auch den Gleichbehandlungsgrundsatz verstoßen.

---

403 *Mestmäcker/Veelken*, in: Immenga/Mestmäcker, GWB, § 36 Rn 51.
404 Vgl. auch *Opitz*, Marktmacht und Bieterwettbewerb, S. 124 f., der eine Übertragung der Verbundklausel auf den vergaberechtlichen Bieterwettbewerb zu Recht ablehnt.
405 S.o. Teil 1 A.III.1. (S. 44); ein jüngst ergangenes Urteil des *BGH*, das die Verbundklausel im gesamten GWB für anwendbar erklärt (Urteil vom 23.06.2009, KZR 21/08, WM 2009, 1997, 1998 f.) führt zu keinem anderen Ergebnis, da das Urteil auf die zu relativierende Gesetzesbegründung Bezug nimmt und die vorliegend relevante Fragestellung nicht im Blick hat.
406 *Mestmäcker/Veelken*, in: Immenga/Mestmäcker, GWB, § 36 Rn 63 mwN.

b. Konzernprivileg

Auch die Kriterien, die im allgemeinen Kartellrecht an die Intensität einer Unternehmensverbindung zur Freistellung konzerninterner Wettbewerbsbeschränkungen vom Kartellverbot angelegt werden,[407] sind nicht auf die vergaberechtliche Kooperation im Konzern zu übertragen.

Eine Übereinstimmung besteht zwar insoweit, als jeweils bei Vorliegen eines Weisungsrechts zwischen den verbundenen Unternehmen eine Einheit anzunehmen ist. Während die Möglichkeit des Gebrauchs der abgeleiteten Eignung jedoch auf diese Fälle beschränkt ist,[408] geht das kartellrechtliche Konzernprivileg darüber hinaus. Es findet prinzipiell auch Anwendung im Verhältnis der Mutter zu einer 100 %-igen Tochter-AG und nach einer Einzelfallbetrachtung auch bei Mehrheitsbesitz.[409] Ursache dieser Divergenz ist der kartellrechtliche Anknüpfungspunkt, ob die verbundenen Gesellschaften ihr Marktverhalten nicht selbständig bestimmen. Hierfür reicht auch eine faktische Einflußnahme aus.[410] Der Gebrauch der abgeleiteten Eignung kraft Verbundenheit setzt hingegen die rechtliche Gewißheit voraus, eine gewünschte Handlung auch gegen Widerstände durchsetzen zu können.

Somit sind weder die Verbundklausel noch die Kriterien des kartellrechtlichen Konzernprivilegs auf die vergaberechtliche Kooperation im Konzern mittels abgeleiteter Eignung zu übertragen.

7. Übertragung auf Töchter in anderen Rechtsformen

Auf verpflichtete Tochtergesellschaften in anderen deutschen Rechtsformen soll im Rahmen dieser Arbeit nicht detailliert eingegangen werden. Die hinsichtlich der GmbH und der AG gemachten Ausführungen lassen sich auf andere Gesellschaftsformen übertragen: Um sich im faktischen Konzern kraft Verbundenheit auf die Eignung einer Tochtergesellschaft berufen zu können, muß der berufenden Gesellschaft ein verbindliches Weisungsrecht bezüglich einzelner Geschäftsführungsmaßnahmen der verpflichteten Tochter zustehen. Diese Voraussetzung bei weiteren deutschen Rechtsformen durchzudeklinieren, würde keine neuen Er-

---

407 Vgl. ausf. oben, Teil 1 A.III.2. (S. 46).
408 Mit der Einschränkung, daß der Inhaber des Weisungsrechts als Bieter auftreten muß.
409 *Kling/Thomas*, Kartellrecht, § 4 Rn 132; *Nordemann*, in: Loewenheim/Meessen/Riesenkampff, Kartellrecht, Bd. 2, § 1 Rn 95; *Thomas*, ZWeR 2005, 236, 242 f.; kritisch zur Anwendung des Konzernprivilegs auf den Aktienkonzern *Zimmer*, in: Immenga/Mestmäcker, GWB, § 1 Rn 138 mwN.
410 Vgl. in Bezug auf die Verantwortlichkeit für Wettbewerbsverstöße *Thomas*, Unternehmensverantwortlichkeit S. 146 f.

kenntnisse zutage fördern. Vielmehr würden derartige Ausführungen oftmals zu Wiederholungen zwingen.

Überdies würde eine Beschränkung allein auf nationale deutsche Gesellschaftsformen den Realitäten im europäischen Binnenmarkt nicht gerecht. So lagen zwei grundlegenden Entscheidungen des *EuGH* jeweils grenzüberschreitende Sachverhalte zugrunde. In der Rechtssache Ballast Nedam Groep I[411] begehrte ein holländischer Konzern Aufnahme in die belgische Liste zugelassener Unternehmen und in der Rechtssache Holst Italia[412] bewarb sich ein deutscher Konzern um einen Auftrag in Italien. Auch für deutsche Auftraggeber und Vergabenachprüfungsinstanzen kann folglich der Qualifizierung eines Konzerns mit Gesellschaften ausländischer Rechtsform entscheidende Bedeutung zukommen.

Im Rahmen dieser Untersuchung soll exemplarisch die Behandlung polnischer Konzerne analysiert werden. Dies erfolgt abschließend in Teil 5. Selbiger trägt zwar die Überschrift „Rechtslage in Polen", jedoch gelten die Ausführungen zur Qualifizierung eines Konzerns mit Gesellschaften polnischer Rechtsformen selbstverständlich entsprechend, wenn sich ein polnischer Konzern um einen Auftrag in Deutschland bewirbt.

III. Gemeinschaftsunternehmen als verpflichtete Gesellschaft

Gemeinschaftsunternehmen können nach dem gesellschaftsrechtlichen Verständnis verbundener Unternehmen von mehreren Müttern abhängig sein und mehreren Konzernen angehören.[413] Hinsichtlich des Berufens auf die Eignung eines abhängigen Gemeinschaftsunternehmens folgt daraus für eine Mutter jedoch keineswegs eine Zulässigkeit allein kraft der Konzernverbundenheit. Im Gegenteil besteht diese Möglichkeit gegenüber einem Gemeinschaftsunternehmen grundsätzlich nicht.

1. Faktischer Konzern

Bei Fehlen eines Beherrschungsvertrags im Verhältnis zu einer verpflichteten abhängigen Gesellschaft führt jegliche Minderheitsbeteiligung eines Dritten an der abhängigen Gesellschaft unabhängig von deren Rechtsform als GmbH oder AG dazu, daß allein die Beherrschung durch die berufende Mutter nicht als Nachweis für die abgeleitete Eignung ausreicht. Wird die verpflichtete Gesellschaft als Ge-

---

411 *EuGH*, Urteil vom 14.04.1994, Rs. C-389/92, „Ballast Nedam Groep I", Slg. 1994, I-1289.
412 *EuGH*, Urteil vom 02.12.1999, Rs. C-176/98, „Holst Italia", Slg. 1999, I-8607.
413 Siehe statt aller *Casper*, in: Ulmer, GmbHG, Anh. § 77 Rn 35 sowie oben Teil 1 A.II.3. (S. 41).

meinschaftsunternehmen faktisch von mehreren Müttern beherrscht, ergeben sich daher keine neuen Aspekte. Zum Berufen auf die Eignung der Tochter ist deren Verpflichtungserklärung erforderlich.

2. Vertragskonzern

Im Vertragskonzern ist ein Berufen auf die Eignung eines abhängigen Gemeinschaftsunternehmens durch eine Mutter allein kraft deren Stellung im Konzern nur dann zulässig, wenn ausschließlich diese Mutter zur Erteilung verbindlicher Weisungen berechtigt ist.

Zwar ist auch im Fall der Mehrmütterorganschaft die Weisung einer Mutter für das Gemeinschaftsunternehmen grundsätzlich verbindlich, selbst wenn die Unternehmensverträge hinsichtlich der konkurrierenden Weisungsrechte der Mütter keine Regelungen enthalten.[414] Wenn mehrere Mütter dieselben Kapazitäten der gemeinsamen Tochter kraft Weisung beanspruchen, können jedoch gegenläufige Weisungen auftreten. Ist vertraglich kein Vorrangverhältnis bestimmt, heben sich widersprüchliche Weisungen der Mütter gemäß § 711 BGB und § 115 Abs. 1 HGB gegenseitig auf.[415] Das Gemeinschaftsunternehmen darf in diesem Fall keine der Weisungen befolgen.[416] Aufgrund der daraus folgenden Gefahr der Unwirksamkeit einer Weisung der berufenden Mutter ist ohne eine zuvor erfolgte Koordinierung unter den Müttern die gesicherte Zugriffsmöglichkeit auf die Kapazitäten des Gemeinschaftsunternehmens mittels Anweisung zu verneinen. Ein Gebrauch der abgeleiteten Eignung kraft Konzernverbundenheit durch eine Mutter ist infolgedessen ausgeschlossen, wenn die Unternehmensverträge einer Weisung der berufenden Mutter nicht den Vorrang vor konkurrierenden Weisungen einräumen. Eine derartige Vormachtstellung, welche das Berufen auf die Eignung des Gemeinschaftsunternehmens kraft Stellung im Konzern ermöglicht, wird insbesondere Konsortialführern eingeräumt.[417]

Auch im Fall einer üblicherweise bestehenden Koordinationseinheit der Mütter kann ein verbindliches Weisungsrecht einer Mutter normiert sein, wenn dieser in der koordinierenden Gesellschaft die alleinige Leitungszuständigkeit zugewiesen ist.[418] Im Regelfall einer echten Koordinationspflicht der Mütter verhindert jene

---

414 *Emmerich*/Habersack, Aktien- und GmbH-Konzernrecht, § 308 Rn 7; unklar *Hirte*, in: Großkomm AktG, § 308 Rn 23, der auch bei Fehlen vertraglicher Regelungen von einer Pflicht zur Koordination ausgeht und bei deren Unterlassen die Verbindlichkeit der Weisung verneint.
415 *Emmerich*/Habersack, Konzernrecht, § 23 II (S. 339 f).
416 *Emmerich*/Habersack, Aktien- und GmbH-Konzernrecht, § 308 Rn 7.
417 Vgl. *Hirte*, in: Großkomm AktG, § 308 Rn 23 aE; *Hüffer*, AktG, § 308 Rn 3 je mwN.
418 Vgl. zu dieser Gestaltung *Koppensteiner*, in: KK AktG § 308 Rn 7 sowie oben Teil 1 A.II. 3. (S. 41).

hingegen die Möglichkeit eines Berufens auf die Kapazitäten des Gemeinschaftsunternehmens allein kraft der Konzernverbundenheit durch eine einzelne Mutter. Vielmehr muß jede Mutter zum Belegen ihrer abgeleiteten Eignung grundsätzlich eine Verpflichtungserklärung des Gemeinschaftsunternehmens vorlegen.[419]

C. Tochter als berufendes Unternehmen

Die Obergesellschaft eines Vertragskonzerns oder einer 100 %-igen GmbH-Tochter kann sich infolge ihrer beherrschenden Stellung im Konzern auf die Eignung ihrer Tochter berufen. Fraglich ist, ob die Richtung des Einsatzes der abgeleiteten Eignung im Konzernverbund umgekehrt werden kann, so daß sich eine Tochter auf die Kapazitäten ihrer Mutter berufen kann. Des weiteren ist ungeklärt, ob die Inanspruchnahme der Ressourcen einer Schwestergesellschaft kraft Konzernverbundenheit möglich ist. Bei der Untersuchung beider Fragestellungen treten unterschiedliche Probleme zutage, so daß eine getrennte Analyse angezeigt ist.

I. Mutter als verpflichtetes Unternehmen

Eine Konstellation, in welcher eine abhängige Gesellschaft auf die Ressourcen einer Obergesellschaft verwies, war in der Rechtssache Holst Italia bereits Gegenstand eines Urteils des *EuGH*.[420] Hierbei berief sich die Ruhrwasser AG International Water Management als eine Enkelgesellschaft auf die Eignung einer von mehreren Großmüttern, nämlich des öffentlich-rechtlichen Ruhrverbandes. Dessen alleinige Tochter, die Ruhr-Wasserwirtschafts-Gesellschaft, besaß – wie 5 weitere Gesellschaften – 1/6 Anteil an der Enkelgesellschaft. Letztere war insbesondere zu dem Zweck gegründet worden, sich um öffentliche Aufträge zu bewerben. In Erfüllung dieses Zwecks berief sie sich auf die nachgewiesene Eignung des Ruhrverbandes als einer der Obergesellschaften. Nach einer Analyse der Beziehungen gelangte das nationale italienische Gericht zu der Ansicht, es bestehe eine so enge Verbindung zwischen Großmutter und Enkel, daß es dem Enkel möglich sei, sich der Mittel und der Organisation der Großmutter zu bedienen.[421]

---

[419] Statt der Verpflichtungserklärung des Gemeinschaftsunternehmens ist ebenso eine Erklärung der Vertreter der Koordinationseinheit ausreichend, daß dort die Weisung der berufenden Mutter zur Inanspruchnahme der benötigten Kapazitäten ordnungsgemäß behandelt und abgesegnet wurde.
[420] *EuGH*, Urteil vom 02.12.1999, Rs. C-176/98, „Holst Italia", Slg. 1999, I-8607.
[421] *EuGH*, Urteil vom 02.12.1999, Rs. C-176/98, „Holst Italia", Slg. 1999, I-8607, 8634 f., Rn 14.

Ohne auf die vom nationalen Gericht analysierten Verflechtungen einzugehen, konstatierte der *EuGH*, allein die Konzernverbundenheit rechtfertige nicht die Vermutung, daß ein Bieter über die Mittel einer anderen konzernangehörigen Gesellschaft verfügen könne.[422] Daran schließt sich eine Wiederholung des Leitgedankens des Ballast Nedam-Urteils an, ohne ihn näher zu spezifizieren.[423] Das Urteil endet mit der lapidaren Feststellung „Das nationale Gericht hat zu prüfen, ob ein solcher Nachweis im Ausgangsverfahren erbracht ist."[424] Das *OLG Frankfurt* entnimmt dieser Rechtsprechung, es sei zum Gebrauch der abgeleiteten Eignung durch einen konzerneingebundenen Bieter nicht zwingend, daß es sich hierbei um ein beherrschendes Konzernunternehmen handele.[425] Aus der Rechtsprechung läßt sich indes nicht folgern, unter welchen Voraussetzungen sich eine Tochtergesellschaft auf die Ressourcen einer herrschenden Gesellschaft berufen kann. Dies gilt es im folgenden zu analysieren.

1. Konzernleitungspflicht

Versteht man einen Konzern als Einheit, erscheint es plausibel, daß eine Tochtergesellschaft auf die gemeinsamen Kapazitäten des Konzerns zugreifen kann. In Verbindung mit dem Schlagwort der Konzernleitungspflicht[426] könnte man folgern, das gesamte Geschehen im Konzern – und damit auch der Inhalt eines im Vergabeverfahren abgegebenen Angebots – entspringe der Leitung der Konzernobergesellschaft.[427] Daraus könnte die Fiktion einer Übereinstimmung mit dem Willen der Mutter erwachsen, wenn deren Ressourcen von einer Tochter in Anspruch genommen werden.

---

422 *EuGH*, Urteil vom 02.12.1999, Rs. C-176/98, „Holst Italia", Slg. 1999, I-8607, 8639, Rn 30.
423 *EuGH*, Urteil vom 02.12.1999, Rs. C-176/98, „Holst Italia", Slg. 1999, I-8607, 8639 f, Rn 31: „Es sei „einem Dienstleistungserbringer gestattet, für den Nachweis, daß er die wirtschaftlichen, finanziellen und technischen Voraussetzungen [...]erfüllt, auf die Leistungsfähigkeit anderer Einrichtungen zu verweisen, welcher Rechtsnatur seine Verbindungen zu ihnen auch sein mögen, sofern er beweisen kann, daß er tatsächlich über die Mittel dieser Einrichtungen, die zur Ausführung des Auftrags erforderlich sind, verfügt".
424 Holst Italia, ebenda, Rn 31.
425 *OLG Frankfurt a.M.*, Beschluß vom 10.04.2001, 11 Verg 1/01, „Waldstadion", NZBau 2002, 161, 163; vgl. auch *Weyand*, Vergaberecht, § 97 GWB Rn 364 mwN sowie die entsprechende Auffassung von GA *Léger* in den Schlußanträgen vom 23.09.1999, Rs. C-176/98, „Holst Italia", Slg. 1999, I-8609, 8619 f., Rn 44 ff.
426 Begriffsprägend *Hommelhoff*, Konzernleitungspflicht; vgl. auch *Fleischer*, DB 2005, 759, 762 ff.; *Jungkurth*, Konzernleitung bei der GmbH, S. 56 f.; *Kropff*, in: MüKo AktG, § 311 Rn 273 f.; *K. Schmidt*, in: FS Lutter, S. 1167, 1175 f., je mwN.
427 *Hommelhoff*, Konzernleitungspflicht, S. 43 ff., 165 ff. hält den Vorstand eines herrschenden Unternehmens für verpflichtet, die Tochtergesellschaften unter seiner einheitlichen Leitung zu einem Konzern zusammenzuführen und das Konzerngeschehen bis in alle Einzelheiten der Tochteraktivitäten hinein zu lenken.

Dieser Schluß kann jedoch nicht gezogen werden. Zum einen wird das Bestehen einer Konzernleitungspflicht ohnehin von der herrschenden Meinung mit gewichtigen Argumenten abgelehnt.[428] Laut *Flume* ist die Annahme einer Konzernleitungspflicht gar eine „grundsätzliche Verkehrung."[429] Zudem kann man selbst bei Bejahung einer intensiven Konzernleitungspflicht nicht von einer bis ins Detail gehenden Weisungspflicht bezüglich jeder einzelnen Geschäftsführungsmaßnahme der Tochter ausgehen. Allenfalls kann die Vermutung aufgestellt werden, eine Handlung der Tochter sei grundsätzlich von der Mutter veranlaßt. Damit besteht ohne eine entsprechende Erklärung der Mutter aber nicht die erforderliche Gewißheit, daß die beabsichtigte Inanspruchnahme ihrer Kapazitäten von ihr abgesegnet ist. Die allenfalls mögliche widerlegliche Vermutung stellt die Verfügbarkeit nicht sicher und reicht daher im Rahmen der vergaberechtlichen Eignungsprüfung nicht aus. Mit der Theorie der Konzernleitungspflicht läßt sich eine für die vorliegende Fragestellung ausreichende Befugnis zur Inanspruchnahme der Kapazitäten einer Obergesellschaft folglich nicht begründen.

2. Gesellschaftsrechtlicher Grundsätze

Um zu klären, ob eine Tochter befugt ist, sich kraft Verbundenheit auf die Eignung ihrer Mutter zu berufen, hilft die Feststellung, es handele sich um einen einheitlichen Konzern, ebenfalls nicht weiter. Denn nicht das Verständnis beider Unternehmen als eine Einheit, sondern erst die beherrschende Stellung der Mutter und das daraus erwachsende Weisungsrecht ermöglichen es ihr, sich im Vergabeverfahren ohne weiteres auf die Eignung ihrer Tochter zu berufen. Umgekehrt gibt die gesellschaftsrechtliche Abhängigkeit der Tochter kein Recht, bestimmte Handlungen von dem herrschenden Unternehmen zu fordern. Eine Tochtergesellschaft hat gesellschaftsrechtlich keine Verfügungsmacht über die Kapazitäten ihrer Mutter. Sie kann sich daher im Vergabeverfahren allein aufgrund der Konzernverbundenheit mit ihrer Mutter nicht auf deren Ressourcen berufen, um ihre abgeleitete Eignung zu belegen.

Daß nur die Konzernobergesellschaft als Repräsentant des Konzerns betrachtet wird, entspricht dem in der Konzernrechnungslegung verankerten Control-Konzept: Dort wird in § 290 Abs. 2 HGB zwar der Konzern als Einheit betrachtet, aber nicht der Konzern als solcher, sondern nur die herrschende Gesellschaft ist zur Konzernrechnungslegung verpflichtet.[430]

---

428 Ausf. zum Meinungsstand *Altmeppen*, in: MüKo AktG, § 309 Rn 48 ff. sowie *ders.*, Die Haftung des Managers im Konzern, S. 31 ff.; *Fleischer*, in: Ders., Hdb. des Vorstandsrechts, § 18 Rn 8 ff.
429 *Flume*, Die juristische Person, S. 90 Fn 97.
430 *K. Schmidt*, in: FS Lutter, S. 1167, 1178 f.

Das Berufen auf die Eignung eines anderen Unternehmens kraft Konzernverbundenheit setzt neben der Verbundenheit zusätzlich eine höhere Stufe im Konzern voraus. Dies ist daher im Gleichordnungskonzern von vornherein ausgeschlossen, weshalb auf diese Organisationsform im Rahmen dieser Untersuchung nicht näher einzugehen ist.

3. Pauschale Verpflichtungserklärung

Trotz der fehlenden gesellschaftsrechtlichen Legitimation einer Tochtergesellschaft kann es sinnvoll erscheinen, einer speziell hierfür gegründeten Tochter die Teilnahme an öffentlichen Ausschreibungen zu übertragen. Zu diesem Zweck war auch die berufende Tochtergesellschaft in der Rechtssache Holst Italia gegründet worden. Da die gesellschaftsrechtliche Verbindung der Tochter nicht die notwendige Verfügungsmacht über die Ressourcen der Mutter gibt, ist sie ihr auf andere Weise einzuräumen.

Erforderlich ist eine Vereinbarung, in welcher sich die Mutter verpflichtet, ihrer Tochter benötigte Kapazitäten zur Verfügung zu stellen. Zweifellos kann eine Konzernmutter gegenüber ihrer Tochter für ein konkretes Vergabeverfahren eine gesonderte Verpflichtungserklärung abgeben. Fraglich und vorliegend von Interesse ist aber, ob es auch generell möglich ist, die abhängige Gesellschaft zu ermächtigen, sich auf die Kapazitäten der Mutter berufen zu können.

Hierbei handelt es sich um ein allgemeines Problem, das keinen direkten Bezug zum Recht der verbundenen Unternehmen aufweist. So ist es auch zwischen voneinander unabhängigen Unternehmen denkbar, daß eine Gesellschaft, die beispielsweise den Aufwand der Angebotserstellung im Vergabeverfahren scheut, eine andere Gesellschaft generell dazu ermächtigen will, im Rahmen öffentlicher Ausschreibungen auf ihre Kapazitäten zuzugreifen. Es geht mithin um die allgemeine Frage, ob eine Verpflichtungserklärung einen Bezug zu der konkreten Ausschreibung aufweisen muß.

Eine Verpflichtungserklärung muß so ausgestaltet sein, daß sie der vergaberechtlich geforderten Verbindlichkeit genügt.[431] Das berufende Unternehmen muß in der Lage sein, aus der Erklärung einen Anspruch auf Überlassung der Kapazitäten bzw. Ausführung der Leistung herzuleiten.[432] Hierzu ist die Nennung der konkreten Ressourcen unentbehrlich und auch der Ausführungszeitraum dürfte erforderlich sein.

---

431 *Diercks*, VergabeR 2007, 227, 228.
432 *Diemon-Wies/Viegener*, VergabeR 2007, 576, 578; *Weyand*, Vergaberecht, § 25 VOB/A Rn 5413.

Zwar ist in einer Verpflichtung zur Bereitstellung aller Mittel – gegebenenfalls unter Aufzählung dieser – die benötigte Teilleistung zwangsläufig enthalten. Zudem macht die Verpflichtung zur Überlassung größerer Kapazitäten als letztlich notwendig eine Verpflichtungserklärung nicht unwirksam.[433] Der Grundsatz, daß eine überschießende Verpflichtungserklärung unschädlich ist, kann jedoch nur bei einer im Hinblick auf die zu übertragenden Arbeiten unnötig großen Zahl konkretisierter Leistungen gelten.[434] Anders ist eine pauschale Aufzählung aller Mittel des verpflichteten Unternehmens zu beurteilen. Nach dem Sinn und Zweck der vergaberechtlichen Eignungsprüfung ist eine Konkretisierung der zur Verfügung stehenden Kapazitäten zu fordern, um dem Auftraggeber im Rahmen der Eignungsprüfung die Gewähr dafür zu bieten, daß dem berufenden Unternehmen die benötigten Ressourcen im Fall der Auftragserteilung tatsächlich zur Verfügung stehen. Bei einem Verweis auf andere Unternehmen muß sichergestellt sein, daß das verpflichtete Unternehmen die Ressourcen für den Bieter vorhält und sie nicht anderweitig einsetzt. Eine Pauschalermächtigung erscheint in Ermangelung einer konkretisierten Pflicht als weiche Absichtserklärung, benötigte Mittel nach Möglichkeit bereit zu stellen, aber nicht als verbindliche Verpflichtung zur Leistung.[435] Zwischen voneinander unabhängigen Unternehmen ist daher im Rahmen der Verpflichtungserklärung eine genaue Bezeichnung der vorgehaltenen Kapazitäten erforderlich. Gleiches muß auch zwischen konzernverbundenen Unternehmen gelten, wenn sich das berufende Unternehmen nicht kraft seiner Stellung im Konzern auf das verpflichtete Unternehmen berufen kann, so daß eine Privilegierung nicht angezeigt ist.

Mangels Konkretisierung ist es daher nicht zulässig, ohne Bezug zu einer bestimmten Ausschreibung die generelle Verpflichtung zu erklären, dem berufenden Unternehmen würden bei Bedarf alle vorhandenen Mittel zur Verfügung gestellt. Hingegen sind bei einer Bezugnahme auf eine konkrete Ausschreibung Verpflichtungserklärungen der Art wirksam, in denen verbundene Unternehmen erklären, „daß sie ihre gesamten logistischen, personellen und strukturellen Postdienstleistungsressourcen […] uneingeschränkt zur Verfügung stellen, damit die Beigeladene zu 1 die ausgeschriebene und von ihr angebotene Dienstleistung […] voll umfänglich unter Zuhilfenahme ihrer Unternehmen für die Dauer des Vertrages ausführen kann."[436] Ebenso ist es zulässig, in einer Erklärung die Verpflichtung für mehrere Einzelausschreibungen zusammenzufassen. Nicht ausreichend kon-

---

433 *Brandenburgisches OLG*, Beschluß vom 19.02.2008, Verg W 22/07 unter B.II.2.e. (zitiert nach juris).
434 So im Fall des *Brandenburgischen OLG*, ebenda.
435 Vgl. *Diercks*, VergabeR 2007, 227, 228 f. sowie *Schranner*, in: Ingenstau/Korbion, VOB, § 8 a VOB/A Rn 33, der „eine im Sinne des Vertragsrechts verbindliche Erklärung" fordert.
436 So im Beschluß der *VK Lüneburg* vom 24.09.2007, VgK-37/2007, ZfBR 2008, 393, 398, womit die Erbringung der „Leistung aus einer Hand" nachgewiesen wurde.

kretisiert ist hingegen die pauschale Zusicherung, für eine unbestimmte Anzahl künftiger Ausschreibungen Ressourcen zur Verfügung zu stellen.

4. Zwischenergebnis

Eine Tochtergesellschaft kann sich allein kraft Konzernverbundenheit nicht auf die Eignung ihrer Mutter berufen. Sie besitzt keine gesellschaftsrechtliche Zugriffsmöglichkeit auf die Ressourcen ihrer Mutter. Eine schuldrechtliche Pauschalermächtigung kann hierfür keine Abhilfe schaffen, da die berufende Tochter aus einer solch unbestimmten Erklärung keine durchsetzbaren Ansprüche gegen ihre Mutter herleiten kann. Wie im Verhältnis zu unabhängigen Unternehmen ist eine auf die konkrete Ausschreibung bezogene Verpflichtungserklärung erforderlich. Erst im Rahmen der Vorbereitung eines konkreten Angebots kann eine Tochter zur Nutzung der Ressourcen ihrer Mutter ermächtigt werden. Die pauschale Einräumung dieser Befugnis für unbestimmte künftige Vergabeverfahren ist auch im Konzernverbund nicht möglich.

II. Schwester als verpflichtetes Unternehmen

Im Rahmen einer abgestimmten Konzernpolitik kann es sinnvoll erscheinen, einer speziell hierfür auserkorenen Tochter die Zuständigkeit zur Teilnahme an öffentlichen Ausschreibungen zu übertragen.[437] Insbesondere bei einer Holding-Struktur mit einer nicht operativ tätigen Obergesellschaft stellt sich die Frage, ob konzernintern die Zuständigkeit zur Teilnahme an öffentlichen Ausschreibungen generell bei einer einzigen Tochtergesellschaft konzentriert werden kann.[438] Durch eine solche abstrakte Koordination könnten problematische Mehrfachbeteiligungen der konzernverbundenen Unternehmen vermieden werden.[439]

Will sich eine konzernangehörige Gesellschaft auf die Eignung einer Schwester berufen, ist jedoch fraglich, ob der auf Seiten einer berufenden Obergesellschaft bestehende Vorteil erhalten bleibt, keine Verpflichtungserklärungen vorlegen zu müssen. Ursache für deren Entbehrlichkeit ist die uneingeschränkte Zugriffsmög-

---

437 Vgl. zum Vorteil einer Konzentration des Weisungsrechts auch in anderen Konstellationen *Exner*, Beherrschungsvertrag, S. 154 f. mwN.
438 Ausf. zu Holdingstrukturen *Holtmann*, DStR 1998, 1278, 1280 der es befürwortet, unterhalb der Holding Führungsgesellschaften für die jeweiligen Unternehmensbereiche zu installieren, aber zugleich eine dezentrale Organisationsstruktur präferiert; eine weitgehende Selbständigkeit der Tochtergesellschaften empfiehlt auch *Lettl*, DStR 1997, 1016, 1017 jedoch unter dem Vorbehalt einer Koordination der operativen Geschäftstätigkeit durch die Holding.
439 Siehe hierzu umfassend Teil 3 (S. 146 ff.).

lichkeit auf die Kapazitäten der verpflichteten Tochter, welche wiederum aus der gegenüber der Tochter bestehenden Weisungsbefugnis folgt. Um die Zugriffsmöglichkeit einer Tochter auf Ressourcen ihrer Schwestergesellschaften zu garantieren, müßte die Konzernmutter ihre Weisungsrechte gegenüber den Töchtern auf eine ihrer Tochtergesellschaften delegieren können. Die Grundlagen der Weisungsrechte weichen im Vertragskonzern und im faktischen Konzern voneinander ab, so daß zur Beurteilung einer Übertragung der Weisungsbefugnis zwischen den beiden Konzernarten zu differenzieren ist.

1. Vertragskonzern

Im Vertragskonzern folgt die Weisungsbefugnis der Mutter aus dem Beherrschungsvertrag. Die Frage, ob und inwieweit einer abhängigen Gesellschaft eine Ermächtigung zur Ausübung dieser Weisungsbefugnis erteilt werden kann, richtet sich daher nach der vertraglichen Grundlage.

Hinsichtlich der Möglichkeit der Weitergabe der Rechte aus einem Beherrschungsvertrag wird zwischen der *echten Übertragung* des Weisungsrechtes zur Ausübung *anstelle* des zuvor berechtigten Unternehmens einerseits und andererseits der *Delegation* des Weisungsrechts zur Wahrnehmung *neben* dem herrschenden Unternehmen unterschieden.[440]

a. Delegation des Weisungsrechts

Für den Vertragskonzern ist weithin anerkannt, daß die Ausübung des Weisungsrechts aus einem Beherrschungsvertrag auf andere Konzerngesellschaften delegiert werden kann.[441] Eine Delegation in dem soeben genannten Sinne kann zum einen als Bevollmächtigung durch die Vertreter des herrschenden Unternehmens gemäß §§ 164 ff. BGB und zum anderen als Ermächtigung gemäß § 185 BGB konstruiert werden.[442] Teilweise wird die Delegation als Unterbevollmächtigung durch die Vertreter des herrschenden Unternehmens verstanden.[443] An dieser Stelle ist auf die ungeklärte dogmatische Grundlage der Delegation jedoch nicht näher einzu-

---

440 *Emmerich*/Habersack, Aktien- und GmbH-Konzernrecht, § 308 Rn 12, der die Bezeichnungen der echten Übertragung und der Delegation als „wenig passend" kritisiert; *Hirte*, in: Großkomm AktG, § 308 Rn 17, 24 benutzt das Begriffspaar der *verdrängenden Übertragung* und der *Delegation*; *Exner*, Beherrschungsvertrag, S. 161 ff. verwendet die Begriffe der *Übertragung des Weisungsrechts selbst* und der *Übertragung zur Ausübung des Weisungsrechts*.
441 Statt aller *Krieger*, in: MüHdb. AG, § 70 Rn 152 mwN.
442 Vgl. *Hüffer*, AktG, § 308 Rn 5.
443 *Emmerich*/Habersack, Konzernrecht, § 23 III. 1. b. (S. 340 f.).

gehen. Unabhängig von dieser Diskussion ist nach ganz herrschender Auffassung eine Delegation jedenfalls dann möglich, wenn der fortan weisungsberechtigte Delegatar seinerseits der Direktionsgewalt des herrschenden Unternehmens untersteht.[444] Die vorliegend analysierte Delegation des Weisungsrechts der Obergesellschaft an ein abhängiges Unternehmen ist danach gesellschaftsrechtlich zulässig und auch in der Praxis verbreitet.[445]

Allerdings bewirkt eine solche Delegation keine gesicherte Zugriffsmöglichkeit auf die Ressourcen einer Schwester. Denn die Obergesellschaft darf *neben* der Tochter weiterhin unmittelbare Weisungen an die verpflichtete Gesellschaft richten. Wenn die berufende Tochter ihrer Schwester die Weisung erteilt, ihr Kapazitäten für die Ausführung eines öffentlichen Auftrags zur Verfügung zu stellen, ist es der Mutter trotz der Delegation des Weisungsrechts weiterhin möglich, per Weisung dieselben Ressourcen für die eigene Nutzung anzufordern. Damit kann im Ergebnis der gleiche Fall wie bei der Mehrmütterorganschaft von Gemeinschaftsunternehmen eintreten: Die Mutter und die berufende Tochter können unterschiedliche Weisungen erteilen, was zur wechselseitigen Aufhebung der widersprüchlichen Weisungen führt.[446] Aufgrund der Weisungsbefugnis der Mutter gegenüber dem Delegatar ist möglicherweise von einem Vorrang der Weisung der Mutter auszugehen, umgekehrt kann hingegen keinesfalls angenommen werden, die Weisung der Tochter gehe einer gegenläufigen Weisung der Mutter vor.

Eine Delegation des Weisungsrechts führt damit nicht zu einer generell bestehenden Zugriffsmöglichkeit auf Kapazitäten der Schwestergesellschaften. Trotz der Delegation läßt sich eine gesicherte Verfügungsmacht nur im Einzelfall über eine Koordination mit der Mutter bewirken, daß diese bezüglich der erforderlichen Kapazitäten keine gegensätzlichen Weisungen erteilt. Diese Koordination müßte im Vergabeverfahren mit dem Angebot bzw. dem Teilnahmeantrag nachgewiesen werden. Durch die Erforderlichkeit einer Erklärung der Mutter als einer dritten Person würde das Verfahren für die berufende Tochter komplexer, als wenn – wie zwischen nicht miteinander verbundenen Unternehmen – eine Zusage seitens der verpflichteten Gesellschaft vorgelegt würde. Mit dieser muß die berufende Gesellschaft ohnehin in Kontakt treten, um die Verfügbarkeit der Ressourcen im beabsichtigten Ausführungszeitraum abzufragen.

Infolge der erhöhten Komplexität ist die Delegation des Weisungsrechts kein praktikabler Weg, um einer bestimmten Tochtergesellschaft generell die Nutzung der gesamten Kapazitäten des Konzerns zu ermöglichen.

---

444 Ausf. zum Meinungsstand *Altmeppen*, Die Haftung des Managers im Konzern, S. 14 f. sowie *ders.* in: MüKo AktG, § 308 Rn 51 ff.; vgl. auch *Cahn*, BB 2000, 1477, 1482 f.; *Drygala*, in: GmbH-Geschäftsführung, § 43 Rn 40 sowie *Koppensteiner*, in: KK AktG, § 308 Rn 13.
445 *Altmeppen*, in: MüKo AktG, § 308 Rn 57.
446 S.o. Teil 2 B.III.2. (S. 124) sowie *Emmerich*/*Habersack*, Konzernrecht, § 23 II (S. 339 f.).

b. Verdrängende Übertragung des Weisungsrechts

Einer Tochter könnte hingegen mittels einer *echten Übertragung* des Weisungsrechts eine gesicherte Zugriffsmöglichkeit auf Ressourcen ihrer Schwestern verschafft werden, weil dadurch ausschließlich die Tochter *anstelle* der Mutter das Weisungsrecht ausüben dürfte. Jedoch stellt die Weisungsbefugnis nach zutreffender herrschender Meinung kein gemäß §§ 398, 413 BGB selbständig übertragbares Recht dar.[447] Vielmehr ist das Weisungsrecht untrennbar mit der Stellung des herrschenden Unternehmens verbunden.[448] Denn die gesetzlichen Regelungen des Vertragskonzerns setzen voraus, daß der Inhaber der Leitungsmacht mit dem Ausgleichsschuldner nach §§ 302, 303 AktG und dem Haftungsschuldner gemäß § 309 AktG identisch ist.[449] Dies schließt eine isolierte Übertragung des Weisungsrechts ohne gleichzeitige Übernahme der damit korrespondierenden Pflichten aus.[450]

Folglich erfordert eine Übertragung des Weisungsrechts eine Übernahme der kompletten Rechtsstellung aus dem Beherrschungsvertrag.[451] Eine solche Auswechslung des herrschenden Unternehmens des Beherrschungsvertrages ist nur durch eine Vertragsänderung bzw. -übernahme unter Beteiligung des jeweils von der Mutter abhängigen Unternehmens möglich.[452] Eine Änderung bzw. Übernahme der Beherrschungsverträge zwecks Konzentration der Teilnahme an Vergabeverfahren bei einer Tochter erscheint bereits aufgrund des erheblichen Aufwands als abwegig. Vor allem aber hat die Mutter kein Interesse daran, sich ihrer Weisungsbefugnis vollkommen zu begeben und der Sache nach ihren Status als Konzernobergesellschaft einzubüßen. Denn die Übertragung des Weisungsrechts kann infolge der Übernahme des gesamten Beherrschungsvertrages nicht auf die Nutzung zur Teilnahme an Vergabeverfahren begrenzt werden. Eine teilweise Übertragung der beherrschenden Stellung ist zwar theoretisch möglich. Würde es sich um einen klar begrenzten Aufgabenbereich handeln, könnte dieses Segment von der künftig zu verpflichteten Gesellschaft abgespalten und der für die Teilnahme an Vergabeverfahren zuständigen Tochter als abhängiges Unternehmen angegliedert werden. Es wäre jedoch ineffizient, die zur Ausführung öffentlicher Aufträge benötigten Ressourcen isoliert hierfür vorzuhalten, weil diese in aller Regel auch zur Erfüllung privater Aufträge genutzt werden können.

---

447 *Emmerich*/Habersack, Aktien- und GmbH-Konzernrecht, § 308 Rn 16; *Hirte*, in: Großkomm AktG, § 308 Rn 17, 24; *Hüffer*, AktG, § 308 Rn 6.
448 *Hirte*, in: Großkomm AktG, § 308 Rn 17.
449 *Peres*, in: AnwK-AktienR, § 308 Rn 7, der die Unübertragbarkeit des Weisungsrechts im Vertragskonzern zudem mit einer Parallele zum Auftragsrecht begründet.
450 *Hirte*, in: Großkomm AktG, § 308 Rn 24.
451 *Exner*, Beherrschungsvertrag, S. 164.
452 *Altmeppen*, in: MüKo AktG, § 308 Rn 51; *Emmerich*/Habersack, Aktien- und GmbH-Konzernrecht, § 308 Rn 16; *Hirte*, in: Großkomm AktG, § 308 Rn 24; *Koppensteiner*, in: KK AktG, § 308 Rn 15.

c. Zwischenergebnis

Sowohl eine Delegation als auch eine echte Übertragung jeweils im oben genannten Sinn erscheinen damit im Vertragskonzern nicht als gangbare Wege, um konzernintern die Zuständigkeit zur Teilnahme an Vergabeverfahren generell bei einer einzigen Tochtergesellschaft zu konzentrieren. Im Fall der Delegation würde das Verfahren der Angebotserstellung komplexer statt – wie eigentlich beabsichtigt – vereinfacht. Im Fall der echten Übertragung müßten vorab Beherrschungsverträge geändert werden, was die Führungsstärke der Mutter beeinflussen würde und zum Zwecke einer vereinfachten Angebotserstellung in Vergabeverfahren nicht angemessen ist.

d. Empfehlung

Das verfolgte Ziel der ausschließlichen Zuständigkeit einer Tochter zur Teilnahme an Vergabeverfahren in Verbindung mit einer vereinfachten Nutzung konzernweiter Ressourcen läßt sich mit einem weitaus geringeren Aufwand ohne unerwünschte Nebenfolgen erreichen. Nämlich mit einer einmaligen Weisung der Mutter an sämtliche konzernangehörigen Gesellschaften, generell einer Anfrage der konzernintern für die Beteiligung an Vergabeverfahren auserkorenen Gesellschaft nach jeglichen Kapazitäten Folge zu leisten und gegenüber der berufenden Tochter eine vorformulierte Verpflichtungserklärung abzugeben.

Für die berufende Tochter bedeutet dies bei der Angebotserstellung keinen wesentlichen Mehraufwand gegenüber der Einräumung eines ausschließlichen Weisungsrechts. Bei einem seriös erstellten Angebot ist vor einer Einplanung der Mittel konzernverbundener Unternehmen ohnehin eine Kontaktaufnahme mit den verpflichteten Unternehmen erforderlich, um die Verfügbarkeit der Kapazitäten zu erfragen. Können die Ressourcen im geplanten Ausführungszeitraum bereit gestellt werden, sind Verhandlungen mit den verpflichteten Unternehmen vereinfacht oder sogar entbehrlich. Infolge der verbindlichen Weisung der Obergesellschaft entfallen jedenfalls Verhandlungen über das „Ob" der Überlassung. Sofern zudem generell konzerninterne Verrechnungspreise festgelegt sind, erübrigen sich auch Preisverhandlungen. Dies erleichtert die Erstellung und Kalkulation des Angebots, da die berufende Gesellschaft nur die Verfügbarkeit der Mittel abfragen muß und sodann unverzüglich die ihr entstehenden Kosten für die Inanspruchnahme konzerninterner Kapazitäten ermitteln kann.

Allerdings muß die berufende Tochter, wie im Verhältnis zu unabhängigen Unternehmen, darauf achten, förmliche Verpflichtungserklärungen ihrer Schwestern zu erlangen und diese zum Nachweis der abgeleiteten Eignung bereits mit dem Angebot bzw. Teilnahmeantrag einzureichen.

2. Faktischer GmbH-Konzern

Im faktischen GmbH-Konzern beruht die gesicherte Zugriffsmöglichkeit auf Kapazitäten einer Tochter aus der ihr gegenüber bestehenden Weisungsbefugnis. Dieses Recht des Allein- oder Mehrheitsgesellschafters leitet sich aus dem Stimmrecht als korporativem Recht ab. Um einer Tochtergesellschaft die Weisungsbefugnis gegenüber dem Geschäftsführer einer Schwestergesellschaft zu verschaffen, müßte die Mutter ihr Stimmrecht in der Gesellschafterversammlung der verpflichteten Tochter auf die berufende Tochter übertragen. Wie bereits oben zum Vertragskonzern erläutert, ist eine Übertragung der gesamten Rechtsstellung als herrschende Gesellschaft zwecks Teilnahme an Vergabeverfahren nicht zweckmäßig. Um gleichwohl die Weisungsbefugnis übertragen zu können, müßte isoliert das Stimmrecht ohne die Gesellschafterstellung auf die berufende Tochter übergehen können.

Das Stimmrecht ist ein aus der Gesellschafterstellung folgendes Teilhaberecht.[453] Es ist Bestandteil des Mitgliedschaftsrechts und als solches untrennbar mit diesem verbunden.[454] Die spezialgesetzliche Regelung für die GbR in § 717 S. 1 BGB, wonach jene Ansprüche nicht übertragbar sind, die den Gesellschaftern aus dem Gesellschaftsverhältnis gegeneinander zustehen, ist Ausdruck eines allgemeinen Prinzips des Verbandsrecht.[455] Eine Trennung des Stimmrechts von dem dazugehörigen Geschäftsanteil ist nach dem rechtsformübergreifend geltenden Abspaltungsverbot ausgeschlossen.[456] Eine isolierte Abtretung des Stimmrechts an eine Tochtergesellschaft ist danach nicht möglich.[457]

Das Abspaltungsverbot schließt einen Übergang der Mitgliedschaftsrechte auf Dritte hingegen nicht kategorisch aus. In bestimmten Grenzen ist eine Überlassung des Stimmrechts möglich.[458] So stellt eine Ausübung der Mitgliedschaftsrechte

---

453 *K. Schmidt*, Gesellschaftsrecht, § 19 III. 4. (S. 560, 561).
454 *RG*, Urteil vom 30.03.1931, VI 518/30, RGZ 132, 145, 159 (für die AG), *BGH*, Urteil vom 10.11.1951, II ZR 111/50, BGHZ 3, 354, 357 (für die OHG); *Römermann*, in: Michalski, GmbHG, § 47 Rn 49.
455 *Habersack*, Mitgliedschaft, S. 79; *Schürnbrand*, AcP 204 (2004), 177, 188.
456 *Hermanns*, ZIP 2005, 2284, 2285; *Hüffer*, AktG, § 8 Rn 30; *Roth*/Altmeppen, GmbHG, § 47 Rn 19.
457 Krit. gegenüber der hM *Koppensteiner*, in: Rowedder/Schmidt-Leithoff, GmbHG, § 47 Rn 24 f., der eine von vornherein zeitlich limitierte oder mit einer Kündigungsmöglichkeit ausgestaltete Übertragung des Stimmrechts auf Mitgesellschafter für zulässig hält; auch *Koppensteiner* betrachtet die vorliegend in Frage stehende Übertragung auf Nichtgesellschafter indes für unzulässig.
458 Ausf. zu gesellschaftsrechtlich zulässigen Gestaltungsmöglichkeiten *Hermanns*, ZIP 2005, 2284, 2288 ff. sowie *Reichert/Harbarth*, AG 2001, 447 ff.

unter Zuhilfenahme Dritter – vergleichbar einer Delegation im obigen Sinne – keine verbotene Abspaltung dar.[459] Eine vorübergehende Ausübung durch Dritte kraft widerruflicher Bevollmächtigung ist gesellschaftsrechtlich unstreitig zulässig.

Allerdings verhindert die Widerruflichkeit der Bevollmächtigung eine gesicherte Zugriffsmöglichkeit. Die Mutter könnte die Bevollmächtigung zwischen der Eignungsprüfung und der Auftragsausführung widerrufen. Damit würde die Weisungsbefugnis der berufenden Gesellschaft entfallen und folglich ihre gesicherte Zugriffsmöglichkeit für den Ausführungszeitpunkt. Um im faktischen Konzern die abgeleitete Eignung unter Berufung auf die Kapazitäten einer Schwestergesellschaft bejahen zu können, müßte die Bevollmächtigung zur Ausübung des Stimmrechts in der verpflichteten Gesellschaft unwiderruflich erteilt werden.

Dieser vergaberechtlichen Anforderung kann gesellschaftsrechtlich jedoch nicht nachgekommen werden. Eine unwiderrufliche verdrängende Bevollmächtigung zur Ausübung der Teilhaberechte stellt sich funktional als Übertragung dar und verstößt folglich ebenfalls gegen das Abspaltungsverbot.[460]

Im faktischen Konzern ist es daher nicht möglich, einer Tochter generell die Rechte der Mutter in einer Weise zu übertragen, die es der Tochter ermöglichen, sich anstelle der Mutter kraft der Konzernverbundenheit auf die Eignung konzernverbundener Unternehmen zu berufen.

3. Zwischenergebnis

Sowohl im Vertragskonzern als auch im faktischen Konzern ist es in praxi nicht realisierbar, eine Tochtergesellschaft generell zur Ausübung der Weisungsbefugnis und damit der vergaberechtlich geforderten gesicherten Zugriffsmöglichkeit zu ermächtigen bzw. ihr diese Rechte zu übertragen.

Um problematischen Mehrfachbeteiligungen konzernverbundener Unternehmen vorzubeugen, erscheint es gleichwohl sinnvoll, konzernintern eine einzige Einheit zu bestimmen, die in Vergabeverfahren als Bieter auftreten soll.

Sofern dies keine gesellschaftsrechtlich bei der Konzernmutter angesiedelte, unselbständige Abteilung ist, ist es zweckmäßig, der als Bieter auserkorenen Tochtergesellschaft die Unterstützung sämtlicher Konzerngesellschaften zu sichern. Dies kann sowohl im Vertragskonzern als auch im faktischen Konzern durch eine Weisung der Mutter an sämtliche konzernangehörigen Gesellschaften erfolgen, generell die konzernintern für die Beteiligung an Vergabeverfahren zuständige

---

459 *K. Schmidt*, Gesellschaftsrecht, § 19 III. 4. (S. 560, 562).
460 *RG*, Urteil vom 30.03.1931, VI 518/30, RGZ 132, 145, 159; *BGH*, Urteil vom 18.10.1976, II ZR 9/75, WM 1976, 1246, 1250; *Heider*, in: MüKo AktG, § 8 Rn 93 mwN; *Reichert/ Harbarth*, AG 2001, 447, 449.

Gesellschaft zu unterstützen, indem sie einer Anforderung ihrer Kapazitäten vorbehaltlich deren Verfügbarkeit Folge leisten. Im Außenverhältnis tritt eine solche pauschale Anweisung der Mutter nicht in Erscheinung, so daß im Vergabeverfahren jeweils konkretisierte Verpflichtungserklärungen vorzulegen sind.

D. Zwischenergebnis

Ein Bieter kann sich nur dann kraft Konzernverbundenheit auf die Eignung eines anderen Unternehmens berufen, wenn er zur Erteilung verbindlicher Weisungen hinsichtlich einzelner Geschäftsführungsmaßnahmen berechtigt ist. Diese uneingeschränkte Befugnis besteht grundsätzlich nur gegenüber einer GmbH im Alleineigentum des berufenden Unternehmens und gegenüber kraft Beherrschungsvertrag abhängigen Unternehmen.[461]

Nachdem diese materiellrechtliche Voraussetzung der Verfügungsmacht ermittelt ist, ist im folgenden der formalen Frage nachzugehen, welche Nachweise das berufende Unternehmen beibringen muß, um seine Weisungsbefugnis gegenüber dem verpflichteten Unternehmen zu belegen.

E. Formaler Nachweis der Verfügungsmacht

Das Vorliegen der materiellen Anforderungen der abgeleiteten Eignung kraft Konzernverbundenheit ist für den Bieter grundsätzlich nutzlos, wenn er die erforderliche Weisungsbefugnis nicht mit dem Angebot darlegt. Denn vorbehaltlich einer abweichenden Regelung in den Vergabeunterlagen ist ein Angebot bei fehlenden Eignungsnachweisen zwingend auszuschließen, ein Nachreichen ist nicht möglich.[462]

Außer Frage steht, daß auch im Konzernverbund das Unternehmen zu benennen ist, auf dessen Eignung sich der Bieter berufen will[463] und daß die originäre Eignung dieses verpflichteten Unternehmens für die konkret zu bezeichnende Leistung zu belegen ist. Ungeklärt ist hingegen, wie die Befugnis zur Verfügung über diese Kapazitäten durch das berufende Unternehmen nachzuweisen ist.

---

461 Bei vollkommener Personenidentität der Leitungsgremien ist die gesicherte Zugriffsmöglichkeit ausnahmsweise auch gegenüber einer faktisch abhängigen AG zu bejahen. Für eine Tochter-GmbH gilt dies nur, wenn die berufende Mutter über 90 % der Anteile hält.
462 S.o. Teil 1 B.II.1.c. (S. 58); in der VOB/A 2009 ist hingegen die Möglichkeit des Nachreichens fehlender Erklärungen vorgesehen, vgl. hierzu Teil 1 B.II.2.b.cc.(10)(a)(aa) (S. 90).
463 *OLG Frankfurt a.M.*, Beschluß vom 30.05.2003, 11 Verg 3/03, „JVA Hünfeld", NZBau 2003, 636, 637.

I. Gleichbehandlung mit Subunternehmerschaft?

Nach Auffassung des *OLG Düsseldorf* ist gemäß Art. 48 Abs. 3 VKR und den entsprechenden deutschen Kodifizierungen für den Nachweis der abgeleiteten Eignung nicht danach zu unterscheiden, ob das berufende und das verpflichtete Unternehmen gesellschaftsrechtlich verbunden sind.[464] Auch die Rechtsprechung des *EuGH* differenziere hinsichtlich der „anderen Unternehmen" i.S.d. Art. 48 Abs. 3 VKR nicht danach, ob sie mit dem bietenden Unternehmen verbunden seien. Folglich sei auch im Konzernverbund die Vorlage von Verpflichtungserklärungen zwingend erforderlich.[465] Bei deren Fehlen sei das Angebot auszuschließen.[466]

Eine solche Auslegung widerspricht sowohl der Richtlinie als auch der vom *OLG Düsseldorf* benannten Rechtsprechung des *EuGH*. Art. 48 Abs. 3 S. 2 und 3 VKR lauten in Übereinstimmung mit der EuGH-Rechtsprechung:

> „Ein Wirtschaftsteilnehmer kann sich gegebenenfalls für einen bestimmten Auftrag auf die Kapazitäten anderer Unternehmen ungeachtet des rechtlichen Charakters der zwischen ihm und diesem Unternehmen bestehenden Verbindungen stützen. Er muß in diesem Fall [...] nachweisen, daß ihm die erforderlichen Mittel zur Verfügung stehen, indem er beispielsweise die diesbezüglichen Zusagen dieser Unternehmen vorlegt."

Die Unbeachtlichkeit der Unternehmensverbindung bezieht sich danach nur auf das in Satz 2 normierte Recht, sich der Kapazitäten anderer Unternehmen zu bedienen. Der Wortlaut enthält hingegen keinerlei Anhaltspunkte für eine Ausdehnung der Unbeachtlichkeit der Verbindung auch auf die in Satz 3 geforderte Pflicht eines Nachweises. Diesbezüglich ist die Vorlage einer Verpflichtungserklärung explizit nur als Beispielsfall genannt und kann daher keinesfalls als allgemeine Anforderung verstanden werden.

Die vom *OLG Düsseldorf* vorgenommene Gleichstellung aller Verbindungen bezüglich des formalen Nachweises widerspricht der Intention des *EuGH*. Dieser wollte für die Obergesellschaft verbundener Unternehmen gerade die Möglichkeit eröffnen, sich auf die konzernweiten Kapazitäten berufen zu können. In der für die entsprechenden Kodifizierungen grundlegenden Entscheidung Ballast Nedam Groep I führt der *EuGH* aus, eine Holdinggesellschaft dürfe nicht mit dem Ausschluß vom Vergabeverfahren sanktioniert werden, „weil ihre Tochtergesellschaften, die die Arbeiten ausführen, mit eigener Rechtspersönlichkeit ausgestattet sind."[467] Sofern eine so enge Anbindung der Tochtergesellschaften an die Mutter besteht, daß letzterer Verfügungsmacht über die Töchter zusteht, darf die gewählte

---

464 *OLG Düsseldorf*, Beschluß vom 20.10.2008, VII-Verg 41/08, NZBau 2009, 63, 66.
465 *OLG Düsseldorf*, ebenda.
466 *OLG Düsseldorf*, Beschluß vom 28.04.2008, VII-Verg 1/08, „weiße Post", VergabeR 2008, 948, 953.
467 *EuGH*, Urteil vom 14.04.1994, Rs. C-389/92, „Ballast Nedam Groep I", Slg. 1994, I-1289, 1307, Rn 15.

Organisationsstruktur mit rechtlich selbständigen Einheiten den Konzern danach nicht gegenüber einer Struktur benachteiligen, in welcher die Ressourcen in rechtlich unselbständigen Abteilungen vorgehalten werden. Hinsichtlich der formellen Voraussetzungen fordert der *EuGH*, daß eine Obergesellschaft als Bieter „unabhängig von der Art der rechtlichen Beziehungen zu ihren Tochtergesellschaften tatsächlich über die diesen zustehenden Mittel verfügen kann."[468] Die Eingehung genau bestimmter Rechtsverhältnisse zwischen berufender Mutter und verpflichteter Tochter darf danach nicht zur Auflage für die Erfüllung der formellen Anforderungen gemacht werden. Genau dies würde aber die Rechtsprechung der *OLG Düsseldorf* bewirken. Indem es, wie im Verhältnis zu Dritten, die Vorlage einer Verpflichtungserklärung verlangt, auch wenn die Mutter ohnehin die erforderliche Verfügungsgewalt über die Kapazitäten der Tochter besitzt, erzwingt das *OLG Düsseldorf* den Abschluß einer entsprechenden schuldrechtlichen Vereinbarung zwischen den verbundenen Unternehmen.[469] Der *EuGH* eröffnet hingegen ausdrücklich die Möglichkeit des formalen Nachweises *unabhängig von der Art der rechtlichen Beziehungen*. Dementsprechend stellt das *OLG Dresden* in bezug auf den Einsatz verbundener Unternehmen fest, daß es „nur auf die tatsächlichen Dispositionsmöglichkeiten des Bieters im Interesse einer nachhaltigen und effektiven Auftragserfüllung ankommt, nicht aber auf die rechtliche Ausgestaltung seines Zugriffs auf die Mittel Dritter."[470] Im Urteil Holst Italia bestimmt der *EuGH* ausdrücklich, das Europarecht erlaube es nicht, zum Nachweis der von einem verbundenen Unternehmen abgeleiteten Eignung „bestimmte Beweismittel von vornherein auszuschließen."[471] Zum formalen Nachweis der Verfügbarkeit kann daher nicht auf der Vorlage einer Verpflichtungserklärung bestanden werden, sondern das Belegen einer gesellschaftsrechtlich begründeten Verfügungsgewalt ist als genügend anzusehen.

Das *OLG Düsseldorf* selbst stellt fest, daß es sich bei dem Einsatz eines Nachunternehmers einerseits und eines verbundenen Unternehmens andererseits um unterschiedliche Konstellationen handelt. So bemerkt es wortgleich in mehreren Beschlüssen im Anschluß an Ausführungen zum Nachweis der Eignung bei Subunternehmerschaft: „Dies hat gleichermaßen für die rechtlich verwandte Fallgestaltung zu gelten, in der sich der Bieter bei der Erfüllung des Auftrags der Kapazitäten ihm verbundener Unternehmen bedienen will."[472] Daß das *OLG Düssel-*

---

468 *EuGH*, a.a.O. Rn 17.
469 Vgl. zu den allgemeinen Anforderungen an eine Verpflichtungserklärung Teil 1 B.II.2.b.cc. (1) (S. 75).
470 *OLG Dresden*, Beschluß vom 17.08.2001, WVerg 5/01 unter II.2.b.bb.; *Weyand*, Vergaberecht, § 97 GWB Rn 370.
471 *EuGH*, Urteil vom 02.12.1999, Rs. C-176/98, „Holst Italia", Slg. 1999, I-8607, 8639, Rn 30.
472 *OLG Düsseldorf*, Beschluß vom 12.12.2007, Verg 34/07, NJOZ 2008, 1439, 1444 sowie Beschluß vom 28.04.2008, VII-Verg 1/08, „weiße Post", VergabeR 2008, 948, 953 f.

dorf als ungleich erkanntes trotzdem gleich behandeln will, könnte dadurch zu erklären sein, daß die entsprechenden Ausführungen in allen zitierten Beschlüssen nicht entscheidungserheblich waren. *GA Gulman* verdeutlicht in den Schlußanträgen zur Rechtssache Ballast Nedam Groep I den Unterschied beider Konstellationen wie folgt: „In den vorgenannten Fällen führt die Konzerngesellschaft Y die Arbeiten also nicht im Rahmen eines Subunternehmerverhältnisses aus, sondern aufgrund von Richtlinien, die die Direktion der NV in ihrer Eigenschaft als oberstes Leitungsorgan des Konzerns festgelegt hat."[473] Die der Tochter übertragene Leistung verbleibt innerhalb des Konzerns als einer wirtschaftlichen Einheit und ist daher funktional als Eigenleistung der berufenden Obergesellschaft anzusehen. Eine Gleichstellung mit der Beauftragung einer Fremdfirma ist nicht sachgerecht.

Nach alledem ist entgegen der Ansicht des *OLG Düsseldorf* für den Nachweis, daß die berufende Mutter tatsächlich über die Mittel einer verpflichteten Tochter verfügen kann, die Darlegung einer gesellschaftsrechtlich begründeten Verfügungsgewalt ausreichend. Die Verfügbarkeit der benannten Kapazitäten kann im Fall der Konzernverbundenheit des berufenden und des verpflichteten Unternehmens folglich statt durch die Vorlage einer Verpflichtungserklärung auch dadurch nachgewiesen werden, daß der Bieter seine Weisungsbefugnis gegenüber dem verpflichteten Unternehmen formal belegt.

II. Grundsatz der Eigenerklärung

Zum Nachweis der Zugriffsmöglichkeit auf die Kapazitäten des verpflichteten Unternehmens kommen Eigenerklärungen und Fremdbelege in Betracht. Erste sind in der vorliegenden Konstellation Erklärungen des berufenden Unternehmens selbst, daß es die obigen materiellen Anforderungen erfüllt – also alleiniger Eigentümer der verpflichteten GmbH ist bzw. herrschendes Unternehmen kraft Beherrschungsvertrag. Taugliche Fremdbelege sind Auszüge aus dem Handelsregister, aus denen sich die alleinige Gesellschafterstellung bzw. die vertragliche Beherrschung ergibt. Ein Beherrschungsvertrag ist für seine Wirksamkeit gemäß § 294 Abs. 2 HGB nur ins Handelsregister der abhängigen Gesellschaft einzutragen.[474] Jedenfalls aus deren Handelsregisterauszug ist somit die Weisungsbefugnis des berufenden Unternehmens ersichtlich. Ist der Unternehmensvertrag zusätzlich mit deklaratorischer Wirkung auch in das Handelsregister des herrschenden Unternehmens eingetra-

---

[473] Schlußanträge des GA *Gulmann* vom 24.02.1994, Rs. C-389/92, „Ballast Nedam Groep I", Slg. 1994, I-1291, 1299 Rn 31.
[474] *Emmerich*/Habersack, Aktien- und GmbH-Konzernrecht, § 294 Rn 25.

gen,[475] ist bereits die Vorlage des eigenen Handelsregisterauszugs durch die berufende – und herrschende – Gesellschaft ein tauglicher Fremdbeleg.

Nach der Rechtsprechung des *EuGH* hat der Bieter nachzuweisen, daß er über die erforderlichen Mittel verfügen kann.[476] Die Forderung eines Nachweises könnte zu der Annahme verleiten, nur der Beleg einer unabhängigen Stelle biete eine ausreichende Gewähr der Richtigkeit, so daß eine Eigenerklärung nicht ausreiche. Für Eignungsnachweise gilt jedoch allgemein: Sofern der Auftraggeber in der Bekanntmachung nicht Eignungsnachweise von dritter Seite gefordert hat,[477] kann ein Bieter seine Eignung nicht nur durch Fremd-, sondern auch durch Eigenbelege nachweisen.[478] In der Vergabekoordinierungsrichtlinie sind Eigenerklärungen als Eignungsnachweise in denselben Artikeln anerkannt, die das Berufen auf die Eignung eines anderen Unternehmens gestatten. So ist sowohl hinsichtlich der wirtschaftlichen und finanziellen Leistungsfähigkeit mit Erklärungen über den relevanten Umsatz (Art. 47 Abs. 1 lit. c VKR) als auch hinsichtlich der technischen und/oder beruflichen Leistungsfähigkeit mit den Regelungen in Art. 48 Abs. 2 lit. b, c, g, h und i VKR der Nachweis der Eignung durch Eigenerklärung möglich. Dies hat auch für das Berufen auf die Eignung konzernverbundener Unternehmen zu gelten.[479] Solange diese Ansicht nicht gerichtlich bestätigt ist, ist jedoch zu empfehlen, entsprechende Handelsregisterauszüge mit dem Angebot einzureichen.

III. Forderung von Fremdbelegen

Allerdings dürfte es dem Auftraggeber offenstehen, in den Vergabeunterlagen die Vorlage eines Handelsregisterauszugs als Fremdbeleg für das Berufen auf die Eignung eines konzernverbundenen Unternehmens zu fordern.[480] Es kann beispielsweise ein legitimes Interesse an einer unabhängigen Information über den Grad der Verbundenheit bestehen, wenn es wiederholt zu Umstrukturierungen bei den auf dem Markt befindlichen Bewerbern gekommen ist.[481] Bei der Forderung von

---

475 Vgl. hierzu Memento Gesellschaftsrecht, Rn 6978.
476 *EuGH*, Urteil vom 14.04.1994, Rs. C-389/92, „Ballast Nedam Groep I", Slg. 1994, I-1289, 1307 f., Rn 17 f.
477 Siehe hierzu sogleich III.
478 *Weyand*, Vergaberecht, § 97 GWB Rn 471, § 8 VOB/A Rn 3862; aA *VK Baden-Württemberg*, Beschluß vom 23.03.2006, 1 VK 6/06.
479 *Schranner*, in: Ingenstau/Korbion, VOB, § 2 VOB/A Rn 3 aE differenziert nicht zwischen Eigen- und Fremdbelegen, scheint aber letztere für erforderlich zu halten.
480 Die Formulierung „Nachweis der Eintragung im Berufs- oder Handelsregister" sieht das *OLG Düsseldorf*, Beschluß vom 16.01.2006, VII-Verg 92/05, juris-Rn 4 und 24 als Forderung des Handelsregisterauszugs als Fremdbeleg an.
481 Vgl. *OLG Düsseldorf*, Beschluß vom 16.01.2006, VII-Verg 92/05, juris-Rn 20; entsprechend für die Eintragung in das Berufsregister *Weyand*, Vergaberecht, § 8 VOB/A Rn 3883, § 7 VOL/A Rn 6445.

Nachweisen zum Belegen der Eignung ist der Grundsatz der Verhältnismäßigkeit zu beachten, so daß keine unangemessenen Nachweise verlangt werden dürfen.[482] Die Vorlage eines Handelsregisterauszugs erfordert keinen großen Aufwand. Bei Bestehen eines entsprechenden Informationsbedürfnisses kann daher ein Handelsregisterauszug als Fremdbeleg verlangt werden. Ist diese Forderung in den Verdingungsunterlagen bekannt gemacht, hat ein Bieter, der sich kraft Konzernverbundenheit auf die Eignung eines anderen Unternehmens berufen will, mit dem Angebot einen entsprechenden Handelsregisterauszug einzureichen. Legt er statt dessen lediglich eine Eigenerklärung vor, ist sein Angebot auszuschließen.

Eine Gestaltungsmöglichkeit des Auftraggebers ist auch in der VOB/A 2009 enthalten, welche in § 6 Abs. 3 Nr. 2 S. 3 normiert, daß der Auftraggeber vorsehen *kann*, daß für einzelne Angaben Eigenerklärungen ausreichend sind. Die VOL/A 2009 erhebt die Zulassung von Eigenerklärungen zwar zur Regel, läßt aber die Forderung von Fremdbelegen weiterhin zu.[483]

IV. Nachforderung von Fremdbelegen

Wurde die Forderung eines Fremdbelegs nicht aufgestellt, reicht die Vorlage einer Eigenerklärung mit dem Angebot aus. Hat das berufende Unternehmen dementsprechend nur eine solche Eigenerklärung über die Beherrschung der verpflichteten Tochtergesellschaft abgegeben, kann nach Angebotsöffnung ein Interesse des Auftraggebers an einem verläßlichen Fremdbeleg bestehen. Etwa dann, wenn es zu Umstrukturierungen im Konzernverbund des Bieters gekommen ist oder ein Konkurrent die Weisungsbefugnis des Bieters gegenüber dem verpflichteten Unternehmen bestreitet.

In diesem Fall darf der Handelsregisterauszug des verpflichteten Unternehmens nachgereicht werden. Dies stellt dann eine bloße Erläuterung eines Eignungsnachweises dar, welche kraft Art. 51 VKR[484] zulässig ist und insbesondere kein unzulässiges Nachverhandeln darstellt.[485] Dies gilt unabhängig von der Streitfrage, ob bestimmte Eignungsnachweise nachgereicht werden können oder ob bei Fehlen jeglicher Eignungsnachweise ein zwingender Ausschluß angenommen wird.[486] Im

---

482 *Schaller*, VOL, § 7 VOL/A Rn 49.
483 § 7 EG Abs. 1 S. 2 u. 3 VOL/A 2009 lauten: „Grundsätzlich sind Eigenerklärungen zu verlangen. Die Forderung von anderen Nachweisen als Eigenerklärungen haben die Auftraggeber in der Dokumentation zu begründen".
484 Im deutschen Recht regeln dies die §§ 24 Nr. 1 Abs. 1 VOB/A 2006 und VOL/A 2006.
485 Vgl. zur Ergänzung von Eignungsnachweisen *Kratzenberg*, in: Ingenstau/Korbion, VOB, § 24 VOB/A Rn 5 mwN.
486 Vgl. ausf. *Schranner*, in: Ingenstau/Korbion, VOB, § 8 VOB/A Rn 66 f.

Gegensatz zu der fehlenden Verpflichtungserklärung eines Nachunternehmers[487] liegt mit der Eigenerklärung des Bieters hinsichtlich eines konzernverbundenen Unternehmens bereits ein tauglicher Nachweis der Eignung vor.[488] Dieser wird lediglich durch eine entsprechende Erklärung von dritter Seite bestätigt, womit im Sinne des § 24 Nr. 1 Abs. 1 VOL/A 2006 Zweifel behoben werden.

V. Forderung einer Verpflichtungserklärung

Der für konzernangehörige Bieter grundsätzlich bestehende Vorteil, sich durch den generellen Nachweis gesellschaftsrechtlich begründeter Verfügungsmacht auf die Eignung verbundener Unternehmen berufen zu können, anstatt von jeder eingesetzten Gesellschaft eine Verpflichtungserklärung vorlegen zu müssen,[489] könnte ihnen genommen werden, wenn die Vergabeunterlagen auch für diese Konstellation auf der Vorlage von Verpflichtungserklärungen bestehen. So hieß es in einem vom *OLG Düsseldorf* entschiedenen Fall in der Leistungsbeschreibung unter der Überschrift Unterbeauftragung: „Der Auftraggeber weist darauf hin, daß verbundenen Unternehmen, wie z.B. Schwester- und Tochterunternehmen des Bieters, auch Unterauftragnehmer sind."[490] Ist bezüglich letzteren die Vorlage von Verpflichtungserklärungen angeordnet, gilt diese Forderung augenscheinlich auch für den Einsatz verbundener Unternehmen, selbst wenn der Bieter über jene Verfügungsgewalt besitzt. Legt er keine Verpflichtungserklärungen der mit ihm verbundenen Unternehmen vor, ist sein Angebot bei einer allein am Wortlaut orientierten Auslegung auszuschließen, da es geforderte Erklärungen nicht enthält.[491]

Wie bereits oben dargelegt, widerspricht es den Vorgaben des *EuGH* und den daraufhin erfolgten Kodifizierungen, die Inanspruchnahme eines verbundenen Unternehmens mit dem Einsatz eines unabhängigen Dritten gleichzusetzen, wenn der Bieter über die Kapazitäten der konzernangehörigen Gesellschaft Verfügungsgewalt besitzt.[492] Eine Klausel, die den Einsatz verbundener Unternehmen als Subunternehmerschaft definiert, kann nur Bestand haben, wenn man sie europarechtskonform einschränkend in dem Sinne auslegt, daß nur solche verbundenen Unter-

---

487 Vgl. hierzu *OLG München*, Beschluß vom 06.11.2006, Verg 17/06, „B 19", NZBau 2007, 264 (Ls.); NJOZ 2007, 258.
488 Anders ist die Lage selbstverständlich zu beurteilen, wenn die Eigenerklärung keinen tauglichen Eignungsnachweis darstellt, weil entweder das verpflichtete Unternehmen gar nicht benannt ist oder die materiellen Anforderungen einer 100 %-igen Tochter-GmbH bzw. einer vertraglichen Beherrschung aus der Erklärung nicht ersichtlich sind; vgl. *OLG Saarbrücken*, Beschluß vom 21.04.2004, 1 Verg 1/04, NZBau 2004, 690, 691 mwN.
489 S.o. Teil 2 E.I. (S. 138).
490 *OLG Düsseldorf*, Beschluß vom 12.12.2007, Verg 34/07 NJOZ 2008, 1439, 1444.
491 §§ 21 Nr. 1 Abs. 2 S. 5, 25 Nr. 1 Abs. 1 lit. b VOB/A 2006 und §§ 21 Nr. 1 Abs. 1 S. 1, 25 Nr. 1 Abs. 2 lit. a VOL/A 2006.
492 S.o. Teil 2 E.I. (S. 138).

nehmen erfaßt sind, über deren Kapazitäten der Bieter keine Verfügungsgewalt besitzt. Besteht hingegen eine gesellschaftsrechtlich begründete Verfügungsmacht und ist diese auch formal belegt, ist damit jene Verfügbarkeit nachgewiesen, die ansonsten durch die Verpflichtungserklärung zu belegen ist.[493] Die verlangte Verpflichtungserklärung ist überflüssig und das Angebot darf nicht wegen des Fehlens geforderter Erklärungen ausgeschlossen werden.

Setzen die Vergabeunterlagen den Einsatz verbundener Unternehmen pauschal mit Subunternehmerschaft gleich, sollte ein Bieter dies unverzüglich rügen, wenn er sich unter Verzicht auf Verpflichtungserklärungen kraft Verbundenheit auf die Eignung konzernangehöriger Unternehmen berufen will. Wird sein Angebot später wegen Fehlens der geforderten Verpflichtungserklärungen ausgeschlossen, ist dies, wie soeben festgestellt, zwar rechtswidrig. Hat der Bieter die entsprechende Klausel indes nicht rechtzeitig gerügt, kann er den Ausschluß jedenfalls dann nicht mittels eines Nachprüfungsverfahrens angreifen, wenn das Vergabeverfahren keine weiteren Fehler aufweist. Denn gemäß § 107 Abs. 3 S. 1 GWB ist ein Antrag auf Einleitung eines Nachprüfungsverfahrens nur dann zulässig, wenn der Antragsteller einen erkannten Verstoß gegen Vergabevorschriften unverzüglich gerügt hat. Ist der Verstoß bereits aus der Bekanntmachung erkennbar, muß die Rüge spätestens bis zum Ablauf der Angebotsfrist erfolgen (§ 107 Abs. 3 S. 2 GWB).[494]

F. Ergebnis Teil 2

Für eine Kooperation im Vergabeverfahren durch das Berufen auf die Ressourcen eines verbundenen Unternehmens ist die Konzernverbindung nur dann von ausschlaggebender Bedeutung, wenn der Bieter über das verpflichtete Unternehmen gesellschaftsrechtlich begründete Verfügungsmacht besitzt. Eine derart ausgeprägte Beherrschung liegt bei einem uneingeschränkten Weisungsrecht der Obergesellschaft und einer entsprechenden Folgepflicht des verpflichteten Unternehmens vor. Sie ist grundsätzlich nur bei Bestehen eines Beherrschungsvertrages sowie dann anzutreffen, wenn die verpflichtete Gesellschaft eine 100%-ige GmbH-Tochter des berufenden Unternehmens ist. Zudem ist diese Verfügungsmacht gegenüber einer Tochter-GmbH zu bejahen, an welcher die Obergesellschaft mindestens 90 % der Anteile hält, wenn zugleich vollkommene Personenidentität der Leitungsgremien besteht. Eine Mehrheitsbeteiligung an einer GmbH-Tochter reicht aus, sofern das Stimmverbot des § 47 Abs. 4 S. 2 Alt. 1 GmbHG wirksam

---

493 Zu einer ähnlichen Konstellation vgl. *Weyand*, Vergaberecht, § 25 VOB/A Rn 5385 mwN.
494 Vgl. zu den Präklusionsregeln statt aller *Dreher*, in: Immenga/Mestmäcker, GWB, § 97 Rn 29 ff.

abbedungen ist.[495] In diesen Konstellationen kann der Bieter sich allein kraft seiner Stellung im Konzern auf die Kapazitäten des verpflichteten Unternehmens berufen, der Vorlage einer Verpflichtungserklärung bedarf es nicht.

Grundsätzlich genügt statt dessen eine Eigenerklärung über die ausreichende gesellschaftsrechtliche Beherrschung. Die Vorlage eines Handelsregisterauszugs, aus dem sich die gesellschaftsrechtliche Verfügungsmacht ergibt, reicht in jedem Fall aus. Die Vorlage von Verpflichtungserklärungen ist dann entbehrlich und darf auch nicht durch die Vergabeunterlagen gefordert werden. Allerdings ist zu beachten, daß das *OLG Düsseldorf* bezüglich des formalen Nachweises der Verfügbarkeit einen falschen Weg weist. Um zumindest bei einer konkreten Ausschreibung im Verhältnis zum Auftraggeber Rechtsklarheit zu schaffen, sollte ein Bieter, der sich allein kraft Verbundenheit der Ressourcen konzernangehöriger Unternehmen bedienen und auf die Vorlage von Verpflichtungserklärungen verzichten will, bereits vor Angebotsabgabe die Bekanntmachung rügen, sofern dort auch für die Kooperation im Konzern die Vorlage von Verpflichtungserklärungen gefordert wird.

Will sich ein Bieter allerdings auf die Ressourcen eines verbundenes Unternehmen berufen, über welches er keine Verfügungsmacht besitzt, finden die für den Einsatz unabhängiger Unternehmen geltenden Regeln Anwendung. Wie im Verhältnis zu Dritten ist also die Vorlage einer Verpflichtungserklärung erforderlich.

---

495 Zu dem im Rahmen der vorliegenden Arbeit nicht zu entscheidenden Streitstand, ob das Stimmverbot überhaupt dispositiv ist s.o. Fn 350.

Teil 3 Konkurrenz im Konzern

Die Frage der Qualifizierung verbundener Unternehmen als Einheit oder aber als selbständiger juristischer Personen wird auch bei einer konkurrierenden Beteiligung mehrerer Unternehmen eines Konzerns an demselben Vergabeverfahren virulent. Für die Beurteilung dieser praxisrelevanten Konstellation haben sich noch keine allgemein anerkannten Maßstäbe herausgebildet.

Würde man hierbei verbundene Unternehmen als Einheit betrachten, läge bei konkurrierenden Angeboten eine mehrfache Beteiligung „des Konzerns" vor. Allgemein folgert das *OLG Düsseldorf* aus der Tatsache der *Mehrfachbeteiligung* einen Verstoß gegen den *Grundsatz des Geheimwettbewerbs* und schließt die Angebote aus – ohne dabei den Unternehmen die Möglichkeit zu geben, den Verdacht unlauteren Handelns auszuräumen.[496] Zwar ist offen, ob diese strikte Rechtsprechung auf die mehrfache Beteiligung verbundener Unternehmen zu übertragen ist. Mehrere Urteile des *OLG Düsseldorf* deuten indes auf eine entsprechende Anwendung auf den Konzern hin. Damit würde es verbundenen Unternehmen de facto unmöglich gemacht, zueinander in Konkurrenz zu treten.

Wie sogleich dargelegt, lehnen demgegenüber einige Vergabekammern eine Ausweitung der strikten Linie auf verbundene Unternehmen entschieden ab; die vergaberechtliche Literatur ist uneinheitlich.

Der *EuGH* hat jüngst in der Assitur-Entscheidung die Möglichkeit der Konkurrenz im Konzern im Prinzip anerkannt, indem der *EuGH* feststellt, konkurrierende verbundene Unternehmen dürften nicht automatisch vom Vergabeverfahren ausgeschlossen werden.[497]

Eine Auseinandersetzung mit den verschiedenen Ansichten wird dadurch erschwert, daß die Grundlagen eines Ausschlusses im Fall der Mehrfachbeteiligung keineswegs gesichert sind. Die Schlagworte des Geheimwettbewerbs und der unzulässigen Mehrfachbeteiligung haben eine bedenkliche Eigendynamik entwickelt.[498] Oftmals werden diese beiden Begriffe ohne weitere Ausführungen in den Raum gestellt und tragen anstelle einer juristisch nachprüfbaren Begründung den Ausschluß der Angebote.

---

[496] Vgl. *Prieß/Gabriel*, WuW 2006, 385, 391.
[497] *EuGH*, Urteil vom 19.05.2009, Rs. C-538/07, „Assitur", NZBau 2009, 607, Rn 32 f., s.u. Teil 3 A.III.4. (S. 156); diese Wertung bestätigte der *EuGH* mit Urteil vom 23.12.2009, Rs. C-376/08, „Serrantoni", NZBau 2010, 261 (vgl. hierzu Fn 684).
[498] Kritisch hierzu *Burgi*, NZBau 2008, 29, 33; mißbilligend zur Eigendynamik des Geheimwettbewerbs im allgemeinen Kartellrecht *Benisch*, in: FS Steindorff, S. 937, 948.

Diese Ungewißheit über die dogmatischen Grundlagen betrifft nicht erst den Sonderfall einer konzerninternen Mehrfachbeteiligung, sondern auch deren Grundkonstellation. Es ist daher unerläßlich, zunächst allgemein die Rechtfertigung eines Ausschlusses im Fall der Mehrfachbeteiligung herauszuarbeiten. Die Ausführungen beschränken sich dabei auf das offene Verfahren.[499] Erst nachdem ein solides Fundament geschaffen ist, können die Besonderheiten einer Konkurrenz verbundener Unternehmen untersucht werden.

A. Überblick über den Meinungsstand

Das Problemfeld der sog. Mehrfachbeteiligung erfaßt Konstellationen, in denen ein Unternehmen im Rahmen eines Vergabeverfahrens mehrere Angebote abgibt. Synonym werden auch die Begriffe Parallelbeteiligung, Doppelbeteiligung und Doppelbewerbung verwandt.

Die relevanten Normen des nationalen Vergaberechts sind §§ 2 Nr. 1 S. 3 VOB/A 2006, 2 Nr. 1 Abs. 2 VOL/A 2006, nach denen „wettbewerbsbeschränkende Verhaltensweisen zu bekämpfen" sind und §§ 25 Nr. 1 Abs. 1 lit. c VOB/A 2006, 25 Nr. 1 Abs. 1 lit. f VOL/A 2006, wonach Angebote von Bietern, die in Bezug auf die Ausschreibung eine unzulässige wettbewerbsbeschränkende Abrede getroffen haben, ausgeschlossen werden.

Rechtsprechung und Literatur entwickelten zunächst Regeln für die Mehrfachbeteiligung als Einzelbieter und Mitglied einer Bietergemeinschaft. Diese wird im Ergebnis allgemein als unzulässig angesehen. Umstritten ist, ob dies auch für eine Mehrfachbeteiligung als Bieter und Nachunternehmer gilt. Schließlich gibt es widerstreitende Stellungnahmen zu der Frage, ob die konkurrierende Beteiligung mehrerer rechtlich selbständiger Gesellschaften eines Konzerns entsprechend der Grundkonstellation zu behandeln ist.

I. Beteiligung als Einzelbieter und Mitglied einer Bietergemeinschaft

Die mehrfache Beteiligung an einem Vergabeverfahren als Einzelbieter und Mitglied einer Bietergemeinschaft wird von der ganz herrschenden Meinung als grundsätzlich unzulässig eingestuft. Unverzichtbares Kennzeichen einer Auftragsvergabe im Wettbewerb sei die Gewährleistung eines Geheimwettbewerbs zwischen den

---

[499] Der Mehrfachbewerbung im Rahmen eines Teilnahmewettbewerbs haben Rechtsprechung und Literatur bislang kaum Beachtung geschenkt; vgl. hierzu aber *Meininger/Kayser*, BB 2006, 283, 285 sowie *VK Brandenburg*, Beschluß vom 02.10.2006, 2 VK 38/06, ZfBR 2007, 185 ff. = IBR 2007, 1025 mit Anm. *Heinrich*.

an der Ausschreibung teilnehmenden Bietern.[500] Es sei „mit dem vergaberechtlichen Wettbewerbsprinzip schlechterdings unvereinbar, daß ein Bieter, dem das Angebot oder zumindest die Angebotsgrundlagen eines Mitbewerbers um den Zuschlag bekannt sind, am Bieterwettbewerb teilnimmt."[501] Denn dies verringere den Zwang zur kostenminimierenden Kalkulation.[502]

Die Wettbewerbswidrigkeit einer Mehrfachbeteiligung bzw. deren Verstoß gegen den Geheimwettbewerb wird also in der Kenntnis des Inhalts eines anderen Angebots erblickt.[503] Näher differenziert, aber im Ergebnis übereinstimmend, indiziert die Mehrfachbeteiligung gegenseitige Kenntnis, aus welcher auf eine wettbewerbsbeschränkende Absprache zu schließen ist.[504] Diese materiellrechtliche Voraussetzung des zwingenden Ausschlusses ist bezüglich der Mehrfachbeteiligung als Einzelbieter und Mitglied einer Bietergemeinschaft nahezu unstreitig.[505]

Umstritten sind hingegen die formellen Anforderungen, die ein mehrfach beteiligter Bieter erfüllen muß, um eine Wahrung des Geheimwettbewerbs zu belegen und damit ausnahmsweise einen Ausschluß der Angebote verhindern zu können. Den Ausgangspunkt hierfür bildet das allgemein akzeptierte Prinzip, daß ein Angebotsausschluß grundsätzlich den sicheren Nachweis der Wettbewerbsbeschränkung verlangt.[506] Als Ausnahme von diesem Grundsatz tendiert die Rechtsprechung jedoch dazu, bereits die Abgabe von Angeboten als Einzelbieter und Mitglied einer Bietergemeinschaft als Rechtfertigung für einen Angebotsausschluß anzuerkennen, ohne daß eine Nachforschungspflicht für den Auftraggeber postuliert wird.[507] So stellt das *OLG Düsseldorf* fest:

---

500 *OLG Düsseldorf*, Beschluß vom 16.09.2003, VII-Verg 52/03, „Doppelbeteiligung", VergabeR 2003, 690, 691; *OLG Jena*, Beschluß vom 19.04.2004, 6 Verg 3/04, „Neue Sorge", VergabeR 2004, 520, 521; entsprechend *OLG München*, Beschluß vom 11.08.2008, Verg 16/08, „Angebotsaustausch", VergabeR 2009, 61, 63.
501 *OLG Düsseldorf*, Beschluß vom 16.09.2003, VII-Verg 52/03, „Doppelbeteiligung", VergabeR 2003, 690, 691; *OLG Düsseldorf*, Beschluß vom 13.09.2004, VI-W (Kart) 24/04, „Kreditkartensystem", VergabeR 2005, 117, 118 entsprechend *OLG Dresden*, Beschluß vom 28.03.2006, WVerg 4/06, „Ortsumgehung", VergabeR 2006, 793, 797.
502 *OLG Jena*, Beschluß vom 19.04.2004, 6 Verg 3/04, „Neue Sorge", VergabeR 2004, 520, 521 f.: „Gerade weil der einzelne Bieter nicht weiß, welche Konditionen der Konkurrent seiner Offerte zugrunde legt, wird er, um seine Aussichten auf Erhalt des Zuschlags zu steigern, bis an die Rentabilitätsgrenze seiner individuell berechneten Gewinnzone kalkulieren." Vgl. auch *Meininger/Kayser*, BB 2006, 283, 284 mwN.
503 *Dreher*, NZBau 2005, 427, 432.
504 *Prieß/Gabriel*, WuW 2006, 385, 390; insoweit mit der hM übereinstimmend *Burgi*, NZBau 2008, 29, 33, der ansonsten der „Überregel namens Pflicht zum Geheimwettbewerb" kritisch gegenübersteht.
505 Kritisch allerdings *Jaeger*, VergabeR 2004, 522, 524 f., der in dem vergaberechtlichen Geheimschutz v.a. einen Schutz der Wettbewerber erblickt und daher schlußfolgert: „Gibt ein Bieter freiwillig seine Preise einem Konkurrenten bekannt, so ist er nicht weiter schutzwürdig, insbesondere wäre es nicht gerechtfertigt, einen oder gar beide Bieter vom Verfahren auszuschließen".
506 *Jansen*, WuW 2005, 502.
507 *Prieß/Gabriel*, WuW 2006, 385, 391 mwN.

„Bewirbt sich ein Bieter sowohl mit einem eigenen Angebot wie auch als Mitglied einer Bietergemeinschaft um den ausgeschriebenen Auftrag, läßt dies nach dem gewöhnlichen Verlauf darauf schließen, daß der Geheimwettbewerb zwischen beiden Bietern nicht gewahrt ist. Will der Bieter in einer solchen Situation den Ausschluß seines Angebots verhindern, muß er bereits mit Angebotsabgabe der Vergabestelle nachvollziehbar darlegen und nachweisen, daß aufgrund besonderer Vorkehrungen bei der Angebotserstellung und Angebotsabgabe der Geheimwettbewerb ausnahmsweise gewährleistet ist. [...] Kommt der Bieter dieser Obliegenheit nicht nach, darf sein Angebot ohne weiteres ausgeschlossen werden. Die Vergabestelle ist zu diesbezüglichen Aufklärungsmaßnahmen zwar berechtigt, aber nicht verpflichtet."[508]

Die vom *OLG Düsseldorf* vorgenommene Umkehr der Darlegungs- und Beweislast trifft auf breite Zustimmung, weil die Gewährleistung des Geheimwettbewerbs von internen Organisationsmaßnahmen des Mehrfachbeteiligten abhängt, in welche der Auftraggeber keinen Einblick hat.[509] Zweifelhaft und umstritten ist hingegen die Annahme des *OLG Düsseldorf*, bereits mit Angebotsabgabe habe der Bieter die Wahrung des Geheimwettbewerbs zu belegen und ihm müsse keine Möglichkeit zur nachträglichen Aufklärung gegeben werden.[510] Enthalten die Angebote keine diesbezüglichen Angaben, kann ihr Ausschluß allein mit der Tatsache der Mehrfachbeteiligung begründet werden, ohne daß im konkreten Fall Anhaltspunkte für einen Verstoß gegen den Geheimwettbewerb ersichtlich sein müßten. Die Vermutung eines Verstoßes wird zwar als widerleglich bezeichnet, erweist sich aber de facto als unwiderleglich, wenn den betroffenen Unternehmen keine Gelegenheit zur Aufklärung gegeben wird.[511]

Überträgt man diese Auffassung auf Konzernsachverhalte und sieht pauschal „den Konzern" als Einheit an, wird eine Mehrfachbeteiligung verbundener Unternehmen de facto unmöglich gemacht oder zumindest außerordentlich erschwert.[512]

---

508 *OLG Düsseldorf*, Beschluß vom 13.09.2004, VI-W (Kart) 24/04, „Kreditkartensystem", VergabeR 2005, 117, 118.
509 *Burgi*, NZBau 2008, 29, 33; *Jansen*, WuW 2005, 502, 505; *Wagner*, VergabeR 2006, 120, 121.
510 Zustimmend *Jansen*, WuW 2005, 502, 507 f. sowie *Mertens*, IBR 2005, 115 mwN zur obergerichtlichen Rechtsprechung, nach welcher „eine solche Mehrfachbeteiligung bereits aufgrund der Regelvermutung zum Ausschluß der Angebote führen muß." Ablehnend hingegen *Gölles*, ZVB 2005, 230, 231 (für das österreichische Recht) sowie *Wagner*, VergabeR 2006, 120, 121; einen konkreten Nachweis des Verstoßes durch die Vergabestelle fordern *Meininger/Kayser*, BB 2006, 283, 286 und scheinen damit ebenfalls einen Ausschluß allein aufgrund einer nicht rechtzeitig entkräfteten Vermutung abzulehnen.
511 *Jansen*, WuW 2005, 502, 507 f. folgt zwar dem *OLG Düsseldorf*, muß aber hinsichtlich dessen Forderung, die Wahrung des Geheimwettbewerbs lückenlos mit dem Angebot darzulegen, einräumen: „Inwieweit diese theoretische Möglichkeit praktischer Umsetzung zugänglich ist, wird sich erst noch erweisen müssen" (S. 508).
512 Für diese Übertragung *Jansen*, WuW 2005, 502, 505 f.; dagegen *Wagner*, VergabeR 2005, 120, 121; vgl. ausf. Teil 3 A.III. (S. 152).

II. Beteiligung als Bieter und Nachunternehmer

Im Gegensatz zur Annahme eines fast zwingenden Ausschlusses der Angebote bei einer Mehrfachbeteiligung als Bieter und Mitglied einer Bietergemeinschaft begründet eine Beteiligung als Bieter und daneben als Nachunternehmer nach Ansicht des *OLG Düsseldorf* keinen Verstoß gegen den Geheimwettbewerb:

> „Der bloße Umstand, daß die Beigeladene zu 1 ein eigenes Angebot zum Vergabeverfahren eingereicht hat und daneben gemäß dem Angebot der Beigeladene zu 3 von dieser als Nachunternehmer bei der Auslieferung von Zustellungen eingesetzt werden soll, genügt nicht, die für einen Angebotsausschluß erforderliche Kenntnis festzustellen. Dazu müssen weitere Tatsachen hinzukommen, die nach Art und Umfang des Nachunternehmereinsatzes sowie mit Rücksicht auf die Begleitumstände eine Kenntnis von dem zu derselben Ausschreibung abgegebenen Konkurrenzangebot annehmen lassen."[513]

Die Bedeutung der Art und des Umfangs des Nachunternehmereinsatzes konkretisiert das *OLG Düsseldorf* in einer späteren Entscheidung wie folgt:

> „Unter diesen Umständen kann offen bleiben, ob die Antragstellerin aufgrund ihrer Absprache mit [...] über eine gegenseitige Benennung als Nachunternehmer für bestimmte Bereiche gegen die Grundsätze des Geheimwettbewerbs verstoßen hat. Der Senat weist in diesem Zusammenhang lediglich darauf hin, daß nach seiner Rechtsprechung (vgl. Beschluß vom 13.04.2006 - VII-Verg 10/06) Bieter und Nachunternehmer, die ihrerseits als Bieter auftreten, dann nicht ausgeschlossen werden können, wenn beiden Bietern [...] nennenswerte Gestaltungsfreiräume bei der Kalkulation des jeweils eigenen Angebots verbleiben; hier wäre - neben den individuellen Gewinnaufschlägen jedes Bieters - insbesondere zu fragen, inwieweit dem jeweiligen Bieter Spielräume verblieben, seine originär eigene Leistung in dem Angebot gegenüber der Vergabestelle anders auszugestalten als im Nachunternehmerangebot gegenüber dem anderen Bieter."[514]

Dieser Beschluß ist insoweit bemerkenswert, als das *OLG Düsseldorf* das Dogma des Geheimwettbewerbs relativiert, indem es einen auf geringe Leistungsanteile beschränkten Verstoß offensichtlich nicht als ausreichend für einen Ausschluß der Angebote ansieht.

In der Literatur argumentiert *Wagner* für die Zulässigkeit einer Mehrfachbeteiligung als Bieter und Nachunternehmer, in dieser Konstellation sei im Regelfall nicht von einer wechselseitigen Kenntnis der Angebote auszugehen.[515] Gegen eine Gleichbehandlung der Mehrfachbeteiligung als Einzelbieter und Mitglied einer Bietergemeinschaft einerseits und als Bieter und Nachunternehmer andererseits

---

513 *OLG Düsseldorf,* Beschluß vom 13.04.2006, VII-Verg 10/06, „Zustellungsdienste OLG Hamm", NZBau 2006, 810; dieser Ansicht hat sich praktisch die gesamte Rechtsprechung angeschlossen, vgl. *Weyand*, Vergaberecht, § 97 Rn 125 mwN.
514 *OLG Düsseldorf,* Beschluß vom 09.04.2008, VII-Verg 2/08, „WAN", VergabeR 2008, 865, 866.
515 *Wagner*, VergabeR 2005, 120, 121.

sprechen sich auch *Prieß/Gabriel* und *Gölles* aus.[516] Vergleichbar konstatiert *Burgi*, es könne zwar ein schädlicher Kenntnisstand vorliegen, dieser müsse aber von der Vergabestelle bewiesen werden.[517]

Demgegenüber widerspricht *Dreher* der eingangs genannten Entscheidung des *OLG Düsseldorf*.[518] *Meininger/Kayser* betrachten eine Mehrfachbeteiligung als Bieter und Nachunternehmer mit der Begründung als prinzipiell unzulässig, es sei irrelevant, welche Stellung ein Unternehmen im Rahmen des Vergabeverfahrens innehabe. Ausreichend sei, daß ein Unternehmen in verschiedenen Konstellationen an der Erstellung von Angeboten beteiligt sei und hierdurch eine Verletzung des vergaberechtlichen Geheimwettbewerbs erfolge.[519] Auch *Noch* befürwortet den Ausschluß von Parallelangeboten „in jedweder Kombination," denn „wer das Angebot eines anderen Bieters kennt oder auch nur kennen kann," sei zwingend von der Wertung auszuschließen.[520] Ebenso sieht *Byok* keinen Grund zu einer Differenzierung zwischen einer Mehrfachbeteiligung als Bieter und daneben als Mitglied einer Bietergemeinschaft oder als Nachunternehmer und nimmt in beiden Fällen einen Verstoß gegen den Geheimwettbewerb an.[521]

In der Rechtsprechung sah, soweit ersichtlich, nur die *VK Hamburg* in einem Fall des Auftretens des Mehrfachbeteiligten als Bieter und Nachunternehmer einen Ausschluß als gerechtfertigt an.[522] Dabei handelte es sich allerdings um eine „verdeckte Bietergemeinschaft", in der eine Nachunternehmerstellung nur dem formalen Status nach vorlag, der Mehrfachbeteiligte jedoch tatsächlich wie ein Mitglied der Bietergemeinschaft agierte. Die *VK Hamburg* entschied zu Recht, nicht der formale Status sei entscheidend, sondern die tatsächliche Lage.[523] Damit liegt bei der verdeckten Bietergemeinschaft der klassische Fall einer Mehrfachbeteiligung als Einzelbieter und Mitglied einer Bietergemeinschaft vor.[524]

Die im weiteren Fortgang der Untersuchung erfolgende Analyse der Grundlagen des Instituts des Geheimwettbewerbs ergibt, daß nicht prinzipiell von einer Un-

---

516 *Prieß/Gabriel*, WuW 2006, 385, 391; *Gölles*, ZVB 2005, 230, 232 (für das österreichische Recht).
517 *Burgi*, NZBau 2008, 29, 33, der sich in Fn 48 den Seitenhieb erlaubt, dies entspreche zwar im Ergebnis der Einschätzung durch das *OLG Düsseldorf*, argumentativ seien aber die dort aus der vorherigen Annahme einer angeblichen Pflicht zum Geheimwettbewerb ergebenden Winkelzüge überflüssig.
518 *Dreher*, in: Immenga/Mestmäcker, GWB, § 97 Rn 24 in Fn 42.
519 *Meininger/Kayser*, BB 2006, 283, 285.
520 *Noch*, IBR 2006, 352.
521 *Byok*, NJW 2006, 2076, 2077.
522 *VK Hamburg*, Beschluß vom 17.08.2005, Vgk FB 6/05.
523 *VK Hamburg*, Beschluß vom 17.08.2005, Vgk FB 6/05; entsprechend entschied die *VK Schleswig-Holstein*, Beschluß vom 17.09.2008, VK-SH 10/08 in einem vergleichbaren Fall.
524 Insofern verwundert es, daß sowohl *Byok*, NJW 2006, 2076, 2077 als auch *Meininger/Kayser*, BB 2006, 283, 285 den Beschluß der *VK Hamburg* als Beleg dafür anführen, daß auch eine Mehrfachbeteiligung als Bieter und Nachunternehmer als unzulässig angesehen werde.

schädlichkeit der Mehrfachbeteiligung als Bieter und Nachunternehmer auszugehen ist. Aber auch die gegenteilige Ansicht, entsprechend der Mehrfachbeteiligung als Einzelbieter und Mitglied einer Bietergemeinschaft müßten die Angebote in aller Regel ausgeschlossen werden, findet in den Grundlagen des Geheimwettbewerbs keine Stütze.

III. Beteiligung konzernverbundener Unternehmen

Bezüglich der Mehrfachbeteiligung konzernverbundener Unternehmen hat sich noch keine herrschende Meinung herausgebildet. Auf den Sonderfall der Loslimitierung ist dabei nicht näher einzugehen.[525]

1. Mehrdeutige Rechtsprechung des OLG Düsseldorf

Eine gerichtliche Entscheidung, welche isoliert die gesellschaftsrechtliche Verbundenheit ausreichen läßt, um die strikten Grundsätze der Mehrfachbeteiligung eingreifen zu lassen, existiert bislang, soweit ersichtlich, nicht. Zwei Beschlüsse des *OLG Düsseldorf* lassen sich allerdings in diesem Sinne interpretieren. Beide verwenden im Zusammenhang mit der Mehrfachbeteiligung eines Konzerns die Verbundklausel des § 36 Abs. 2 GWB.[526] In einem Beschluß vom 27.07.2006 sah das *OLG Düsseldorf* ein herrschendes und dessen abhängiges Unternehmen aufgrund ihrer gesellschaftsrechtlichen Verbundenheit als „ein einheitliches Unternehmen" an – allerdings wurde der Ausschluß wegen eines Verstoßes gegen den Geheimwettbewerb letztlich auch auf weitere Indizien gestützt:

> „Die Antragstellerin ist herrschendes Unternehmen im Sinne des § 36 Abs. 2 GWB, § 17 AktG, denn sie ist Kommanditistin der V... GmbH & Co. KG und hält als Alleingesellschafterin alle Geschäftsanteile an der persönlich haftenden Gesellschafterin, der

---

525 Die erste zur Mehrfachbeteiligung konzernverbundener Unternehmen ergangene obergerichtliche Entscheidung betraf den Sonderfall der Loslimitierung. In der „Euro-Münzplättchen III"-Entscheidung des *OLG Düsseldorf*, Beschluß vom 15.06.2000, Verg 6/00, NZBau 2000, 440 war eine Loslimitierung vorgesehen, d.h. ein Unternehmen durfte nur mit einer bestimmten Anzahl von Losen beauftragt werden. Eine Bezuschlagung mehrerer konzernverbundener Unternehmen jeweils für verschiedene Lose könnte hierbei die Loslimitierung unterlaufen. Infolgedessen behandelte das *OLG Düsseldorf* mehrere konzernverbundene Unternehmen entsprechend § 36 Abs. 2 S. 1 GWB als einheitliches Unternehmen. Die einheitliche Betrachtung konzernverbundener Unternehmen im Fall der Loslimitierung hat besondere Schutzzwecke – einen möglichst breiten Wettbewerb zu ermöglichen, den Schutz des Auftraggebers vor wirtschaftlicher Abhängigkeit und Mittelstandsschutz. Diese Erwägungen sind bei einer Mehrfachbewerbung für dieselbe Leistung nicht einschlägig, so daß sich aus einer Darstellung der Mehrfachbeteiligung im Fall einer Loslimitierung keine Rückschlüsse ziehen lassen.
526 Vgl. ausf. zur Verbundklausel Teil 1 A.III.1. (S. 44).

V... Verwaltungs GmbH. Die miteinander verbundenen Unternehmen (Antragstellerin und Beigeladene) sind infolgedessen als ein einheitliches Unternehmen anzusehen. [...] Bei einer derartigen Sachlage obliegt es [...] dem Bieter nachvollziehbar darzulegen und nachzuweisen, daß und aufgrund welcher besonderen Vorkehrungen der Geheimwettbewerb bei der Angebotserstellung ausnahmsweise gewährleistet war. Sprechen die äußeren Umstände dafür, daß ein Geheimwettbewerb nicht stattgefunden hat, sind die Bedenken vom Bieter unaufgefordert lückenlos auszuräumen. Kommt der Bieter dieser Obliegenheit nicht nach, sind die betroffenen Angebote ohne weiteres auszuschließen."[527]

Dieser Fall wies die Besonderheit auf, daß zur rein gesellschaftsrechtlichen Verbundenheit noch personelle, räumliche und infrastrukturelle Verflechtungen sowie inhaltliche Übereinstimmungen bei den Angeboten einschließlich identischer orthographischer Fehler hinzutraten.

In einem Beschluß vom 13.04.2006 lehnte das *OLG Düsseldorf* einen Verstoß gegen den Geheimwettbewerb ab, weil die Intensität der Konzernierung zu gering war:

„Die gesellschaftsrechtlichen Verbindungen der Beigeladenen zu 1 und 3 erreichen [...] nicht die eine Abhängigkeit und Beherrschung voraussetzende Qualität einer Unternehmensverbindung i.S. der § 36 Abs. 2 GWB, §§ 17, 18 AktG. Sie belegen auch sonst nicht hinreichend, daß den Beigeladenen zu 1 und 3 Angebotsinhalte wechselseitig bekannt waren."[528]

Dieser Passage läßt sich durchaus der Umkehrschluß entnehmen, bereits die Existenz eines Beherrschungsverhältnisses zwischen den konkurrierenden Unternehmen würde für sich alleine genommen einen Verstoß gegen den Geheimwettbewerb indizieren.[529] Folglich wäre auf diese Konstellation die Rechtsprechung des *OLG Düsseldorf* zu übertragen, daß bereits mit dem Angebot die Wahrung des Geheimwettbewerbs belegt werden müßte und anderenfalls die Angebote ohne weitere Aufklärung ausgeschlossen werden könnten.

2. Konzerninterne Konkurrenz grundsätzlich unzulässig

In der Literatur vertritt *Jansen* diese strikte Linie. Da im Konzern die gegenseitige Kenntnis jedenfalls ohne weiteres herzustellen sei, sei an eine konkurrierende Bewerbung konzernverbundener Unternehmen derselbe strenge Maßstab anzulegen wie an eine Beteiligung als Einzelbieter und Mitglied einer Bietergemein-

---

527 *OLG Düsseldorf*, Beschluß vom 27.07.2006, VII-Verg 23/06, „Vorlieferant", VergabeR 2007, 229, 232 f.
528 *OLG Düsseldorf*, Beschluß vom 13.04.2006, Verg 10/06, „Zustellungsdienste OLG Hamm", NZBau 2006, 810, 811.
529 So *Müller-Stoy*, IBR 2006, 585.

schaft.[530] Sofern die verbundenen Unternehmen nicht bereits mit dem Angebot lückenlos darlegen und beweisen würden, wie sie den Geheimwettbewerb gewährleistet hätten, dürfe der Auftraggeber einen Ausschluß wegen wettbewerbsbeschränkender Abrede vornehmen.[531] Entsprechend ist *Byok* der Auffassung, unter Berücksichtigung gesellschaftsrechtlicher Durchgriffsmöglichkeiten könne eine parallele Beteiligung konzernverbundener Unternehmen als solche einen Angebotsausschluß begründen.[532] Auch *Dreher* erblickt in einer Doppelbewerbung verbundener Unternehmen eine Verletzung des Geheimwettbewerbs.[533]

3. Konzerninterne Konkurrenz grundsätzlich zulässig

Einige Entscheidungen, die einen Verstoß gegen den Geheimwettbewerb durch mehrere Angebote eines Konzerns ablehnen, weisen die Besonderheit auf, daß die Konzernverbindung erst nach Ablauf der Angebotsfrist wirksam wurde.[534] Auf diesen Sonderfall soll im folgenden nicht näher eingegangen werden. Die Begründung eines hierzu ergangenen Beschlusses enthält allerdings auch Ausführungen zur vorliegend untersuchten Konstellation einer anfänglichen Konzernverbundenheit; die *VK Lüneburg* stellt in einer Art obiter dictum fest:

> „Beiden Unternehmen ist es auch künftig nicht verwehrt, sich unter Beachtung des § 2 Nr. 1 VOL/A unabhängig voneinander um öffentliche Aufträge zu bewerben. [...] Eine Ausweitung der Rechtsprechung des OLG Düsseldorf über die dort zugrunde liegende Konstellation (Parallelbeteiligung als Einzelfirma und gleichzeitig im Rahmen einer Bietergemeinschaft) auf alle nur denkbaren, zivilrechtlich im Übrigen ja zulässigen Organisationsverbindungen von Bieterunternehmen würde faktisch zu einer Beschränkung des Wettbewerberkreises führen, die mit dem Ziel des Vergaberechts nicht in Einklang zu bringen ist."[535]

Zur Begründung verweist die *VK Lüneburg* in diesem Beschluß darauf, der dort relevante Markt der Postdienstleistungen sei so strukturiert, daß die überwiegende Zahl der ehemals selbständigen Zustellungsunternehmen inzwischen mit einem von wenigen Konzernen verbunden sei. Entsprechende Erwägungen stellt die *VK Lüneburg* auch für den Entsorgungsmarkt an und schlußfolgert für beide Märkte,

---

530 *Jansen*, WuW 2005, 502, 505 f.
531 *Jansen*, WuW 2005, 502, 506.
532 *Byok*, NJW 2006, 2076, 2078.
533 *Dreher*, in: Immenga/Mestmäcker, GWB, § 97 Rn 24.
534 *OLG Celle*, Beschluß vom 13.12.2007, 13 Verg 10/07, OLGR Celle 2008, 253; *OLG Dresden*, Beschluß vom 28.03.2006, WVerg 4/06, „Ortsumgehung", VergabeR 2006, 793.
535 *VK Lüneburg*, Beschluß vom 24.09.2007, VgK-37/2007, ZfBR 2008, 393, 398 f.

daß ein Verbot der konzerninternen Konkurrenz faktisch eine Beschränkung des Wettbewerbs bewirken würde.[536]

Mit entsprechenden Begründungen, meist ergänzt um den Hinweis, daß auch konzernverbundene Unternehmen sich überwiegend wirtschaftlich eigenständig verhalten und in einem gewissen internen Konkurrenzkampf zueinander stehen, lehnen einige weitere Vergabekammern eine strikte Sanktionierung der Mehrfachbeteiligung im Konzern ab.[537] Die *1. VK Bund* lehnt explizit die Annahme einer Regelvermutung ab, daß gesellschaftsrechtliche und personelle Verflechtungen im Konzern zwangsläufig zu Wettbewerbsbeschränkungen führen.[538]

In der Literatur sehen *Prieß/Gabriel* die mehrfache Beteiligung konzernverbundener Unternehmen als grundsätzlich zulässig an, ohne dies allerdings zu begründen.[539] Laut *Wittchen* ist dies schon deshalb nicht zu beanstanden, weil eine Kontrolle durch den Markt stattfinde.[540] *Wagner* lehnt eine Übertragung der strikten Rechtsprechung auf konzernverbundene Unternehmen ab, weil allein die Konzernverbundenheit keinen hinreichenden Verdacht einer wettbewerbswidrigen Kenntnis der Angebote begründe.[541] Ein Ausschluß komme daher nur in Betracht, wenn im konkreten Fall Anhaltspunkte für eine Kenntnis des jeweils anderen Angebots vorlägen.[542] Im Ergebnis entsprechend stellt *Burgi* fest, ein pauschales Verbot auch der Mehrfachbeteiligung konzernverbundener Unternehmen „per Deduktion aus dem Wettbewerbsgrundsatz, überschreitet dessen Funktion als Auslegungsdirektive."[543]

---

536 *VK Lüneburg*, Beschlüsse vom 07.11.2003, VgK-32/2003, vom 08.05.2006, VgK-7/06 sowie vom 05.03.2008, VgK-03/08, NJOZ 2008, 3951, 3954.
537 Etwa *VK Nordbayern*, Beschluß vom 03.05.2007, 21.VK-3194-19/07, ZfBR 2007, 607, 609; zu weiteren VK-Beschlüssen vgl. *Weyand*, Vergaberecht, § 97 GWB Rn 115 mwN.
538 *1. VK Bund*, Beschluß vom 20.08.2008, VK 1 - 108/08 (juris-Rn 62 ff.); entsprechend fordert die *VK Düsseldorf*, Beschluß vom 21.11.2003, VK-33/2003-L (veris, S. 17) bei der Mehrfachbeteiligung konzernverbundener Unternehmen konkrete Anhaltspunkte für gegenseitige Kenntnis.
539 *Prieß/Gabriel*, WuW 2006, 385, 391 f. mwN.
540 *Wittchen*, IBR 2000, 354.
541 *Wagner*, VergabeR 2005, 120, 121.
542 *Wagner*, VergabeR 2005, 120, 121; auch nach Ansicht von *Mertens*, IBR 2006, 468 rechtfertigt die Konzernverbundenheit zweier Bieter keinen „Pauschalausschluß." Ihre Begründung, es sei „zu Gunsten konzernverbundener Unternehmen davon auszugehen, daß Entscheidungen im Wettbewerb getroffen werden. Die Eigenständigkeit der jeweiligen juristischen Personen ist dafür bereits Indiz" vermag allerdings nicht zu überzeugen.
543 *Burgi*, NZBau 2008, 29, 33.

4. Assitur-Entscheidung des EuGH

In der jüngst ergangenen Assitur-Entscheidung hat der *EuGH* die Möglichkeit der Konkurrenz im Konzern im Prinzip anerkannt.[544] In dieser Entscheidung erklärte der *EuGH* eine italienische Vorschrift für europarechtswidrig, die ein absolutes Verbot der Mehrfachbeteiligung verbundener Unternehmen normierte.[545] Nach Ansicht des *EuGH* verstößt eine unwiderlegbare Vermutung, daß Angebote verbundener Unternehmen für denselben Auftrag stets voneinander beeinflußt worden sind, gegen den Grundsatz der Verhältnismäßigkeit.[546] Die Konkurrenz verbundener Unternehmen sieht der *EuGH* als zulässig an, wenn bei der Ausarbeitung der konkreten Angebote sowohl die Unabhängigkeit als auch die Vertraulichkeit gewährleistet ist und sich die Verbundenheit nicht auf das Verhalten der Unternehmen im Rahmen des konkreten Vergabeverfahrens ausgewirkt.[547] Ein wie auch immer gearteter Einfluß der Verbundenheit auf das Verhalten im konkreten Vergabeverfahren rechtfertigt laut der Assitur-Entscheidung hingegen den Ausschluß der verbundenen Unternehmen.[548]

IV. Grundlagen des Geheimwettbewerbs

Die Grundlagen der Argumentationskette von der Mehrfachbeteiligung zum Verstoß gegen den Geheimwettbewerb als wettbewerbsbeschränkender Abrede werden in aller Regel weder in der Rechtsprechung noch in der Literatur genannt und sind keineswegs abschließend geklärt. Bei der Mehrfachbeteiligung als Einzelbieter und Mitglied einer Bietergemeinschaft kann dies als läßliche Sünde abgetan werden, da dort das Ergebnis unstreitig ist. Die unklare rechtliche Basis rächt sich allerdings bei der Frage, ob die Grundsätze des strikten Ausschlusses auf die Mehrfachbeteiligung als Bieter und Nachunternehmer und die konzerninterne Konkurrenz zu übertragen sind. Eine juristische Diskussion im Sinne eines Entkräftens wechselseitiger Argumente findet dort bislang nicht statt. Die unter anderem von der *VK Lüneburg* vorgebrachten wirtschaftstatsächlichen Gegebenheiten – aufgrund der oligopolistischen Marktstruktur sei eine konzerninterne Konkurrenz erforderlich – können jedenfalls dann nicht überzeugen, wenn eine rechtliche Analyse des Instituts des Geheimwettbewerbs ergibt, daß dieses einer Mehrfachbeteiligung im Konzern entgegensteht.

---

544 *EuGH*, Urteil vom 19.05.2009, Rs. C-538/07, „Assitur", NZBau 2009, 607; vgl. die Bewertung der Entscheidung durch *Hölzl*, NZBau 2009, 751 ff.
545 *EuGH*, Urteil vom 19.05.2009, Rs. C-538/07, „Assitur", NZBau 2009, 607, Rn 33.
546 *EuGH*, Urteil vom 19.05.2009, Rs. C-538/07, „Assitur", NZBau 2009, 607, Rn 30.
547 *EuGH*, Urteil vom 19.05.2009, Rs. C-538/07, „Assitur", NZBau 2009, 607, Rn 31 f.
548 *EuGH*, Urteil vom 19.05.2009, Rs. C-538/07, „Assitur", NZBau 2009, 607, Rn 32.

Bereits der Ursprung des Geheimwettbewerbs im Vergaberecht bleibt im Dunkeln. So ist unklar, ob dieses Institut auf das allgemeine Kartellrecht zurückgeht oder ob es sich um ein Prinzip handelt, das isoliert vergaberechtlich zu behandeln ist. Diese Frage ist keineswegs rein akademischer Natur, sondern hat unmittelbare Auswirkungen auf die Frage, welche Tatbestandsmerkmale verwirklicht sein müssen, um einen Ausschluß begründen oder aber widerlegen zu können.

1. Eigenständige vergaberechtliche Auslegung

In der vergaberechtlichen Rechtsprechung und Literatur wird eine Mehrfachbeteiligung als möglicher Verstoß gegen den Geheimwettbewerb ohne Rücksicht auf das allgemeine Kartellrecht geprüft und offensichtlich ein vergaberechtliches Sonderrecht angenommen.[549] So führt das *OLG Düsseldorf* und entsprechend das *OLG München* aus:

> „Der Begriff der wettbewerbsbeschränkenden Abrede [...] ist nicht auf gesetzeswidriges Verhalten beschränkt, sondern erfaßt auch alle sonstigen Absprachen und Verhaltensweisen eines Bieters, die mit dem vergaberechtlichen Wettbewerbsgebot unvereinbar sind."[550]

Die *VK Brandenburg* formuliert deutlicher:

> „Das Vergaberecht erfordert aber über das reine Kartellrecht hinaus den für ein transparentes, die Bieter gleich behandelndes Vergabeverfahren besonderen Schutz des Geheimwettbewerbes zwischen den Bietern."[551]

Augenscheinlich wird ein Verstoß gegen § 1 GWB nicht für erforderlich gehalten, sondern eine Mißachtung eines „vergaberechtlichen Wettbewerbsgebots" für ausreichend erachtet. Zur Begründung der Pflicht zur Geheimhaltung wird ausschließlich auf vergaberechtliche Normen verwiesen, namentlich auf §§ 22 Nr. 1 S. 2, Nr. 3 Abs. 1, Nr. 8 VOB/A 2006 bzw. § 22 Nr. 1 S. 1, Nr. 3 lit. a, Nr. 6 VOL/A 2006.[552] Demnach sind die Angebote bis zu ihrer Öffnung, die unverzüglich nach Ablauf der Angebotsfrist erfolgt, in unversehrten Umschlägen unter Verschluß zu

---

549 So auch *Opitz*, Marktmacht und Bieterwettbewerb, S. 82: „Das Vergaberecht schützt den Geheimwettbewerb im Submissionsverfahren ganz unabhängig von dem Schutz, den das allgemeine Kartellrecht bietet".
550 *OLG Düsseldorf*, Beschluß vom 13.09.2004, VI-W (Kart) 24/04, „Kreditkartensystem", VergabeR 2005, 117, 118; *OLG Düsseldorf*, Beschluß vom 27.07.2006, VII-Verg 23/06, juris-Rn 40; entsprechend *OLG München*, Beschluß vom 11.08.2008, Verg 16/08, „Angebotsaustausch", VergabeR 2009, 61, 63.
551 *VK Brandenburg*, Beschluß vom 19.01.2006, 2 VK 76/05.
552 So etwa *OLG Jena*, Beschluß vom 19.04.2004, 6 Verg 3/04, „Neue Sorge", VergabeR 2004, 520, 521 f. und *Jansen*, WuW 2005, 502, 506; *Opitz*, Marktmacht und Bieterwettbewerb, S. 82 führt zur Begründung die entsprechenden Bestimmungen der EG-Vergaberichtlinien an.

halten und auch danach ist ihr Inhalt vertraulich zu behandeln. Im Anwendungsbereich der VOL/A wird zur Begründung des Geheimwettbewerbs des weiteren darauf verwiesen, daß die Bieter zur Eröffnung der Angebote nicht zuzulassen sind und die Niederschrift über die Angebotseröffnung weder den Bietern noch der Öffentlichkeit zugänglich gemacht werden darf (§ 22 Nr. 2 Abs. 3, Nr. 5 VOL/A 2006).[553]

Die Schwäche dieser rein vergaberechtlichen Herleitung wird bereits daran deutlich, daß im Baubereich die Geheimhaltung der Angebote im Eröffnungstermin im Interesse der Transparenz durchbrochen wird.[554] Dort dürften im Eröffnungstermin, in welchem unter anderem die Endbeträge der Angebote verlesen werden, die Bieter zugegen sein und ihnen ist Einsicht in die erstellte Niederschrift zu gewähren.[555] Durch diese hohe Transparenz soll verhindert werden, daß ein Bieter unter Mithilfe des Vergabebeamten entweder sein zu hohes Angebot nachträglich nach unten korrigieren oder umgekehrt einen nicht kostendeckenden Spekulationspreis nachträglich an den Zweitfordernden annähern kann.[556] Diese Durchbrechung der Geheimhaltung nach Ablauf der Angebotsfrist könnte zwar als Argument für eine isoliert vergaberechtliche Grundlage des Geheimwettbewerbs vorgebracht werden. Denn ein Informationsaustausch unter Konkurrenten über die Höhe abgegebener Angebote kann im allgemeinen Kartellrecht als Verstoß gegen den Geheimwettbewerb angesehen werden.[557]

Allerdings hat diese Durchbrechung der Geheimhaltung nach Ablauf der Angebotsfrist keine abschwächende Wirkung auf die Pflicht zur Gewährleistung des Geheimwettbewerbs vor der Abgabe der Angebote. Für dieses Stadium kommt daher ein Rückgriff auf die im allgemeinen Kartellrecht entwickelten Grundlagen des Geheimwettbewerbs in Betracht.

---

553 *OLG Düsseldorf*, Beschluß vom 16.09.2003, VII-Verg 52/03, „Doppelbeteiligung", VergabeR 2003, 690, 691; auch gemäß § 17 Abs. 2 S. 2 VOL/A 2009 sind Bieter zur Öffnung der Angebote nicht zuzulassen, so daß es insoweit bei der Divergenz zur VOB/A bleibt.
554 Ausf. zum Submissions- oder Eröffnungstermin *Höfler*, ZfBR 2000, 75 ff., auch dazu, daß diese Form der Transparenz europarechtlich nicht vorgegeben ist (S. 75 f); im Bereich der VOL/A wird die europarechtlich verlangte Transparenz durch § 28 a Nr. 1 Abs. 1 VOL/A 2006; § 23 EG Abs. 1 VOL/A 2009 gewährleistet, wonach nach Abschluß des Verfahrens der Name und der Preis des Auftragnehmers zu veröffentlichen ist. Durch diese Transparenz kann auf oligopolistischen Märkten die Reaktionsverbundenheit im Oligopol sichergestellt werden, vgl. *BKartA*, Beschluß vom 16.11.2004, B 10 - 74/04, WuW/E DE-V 995, 1001.
555 § 22 Nr. 1 Abs. 1 S. 1, Nr. 3 Abs. 2 S. 2, Nr. 7 S. 1 VOB/A 2006; entsprechende Regelungen werden in § 14 VOB/A 2009 beibehalten.
556 Typische Fälle des kollusiven Zusammenwirkens schildert *Schaupensteiner*, ZRP 1993, 250, 250 f., in einer längeren Passage wiedergegeben bei *Mestmäcker/Bremer*, BB Beilage 1995, Nr. 19, 2, 7.
557 S.u. Teil 3 B.I.1. (S. 160); kritisch zu dieser Durchbrechung des Geheimwettbewerbs und der damit bewirkten Divergenz zwischen Vergaberecht und Kartellrecht *Dreher*, WuW 1997, 949, 953 f., *Ders*, in: Immenga/Mestmäcker, GWB, § 97 Rn 12.

2. Kartellrechtliche Grundlagen

Gegen ein hinsichtlich des Geheimwettbewerbs vom allgemeinen Kartellrecht losgelöstes Vergabesonderrecht spricht die historische Entwicklung. Bis zur Integration des Vergaberechts in das GWB wurden Probleme des Geheimwettbewerbs auch in Submissionsverfahren ausschließlich unter kartellrechtlichen Gesichtspunkten behandelt.[558] Mit der Integration ins GWB ist dieser Gleichlauf bestätigt worden, so daß auch nach der Gesetzessystematik ein vergaberechtliches Sonderrecht fernliegt. Vielmehr erscheint eine identische Auslegung gleicher Begriffe als Regelfall, eine Ausnahme von diesem Grundsatz bedarf einer schlagkräftigen Begründung.[559] Eine solche wird bezüglich des Geheimwettbewerbs weder vorgetragen noch ist sie ersichtlich.

Der Begriff der „wettbewerbsbeschränkenden Abrede" in §§ 25 Nr. 1 Abs. 1 lit. c VOB/A 2006, 25 Nr. 1 Abs. 1 lit. f VOL/A 2006 entspricht inhaltlich dem Oberbegriff der wettbewerbsbeschränkenden Verhaltensweise des § 1 GWB.[560] Die inhaltlich gleichbedeutenden Begrifflichkeiten sind daher grundsätzlich einheitlich auszulegen.

Der Verweis des *OLG Düsseldorf* auf das „vergaberechtliche Wettbewerbsgebot"[561] vermag eine divergierende Auslegung nicht zu rechtfertigen, da das Wettbewerbsprinzip auch das Kartellrecht beherrscht. Selbstverständlich sind aber die vergaberechtlichen Besonderheiten zu beachten. Der „vergaberechtliche" Geheimwettbewerb fußt damit auf kartellrechtlichen Grundlagen, welche im Einzelfall einer vergabespezifischen Auslegung zugänglich sind.

Im folgenden ist die Entwicklung des Institut des Geheimwettbewerbs im allgemeinen Kartellrecht darzustellen, da die dort entwickelten Grundlagen den Schlüssel zu einer sachgerechten Lösung der obigen Streitfälle bieten.

---

558 S.u. Teil 3 B.II. (S. 165).
559 Vgl. hierzu oben Teil 1 A.III. (S. 43), sowie *Dreher*, in: Enforcement, S. 96 f.; *ders.*, in: Immenga/Mestmäcker, GWB, Vor § 97 ff. Rn 88, 109; *Opitz*, Marktmacht und Bieterwettbewerb, S. 86 f.; *Schneevogl*, NZBau 2004, 418, 421.
560 § 1 GWB enthält zwar nicht mehr den bis zur 6. GWB-Novelle von 1998 verwandten Terminus der „wettbewerbsbeschränkenden Absprache." Mit dieser Änderung sollte jedoch nur der Wortlaut an Art. 81 Abs. 1 EG angeglichen werden und keine inhaltliche Änderung verbunden sein. Vgl. statt aller *Bunte*, in: Langen/Bunte, Kartellrecht, Bd. 1, § 1 Rn 1 u. 34 sowie Einf. zum GWB Rn 16 ff.
561 So das *OLG Düsseldorf*, Beschluß vom 13.09.2004, VI-W (Kart) 24/04, „Kreditkartensystem", VergabeR 2005, 117, 118; *OLG Düsseldorf*, Beschluß vom 27.07.2006, VII-Verg 23/06, juris-Rn 40.

B. Geheimwettbewerb im allgemeinen Kartellrecht

Im allgemeinen Kartellrecht sind mögliche Verstöße gegen den Geheimwettbewerb anhand der § 1 GWB, Art. 81 Abs. 1 EG zu beurteilen. Danach sind Vereinbarungen zwischen Unternehmen, Beschlüsse von Unternehmensvereinigungen und aufeinander abgestimmte Verhaltensweisen verboten, die eine Verhinderung, Einschränkung oder Verfälschung des Wettbewerbs bezwecken oder bewirken.

I. Marktinformationsverfahren

Der Begriff des Geheimwettbewerbs ist in der Rechtsprechung erstmals bei der Beurteilung von Marktinformationsverfahren verwandt worden. Im Rahmen von Marktinformationssystemen sind die beteiligten Unternehmen verpflichtet, einer Meldestelle den Abschluß von Verträgen oder die Abgabe von Angeboten mitzuteilen und im Gegenzug berechtigt, Auskunft über die gesammelten Informationen zu erhalten.[562] In jüngerer Zeit wird statt Marktinformationsverfahren auch der Begriff Benchmarking verwandt.[563]

1. Nationale Rechtspraxis

Kartellrechtlich grundsätzlich unbedenklich sind nichtidentifizierende Verfahren, sofern nur Auskünfte über Durchschnittspreise erteilt werden und Rückschlüsse auf einzelne Geschäfte nicht möglich sind.[564] Identifizierende Systeme, deren Daten eine Individualisierung der Vertragspartner zulassen, wurden hingegen in den Verfahren „Tubenhersteller" und „Aluminium-Halbzeug" zunächst vom *Bundes-*

---

562 *Rahlmeyer*, in: FK-KartellR, EG-Vertrag Art. 81 Abs. 1, 3, Fallgruppen II.6, Rn 1 sowie *Zimmer*, in: Immenga/Mestmäcker, GWB, § 1 Rn 303.
563 So *Stancke*, BB 2009, 912 ff.; *Voet van Vormizeele*, WuW 2009, 143 ff., der mit der divergierenden Bezeichnung offensichtlich einen bestehenden Unterschied verdeutlichen will und demgemäß beklagt, daß „der Informationsaustausch zwischen den Benchmarking-Partnern vereinzelt in die Ecke kartellrechtswidriger Marktinformationssysteme gestellt" werde und zugleich – widersprüchlich – einräumen muß, daß gleichwohl „die allgemeinen kartellrechtlichen Grundsätze zu Marktinformationssystemen beim (wettbewerbsorientierten) Benchmarkung Anwendung finden müssen" (S. 143). Zu dieser Maßnahme, bewährte Begriffe der Rechtssprache durch englische Schlagworte zu ersetzen sei auf Wikipedia (Stand: 11.06.2009) verwiesen: „Benchmarking wird in vielen verschiedenen Gebieten mit unterschiedlichen Methoden und Zielen angewendet" – dies sagt alles über die Bestimmtheit dieses Begriffs.
564 *Bechtold*, in: Ders., GWB, § 1 Rn 76; *Bunte*, in: Langen/Bunte, Kartellrecht Bd. 1, § 1 Rn 170; *Lübbing*, in: Wiedemann, Kartellrecht, § 8 Rn 244; *Stancke*, BB 2009, 912, 914; ausf. und differenzierend zum Kriterium „nicht-identifizierend" *Wagner-von Papp*, WuW 2005, 732, 733 ff.

kartellamt und anschließend von der Rechtsprechung als rechtswidrig eingestuft.[565] Der *BGH* bestätigte im „Aluminium-Halbzeug"-Verfahren die Begründung des *KG*, daß in Märkten mit identifizierenden Marktinformationssystemen weniger vorstoßender Wettbewerb – also Unterbietungswettbewerb – stattfinde, als in anderen vergleichbaren Märkten, weil die Ungewißheit der Marktteilnehmer über die Wettbewerbssituation verloren gehe und die Wettbewerber auf den Unterbietungspreis sofort reagieren könnten.[566] Damit folgte die Rechtsprechung den von *Hoppmann* entwickelten wettbewerbstheoretischen Grundlagen.[567]

2. Europäische Rechtspraxis

Dieser ablehnenden Haltung gegenüber dem Austausch von Marktinformationen schloß sich eine entsprechende Beurteilung auf europäischer Ebene an.[568] So unterscheidet auch die *EG-Kommission* zwischen unbedenklichen statistischen Verfahren mit anonymisiertem Material einerseits und identifizierenden Verfahren andererseits.[569] Der *EuGH* formulierte die Doktrin vom Geheimwettbewerb erstmals in der Zucker-Entscheidung und vertritt sie seitdem in ständiger Rechtsprechung.[570] Danach

> widerspricht jede unmittelbare oder mittelbare Fühlungnahme zwischen Unternehmen, die bezweckt oder bewirkt, Mitbewerber über das Marktverhalten ins Bilde zu setzen, das man selbst an den Tag zu legen entschlossen ist oder in Erwägung zieht, den Grundgedanken der Wettbewerbsvorschriften des Vertrages, wonach jeder Unterneh-

---

565 *BKartA*, Beschluß vom 14.05.1971, B 5 - 38856-A-47/69, „Tubenhersteller", WuW/E BKartA 1351, bestätigt durch *KG*, Beschluß vom 24.03.1972, Kart B 20/71, „Tubenhersteller II", WuW/E OLG 1253; *BKartA*, Beschluß vom 18.11.1971, B 1 - 280000-A-10/59, „Aluminium-Halbzeug", WuW/E BKartA 1369, bestätigt durch *KG*, Beschluß vom 03.11.1972, Kart 2/72, „Aluminium-Halbzeug", WuW/E OLG 1327; ausf. zur historischen Entwicklung *Dreher*, in: Bewertung und Zulässigkeit von Marktinformationsverfahren, S. 15, 22 ff. sowie – samt Darstellung der Sachverhalte zu den genannten Verfahren – *Wagner-von Papp*, Marktinformationsverfahren, S. 175 ff.
566 *BGH*, Beschluß vom 29.01.1975, KRB 4/74, WuW/E BGH 1337, 1341 f.; *KG*, Beschluß vom 03.11.1972, Kart 2/72, WuW/E OLG 1327, 1328 ff.
567 *Sedemund*, in: FS Lieberknecht, S. 571, 576; *Voet van Vormizeele*, WuW 2009, 143, 151; seine Theorie publizierte *Hoppmann* in WuW 1966, 97, 107 ff.; eine ausf. Darstellung dieser Theorie und ihrer Gegenansichten findet sich bei *Tugendreich*, Zulässigkeit von Marktinformationsverfahren, S. 147 ff.
568 Ausf. zur Entwicklung dieser europäischen Rechtspraxis *Feldkamp*, EuZW 1991, 617 ff. (ablehnend); *Rahlmeyer*, in: FK-KartellR, EG-Vertrag Art. 81 Abs. 1, 3, Fallgruppen II.6, Rn 4 ff. sowie *Wagner-von Papp*, Marktinformationsverfahren, S. 164 ff.; jüngst *Voet van Vormizeele*, WuW 2009, 143, 149 ff.
569 *Dreher*, in: Bewertung und Zulässigkeit von Marktinformationsverfahren, S. 15, 16 mit zahlreichen Nachweisen zur Verfahrenspraxis der *EG-Kommission* (S. 17 ff.).
570 *EuGH*, Urteil vom 16.12.1975, verb. Rs. C-40/73 u.a., „Suiker Unie", Slg. 1975, I-1663, 1665 Rn 174 = WuW/EWG/MUV 347, 355.

mer selbständig zu bestimmen hat, welche Politik er auf dem Gemeinsamen Markt zu betreiben gedenkt.[571]

Dieses *Selbständigkeitspostulat* soll verhindern, daß Wettbewerbsbedingungen entstehen, die nicht den normalen Bedingungen des Marktes entsprechen.[572] Vereinbarungen über den Austausch von Informationen beschränken den Geheimwettbewerb in unzulässiger Weise, sofern sie den Grad der Ungewißheit über das fragliche Marktgeschehen verringern oder beseitigen.[573]

Für die Annahme der Unzulässigkeit eines Marktinformationssystems ist allerdings erforderlich, daß dieses System „die Entscheidungsfreiheit der Teilnehmer erheblich beeinflußt [... und] spürbar verringert."[574] Als wesentliches Kriterium für die Erheblichkeit des Einflusses sind zunächst die wirtschaftlichen Bedingungen, das heißt die Marktstrukturen, einzubeziehen.[575] Je konzentrierter der Markt ist, desto kritischer ist jeglicher Informationsaustausch zu sehen.[576] Insbesondere bei einer hochgradigen Konzentration kann der Austausch von Informationen geeignet sein, Aufschluß über die Marktposition und Strategie von Wettbewerbern zu geben. Hierdurch wird der Wettbewerb auf dem Markt verfälscht, ein kollusives Zusammenwirkens erleichtert und dessen Wahrscheinlichkeit erhöht.[577]

Im Gegensatz zu diesen negativen Auswirkungen erkennt der *EuGH* seit den „Traktor"-Entscheidungen für einen von echtem Wettbewerb geprägten Markt an, daß Transparenz zwischen den Wirtschaftsteilnehmern geeignet sein kann, den

---

571 *EuGH*, Urteil vom 04.06.2009, Rs. C-8/08, „T-Mobile Netherlands", EuZW 2009, 505, Rn 32; *EuGH*, Urteil vom 23.11.2006, Rs. C-238/05, „Asnef-Equifax/Ausbanc", WuW/E EU-R 1235, Rn 52; *EuGH*, Urteil vom 02.10.2003, Rs. C-194/99, „Thyssen Stahl/Kommission", WuW/E EU-R 747, Rn 82; *EuGH*, Urteil vom 08.07.1999, C-199/92, „Hüls/Kommission", WuW/E EU-R 226, Rn 160; *EuGH*, Urteil vom 28.05.1998, Rs. C-7/95, Deere/Kommission, Slg. 1998, I-3111 Rn 87.
572 *EuGH*, Urteil vom 02.10.2003, Rs. C-194/99, „Thyssen Stahl/Kommission", WuW/E EU-R 747, Rn 83; *EuGH*, Urteil vom 08.07.1999, C-199/92, „Hüls/Kommission", WuW/E EU-R 226, Rn 160; *EuGH*, Urteil vom 28.05.1998, Rs. C-7/95, Deere/Kommission, Slg. 1998, I-3111 Rn 88.
573 *EuGH*, Urteil vom 23.11.2006, Rs. C-238/05, „Asnef-Equifax/Ausbanc", WuW/E EU-R 1235, Rn 51; *EuGH*, Urteil vom 02.10.2003, Rs. C-194/99, „Thyssen Stahl/Kommission", WuW/E EU-R 747, Rn 81; *EuGH*, Urteil vom 28.05.1998, Rs. C-7/95, Deere/Kommission, Slg. 1998, I-3111 Rn 90; vgl. *Bechtold/Wuttke*, WuB V E. Art. 81 EG 1.07.
574 *EuGH*, Urteil vom 02.10.2003, Rs. C-194/99, „Thyssen Stahl/Kommission", WuW/E EU-R 747, Rn 89; der *EuGH* nimmt regelmäßig eine Gesamtbewertung vor, in deren Rahmen er nicht klar zwischen einer Prüfung der Merkmale des Bezweckens oder Bewirkens der Wettbewerbsbeschränkung einerseits und deren Spürbarkeit andererseits trennt.
575 *EuGH*, Urteil vom 23.11.2006, Rs. C-238/05, „Asnef-Equifax/Ausbanc", WuW/E EU-R 1235, Rn 57.
576 *EuGH*, Urteil vom 28.05.1998, Rs. C-7/95, Deere/Kommission, Slg. 1998, I-3111 Rn 88 ff.; *Bechtold/Wuttke*, WuB V E. Art. 81 EG 1.07.
577 *EuGH*, Urteil vom 23.11.2006, Rs. C-238/05, „Asnef-Equifax/Ausbanc", WuW/E EU-R 1235, Rn 58; *EuGH*, Urteil vom 02.10.2003, Rs. C-194/99, „Thyssen Stahl/Kommission", WuW/E EU-R 747, Rn 84.

Wettbewerb zwischen den Anbietern zu verstärken.[578] Bei einer Zersplitterung des Angebots sind die Informationen nicht geeignet, bei den anderen Wirtschaftsteilnehmern die Ungewißheit über das künftige Verhalten ihrer Wettbewerber zu verringern oder zu beseitigen.[579]

Auch auf einem nicht konzentrierten Markt kann ein Informationsaustauschsystem jedoch gegen das Wettbewerbsrecht verstoßen.[580] Denn in der erforderlichen Gesamtbewertung sind die Charakteristika des Marktinformationsverfahrens zu berücksichtigen, insbesondere die Art der ausgetauschten Information und deren Bedeutung für die Preisbildung sowie den Umfang und die Bedingungen der angebotenen Leistung.[581] Entscheidend ist, inwieweit die Kenntnis der ausgetauschten Informationen geeignet ist, die Autonomie des Marktverhaltens der Mitbewerber zu beeinflussen.[582]

3. Bewertung

Durch die nunmehr ausdrücklich anerkannte Möglichkeit, daß die Verbreitung und der Austausch von Informationen unter Wettbewerbern in bestimmten Konstellationen eine neutrale oder sogar positive Wirkung auf die Wettbewerbssituation haben kann, dürfte der *EuGH* der Fundamentalkritik an dem Institut des Geheimwettbewerbs als „realitätsferne Theorie"[583] und „in völligem Widerspruch zur Marktrealität" stehend[584] weitgehend die Grundlage entzogen haben.[585] Diese entschiedene Ablehnung hatte sich im wesentlichen darauf gestützt, daß der Geheimwettbewerb absolut geschützt schien, ohne möglicherweise positive Effekte des Informationsaustauschs berücksichtigen zu können.[586] Sollten letztere im Einzel-

---

578 *EuGH*, Urteile vom 28.05.1998, Rs. C-7/95, Deere/Kommission, Slg. 1998, I-3111 Rn 88 und Rs. C-8/95 P, New Holland Ford/Kommission, Slg. 1998, I-3175; so auch schon das *EuG*, Urteile vom 27.10.1994, Rs. T-34/92, Fiatagri und New Holland Ford/Kommission, Slg. 1994, II-905, und Rs. T-35/92, Deere/Kommission, Slg. 1994, II-957; vgl. zum zugrundeliegenden Sachverhalt und der Entscheidung der Kommission *Rahlmeyer*, in: FK-KartellR, EG-Vertrag Art. 81 Abs. 1, 3, Fallgruppen II.6, Rn 7 f.
579 *EuGH*, Urteil vom 02.10.2003, Rs. C-194/99, „Thyssen Stahl/Kommission", WuW/E EU-R 747, Rn 84.
580 *EuGH*, a.a.O. Rn 86.
581 *EuGH*, Urteil vom 23.11.2006, Rs. C-238/05, „Asnef-Equifax/Ausbanc", WuW/E EU-R 1235, Rn 54.
582 *Bechtold/Wuttke*, WuB V E. Art. 81 EG 1.07.
583 *Lieberknecht*, in: Bewertung und Zulässigkeit von Marktinformationsverfahren, S. 55, 57.
584 *Sedemund*, in: FS Lieberknecht, S. 571, 578.
585 So stellt *Sedemund*, in: FS Lieberknecht, S. 571, 582 unter Bezugnahme auf die „Traktor"-Entscheidung erleichtert fest: „Die Kommission wird künftig die Marktrealitäten berücksichtigen [...] müssen".
586 So begründet auch *Tugendreich*, Zulässigkeit von Marktinformationsverfahren, S. 208, ihre prinzipielle Ablehnung, indem sie dem „pauschalen Urteil der Theorie vom Geheimwettbewerb [...] die Eignung als Rechtsregel" abspricht.

fall auftreten, können sie nach der neueren EuGH-Rechtsprechung berücksichtigt werden und im Rahmen einer Abwägung zur Ablehnung einer Wettbewerbsbeschränkung führen. Wie stark mögliche positive Effekte zu gewichten sind, ist letztlich eine Wertungsfrage und kann damit bei der Entscheidung über die Zulässigkeit eines Informationsaustauschs zu Diskussionen führen.

4. Zwischenergebnis

Dem Institut des Geheimwettbewerbs entspricht das Selbständigkeitspostulat des *EuGH*. Nach diesen Prinzipien ist die Autonomie unternehmerischer Entscheidungsfindung als ein Schlüsselelement für die Entstehung und Funktionsfähigkeit wettbewerblicher Prozesse anzusehen.[587] Kurzgefaßt ist der Geheimwettbewerb Grundvoraussetzung eines unverfälschten Wettbewerbs. Dies gilt auch für einen Informationsaustausch über abgeschlossene Geschäfte, wenn diese Rückschlüsse auf das zukünftige Marktverhalten zulassen. Gleichwohl darf der Schutz des Geheimwettbewerbs nicht verabsolutiert werden.[588] Vielmehr müssen unter Berücksichtigung der Intensität des Informationsaustausches und der Gegebenheiten des betroffenen Marktes die im konkreten Fall auftretenden wettbewerblichen Wirkungen gewürdigt werden.[589] Danach ist ein Informationsaustausch insbesondere auf einem Markt mit oligopolistischer Struktur für homogene Güter unzulässig.[590]

---

587 *Fuchs*, ZWeR 2007, 369, 371.
588 *Dreher*, in: Bewertung und Zulässigkeit von Marktinformationsverfahren, S. 15, 28, 33.
589 *OLG Düsseldorf*, Beschluß vom 26.07.2002, VI-Kart 37/01 (V), „Transportbeton Sachsen", WuW/E DE-R 949, 950; *Stancke*, BB 2009, 912, 913 f., *Haag*, in: Schröter/Jakob/Mederer, Europ. WettbewerbsR, S. 469 ff. Rn 65 f.; *Rahlmeyer*, in: FK-KartellR, EG-Vertrag Art. 81 Abs. 1, 3, Fallgruppen II.6, Rn 10 sieht vorrangig die Art der ausgetauschten Information und nachrangig die betroffene Marktstruktur als maßgebliche Beurteilungskriterien an; *Wagner-von Papp*, Marktinformationsverfahren, S. 259 f. lehnt Vereinfachungsversuche durch eine Reduzierung der „kompensatorischen Faktoren" ab und macht als relevante Aspekte aus (1.) die Marktstruktur, (2.) des Produkts und seiner Nachfrage, (3.) die Art der ausgetauschten Information sowie (4.) die Organisation des Informationsverfahrens und verweist darauf, daß in die Beurteilung zusätzlich auch mögliche positive Effekte einfließen müssen; letztlich stellt aber auch *Wagner-von Papp* fest: „Der Gefährdungsgrad eines Informationsverfahrens hängt neben der Marktkonzentration vor allem von der Art der ausgetauschten Information ab" (S. 518).
590 *Lübbing*, in: Wiedemann, Kartellrecht, § 8 Rn 242; in diesem Sinn schon die erste Entscheidung des *BKartA* bzgl. Marktinformationsverfahren, Beschluß vom 14.05.1971, B 5 - 38856-A-47/69, „Tubenhersteller", WuW/E BKartA 1351, 1356.

II. Informationsfluß in Submissionsverfahren

Die soeben dargestellte Entwicklung des Geheimwettbewerbs im Kartellrecht bildet die Grundlage der Beurteilung eines Informationsaustauschs im Vergabeverfahren. Die ersten diesbezüglich ergangenen Entscheidungen unter dem Schlagwort der „Baumarkt-Statistik" stehen in einer Linie mit den Verfahren „Tubenhersteller" und „Aluminium-Halbzeug", welche letztlich dem Selbständigkeitspostulat des *EuGH* zugrundeliegen.[591] Bei der sog. *Baumarkt-Statistik* handelte es sich um ein Angebotsmeldeverfahren, bei welchem sich die Mitglieder verpflichteten, bezüglich laufender Ausschreibungen auf dem Baumarkt der Meldestelle die Abgabe eines Angebots oder ihre Angebotsabsicht mitzuteilen. Es sollten also keineswegs Angebotskalkulationen mitgeteilt werden, sondern lediglich, ob ein Unternehmen an einem Ausschreibungswettbewerb teilnimmt.[592] Durch diese Information waren die Unternehmen im Hinblick auf eine konkrete Ausschreibung über ihre potentiellen oder tatsächlichen Konkurrenten informiert und konnten dadurch ihre Erfolgsaussichten abschätzen.[593]

Das *Bundeskartellamt* bewertete die Anbietermeldestellen als Verstoß gegen § 1 GWB, da sie den Zwang zu einer möglichst knappen Kalkulation verminderten.[594] Wie schon das *KG* stimmte dem auch der *BGH* im Ergebnis zu, stellte dabei zur Begründung aber explizit auf den für Ausschreibungen von Bauvorhaben geltenden Geheimwettbewerb ab:

> „Das Beschwerdegericht hat hierzu zu Recht auf § 17 Nr. 6 VOB/A verwiesen. Die darin für die Vergabe von Bauaufträgen der öffentlichen Hand vorgesehene Geheimhaltung der Wettbewerbsteilnehmer entspringt dem Gebot des lauteren Bauvergabewettbewerbs. Ihr Zweck liegt vor allem darin, daß ein echter Wettbewerb zwischen den Bietern besteht, der jedoch nur dann vorliegt, wenn die Bieter unabhängig voneinander

---

591 Vgl. *Wagner-von Papp*, Marktinformationsverfahren, S. 175, 178 f., auch unter Verweis auf bestehende Unterschiede. Das *KG*, Beschluß vom 16.10.1985, Kart 1/85, „Baumarkt-Statistik", WuW/E OLG 3675, 3677 zog eine Parallele zu den Marktinformationsverfahren der „Tubenhersteller"- und „Aluminium-Halbzeug"-Entscheidung und sah zwischen den „unterschiedlich ausgestalteten Marktinformationsverfahren lediglich […] graduelle Abstufungen".
592 Vgl. *Benisch*, in: FS Steindorff, 937, 939.
593 Dies war angesichts einer Krise auf dem Baumarkt gerade das Motiv zur Einrichtung der Meldestelle. Hierdurch sollten zum einen Unternehmen, die nicht in der Lage waren, ein wettbewerbsfähiges Angebot abzugeben, die Kosten für dessen Erstellung erspart bleiben und zum anderen eine für die Anbieter günstigere Preisgestaltung bewirkt werden. Vgl. *KG*, Beschluß vom 16.10.1985, Kart 1/85, „Baumarkt-Statistik", WuW/E OLG 3675, 3680 sowie *Zimmer*, in: Immenga/Mestmäcker, GWB, § 1 Rn 313.
594 *BKartA*, Tätigkeitsberichte 1971, 15; 1979/80, 89; 1983/84, 33, 96; ablehnend gegenüber dieser Annahme aus betriebswirtschaftlicher Sicht *Hammann/Korte*, DBW 1988, 621, 628 ff.

ein Angebot abgeben. [...] Es kann offen bleiben, ob nicht ein funktionsfähiger Wettbewerb überhaupt voraussetzt, daß er sich im geheimen vollzieht." [595]

Diese Herleitung des Geheimwettbewerbs aus Regelungen der VOB/A bot die Gelegenheit, die allgemeine Geltung des Instituts des Geheimwettbewerbs in Frage zu stellen.[596] Aufgrund der mittlerweile erfolgten, oben dargestellten umfangreichen nationalen und europäischen Rechtsprechung steht jedoch fest, daß das Institut des Geheimwettbewerbs dem gesamten Kartellrecht zugrundeliegt. Insofern wies das *KG* als Vorinstanz die Regelung der VOB/A zutreffend nicht als deren Eigenart, sonder als bloße Kodifizierung eines allgemeinen Prinzips aus:

> „Sie verzichten damit [durch die Baumarkt-Statistik] auf die im Wettbewerb an sich übliche Geheimhaltung, die z.B. von der Verdingungsordnung für Bauleistungen (VOB/A) auch für den Baubereich als selbstverständlich vorausgesetzt wird."[597]

Auch der *BGH* nahm anhand der allgemein üblichen Kriterien des Geheimwettbewerbs eine kartellrechtliche Prüfung vor. Eine solche ist bezüglich eines Informationsaustauschs zwischen Bietern im Vergabeverfahren erst recht seit der Integration des Vergaberechts in das GWB anzustellen. Die Beurteilung der Zulässigkeit einer Mehrfachbeteiligung darf daher zwar die Besonderheiten des Vergaberechts nicht außer acht lassen, hat aber auf den dargestellten kartellrechtlichen Grundlagen aufzubauen.

C. *Mehrfachbeteiligung im Lichte einer kartellrechtsfunktionalen Auslegung*

In diesem Abschnitt ist unter Berücksichtigung der Grundsätze des allgemeinen Kartellrechts zu untersuchen, wann eine Mehrfachbeteiligung gegen den Geheimwettbewerb verstößt und als wettbewerbsbeschränkende Abrede gemäß § 25 Nr. 1 Abs. 1 lit. c VOB/A 2006; § 25 Nr. 1 Abs. 1 lit. f VOL/A 2006 zum Ausschluß der Angebote zwingt. Gemäß § 1 GWB, Art. 81 Abs. 1 EG sind Vereinbarungen und abgestimmte Verhaltensweise verboten, die eine Verhinderung, Einschränkung oder Verfälschung des Wettbewerbs bezwecken oder bewirken.

---

595 *BGH*, Beschluß vom 18.11.1986, KVR 1/86, „Baumarkt-Statistik", WuW/E BGH 2313, 2315 unter Bezugnahme auf *BGH*, Urteil vom 23.10.1969, VII ZR 85/67, WuW/E BGH 1045, 1046.
596 *Benisch*, in: FS Steindorff, S 937, 944 f.
597 *KG*, Beschluß vom 16.10.1985, Kart 1/85, „Baumarkt-Statistik", WuW/E OLG 3675, 3677.

I. Überblick

1. Abgestimmte Verhaltensweise

Eine verbindliche Vereinbarung über den Informationsaustausch wird in Fällen der Mehrfachbeteiligung kaum je gegeben sein und der Vergabestelle bzw. der Nachprüfungsinstanz jedenfalls nicht vorliegen. Für derartige Fälle fungiert die Alternative der abgestimmten Verhaltensweise als Auffangtatbestand.[598] Dessen häufigste Form ist die auch vorliegend im Raum stehende gegenseitige Information der Unternehmen über ihr zukünftiges Marktverhalten.[599] Der Tatbestand setzt bereits begrifflich über die Abstimmung zwischen den Unternehmen hinaus ein entsprechendes Marktverhalten voraus, wobei zwischen beiden ein ursächlicher Zusammenhang bestehen muß.[600]

Diese Voraussetzung eines kausalen Marktverhaltens bereitet vorliegend keine Schwierigkeiten. Ein Marktverhalten ist bei einer Mehrfachbeteiligung bereits aufgrund der Abgabe eines Angebots zu bejahen. Daß dieses kausal auf der Abstimmung beruht, kann vermutet werden.[601] Dabei ist davon auszugehen, daß ein Unternehmen die Kenntnis über das Marktverhalten eines Konkurrenten bei seinen eigenen Handlungen zwangsläufig berücksichtigt.[602] So urteilte das *EuG* bezüglich der Teilnahme an Sitzungen,

> „in denen Wettbewerber Informationen u. a. über die von ihnen auf dem Markt gewünschten Preise austauschten, [...] daß ein Unternehmen [...] bei der Festlegung der Politik, die es auf dem Markt verfolgen will, zwangsläufig auch unmittelbar oder mittelbar die in diesen Sitzungen erhaltenen Informationen berücksichtigen muß. Diese Feststellung gilt auch dann, wenn, wie im vorliegenden Fall, die Teilnahme eines oder mehrerer Unternehmen an Sitzungen mit wettbewerbsfeindlichem Zweck nur in der Entgegennahme von Informationen über das künftige Verhalten ihrer Wettbewerber auf dem Markt besteht."[603]

---

598 *Kling/Thomas*, Kartellrecht, § 17 Rn 39 mwN; *Meyer/Müller*, WuW 2007, 117, 119.
599 *Emmerich*, in: Immenga/Mestmäcker, Wettbewerbsrecht EG, Art. 81 Abs. 1 Rn 106, 117; *Kling/Thomas*, Kartellrecht, § 4 Rn 56 u. § 17 Rn 39.
600 *EuGH*, Urteil vom 08.07.1999, Rs. C-199/92, „Hüls/Kommission", WuW/E EU-R 226, Rn 161; *EuGH*, Urteil vom 08.07.1999, Rs. C-49/92, „Kommission/Anic Partecipazioni", Slg. 1999, I-4125 Rn 118; *Bunte*, in: Langen/Bunte, Kartellrecht Bd. 1, § 1 Rn 60, 68; *Kling/Thomas*, Kartellrecht, § 4 Rn 52 u. § 17 Rn 41; kritisch *Emmerich*, in: Immenga/Mestmäcker, Wettbewerbsrecht EG, Art. 81 Abs. 1 Rn 116; aA *Nordemann*, in: Loewenheim/Meessen/Riesenkampff, Kartellrecht, Bd. 2, § 1 Rn 63.
601 Vgl. *EuGH*, Urteil vom 08.07.1999, Rs. C-49/92, „Kommission/Anic Partecipazioni", Slg. 1999, I-4125 Rn 121; *Bunte*, in: Langen/Bunte, Kartellrecht Bd. 1, § 1 Rn 69.
602 *Emmerich*, in: Immenga/Mestmäcker, Wettbewerbsrecht EG, Art. 81 Abs. 1 Rn 116 konstatiert, es sei „schwer vorstellbar, wie Unternehmen jemals die Widerlegung dieser Vermutung gelingen soll." Vgl. auch *Gippini-Fournier*, in: Loewenheim/Meessen/Riesenkampff, Kartellrecht, Bd. 1, Art. 81 Abs. 1 Rn 100.
603 *EuG*, Urteil vom 02.07.2001, Rs. T-202/98 u.a., „Tate & Lyle", Slg. 2001, II-2035 Rn 58; vgl. zu diesem Verfahren auch *Wagner-von Papp*, Marktinformationsverfahren, S. 342.

2. Bezwecken oder Bewirken der Wettbewerbsbeschränkung

Gemäß § 1 GWB; Art. 81 Abs. 1 EG sind abgestimmte Verhaltensweisen verboten, wenn sie eine Verhinderung, Einschränkung oder Verfälschung des Wettbewerbs bezwecken oder bewirken. Nach dem Wortlaut der Normen stehen Zweck und Wirkung gleichberechtigt nebeneinander, so daß für die Anwendung des Kartellverbots die Feststellung eines wettbewerbsbeschränkenden Zwecks genügt.[604] Wie das Wort „oder" verdeutlicht, handelt es sich um zwei Merkmale, von denen alternativ nur eines vorliegen muß, um den Tatbestand zu erfüllen.[605] Bei einer Bejahung des Bezweckens ist ein Bewirken folglich entbehrlich, so daß eine Prüfung der tatsächlichen Auswirkungen der Maßnahme auf den Markt unterbleiben kann.[606] Dementsprechend geht der *EuGH* in ständiger Rechtsprechung davon aus, daß die konkreten Auswirkungen auf das Marktverhalten nicht berücksichtigt werden müssen, wenn der Nachweis gelingt, daß eine Wettbewerbsbeschränkung bezweckt ist:[607]

> „Aus der genannten Vorschrift [Art. 85 Abs. 1 a.F. = Art. 81 Abs. 1 EG] ergibt sich unmittelbar, daß aufeinander abgestimmte Verhaltensweisen [...] unabhängig von ihrer Wirkung verboten sind, wenn mit ihnen ein wettbewerbswidriger Zweck verfolgt wird."[608]

a. Bedeutung der Abgrenzung für die Mehrfachbeteiligung

Der möglichen Entlastung von der Pflicht, wettbewerbswidrige Auswirkungen nachweisen zu müssen, kommt bei der vergaberechtlichen Mehrfachbeteiligung besondere Bedeutung zu.

---

604 *Emmerich*, in: Immenga/Mestmäcker, Wettbewerbsrecht EG, Art. 81 Abs. 1 Rn 224.
605 *Roth/Ackermann*, in: FK-KartellR, Art. 81 Abs. 1 Grundfragen, Rn 234.
606 *Roth/Ackermann*, in: FK-KartellR, Art. 81 Abs. 1 Grundfragen, Rn 128 a explizit für abgestimmte Verhaltensweisen; *Zimmer*, in: Immenga/Mestmäcker, GWB, § 1 Rn 160.
607 *Fuchs*, ZWeR 2007, 369, 373 f. mit umfangreichen Nachweisen zur Rechtsprechung des *EuGH* sowie der entsprechenden Praxis der Kommission. Letztere stellt in ihren Leitlinien fest, bei Annahme eines Bezweckens bedürfe es keinerlei Umsetzungs- oder Durchführungshandlung, so daß auch keine tatsächlichen wettbewerbswidrigen Wirkungen nachgewiesen werden müßten (*Fuchs*, a.a.O. S. 374 mwN).
608 Im Wortlaut übereinstimmend *EuGH*, Urteil vom 08.07.1999, Rs. C-49/92, „Kommission/ Anic Partecipazioni", Slg. 1999, I-4125 Rn 123 und *EuGH*, Urteil vom 08.07.1999, C-199/92, „Hüls/Kommission", WuW/E EU-R 226, Rn 164.

aa. Kausales Marktverhalten bei Bezwecken

Zunächst ist klarzustellen, daß zwar aufgrund der Prüfung der Tatbestandsalternative der abgestimmten Verhaltensweise auch im Fall des Bezweckens ein kausal auf der Abstimmung beruhendes Marktverhalten nachzuweisen ist.[609] Das bereitet jedoch, wie bereits dargelegt, keine Schwierigkeiten, weil hierbei die Vermutung gilt, daß ein Unternehmen die Kenntnis des Marktverhaltens eines Konkurrenten bei seinen eigenen Handlungen zwangsläufig berücksichtigt.[610] Dieses kausale Marktverhalten als Bestandteil der abgestimmten Verhaltensweise ist nach der Rechtsprechung des *EuGH* von den wettbewerbswidrigen Auswirkungen auf dem Markt zu trennen. Danach

„setzt der Begriff der abgestimmten Verhaltensweise zwar ein Marktverhalten der beteiligten Unternehmen voraus, verlangt aber nicht notwendigerweise, daß dieses Verhalten sich konkret in einer Einschränkung, Verhinderung oder Verfälschung des Wettbewerbs auswirkt."[611]

Bei einer bezweckten Wettbewerbsbeschränkung reicht damit die Feststellung eines Marktverhaltens – vorliegend die Abgabe eines Angebots – in Verbindung mit einer wettbewerbswidrigen Zwecksetzung aus, um einen Verstoß gegen das Kartellverbot zu begründen.[612]

bb. Prüfung des Bewirkens

Ist ein Bezwecken zu verneinen, ist in einem weiteren Prüfungsschritt zu untersuchen, ob eine Wettbewerbsbeschränkung bewirkt ist. Hierfür genügen bei der Tat-

---

609 S.o. Teil 3 C.I.1. (S. 167).
610 *Emmerich*, in: Immenga/Mestmäcker, Wettbewerbsrecht EG, Art. 81 Abs. 1 Rn 116; ausf. Teil 3 C.I.1. (S. 167).
611 Wiederum mit identischem Wortlaut *EuGH*, Urteil vom 08.07.1999, Rs. C-49/92, „Kommission/Anic Partecipazioni", Slg. 1999, I-4125 Rn 124 sowie *EuGH*, Urteil vom 08.07.1999, C-199/92, „Hüls/Kommission", WuW/E EU-R 226, Rn 165.
612 *EuGH*, Urteil vom 08.07.1999, Rs. C-49/92, „Kommission/Anic Partecipazioni", Slg. 1999, I-4125 Rn 123; *Emmerich*, in: Immenga/Mestmäcker, Wettbewerbsrecht EG, Art. 81 Abs. 1 Rn 115, allerdings mit Zweifeln an der Sinnhaftigkeit dieser „Rechtsprechung mit ihren vielfältigen feinen Unterscheidungen, Ausnahmen und Gegenausnahmen sowie Vermutungen" mwN; *Schröter*, in: von der Groeben/Schwarze, EGV, Art. 81 Abs. 1 Rn 77 geht noch einen Schritt weiter und konstatiert: „Für lediglich bezweckte aber noch nicht bewirkte Wettbewerbsbeschränkungen bleibt somit kein Raum mehr – obwohl der Gerichtshof eine klare Trennung der Tatbestandsmerkmale der „aufeinander abgestimmten Verhaltensweise" einerseits und der „Verhinderung, Einschränkung oder Verfälschung des Wettbewerbs" andererseits fordert." Gleichwohl stellt er fest „Auch aufeinander abgestimmte Verhaltensweisen können eine Verhinderung, Einschränkung oder Verfälschung des Wettbewerbs bezwecken" (a.a.O. Rn 122).

bestandsalternative der Vereinbarung auch potentielle Auswirkungen.[613] So führte der EuGH bezüglich der Vereinbarung eines Marktinformationsverfahrens aus:

„Nach ständiger Rechtsprechung des Gerichtshofes ist für die Beurteilung der Frage, ob eine Vereinbarung wegen der Wettbewerbsstörungen, die sie bewirkt, als verboten anzusehen ist, [... die Prüfung] nicht auf tatsächliche Auswirkungen der Vereinbarung [...] zu beschränken, sondern es sind auch potentielle Auswirkungen zu berücksichtigen."[614]

Derartige potentielle Auswirkungen sind im Fall einer Mehrfachbeteiligung, die unter dem Aspekt der abgestimmten Verhaltensweise geprüft wird, hingegen nicht denkbar. Die Existenz einer Mehrfachbeteiligung setzt die Abgabe eines bzw. mehrerer Angebote voraus. Somit setzt die rechtliche Beurteilung einer Mehrfachbeteiligung erst ein, wenn mit der Abgabe der Angebote das Marktverhalten im Vergabeverfahren bereits vollendet ist. Im Rahmen der Prüfung des Bewirkens einer Wettbewerbsbeschränkung können folglich keine potentiellen Auswirkungen auf ein künftiges Marktverhalten prognostiziert werden, sondern es ist zu prüfen, ob sich in dem abgeschlossenen Marktverhalten tatsächliche Auswirkungen niedergeschlagen haben. Mit anderen Worten: Die potentiellen Gefahren des Informationsaustauschs haben sich mit der Abgabe der Angebote erledigt, wenn sich in diesen der Informationsfluß nicht in tatsächlichen Auswirkungen manifestiert hat.

cc. Vorentscheidende Wirkung

Somit muß die Vergabestelle bzw. die Nachprüfungsinstanz, wenn bezüglich der Mehrfachbeteiligung eine bezweckte Wettbewerbsbeschränkung zu verneinen ist, zur Begründung eines Ausschlusses der Angebote den Beweis erbringen, daß tatsächliche Wettbewerbsbeschränkungen eingetreten sind. Sofern der Mehrfachbeteiligte dies bestreitet, kann ein Nachweis nur bei entsprechenden Anhaltspunkten in den Angeboten des Mehrfachbeteiligten gelingen. Fehlen diese, ist eine Verneinung des Bezweckens eine Vorentscheidung für die Zulässigkeit der Mehrfachbeteiligung.

Umgekehrt ist die Bejahung des Bezweckens eine Vorentscheidung für die Unzulässigkeit der Mehrfachbeteiligung und damit den Ausschluß der Angebote wegen einer wettbewerbsbeschränkenden Absprache. Denn das einzig verbleibende Merkmal der Spürbarkeit wird bei einer bezweckten Wettbewerbsbeschränkung in einem Vergabeverfahren de facto kaum zu verneinen sein.[615]

---

613 *Fuchs*, ZWeR 2007, 369, 376 f.; *Kling/Thomas*, Kartellrecht, § 4 Rn 75 u. § 17 Rn 54.
614 *EuGH*, Urteil vom 28.05.1998, Rs. C-7/95, „Deere/Kommission", Slg. 1998, I-3111, Rn 76 f.
615 S.u. Teil 3 C.I.3.a.bb. (S. 177).

b. Allgemeine Abgrenzungskriterien

Für die Beurteilung, ob eine Wettbewerbsbeschränkung bezweckt ist, ist entgegen dem mißverständlichen Wortlaut des § 1 GWB und des Art. 81 Abs. 1 EG in der deutschen Fassung nicht auf die subjektive Vorstellung der an dem Informationsaustausch beteiligten Unternehmen abzustellen.[616] Dies wird in der englischen Fassung des Art. 81 Abs. 1 EG deutlich, wonach verboten sind „agreements [...], decisions [...] and concerted practices which [...] *have as their object* or effect the prevention, restriction or distortion of competition within the common market."[617] Das europäische Recht stellt nicht auf die subjektive Intention der Beteiligten ab, sondern darauf, ob das untersuchte Verhalten die *objektive Tendenz* zur Wettbewerbsbeschränkung beinhaltet.[618] Diese Prüfung entspricht jener der *objektiven Eignung* zur Wettbewerbsbeschränkung, welche bis zur 6. GWB-Novelle im Rahmen des § 1 GWB a.F. vorzunehmen war.[619] Damit bezweckt ein Verhalten eine Wettbewerbsbeschränkung, wenn es aus ökonomischen Gründen als *typischerweise nachteilig für den Wettbewerb* auf dem relevanten Markt zu bewerten ist.[620] Dem entspricht die Definition, eine Absprache müsse ihrer Art oder ihrem Wesen nach geeignet sein, den Wettbewerb zu beschränken.[621] Dies kommt auch in dem synonym verwandten Begriff der *Kernbeschränkung* zum Ausdruck.

c. Spezifika des Vergabeverfahrens

Das Vergaberecht weist im Vergleich zum Wettbewerb außerhalb öffentlicher Ausschreibungen einige Besonderheiten auf. Diese dürfen bei der Bewertung, ob eine Mehrfachbeteiligung eine Wettbewerbsbeschränkung bezweckt, nicht außer acht gelassen werden, zumal sie oftmals als Begründung dafür angeführt werden,

---

616 So aber *Stancke*, BB 2009, 912, 917; demgegenüber zutreffend statt vieler *Bunte*, in: Langen/Bunte, Kartellrecht Bd. 1, § 1 Rn 216 u. Bd. 2, Art. 81 Rn 97 mwN.
617 Vgl. *Kling/Thomas*, Kartellrecht, § 4 Rn 73.
618 *Müller-Graff*, in: Handkommentar EUV, Art. 85 Rn 106; *Schröter*, in: von der Groeben/Schwarze, EGV, Art. 81 Abs. 1 Rn 122; *Stockenhuber*, in: Grabitz/Hilf, EGV, Art. 81 Rn 141.
619 *Wagner-von Papp*, Marktinformationsverfahren, S. 355 f. mwN, der auch auf den diesbezüglich erledigten Streit zwischen der Gegenstands-, Zweck- und Folgetheorie hinweist.
620 *Kling/Thomas*, Kartellrecht, § 4 Rn 72 u. § 17 Rn 53; nach *Roth/Ackermann*, in: FK-KartellR, Art. 81 Abs. 1 Grundfragen, Rn 235 umfaßt die Prüfung des Bezweckens die „Feststellung einer Tatsachenbasis, die den Schluß zuläßt, daß wettbewerbsbeschränkende Effekte zu erwarten sind".
621 *Bunte*, in: Langen/Bunte, Kartellrecht Bd. 1, § 1 Rn 219 u. Bd. 2, Art. 81 Rn 98.

daß der Geheimwettbewerb im Vergabeverfahren einen besonders strengen Schutz genieße.[622]

Dies gilt an erster Stelle für die Pflicht zur Geheimhaltung bzw. Vertraulichkeit, die in mehreren schon genannten vergaberechtlichen Normen verankert ist.[623] Unmittelbarer Regelungsadressat aller dieser Bestimmungen ist jedoch der öffentliche Auftraggeber.[624] Insofern dienen etwa das Gebot der vertraulichen Behandlung der Namen der Bewerber und das Verbot der Öffnung der Angebote vor Ablauf der Angebotsfrist unmittelbar der Verhinderung des kollusiven Zusammenwirkens eines Vergabebeamten mit einem Bieter.[625] Es erscheint daher etwas vorschnell, aus den Regelungen, die den Auftraggeber zur Vertraulichkeit verpflichten, ein allgemeines Prinzip des Vergaberechts zu entnehmen, welches die Bieter weitaus stärker zur Geheimhaltung verpflichten soll, als außerhalb des Vergaberechts.[626]

Gleichwohl erweist es sich im Ergebnis als zutreffend, daß bei öffentlichen Ausschreibungen jedenfalls im offenen und nichtoffenen Verfahren die Geheimhaltung auch im Verhältnis der Bieter untereinander in besonderem Maße zu gewährleisten ist. Dies folgt aus der Grundentscheidung des europäischen und nationalen Gesetzgebers, für den Bieterwettbewerb um öffentliche Aufträge nicht etwa die Form der Absteigerung, sondern die Verfahrensgestaltung der Submission zu wählen.[627] Deren wesentliches Merkmal ist es, daß die Angebote verdeckt abgegeben werden.[628] Zudem kann jeder interessierte Bieter nur ein einziges verbindliches schriftliches Angebot unterbreiten.[629] Das Verfahren unterscheidet sich damit fundamental von der Absteigerung oder Lizitation, bei welcher die Bieter in einem offenen Verfahren ihre Gebote fortlaufend vermindern und letztlich der einzig verbleibende Niedrigstbietende den Zuschlag erhält.[630]

---

622 Vgl. etwa *OLG Düsseldorf*, Beschluß vom 16.09.2003, VII-Verg 52/03, „Doppelbeteiligung", VergabeR 2003, 690, 691; *OLG Jena*, Beschluß vom 19.04.2004, 6 Verg 3/04, „Neue Sorge", VergabeR 2004, 520, 521 f.; *Jansen*, WuW 2005, 502, 506.
623 §§ 17 Nr. 6, 22 Nr. 1 S. 2, Nr. 3 Abs. 1, Nr. 8 VOB/A 2006; §§ 17 Nr. 5, 22 Nr. 1 S. 1, Nr. 2 Abs. 3, Nr. 3 lit. a, Nr. 5 u. Nr. 6 VOL/A 2006.
624 Vgl. *Benisch*, in: FS Steindorff, S. 937, 944 f.
625 Hierzu sei nochmals auf die prägnante und anschauliche Schilderung derartiger Praktiken durch *Schaupensteiner*, ZRP 1993, 250, 250 f. verwiesen, auszugsweise auch wiedergegeben bei *Mestmäcker/Bremer*, BB Beilage 1995, Nr. 19, 2, 7.
626 So aber *Dreher*, in: Bewertung und Zulässigkeit von Marktinformationsverfahren, S. 15, 31.
627 *Opitz*, Marktmacht und Bieterwettbewerb, S. 13 ff., 27 arbeitet unter Rückgriff auf das ökonomische Schrifttum für die Organisation von Bieterverfahren fünf Verfahrens- und Unterscheidungsmerkmale heraus. Die Lizitation oder Absteigerung war etwa bis Mitte des 19. Jahrhunderts das vorherrschende Verfahren zur Vergabe öffentlicher Aufträge, vgl. *Dreher*, in: Immenga/Mestmäcker, GWB § 97 Rn 208; *Noelle*, NZBau 2002, 197, 197 f.; *Opitz*, a.a.O., S. 19; *Schäfer*, BB Beilage 1996, Nr. 12, 2, 3 je mwN.
628 *Opitz*, Marktmacht und Bieterwettbewerb, S. 20 f.
629 *Noelle*, NZBau 2002, 197, 198.
630 *Dreher*, in: Immenga/Mestmäcker, GWB § 97 Rn 208; *Opitz*, Marktmacht und Bieterwettbewerb, S. 19 f.; *Schäfer*, BB Beilage 1996, Nr. 12, 2, 3.

Der Charakter eines Submissionsverfahrens erfordert es daher, daß zwischen den Bietern Geheimhaltung herrscht.[631] Hiergegen läßt sich zwar der relativierende Einwand vorbringen, auch im allgemeinen Kartellrecht sei nach dem Selbständigkeitspostulat die Fühlungnahme zwischen Konkurrenten verboten, die Pflicht zum Geheimwettbewerb mithin keine Besonderheit des Vergaberechts. Eine solche Gleichstellung übersieht indes zwei Besonderheiten des als Submission ausgestalteten Vergabeverfahrens. Zum einen besteht nur eine einzige Möglichkeit zur Angebotsabgabe im Gegensatz zu einem iterativen Verfahren, bei welchem die Angebote nachgebessert werden können.[632] Dem öffentlichen Auftraggeber ist daher ein Nachverhandeln unter Verweis auf überhöht erscheinende Preise nicht möglich. Außerhalb des öffentlichen Vergabewesens kann ein Interessent hingegen die zunächst eingegangenen Angebote als überhöht zurückweisen. Sind daraufhin die im Bieterwettstreit agierenden Unternehmen zu keinen weiteren Zugeständnissen bereit, kann der Interessent auf Dritte ausweichen, die bislang nicht am Bieterwettstreit teilgenommen haben. Dem öffentlichen Auftraggeber ist ein solches Ausweichen auf günstigere Anbieter, die sich nicht an dem Vergabeverfahren beteiligt haben, hingegen grundsätzlich nicht gestattet.[633] Ein Submissionsverfahren ist daher besonders anfällig für ein kollusives Zusammenwirken der Bieter durch wettbewerbsbeschränkende Absprachen.[634] Die Besonderheiten des Vergabeverfahrens als Submissionsverfahren gebieten es daher, daß zwischen den Bietern strikte Geheimhaltung gewahrt wird. Diese Grundvoraussetzung des Vergabeverfahrens haben Unternehmen im Fall einer Teilnahme zu respektieren. Ist mit einer Mehrfachbeteiligung die Kenntnis des Inhalts eines anderen Angebots verbunden, verstößt dies folglich gegen einen fundamentalen Eckpfeiler des geltenden Vergaberechts.

---

631 *Noelle*, NZBau 2002, 197, 198: „Beruht die Absteigerung auf Transparenz, ist die Submission durch Vertraulichkeit gekennzeichnet." *Dreher/Kling*, Versicherungskartellrecht, § 7 Rn 152: „Im Vergaberecht ist der Grundsatz der Geheimhaltung nicht nur ausdrücklich normiert, sondern konstitutiv für die ordnungsgemäße Durchführung eines solchen Verfahrens".
632 Vgl. *Opitz*, Marktmacht und Bieterwettbewerb, S. 13, 19 f.
633 Gemäß §§ 26 Nr. 1 VOB/A 2006; 26 Nr. 1 lit. c VOL/A 2006 kann der Auftraggeber eine Ausschreibung zwar aufheben, wenn diese kein wirtschaftliches Ergebnis gebracht hat, hieran sind aber hohe Anforderungen zu stellen.
634 So konstatiert etwa *Diehl*, BauR 1993, 1 mwN: „Gleichzeitig mit der Einführung des Submissionsverfahrens, der öffentlichen Aufforderung zur Abgabe schriftlicher Angebote, sind Versuche der am Vergabeverfahren Beteiligten zu beobachten, durch Preisabsprachen einem der Bieter den Auftrag zukommen zu lassen".

3. Spürbarkeit

Ungeschriebene Tatbestandsvoraussetzung der § 1 GWB; Art. 81 Abs. 1 EG ist die Spürbarkeit der Wettbewerbsbeschränkung. Nur wenn von letzterer spürbare Auswirkungen auf Dritte im Sinne einer Beeinträchtigung von deren Handlungsalternativen ausgehen können, ist das Kartellverbot einschlägig.[635] Vergleichsmaßstab ist der hypothetische Wettbewerb auf dem relevanten Markt ohne die fragliche Verhaltensweise.[636] Daher bedarf es zur Prüfung der Spürbarkeit grundsätzlich einer Ermittlung des relevanten Marktes.[637]

a. Spürbarkeit bei bezweckter Wettbewerbsbeschränkung

Die Feststellung des Bezweckens einer Wettbewerbsbeschränkung entbindet nicht von der Prüfung der Spürbarkeit.[638] Hierbei zu untersuchen, ob die bezweckte Wettbewerbsbeschränkung zumindest hypothetisch ein bestimmtes Mindestmaß erreicht.[639] Allerdings fehlt die Spürbarkeit bei Kernbeschränkungen nur in Fällen geringster Wettbewerbsbeeinträchtigungen.[640] Aufgrund der erforderlichen Einzelfallbetrachtung ist ein Rückgriff auf generelle Schwellenwerte nicht praktikabel.[641] Ein Orientierungswert dürfte aber eher bei 1 % als bei 5 % liegen. Das *OLG Düsseldorf* lehnte die Spürbarkeit einer Kernbeschränkung bei einem Marktantei-

---

635 *BGH*, Urteil vom 14.10.1976, KZR 36/75, „Fertigbeton I", WuW/E BGH 1458, 1462; *Bunte*, in: Langen/Bunte, Kartellrecht Bd. 1, § 1 Rn 229 ff. mwN zur europäischen und nationalen Rechtsprechung; *Fuchs*, ZWeR 2007, 369, 386 ff. mwN insbes. zur Rechtsprechung des *EuGH*.
636 *Emmerich*, in: Immenga/Mestmäcker, Wettbewerbsrecht EG, Art. 81 Abs. 1 Rn 186 mwN; *Kling/Thomas*, Kartellrecht, § 4 Rn 149.
637 *Roth/Ackermann*, in: FK-KartellR, Art. 81 Abs. 1 Grundfragen, Rn 239.
638 *EuGH*, Urteil vom 09.07.1969, Rs. 5/69, „Voelk/Vervaecke", Slg. 1969, 295; *Dreher/Kling*, Versicherungskartellrecht, § 6 Rn 126; *Kling/Thomas*, Kartellrecht, § 17 Rn 63; *Müller-Graff*, in: Handkommentar EUV, Art. 85 Rn 106; *Stockenhuber*, in: Grabitz/Hilf, EGV, Art. 81 Rn 142 f.; *Roth/Ackermann*, in: FK-KartellR, Art. 81 Abs. 1 Grundfragen, Rn 239, 335.
639 *Fuchs*, ZWeR 2007, 369, 389.
640 *Dreher/Kling*, Versicherungskartellrecht, § 6 Rn 126.
641 Auf die Schwellenwerte der Bagatellbekanntmachung des BKartA und der Leitlinien der Kommission ist nicht näher einzugehen, da diese zudem „mit den Vorgaben der Rechtsprechung nicht im Einklang [stehen], wonach auch „Kernbeschränkungen" nicht spürbar sein können." So *Wiedemann*, Kartellrecht, § 3 Rn 4; vgl. auch *Bornkamm/Becker*, ZweR 2005, 213, 232 f.

len von 0,16 % bzw. 0,08 % ab.[642] Der *BGH* sah bei Marktanteilen von 2 % bis 3 % die Spürbarkeitsgrenze als „deutlich überschritten" an.[643]

Vor dem Hintergrund der im Kartellvergaberecht erfolgten europaweiten Bekanntmachung erscheint die Annahme räumlich großer Märkte und damit ein Unterschreiten der Spürbarkeitsschwelle trotz einer Kernbeschränkung als möglich.[644] Es ist allerdings fraglich, ob deshalb zur Prüfung der Spürbarkeit einer Mehrfachbeteiligung stets entsprechend des allgemeinen Kartellrechts eine aufwendige Ermittlung des relevanten Marktes erforderlich ist.[645]

aa. Marktabgrenzung

Eine Bestimmung des relevanten Marktes vor jeder Entscheidung über einen Angebotsausschluß wäre entbehrlich, wenn man davon ausginge, jede Ausschreibung bilde für sich einen eigenen Markt.[646] Zur Marktabgrenzung müßte man lediglich die Zahl der eingegangenen Angebote abzählen. Dazu würde man die Zahl der an der Wettbewerbsbeschränkung beteiligten Bieter ins Verhältnis setzen und anhand dieses Quotienten die Spürbarkeit beurteilen. So verfährt die vergaberechtliche Rechtsprechung bei der Beurteilung der kartellrechtswidrigen Bildung von Bietergemeinschaften.[647]

Nach der allgemeinen Definition des Bedarfsmarktkonzeptes kommt es für die Marktabgrenzung entscheidend auf die Substituierbarkeit durch die Marktgegen-

---

642 *OLG Düsseldorf*, Urteil vom 23.06.2004, VI-U (Kart) 29/04, „Tschechisches Bier" WuW/ E DE-R 1410, 1412; dabei lag der Marktanteil bezogen auf den sachlich relevanten Angebotsmarkt für Bier in Deutschland bei 0,16 % und im Gebiet der EG bei 0,08 %.
643 *BGH*, Beschluß vom 09.03.1999, KVR 20/97, „Lottospielgemeinschaft", WuW/E DE-R 289, 295.
644 Vgl. zur Annahme europaweiter Vergabemärkte *Opitz*, Marktmacht und Bieterwettbewerb, S. 178 ff.
645 Vgl. zur Behandlung von Ausschreibungsmärkten im Rahmen der Fusionskontrolle den *Entwurf einer Mitteilung der Kommission über die Kontrolle horizontaler Zusammenschlüsse gemäß der Fusionskontrollverordnung* vom 31.12.2002, ABl. C 331/18 Rn 14, 39, 57 sowie *Dreher*, in: Immenga/Mestmäcker, GWB, Vor §§ 97 ff. Rn 80 ff. mwN.
646 So etwa *Immenga*, DB 1984, 385.
647 *OLG Frankfurt*, Beschluß vom 27.06.2003, 11 Verg 2/03, „Zweckverband", WuW/E Verg 823, 827: „wesentlich auch auf die Zahl der insgesamt abgegebenen Angebote abzustellen. Der Vorwurf der Wettbewerbsbeschränkung resultiert aus dem Verzicht auf die Abgabe eines Angebots als Einzelunternehmen, obwohl dies wirtschaftlich und kaufmännisch vernünftig gewesen wäre, vgl. *BGH*, Urteil vom 13.12.1983, KRB 3/83, „Bieter- und Arbeitsgemeinschaft", WuW/E BGH 2050 f.; *Immenga*, DB 1984, 385 ff.; *Lotze/Mager*, WuW 2007, 241, 249 f.; *Prieß/Gabriel*, WuW 2006, 385, 386 f.; *Wiedemann*, ZfBR 2003, 240, 241 ff. Diese Konstellation ist also strikt von der Mehrfachbeteiligung u.a. als Mitglied einer Bietergemeinschaft zu unterscheiden, bei welcher der Vorwurf in der Abgabe mehrerer Angebote liegt.

seite an.⁶⁴⁸ Da es dem öffentlichen Auftraggeber grundsätzlich nicht möglich ist, auf Unternehmen auszuweichen, die sich nicht an der Ausschreibung beteiligt haben, erscheint es zunächst plausibel, den relevanten Markt auf die Teilnehmer der jeweiligen Ausschreibung zu begrenzen.

Hingegen lehnt *Opitz* eine zeitlich und räumlich auf jede einzelne Ausschreibung beschränkte Marktabgrenzung ab.⁶⁴⁹ Ein temporärer Einzelmarkt sei nicht anzunehmen, weil im Vergabeverfahren keine vom übrigen Wettbewerbsgeschehen losgelösten Wettbewerbsbeziehungen bestünden.⁶⁵⁰ Dies ergebe sich vor allem aus dem Aspekt des Geheimwettbewerbs:

> „Weil die Angebotsabgabe verdeckt erfolgt, weiß ein Bieter, der sich an einem Vergabeverfahren beteiligt, unter normalen Umständen nicht, wer und wieviele Konkurrenten ein Angebot abgeben werden. Sein Verhaltensspielraum bei der Angebotsabgabe – und auf den kommt es an – ist im Geheimwettbewerb daher keineswegs nur durch die Mitbieter beschränkt, sondern durch alle Unternehmen, die sich in sachlicher und räumlicher Hinsicht als aktuelle Konkurrenten darstellen. […] Anders ausgedrückt: Die Tatsache, daß der öffentliche Auftraggeber tatsächlich nur aus den eingegangenen Angeboten auswählen kann, eröffnet den Bietern keine zusätzlichen Verhaltensspielräume. […] Auch die Spürbarkeit einer Wettbewerbsbeschränkung […] darf im Regelfall nicht nur im Hinblick auf das eine konkrete Vergabeverfahren beurteilt werden."⁶⁵¹

Bezüglich der sachlichen Marktabgrenzung befürwortet *Opitz* eine Modifikation des Bedarfsmarktkonzepts.⁶⁵² Unter Berücksichtigung der Angebotsumstellungsflexibilität sei für die Feststellung der relevanten Wettbewerbsverhältnisse nicht die Substituierbarkeit einzelner Güter, sondern die Austauschbarkeit der Anbieter von entscheidender Bedeutung.⁶⁵³ Entsprechend richtet sich auf Märkten für militärische Produkte die Marktmacht nicht nach Marktanteilen, sondern nach der Existenz alternativer Anbieter.⁶⁵⁴

> „Aus alledem läßt sich der Schluß ziehen, daß die Individualität der Leistung, die durch die Leistungsbeschreibung definiert wird, nicht dazu führt bzw. dazu führen muß, daß mit jeder einzelnen Ausschreibung ein eigener sachlich relevanter Markt gebildet wird. Vielmehr sind in den relevanten Markt alle Anbieter mit vergleichbarem Know-how einzubeziehen, die aufgrund ihrer Angebotsumstellungsflexibilität in der Lage wären,

---

648 Statt aller *Möschel*, in: Immenga/Mestmäcker, GWB, § 19 Rn 25; kritisch zum Bedarfsmarktkonzept *Säcker*, ZWeR 2004, 1 ff.
649 *Opitz*, WuW 2003, 37 ff.; *Ders.*, Marktmacht und Bieterwettbewerb, S. 171 ff.; zustimmend *Dreher*, in: Enforcement, 85, 97 sowie *Lotze/Mager*, WuW 2007, 241, 242.
650 *Opitz*, WuW 2003, 37, 40 f.
651 *Opitz*, WuW 2003, 37, 41.
652 *Opitz*, WuW 2003, 37, 42 ff.
653 *Opitz*, WuW 2003, 37, 43 mwN; *ders.*, Marktmacht und Bieterwettbewerb, S. 173; *Lotze/Mager*, WuW 2007, 241, 242; vgl. allg. zur Angebotsumstellungsflexibilität *Bien*, WuB V A § 36 GWB 2.07; *Säcker*, ZWeR 2004, 1, 10 ff.
654 *EG-Kommission*, Entscheidung vom 26.05.2004, COMP/M. 3418, „General Dynamics/Alvis", WuW/E EU-V 1001 in Bezug auf die Fusionskontrolle.

den ausgeschriebenen Auftrag auszuführen. Ob sie sich am Ausschreibungsverfahren beteiligen oder nicht ist unerheblich."[655]

Die beiden Ansichten zur Marktabgrenzung kommen damit in der Regel zu unterschiedlichen Ergebnissen. Sie stimmen nur insoweit überein, als primär nicht auf die Marktanteile, sondern auf die Zahl der (potentiellen) Bieter abgestellt wird.[656] Da *Opitz* schlagkräftige Argumente gegen die herrschende Meinung vorgebracht hat, kann im Rahmen der Spürbarkeitsprüfung eine einzelfallbezogene Festlegung des relevanten Marktes nicht allein mit der Begründung unterbleiben, der Markt beschränke sich auf die Teilnehmer an der konkreten Ausschreibung.

bb. Praktische Anwendung

Der Streit um die zutreffende Marktabgrenzung kann an dieser Stelle – und bei der Anwendung in einem konkreten Fall – allerdings dahinstehen, wenn auch nach der Ansicht von *Opitz* bei einer bezweckten Wettbewerbsbeschränkung im Regelfall eine aufwendige Marktabgrenzung entbehrlich ist. Hierfür ist auf den Ausgangspunkt der Ausführungen zur Spürbarkeit von Kernbeschränkungen zurückzugreifen. Deren Schwere rechtfertigt es, daß das Spürbarkeitskriterium nur ausnahmsweise in Fällen geringster Marktanteile verneint wird.

Die tatsächlich vorgelegten Angebote bilden zwar nicht den gesamten relevanten Markt, können jedoch für einen groben Rückschluß auf diesen verwandt werden. Bei einer üblichen Anzahl von Angeboten kann demnach davon ausgegangen werden, daß keine außergewöhnliche Vielzahl von potentiellen Anbietern existiert – ergo in der Diktion der Beurteilung von Marktinformationsverfahren kein zersplitterter Markt vorliegt. Auf einem solchem Markt fällt eine Kernbeschränkung zwischen zwei Anbietern grundsätzlich spürbar ins Gewicht. Diese Verallgemeinerungen mit ihren zweifellos bestehenden Unschärfen sind aufgrund des absoluten Ausnahmecharakters einer trotz Kernbeschränkung zu verneinenden Spürbarkeit gerechtfertigt. Infolge dieser Ungenauigkeiten darf dem Mehrfachbeteiligten jedoch nicht der Einwand abgeschnitten sein, die Zahl der potentiellen Anbieter sei so enorm, daß die Kernbeschränkung nicht spürbar sei. Das Vorbringen, aufgrund der europaweiten Bekanntmachung umfasse der relevante Markt räumlich ganz

---

655 *Opitz*, WuW 2003, 37, 44; zustimmend *Lotze/Mager*, WuW 2007, 241, 242.
656 Ausf. *Opitz*, Marktmacht und Bieterwettbewerb, S. 195 ff., 198 sowie *Immenga*, WuW 1998, 809, 811 ff.; beachte hingegen *BKartA*, Beschluß vom 24.05.2002, B 10 – 248/01, WuW/E DE-V 677 bezüglich der Zusammenschlußkontrolle auf einem Ausschreibungsmarkt: „Der Marktanteil hat eine unverminderte Aussagekraft, denn ein Angebot und dessen Preis hängen im wesentlichen von der vorhandenen Marktpräsenz des Anbieters ab." Differenzierend auch *Simon*, in: Loewenheim/Meessen/Riesenkampff, Kartellrecht, Bd. 1, Art. 2 FKVO Rn 80.

Europa und daher sei die Zahl potentieller Bieter kolossal, ist allerdings zu unbestimmt und daher grundsätzlich kein taugliches Mittel, um der Darlegungs- und Beweislast zu genügen.

Sofern keine außergewöhnliche Vielzahl von Angeboten vorgelegt wurde, kann bei einer bezweckten Wettbewerbsbeschränkung folglich die Spürbarkeit vermutet werden.

b. Spürbarkeit bei bewirkter Wettbewerbsbeschränkung

Bei der Prüfung der Spürbarkeit einer bewirkten Wettbewerbsbeschränkung in einem konkreten Fall ist die Entscheidung erforderlich, ob man als relevanten Markt lediglich den durch die Ausschreibung geschaffen temporären und sachlichen Einzelmarkt ansieht – sofern man nicht sogar für diesen Teilmarkt die Spürbarkeit verneint.[657] Folgt man nämlich der Gegenansicht von *Opitz* und grenzt den Markt weiter ab, kann die Spürbarkeit vorliegend – im Gegensatz zu jener einer Kernbeschränkung – nicht durch einen groben Rückschluß von der Zahl der Teilnehmer auf die Zahl der potentiellen Anbieter erfolgen. Die Spürbarkeitsschwelle einer bewirkten Wettbewerbsbeschränkung liegt nämlich deutlich höher, so daß bereits bei einer gewöhnlichen Zahl von Bietern auf eine Anzahl potentieller Bieter geschlossen werden kann, bei welcher die Spürbarkeit möglicherweise zu verneinen ist.

Bei der Prüfung der Spürbarkeit einer bezweckten Wettbewerbsbeschränkung wurden einige schlagkräftige Argumente von *Opitz* angeführt. Allerdings drängt sich insbesondere in der vorliegenden Konstellation ein Gegenargument auf. Die Annahme einer durch eine Mehrfachbeteiligung bewirkten Wettbewerbsbeschränkung setzt voraus, daß der Auftraggeber anhand konkreter Anhaltspunkte nachweisen kann, daß sich in den Angeboten der Mehrfachbeteiligten tatsächliche Wettbewerbsbeschränkungen niedergeschlagen haben.[658] Dabei wird nur das konkrete Vergabeverfahren und das diesbezüglich abgeschlossene Marktverhalten beurteilt. Im Vergleich hierzu im Rahmen der Spürbarkeit dann nicht isoliert auf den

---

657 So lehnte das *OLG Frankfurt*, Beschluß vom 27.06.2003, 11 Verg 2/03, „Zweckverband", WuW/E Verg 823, 827 die Spürbarkeit eines Wettbewerbsverzichts durch Bildung einer Bietergemeinschaft ab. Dieser Fall wies indes die Besonderheit auf, daß nur ein einziges Mitglied der Bietergemeinschaft auch alleine ein Angebot hätte abgeben können, so daß letztlich statt dieses Einzelangebots eines der Bietergemeinschaft eingereicht wurde: „Hat sich aber die Zahl der Angebote infolge der Gründung der Beigel. letztlich nicht verändert und ist neben deren Angebot eine Reihe weiterer Angebote abgegeben worden, kann eine spürbare Beeinflussung der Marktverhältnisse nicht ohne weitere Anhaltspunkte festgestellt werden".
658 S.o. Teil 3 C.I.2.a.bb. (S. 169).

Einzelmarkt der Ausschreibung abzustellen, sondern den relevanten Markt weiter abzugrenzen, erscheint nicht frei von Widersprüchen.

Eine endgültige Entscheidung des Streitstandes kann an dieser Stelle unterbleiben. Hält man zur Prüfung der Spürbarkeit eine Marktabgrenzung im Einzelfall für unabdingbar, ist eine verallgemeinernde Beurteilung zum Scheitern verurteilt. Letzteres gilt allerdings bereits aufgrund der nur einzelfallabhängig möglichen Feststellung des Bewirkens einer Wettbewerbsbeschränkung, für welche konkrete Anhaltspunkte im jeweiligen Fall ausschlaggebend sind. Überdies liegt der Schwerpunkt der rechtlichen Beurteilung einer Mehrfachbeteiligung im Bereich bezweckter Wettbewerbsbeschränkungen, wie sogleich in Bezug auf deren Nachweis begründet wird. Auf lediglich bewirkte Wettbewerbsbeschränkungen im Rahmen eines Vergabeverfahrens – und damit auch auf deren Spürbarkeit – ist daher nicht näher einzugehen.

4. Nachweis der Wettbewerbsbeschränkung

Sowohl bei der vergaberechtlichen Mehrfachbeteiligung als auch im allgemeinen Kartellrecht trägt im Ausgangspunkt die Behörde, die das Vorliegen einer Wettbewerbsbeschränkung behauptet, hierfür die Beweislast.[659] Allerdings können die Kartellbehörden teilweise auf Vermutungen zurückgreifen. So wird etwa von einer Abstimmung auf ein korrespondierendes Marktverhalten geschlossen.[660] In der vergaberechtlichen Rechtsprechung wird bei einer Mehrfachbeteiligung die Kenntnis der anderen Angebote unterstellt.

In Kombination beider Vermutungen könnte von einer Mehrfachbeteiligung auf Kenntnis und von dieser auf korrespondierendes Marktverhalten geschlossen werden. Qualifiziert man darüber hinaus die Kenntnis eines anderen Angebots generell als Bezwecken einer Wettbewerbsbeschränkung, ist ein Ausschluß gerechtfertigt, ohne daß im konkreten Fall die Kenntnis eines anderen Angebots, kausale Auswirkungen auf das eigene Angebot oder eine wettbewerbsbeschränkende Wirkung der Mehrfachbeteiligung nachgewiesen werden müßten.

---

659 Statt aller *Gippini-Fournier*, in: Loewenheim/Meessen/Riesenkampff, Kartellrecht, Bd. 1, Art. 81 Abs. 1 Rn 99; zum Vergaberecht s.o. Teil 3 A.I. (S. 147).
660 Zur Marktbeherrschungsvermutung des GWB und deren Anwendung im Zivilprozeß vgl. *Pohlmann*, ZHR 164 (2000), 589 ff.

5. Anwendung auf Fallgruppen

Entscheidende Bedeutung für die Annahme einer Wettbewerbsbeschränkung kommt zum einen den soeben genannten Vermutungen zu und zum anderen der Abgrenzung, ob eine Wettbewerbsbeschränkung bezweckt ist. In den folgenden Abschnitten ist zu untersuchen, ob für bestimmte Fallgruppen der Mehrfachbeteiligung generalisierende Lösungen sachgemäß sind. Für die Bejahung eines Verstoßes gegen den Geheimwettbewerb durch Marktinformationsverfahren ist grundsätzlich eine Gesamtabwägung im Einzelfall unerläßlich.[661] *Wagner-von Papp* lehnt diesbezüglich Schematisierungsversuche mit dem Argument ab, die dadurch bewirkte Vereinfachung führe zwar zur Erhöhung der formellen Rechtssicherheit, es überwiege jedoch die damit einhergehende Verringerung der materiellen Richtigkeit.[662] Bei der Beurteilung des mit einer Mehrfachbeteiligung einhergehenden Informationsaustauschs gilt es allerdings einige Besonderheiten zu beachten, die eine generalisierende Beurteilung bestimmter Fallgruppen ermöglichen.[663]

II. Beteiligung als Einzelbieter und Mitglied einer Bietergemeinschaft

Die Unzulässigkeit einer Mehrfachbeteiligung als Einzelbieter und Mitglied einer Bietergemeinschaft wird mit der damit einhergehenden Kenntnis des Angebots oder zumindest der Angebotsgrundlagen eines Mitbewerbers begründet.[664]

Im folgenden sind bezüglich der Kenntnis eines anderen Angebots zwei miteinander verwobene Komplexe zu analysieren. Zum einen ist zu untersuchen, ob ausnahmsweise trotz einer Beteiligung als Einzelbieter und Mitglied einer Bietergemeinschaft die gegenseitige Kenntnis und damit ein Verstoß gegen den Geheimwettbewerb ausgeschlossen sein kann. Daran schließt sich die Frage an, ob der Mehrfachbeteiligte entsprechend der Rechtsprechung des *OLG Düsseldorf* einen solchen Ausnahmefall schon mit dem Angebot darlegen und beweisen muß, um der Sanktion des Angebotsausschlusses zu entgehen.

Ist die Kenntnis eines konkurrierenden Angebots anzunehmen, gilt es zu klären, ob dieser Informationsaustausch stets als Bezwecken einer Wettbewerbsbeschränkung zu qualifizieren ist.

---

661 S.o. Teil 3 B.I.4. (S. 164).
662 *Wagner-von Papp*, Marktinformationsverfahren, S. 259.
663 Gleichwohl verbleiben zwischen den sogleich untersuchten Konstellationen zahlreiche Grenzfälle, die einer sinnvollen Schematisierung nicht zugänglich sind.
664 S.o. Teil 3 A.I. (S. 147).

1. Kenntnis des Inhalts eines anderen Angebots

Die Mitglieder einer Bietergemeinschaft erstellen ihr Angebot gemeinsam. Gibt ein Mitglied daneben ein eigenes Angebot ab, hat er bei dessen Erstellung Kenntnis des gesamten Angebots der Bietergemeinschaft. Spiegelbildlich hat auch die Bietergemeinschaft Kenntnis des gesamten Angebots des Einzelbieters, wenn man dessen Kenntnis seines eigenen Angebots der Bietergemeinschaft zurechnet.[665] Mittels des Mehrfachbeteiligten findet daher ein Informationsaustausch über den gesamten Inhalt der konkurrierenden Angebote statt.

Dies gilt allerdings nur dann uneingeschränkt, wenn nach der internen Organisation des Mehrfachbeteiligten eine natürliche Person an der Erstellung beider Angebote beteiligt ist.[666] Werden das Einzelangebot und die Mitwirkung an dem Angebot der Bietergemeinschaft hingegen von zwei unterschiedlichen Betriebsabteilungen oder Zweigniederlassungen erstellt, ist es vorstellbar, daß diese tatsächlich keine Kenntnis des jeweils anderen Angebots haben.[667] Werden beide Angebote zudem von verschiedenen vertretungsberechtigten Personen unterzeichnet, fehlt es auch an einer gesamtverantwortlichen Person, welche die Kenntnis zwischen den beiden getrennten Niederlassungen vermitteln würde.

a. Vermutung der Kenntnis

Dementsprechend nimmt das *OLG Düsseldorf* nicht generell einen Verstoß gegen den Geheimwettbewerb an, sondern vermutet diesen lediglich:

---

665 Der mögliche Einwand, eines der beiden Angebot sei zeitlich früher erstellt worden, so daß in diesem Zeitpunkt gar keine Kenntnis des erst später erstellten Angebots vorgelegen haben könne, ist vorliegend nicht näher zu würdigen.

666 So etwa im Fall des *OLG Düsseldorf*, Beschluß vom 13.09.2004, VI-W (Kart) 24/04, „Kreditkartensystem", VergabeR 2005, 117, 118: „Ebenso ist das Angebot der Bietergemeinschaft "R." in dem Wissen um das konkurrierende Einzelangebot des Antragstellers abgegeben worden. Das gilt schon deshalb, weil der Antragsteller nach eigenem Bekunden das Angebot jener Bietergemeinschaft mit erstellt hat".

667 Eine Zweigniederlassung tritt nach außen selbständig im Rechtsverkehr auf, verfügt in sachlicher Hinsicht über ihr zugeordnete Betriebsmittel und in personeller Hinsicht über einen Leiter, der die mit der Niederlassung verbundenen Geschäfte selbständig abschließen kann. Allerdings besitzt eine Zweigniederlassung keine eigene Rechtspersönlichkeit und bleibt somit trotz ihrer relativen Selbständigkeit ein Teil des jeweiligen Unternehmensträgers. Nur dieser, nicht die Zweigniederlassung ist Träger von Rechten und Pflichten, *Pentz*, in: Ebenroth/Boujong/Joost/Strohn, HGB, § 13 Rn 25; *Hüffer*, AktG, Anh. § 45, § 13 HGB Rn 6. Entsprechend verweigerte schon das *RG*, Urteil vom 02.06.1923, V 755/22, RGZ 107, 44, 45 f. einer Zweigniederlassung trotz deren selbständigen Auftretens die Anerkennung als eigenständiges Rechtssubjekt: „Das Hauptgeschäft und das Zweiggeschäft bilden vielmehr einen einheitlichen Geschäftsbetrieb derselben Rechtspersönlichkeit." (S. 46).

„Bewirbt sich ein Bieter sowohl mit einem eigenen Angebot wie auch als Mitglied einer Bietergemeinschaft um den ausgeschriebenen Auftrag, läßt dies nach dem gewöhnlichen Verlauf darauf schließen, daß der Geheimwettbewerb zwischen beiden Bietern nicht gewahrt ist. Will der Bieter in einer solchen Situation den Ausschluß seines Angebots verhindern, muß er bereits mit Angebotsabgabe der Vergabestelle nachvollziehbar darlegen und nachweisen, daß aufgrund besonderer Vorkehrungen bei der Angebotserstellung und Angebotsabgabe der Geheimwettbewerb ausnahmsweise gewährleistet ist."[668]

Nähere Ausführungen dazu, ob die Vermutung des Verstoßes gegen den Geheimwettbewerb auch bei Personenverschiedenheit der an der jeweiligen Erstellung beteiligten Mitarbeiter greift, finden sich weder in der vergaberechtlichen Rechtsprechung noch in der Literatur.[669] Dieser Aspekt ist jedoch nicht nur essentiell für den Umfang der vom Mehrfachbeteiligten vorzutragenden Tatsachen. Er bildet zudem den Schlüssel zur Klärung der umstrittenen Annahme des *OLG Düsseldorf*, daß diese Tatsachen bereits mit Angebotsabgabe nachvollziehbar dargelegt und nachgewiesen werden müßten. Die Kritik an dieser Auffassung beschränkt sich bislang auf Allgemeinfloskeln, etwa „der Angebotsausschluß ohne jeden vorherigen Hinweis oder Aufklärungsversuch [stelle …] eine die Bieterrechte in überraschender und unverhältnismäßiger Weise einschränkende Maßnahme dar."[670]

b. Personenverschiedenheit

Es gilt daher zu untersuchen, ob bei Personenverschiedenheit der Angebotsersteller dem Mehrfachbeteiligten das Wissen seiner Betriebsabteilungen oder Zweigniederlassungen zugerechnet wird, also bei ihm als einheitlichem Rechtssubjekt eine Kenntnis bzw. ein Kennenmüssen beider Angebote gegeben ist.

---

668 *OLG Düsseldorf*, Beschluß vom 13.09.2004, VI-W (Kart) 24/04, „Kreditkartensystem", VergabeR 2005, 117, 118.
669 Vgl. *Burgi*, NZBau 2008, 29, 33; *Jansen*, WuW 2005, 502, 505, *Wagner*, VergabeR 2006, 120, 121, die der vom *OLG Düsseldorf* vorgenommenen Umkehr der Darlegungs- und Beweislast zustimmen.
670 So *Wagner*, VergabeR 2006, 120, 121; jüngst kritisieren *Hölzl*, NZBau 2009, 751, 753 und *Gabriel*, NZBau 2010, 225, 226 f. die Auffassung des *OLG Düsseldorf* im Kontext EuGH-Entscheidungen Assitur und Serrantoni, nach denen es gegen den Grundsatz der Verhältnismäßigkeit verstößt, wenn den Unternehmen vor ihrem Ausschluß keine Möglichkeit zum Nachweis gegeben wird, daß ihre Angebote unabhängig voneinander formuliert sind; vgl. hierzu Teil 3 C.II.1.c. (S. 185).

aa. Allgemeine Grundsätze der Wissenszurechnung

Für dieses Problem haben sich im Zivil- und Gesellschaftsrecht unter dem Titel der *Wissenszurechnung bei arbeitsteilig organisierten juristischen Personen* im Ergebnis allgemein anerkannte Grundsätze herausgebildet.[671] Danach obliegen einer Gesellschaft unter dem Gesichtspunkt des *Verkehrsschutzes* gewisse *Organisationspflichten*.[672] Diese gehen auf die Gleichstellungsthese des *BGH* zurück, wonach der Vertragspartner einer juristischen Person nicht schlechter, aber auch nicht besser gestellt sein soll als derjenige einer natürlichen Person.[673] Danach soll eine einheitliche juristische Person mit arbeitsteiliger Organisation aus einer damit verbundenen Aufspaltung des Wissens im Rechtsverkehr keine Vorteile im Vergleich zu einer natürlichen Person ohne Aufspaltung des Wissens ziehen, wenn dies unter dem Gesichtspunkt des Verkehrsschutzes der Vertragspartner der juristischen Person geboten ist.[674] Folglich können von einem Unternehmen trotz arbeitsteilig aufgebauter Organisation diejenigen Kenntnisse erwartet werden, die im Rahmen einer ordnungsgemäßen Kommunikationsorganisation innerhalb eines Unternehmens üblicherweise weitergegeben werden und verfügbar sind.[675] Kommt die juristische Person dieser Rechtspflicht nicht nach, muß sie sich materiellrechtlich so behandeln lassen, als habe sie von der Information Kenntnis.[676]

---

671 Statt aller *Zöllner/Noack*, in: Baumbach/Hueck, GmbHG, § 35 Rn 148 ff. mwN; kritisch allerdings *Faßbender/Neuhaus*, WM 2002, 1253, 1258 f.
672 *Habersack*, in: Großkomm AktG, § 78 Rn 24 mwN; im Anschluß an den *BGH* betonen *Kort*, in: Fleischer, Hdb. des Vorstandsrechts, § 2 Rn 102 f. und *Raiser*, in: FS Bezzenberger, S. 561, 566 ff. den Gedanken der Beherrschung eines selbst eröffneten Verkehrsbereichs.
673 Grundlegend *BGH*, Urteil vom 08.12.1989, V ZR 246/87, „Gemeinde", BGHZ 109, 327, 331 f.; ausf. mwN *BGH*, Urteil vom 02.02.1996, V ZR 239/94, „Altlasten", BGHZ 132, 30, 35 ff.; vgl. auch *Habersack*, in: Großkomm AktG, § 78 Rn 25; *Zöllner/Noack*, in: Baumbach/Hueck, GmbHG, § 35 Rn 148; *Schneider*, in: Scholz, GmbHG, § 35 Rn 84 formuliert, daß „die Arbeitsteilung und damit auch die Dezentralisierung von Wissen in der Gesellschaft nicht zu Lasten Dritter gehen" darf; kritisch zur Gleichstellungsthese *Buck*, Wissen und juristische Person, S. 322 f.
674 Der Gedanke des Verkehrsschutzes als dogmatische Grundlage der Wissenszurechnung beruht auf Ausführungen von *Bohrer*, DNotZ 1991, 124, 129, wonach Verfügbarkeit, Erfassung und Nutzung von Informationen in juristischen Personen normativen Verkehrsschutzanforderungen unterliegen; vgl. *Drexl*, ZHR 161 (1997), 491, 503 ff.; kritisch zu dieser Grundlage der Zurechnung *Buck*, Wissen und juristische Person, S. 317 f., aber letztlich zustimmend (S. 323).
675 Das zugerechnete Wissen basiert damit auf einer Informationsweiterleitungspflicht und einer Informationsabfragepflicht, *BGH*, Urteil vom 02.02.1996, V ZR 239/94, „Altlasten", BGHZ 132, 30, 36, *Drexl*, ZHR 161 (1997), 491, 496, 506 f.; *Zöllner/Noack*, in: Baumbach/Hueck, GmbHG, § 35 Rn 150.
676 *BGH*, Urteil vom 02.02.1996, V ZR 239/94, „Altlasten", BGHZ 132, 30, 37; *Habersack*, in: Großkomm AktG, § 78 Rn 24 aE lehnt die Annahme positiver Kenntnis aufgrund der Organisationspflichtverletzung ab, sofern sich der Organwalter nicht der Kenntnis verschließt.

bb. Wissenszurechnung im Fall der Mehrfachbeteiligung

Eine Entscheidung über eine derartige Wissenszurechnung bedarf zwar grundsätzlich einer wertenden Betrachtung im Einzelfall.[677] Bezüglich der Kenntnis des Mehrfachbeteiligten von einer Doppelbewerbung ist allerdings eine generalisierende Lösung möglich. Um eine Wissenszurechnung vornehmen zu können, muß es sich erstens um Informationen handeln, die üblicherweise weitergegeben werden und zweitens muß die Zurechnung im Interesse des Verkehrsschutzes geboten sein.

Die Rechtsfolgen der mehrfachen Abgabe eines Angebots bzw. der Teilnahme an einer Bietergemeinschaft treffen auch dann denselben Unternehmensträger, wenn die Angebote von unterschiedlichen Betriebsabteilungen oder Zweigniederlassungen erstellt worden sind. Die Gesellschaft ist Träger der Rechte und Pflichten, nicht ihre Betriebsabteilungen oder Zweigniederlassungen.[678] Letztere treten zwar selbständig nach außen auf, sind jedoch keine eigenständigen Rechtssubjekte. Das Hauptgeschäft und das Zweiggeschäft bilden vielmehr einen einheitlichen Geschäftsbetrieb derselben Rechtspersönlichkeit.[679] Da die Gesellschaft durch einen Zuschlag verpflichtet wird, handelt es sich bei der Teilnahme an einem Vergabeverfahren durch eine Zweigniederlassung um eine Information, die vor der Abgabe eines verbindlichen Angebots üblicherweise an die Gesellschaft weitergeleitet wird.

Die diesbezügliche Organisation der gesellschaftsinternen Kommunikation ist auch im Interesse des Verkehrsschutzes der anderen Mitglieder der Bietergemeinschaft geboten. Diese sind zum Schutz der Kalkulation der Bietergemeinschaft und damit deren Chancen auf den Zuschlag darauf bedacht, nur mit einer juristischen Person zu kooperieren, die nicht mit einem konkurrierenden Einzelangebot an derselben Ausschreibung teilnimmt. Zu diesem Zweck vereinbaren die Mitglieder einer Bietergemeinschaft regelmäßig entsprechend des Mustervertrages des Hauptverbandes der Deutschen Bauindustrie, daß keiner von ihnen ein weiteres Angebot abgegeben darf.[680]

Sind innerhalb eines Unternehmens mehrere Betriebsabteilungen oder Zweigniederlassungen mit sich überschneidenden Tätigkeitsfeldern für die Teilnahme an öffentlichen Ausschreibungen zuständig, muß der Unternehmensträger daher über

---

677 Statt aller *Schneider*, in: Scholz, GmbHG, § 35 Rn 83 mwN.
678 *Pentz*, in: Ebenroth/Boujong/Joost/Strohn, HGB, § 13 Rn 25; *Hüffer*, AktG, Anh. § 45, § 13 HGB Rn 6; s.o. Fn 667.
679 *RG*, Urteil vom 02.06.1923, V 755/22, RGZ 107, 44, 46.
680 *Jaeger*, VergabeR 2004, 522, 524; das Muster des Bietergemeinschaftsvertrages 2003 sieht vor: „Mit Abschluß des Bietergemeinschaftsvertrages verpflichten sich die Gesellschafter, sich nicht anderweitig um den Auftrag zu bemühen." Vgl. hierzu *Burchardt/Class*, in: Burchardt/Pfülb, ARGE-Kommentar, Exkurs Bietergemeinschaftsvertrag, Rn 22 b, 24.

eine entsprechende Organisation der Kommunikation sicherstellen, daß keine unbemerkten Mehrfachbeteiligungen auftreten.

c. Zeitpunkt des Nachweises der Wahrung des Geheimwettbewerbs

Der Mehrfachbeteiligte muß sich unabhängig von einer internen Arbeitsteilung so behandeln lassen, als hätte er Kenntnis des „Ob" der Mehrfachbeteiligung. Besitzt ein Bieter die – jedenfalls zugerechnete – Kenntnis seiner Mehrfachbeteiligung, ist es ihm zumutbar, schon mit dem Angebot darzulegen, welche Vorkehrungen ergriffen wurden, um die Wahrung des Geheimwettbewerbs zwischen unterschiedlichen Betriebsabteilungen oder Zweigniederlassungen sicherzustellen.[681] Insoweit kann der Auffassung des *OLG Düsseldorfs* gefolgt werden, daß der Mehrfachbeteiligte „bereits mit Angebotsabgabe der Vergabestelle nachvollziehbar darlegen und nachweisen [muß], daß aufgrund besonderer Vorkehrungen bei der Angebotserstellung und Angebotsabgabe der Geheimwettbewerb ausnahmsweise gewährleistet ist."[682]

Diese Auffassung des *OLG Düsseldorfs* steht insbesondere nicht im Widerspruch zu den jüngst durch den *EuGH* in den Rechtssachen Assitur[683] und Serrantoni[684] getroffenen Feststellungen, daß ein automatischer Ausschluß weder bei einer Mehrfachbeteiligung verbundener Unternehmen noch bei einer Beteiligung eines festen Konsortiums und eines seiner Mitgliedsunternehmen gerechtfertigt ist.[685] In diesen Entscheidungen erklärte der *EuGH* italienische Vorschriften für europarechtswidrig, die ein absolutes Verbot der jeweiligen Konstellation der

---

[681] Ob die vorgetragenen Vorkehrungen sodann von dem Auftraggeber bzw. der Nachprüfungsinstanz als effektiv angesehen werden, entspringt einer Würdigung des Einzelfalls und ist daher einer generalisierenden Betrachtung nicht zugänglich.

[682] *OLG Düsseldorf*, Beschluß vom 13.09.2004, VI-W (Kart) 24/04, „Kreditkartensystem", VergabeR 2005, 117, 118.

[683] *EuGH*, Urteil vom 19.05.2009, Rs. C-538/07, „Assitur", NZBau 2009, 607 (zur Mehrfachbeteiligung verbundener Unternehmen).

[684] *EuGH*, Urteil vom 23.12.2009, Rs. C-376/08, „Serrantoni", NZBau 2010, 261 (zur Beteiligung eines festen Konsortiums und eines seiner Mitgliedsunternehmen). „Feste Konsortien" im Sinne des italienischen Vergaberechts sind Vereinigungen von Unternehmen, deren leitende Organe beschlossen haben, für einen Zeitraum von mindestens fünf Jahren auf dem Gebiet öffentlicher Aufträge zusammenzuarbeiten und zu diesem Zweck eine gemeinsame Unternehmensstruktur zu errichten (Rn 9 der Serrantoni-Entscheidung, insoweit nicht abgedruckt in NZBau 2010, 261). Die Konsortien sind verpflichtet, in ihrem Angebot anzugeben, für welche Mitglieder das Konsortium bietet (a.a.O., Rn 11). In der Rechtssache Serrantoni hat das Konsortium das Angebot gerade nicht für Rechnung und im Interesse des konkurrierenden Mitgliedsunternehmens abgegeben (a.a.O., Rn 15). Daher entspricht die Situation nicht der Konstellation einer Beteiligung als Einzelbieter und Mitglied einer Bietergemeinschaft, bei welcher der Mehrfachbeteiligte an beiden Angeboten partizipiert. Es handelt sich vielmehr um eine Mehrfachbeteiligung verbundener Unternehmen.

[685] Offenbar aA *Hölzl*, NZBau 2009, 751, 753 und wohl auch *Gabriel*, NZBau 2010, 225, 226 f.

Mehrfachbeteiligung normieren.[686] Nach Ansicht des *EuGH* verstößt eine unwiderlegbare Vermutung, daß Angebote verbundener Unternehmen für denselben Auftrag stets voneinander beeinflußt worden sind, gegen den Grundsatz der Verhältnismäßigkeit, da den Unternehmen keine Möglichkeit gegeben wird, nachzuweisen, daß ihre Angebote völlig unabhängig voneinander formuliert sind.[687] Das *OLG Düsseldorfs* gewährt dem Mehrfachbeteiligten indes die Möglichkeit, die unbeeinflußte Angebotserstellung darzulegen – wenn auch zeitlich eingeschränkt auf die Angebotsabgabe. Da der Mehrfachbeteiligte so zu behandeln ist, als habe er Kenntnis von seiner Mehrfachbeteiligung, ist die Voraussetzung einer Darlegung bereits mit dem Angebot nicht unverhältnismäßig.

Postuliert das *OLG Düsseldorf* diese Vorlagepflicht mit dem Angebot, erscheint die darauf folgende Großzügigkeit widersprüchlich, der Auftraggeber sei bei einer fehlenden Darlegung der Vorkehrungen zu Aufklärungsmaßnahmen zwar nicht verpflichtet, aber berechtigt.[688] Um willkürlichen Entscheidungen vorzubeugen und die Transparenz und Gleichbehandlung zu garantieren, dürfte es unzulässig sein, daß der Auftraggeber einem Mehrfachbeteiligten die Gelegenheit gibt, im Angebot fehlende Erläuterungen zur Wahrung des Geheimwettbewerbs später vorzutragen.

2. Kausales Marktverhalten

Die somit auch bei arbeitsteiliger Organisation in aller Regel anzunehmende Kenntnis eines anderen Angebots bildet die Basis für den Schluß auf das kausal auf der Abstimmung beruhende Marktverhalten.[689] Diesbezüglich ist davon auszugehen, daß ein Unternehmen die Kenntnis über das Marktverhalten eines Konkurrenten bei seinen eigenen Handlungen zwangsläufig berücksichtigt. *Emmerich* bemerkt hierzu für das allgemeine Kartellrecht, es sei „schwer vorstellbar, wie Unternehmen jemals die Widerlegung dieser Vermutung gelingen soll."[690] Dies dürfte auch bezüglich einer Mehrfachbeteiligung im Vergabeverfahren zutreffen.

---

686 *EuGH*, Urteil vom 19.05.2009, Rs. C-538/07, „Assitur", NZBau 2009, 607, Rn 33; *EuGH*, Urteil vom 23.12.2009, Rs. C-376/08, „Serrantoni", NZBau 2010, 261, Rn 46.
687 *EuGH*, Urteil vom 19.05.2009, Rs. C-538/07, „Assitur", NZBau 2009, 607 Rn, 30; *EuGH*, Urteil vom 23.12.2009, Rs. C-376/08, „Serrantoni", NZBau 2010, 261, Rn 38.
688 *OLG Düsseldorf*, Beschluß vom 13.09.2004, VI-W (Kart) 24/04, „Kreditkartensystem", VergabeR 2005, 117, 118.
689 S.o. Teil 3 C.I.1. (S. 167).
690 *Emmerich*, in: Immenga/Mestmäcker, Wettbewerbsrecht EG, Art. 81 Abs. 1 Rn 116.

3. Bezwecken oder Bewirken

Bei einer Mehrfachbeteiligung als Einzelbieter und Mitglied einer Bietergemeinschaft durch dieselbe juristische Person besitzt der Mehrfachbeteiligte die Kenntnis des gesamten Inhalts des jeweils anderen Angebots – oder muß sich zumindest so behandeln lassen als besäße er diese.[691] Diese Kenntnis des Angebotspreises und der gesamten Kalkulation ist der schwerste denkbare Verstoß gegen den Geheimwettbewerb. Ist der Preis das maßgebliche Wertungskriterium, wäre es sinnlos, ein Angebot abzugeben, dessen Preis deutlich höher als der eines anderen bekannten Angebots liegt.[692] Umgekehrt ist es aber auch nicht fernliegend, daß ein Bieter seinen zuvor möglichst knapp kalkulierten Angebotspreis und damit seine Gewinnmarge erhöht, wenn er feststellt, daß der von ihm avisierte Preis deutlich unterhalb jenem des anderen Angebots liegt. Ein Informationsaustausch über das gesamte Angebot ist damit seinem Wesen nach unzweifelhaft geeignet, den Wettbewerb zu beschränken, beinhaltet also die objektive Tendenz zur Wettbewerbsbeschränkung. Die Kenntnis des Inhalts eines anderen Angebots stellt folglich eine Kernbeschränkung dar. Die subjektive Vorstellung der an dem Informationsaustausch beteiligten Unternehmen ist irrelevant.[693] Eine Unbedarftheit oder Unbedachtheit des Mehrfachbeteiligten – oder der Mitarbeiter seiner Zweigniederlassungen – kann die Qualifizierung als bezweckte Wettbewerbsbeschränkung also nicht verhindern.

Diese unter Rückgriff auf das allgemeine Kartellrecht entwickelte Lösung deckt sich im Ergebnis mit rein vergaberechtlichen Ausführungen und kann diesen als dogmatisches Fundament dienen. So stellt etwa *Willenbruch* fest, „[w]ettbewerbsbeschränkend sind die Absprachen dann, wenn der Wettbewerb bereits abstrakt in Mitleidenschaft gezogen wird, d.h. beeinträchtigt wird. Einer konkreten Auswirkung auf das Ausschreibungsergebnis bedarf es dazu nicht."[694] Er folgert dies aus § 2 Nr. 1 Abs. 2 VOL/A 2006 und § 298 StGB, vollzieht aber realiter die Abgrenzung der bezweckten von der bewirkten Wettbewerbsbeschränkung nach. *Waldner* konstatiert, „[a]uf die Absicht, den Wettbewerb zu beeinträchtigen, kommt es nicht an" und versteht dies als Präzisierung der Tatbestandsvoraussetzungen des § 25 Nr. 1 Abs. 1 lit. c VOB/A 2006.[695] Praktisch gibt er indes bloß die allgemeine Meinung im Hinblick auf § 1 GWB, Art. 81 Abs. EG wieder, welche auch für die

---

691 Zur möglichen Ausnahme bei der Darlegung effektiver Schutzvorkehrungen s.o. Teil 3 C.II. 1.c. (S. 185) sowie Fn 681.
692 Auch wenn der Preis nicht das maßgebliche Kriterium ist, besteht die Gefahr verfälschten Wettbewerbs, da der Bieter beispielsweise anhand einer bekannt gemachten Bewertungsmatrix die Angebote und ihre Chancen auf den Zuschlag vergleichen kann.
693 Ausf. zu den Abgrenzungskriterien s.o. Teil 3 C.I.2.b. (S. 171).
694 *Willenbruch*, VergabeR 2006, 404, 405.
695 *Waldner*, VergabeR 2009, 64, 65.

Auslegung der „wettbewerbsbeschränkenden Abrede" des § 25 VOB/A maßgeblich ist.

4. Zwischenergebnis

Mit der Qualifizierung der Mehrfachbeteiligung als bezweckter Wettbewerbsbeschränkung geht in aller Regel die Spürbarkeit der Wettbewerbsbeschränkung einher.[696] Sofern nicht eine außergewöhnliche Vielzahl von Angeboten abgegeben ist, muß der Auftraggeber zur Bejahung der Spürbarkeit weder eine aufwendige Marktabgrenzung vornehmen noch dem Mehrfachbeteiligten Gelegenheit zur Stellungnahme geben. Sofern nicht mit dem Angebot effektive Vorkehrungen zur Wahrung des Geheimwettbewerbs mitgeteilt worden sind, sind die Angebote eines als Einzelbieter und Mitglied einer Bietergemeinschaft Mehrfachbeteiligten folglich auszuschließen.

III. Beteiligung als Bieter und Nachunternehmer

Auf die Beteiligung als Bieter und Nachunternehmer kann das soeben gefundene Ergebnis entgegen Stimmen aus der vergaberechtlichen Literatur nicht unkritisch übertragen werden. Vielmehr hat eine eigenständige Prüfung zu erfolgen. Um die Zurechnungsproblematik auszublenden, ist zunächst die Konstellation der Personenidentität zu untersuchen. Es wird also der Fall zugrundegelegt, daß ein Bieter ein eigenes Angebot abgibt sowie daneben an einem anderen Angebot als Subunternehmer beteiligt ist und hierfür jeweils dieselbe natürliche Person verantwortlich zeichnet.

1. Kenntnis

Bei einer Beteiligung als Bieter und Nachunternehmer kann – von sogleich genannten Sonderfällen abgesehen – grundsätzlich nicht von einer gegenseitigen Kenntnis des Inhalts der Angebote ausgegangen werden. Zwar hat der Bieter Kenntnis seines eigenen Angebots, hingegen keine Kenntnis des Inhalts des konkurrierenden Angebots, an welchem er als Subunternehmer beteiligt ist. Ein Nachunternehmer unterhält nur zu dem jeweiligen Bieter vertragliche Beziehungen, nicht zum Auftraggeber. Er weiß weder, ob bzw. in welcher Höhe sein Vertragspartner auf die Subunternehmerleistung noch einen finanziellen Aufschlag ver-

---

696   S.o. Teil 3 C.I.3.a.bb. (S. 177).

langt, noch besitzt er eingehende Kenntnisse von dessen übrigem Angebot.[697] Denn ein Nachunternehmer ist in die Angebotserstellung und -kalkulation des Bieters nicht eingebunden.

Ist dies ausnahmsweise gleichwohl der Fall, so liegt ungeachtet der formalen Bezeichnung als Subunternehmerschaft eine verdeckte Bietergemeinschaft vor. Diese ist entsprechend der materiellrechtlichen Ausgestaltung als Bietergemeinschaft auch als solche zu behandeln.[698] Sofern nicht mit dem Angebot effektive Vorkehrungen zur Wahrung des Geheimwettbewerbs mitgeteilt worden sind, sind die Angebote folglich auszuschließen.[699] Gleiches gilt in dem weiteren Sonderfall, daß das Angebot eines Generalübernehmers die Übertragung der gesamten Leistung auf einen einzigen Nachunternehmer vorsieht und letzterer zugleich ein eigenes Angebot abgibt. Dem Nachunternehmer ist die vom Generalübernehmer angebotene Leistung vollständig bekannt und die verbleibenden Unsicherheiten über den individuellen Gewinnaufschlag des Generalübernehmers verhindern jedenfalls nicht eine überschlägige Schätzung des Angebotspreises. Gegebenenfalls ist auch im Fall der gegenseitigen Einsetzung als Nachunternehmer durch zwei Bieter für jeweils bedeutende Teilleistungen von einer Kenntnis der Grundlagen des jeweils anderen Angebots auszugehen, womit – trotz individueller Gewinnaufschläge – eine überschlägige Schätzung des Angebotspreises möglich wäre.[700]

Von den genannten Ausnahmefällen abgesehen, hat ein Nachunternehmer aber keine Kenntnis vom Inhalt des Angebots des Bieters. Sein eigenes Angebot erstellt er damit ohne die Kenntnis des Inhalts eines konkurrierenden Angebots und es ist auch nicht davon auszugehen, daß er dem konkurrierenden Bieter den Inhalt seines eigenen Angebots mitteilt. Der Mehrfachbeteiligte besitzt aber die Kenntnis des „Ob" eines anderen Angebots.

---

697 Handelt es sich bei der Nachunternehmerleistung nicht um eine isoliert zu erbringende Teilleistung, sondern erfordert sie ein koordiniertes Zusammenspiel mit den übrigen Leistungsbestandteilen des Auftrags, kann der Nachunternehmer aus Nachfragen des Bieters nach der Kompatibilität möglicherweise auf dessen Art der Auftragserbringung schließen. Er weiß indes nicht, welcher Preis hierfür gefordert wird.
698 S.o. Teil 3 A.II. (S. 150) sowie *VK Hamburg*, Beschluß vom 17.08.2005, Vgk FB 6/05 und *VK Schleswig-Holstein*, Beschluß vom 17.09.2008, VK-SH 10/08.
699 S.o. Teil 3 C.II.4. (S. 188).
700 Ein solcher Sachverhalt lag dem Beschluß des *OLG Düsseldorf* vom 09.04.2008, VII-Verg 2/08, „WAN", VergabeR 2008, 865 zugrunde. Das *OLG* führte zu diesem nicht entscheidungserheblichen Aspekt aus, daß „Bieter und Nachunternehmer, die ihrerseits als Bieter auftreten, dann nicht ausgeschlossen werden können, wenn beiden Bietern - dem jeweils anderen Bieter in ihrer Ausgestaltung unbekannt bleibende - nennenswerte Gestaltungsfreiräume bei der Kalkulation des jeweils eigenen Angebots verbleiben; hier wäre - neben den individuellen Gewinnaufschlägen jedes Bieters - insbesondere zu fragen, inwieweit dem jeweiligen Bieter Spielräume verblieben, seine originär eigene Leistung in dem Angebot gegenüber der Vergabestelle anders auszugestalten als im Nachunternehmerangebot gegenüber dem anderen Bieter." (a.a.O., S. 866).

2. Bezwecken oder Bewirken

Entscheidend ist also, ob auch die Informationserlangung über das „Ob" eines anderen Angebots als Bezwecken einer Wettbewerbsbeschränkung zu qualifizieren ist.

Im Fall Baumarkt-Statistik erklärte der *BGH* ein Marktinformationssystem hinsichtlich der Identität der Konkurrenten um öffentliche Aufträge aufgrund der damit bewirkten Kenntnis des „Ob" der Teilnahme an Vergabeverfahren für unzulässig.[701] In dem dort zugrundeliegenden Sachverhalt hatten sich an dem Informationsverfahren nahezu alle auf dem Markt tätigen Unternehmen beteiligt. Durch die Abfrage der Information von der Meldestelle konnte ein potentieller Bieter somit einen relativ exakten Überblick über die voraussichtliche Konkurrenz um den Auftrag erlangen. Dies ermöglichte es, die Kalkulation beispielsweise danach ausrichten, ob ein branchenbekannter Billiganbieter seine Teilnahme kundgetan hatte – oder bei dessen Nicht-Teilnahme „großzügiger" zu kalkulieren. Einer systematischen, nahezu den gesamten Markt erfassenden Kenntniserlangung des „Ob" der Teilnahme anderer Bieter ist daher die objektive Tendenz zur Wettbewerbsbeschränkung beizumessen.

Übertragen auf den Fall der Mehrfachbeteiligung könnte dies bedeuten, daß in bestimmten Konstellationen durchaus eine bezweckte Wettbewerbsbeschränkung anzunehmen ist. Dies gilt etwa für den Fall, daß die Beteiligung als Subunternehmer bei einer großen Anzahl von Angeboten erfolgt und daneben ein eigenes Angebot abgegeben wird.[702] Eine bezweckte Wettbewerbsbeschränkung ist jedenfalls dann zu bejahen, wenn der daneben mit einem eigenen Angebot Mehrfachbeteiligte für eine bestimmte Teilleistung als einziger Experte auf dem relevanten Markt faktisch eine Monopolstellung einnimmt und damit nahezu ausschließen kann, daß sich weitere Bieter beteiligen, die nicht auf seine Ressourcen zurückgreifen.

Bejaht man in dieser Konstellation ein Bezwecken der Wettbewerbsbeschränkung, zwingt dies indes nicht zu einer generellen Qualifizierung der Kenntnis des „Ob" eines anderen Angebots als Kernbeschränkung – auch wenn der Mehrfachbeteiligte nur an einem einzigen Angebot als Subunternehmer beteiligt ist. Die objektive Tendenz zur Wettbewerbsbeschränkung entsteht bei einer bloßen Kenntnis des „Ob" nicht isoliert aus dem Wissen um tatsächliche Teilnehmer, sondern erst im Zusammenspiel mit einer Reduzierung der Ungewißheit über die Nicht-Teilnahme potentieller Konkurrenten. Erst ein grober Überblick über den Kreis der potentiellen und tatsächlichen Konkurrenten ist geeignet, die eigene Kalkulation

---

701 *BGH*, Beschluß vom 18.11.1986, KVR 1/86, „Baumarkt-Statistik", WuW/E BGH 2313.
702 Hierbei ist es irrelevant, ob das eigene Angebot als Einzelbieter oder als Mitglied einer Bietergemeinschaft abgegeben wird, da bei letzterer die Angebotskalkulation gemeinschaftlich erfolgt.

daran auszurichten. Die isolierte Kenntnis von der Teilnahme eines einzigen Konkurrenten bei einer ansonsten völligen Ungewißheit über die weiteren Teilnehmer wirkt sich hingegen typischerweise nicht nachteilig auf den Wettbewerb aus. Die Erlangung der Information über das „Ob" der Teilnahme eines einzigen Konkurrenten ist ihrem Wesen nach nicht geeignet, den Wettbewerb zu beschränken.

3. Zwischenergebnis

Die Mehrfachbeteiligung als Bieter und Nachunternehmer eines einzigen weiteren Angebots stellt grundsätzlich keine bezweckte Wettbewerbsbeschränkung dar, so daß ein Ausschluß der Angebote nicht gerechtfertigt ist.[703] Ein Ausschluß ist allerdings in den Sonderfällen der verdeckten Bietergemeinschaft und der Stellung des Mehrfachbeteiligten als einziger Nachunternehmer eines Generalübernehmers vorzunehmen sowie gegebenenfalls bei einer gegenseitigen Einsetzung als Nachunternehmer.[704]

D. Mehrfachbeteiligung verbundener Unternehmen

Die herausgearbeiteten dogmatischen Grundlagen und deren Anwendung auf gängige Fallgruppen lassen ein System erkennen, in welches sogleich die Mehrfachbeteiligung konzernverbundener Unternehmen einzupassen ist. Hierbei wird der Grundfall der jeweils eigenständigen Beteiligung als Einzelbieter durch zwei Unternehmen desselben Konzerns zugrunde gelegt. Bevor eine Subsumtion unter die allgemeinen Grundsätze möglich ist, ist zu klären, ob diese auf Konzerne überhaupt Anwendung finden oder aber in bedeutendem Umfang zu modifizieren sind.

I. Kein Konzernprivileg

Im allgemeinen Kartellrecht können konzerninterne Absprachen aufgrund des Konzernprivilegs zulässig sein. Hieraus ist indes nicht der Schluß zu ziehen, im Konzern sei eine Mehrfachbeteiligung zulässig, weil der Geheimwettbewerb nicht zu gewährleisten sei. Denn die Begründung des Konzernprivilegs ergibt sich aus der Annahme, daß im Konzern kein Wettbewerb besteht, der beschränkt werden

---

703 Allerdings kann bei entsprechenden Anhaltspunkten ein Ausschluß wegen einer bewirkten Wettbewerbsbeschränkung vorzunehmen sein. Auf die nur einzelfallabhängige Feststellung bewirkter Wettbewerbsbeschränkungen und deren Spürbarkeit ist aus den oben genannten Gründen indes nicht näher einzugehen, s.o. Teil 3 C.I.3.b. (S. 178).
704 Zu den Sonderfällen s.o. Teil 3 C.III.1. (S. 188).

könnte.[705] Geben mehrere konzernangehörige Unternehmen in einem Vergabeverfahren jeweils eigenständige Angebote ab, begeben sie sich in Konkurrenz zueinander. Die Rechtfertigung der Privilegierung des Konzerns entfällt folglich mit der Mehrfachbeteiligung.

Jedes Unternehmen erlangt unabhängig von der Konzernangehörigkeit den vergaberechtlichen Bieterstatus. Die konzernangehörigen Unternehmen haben sich ihrer Verbundenheit begeben und müssen sich an ihrer selbstgewählten Eigenständigkeit festhalten lassen. Als Konkurrenten haben sie den Geheimwettbewerb in gleicher Weise zu wahren wie andere Bieter auch.

II. Allgemeine Grundlagen

Die herausgearbeiteten Grundlagen und der Prüfungsablauf sind demnach auf eine Mehrfachbeteiligung im Konzern entsprechend anzuwenden. Für die Prüfung des Bezweckens einer Wettbewerbsbeschränkung und deren Spürbarkeit kann daher grundsätzlich nach oben verwiesen werden. Danach ist der Informationsaustausch über den Inhalt der Angebote ausnahmslos als Kernbeschränkung zu qualifizieren.[706] Die Kenntnis des Inhalts eines anderen Angebots zwingt damit grundsätzlich zum Angebotsausschluß, da auch die Spürbarkeit einer bezweckten Wettbewerbsbeschränkung in aller Regel gegeben ist.[707]

Die isolierte Kenntnis von der bloßen Teilnahme eines einzigen Konkurrenten bei einer ansonsten völligen Ungewißheit über die weiteren Teilnehmer wirkt sich hingegen typischerweise nicht nachteilig auf den Wettbewerb aus. Die Kenntnis des „Ob" eines anderen Angebots ist daher nicht als bezweckte Wettbewerbsbeschränkung zu qualifizieren, so daß ein Angebotsausschluß nur mit den einzelfallabhängigen Besonderheiten des konkreten Falls begründet werden kann.[708]

Generelle Aussagen zur Unzulässigkeit einer Mehrfachbeteiligung im Konzern lassen sich folglich nur für Konstellationen treffen, in denen eine Kenntnis des Inhalts eines anderen Angebots vorliegt – oder sich der Konzern so behandeln lassen muß, als läge sie vor.

---

705 S.o. Teil 1 A.III.2. (S. 46) sowie *Zimmer*, in: Immenga/Mestmäcker, GWB, § 1 Rn 134.
706 S.o. Teil 3 C.II.3. (S. 187).
707 S.o. Teil 3 C.I.3.a.bb. (S. 177); die Spürbarkeit kann allenfalls auf einem zersplitterten Markt zu verneinen sein.
708 S.o. Teil 3 C.III.2. (S. 190).

III. Keine rechtsformübergreifende Lösung

Der somit für die Zulässigkeit einer Mehrfachbeteiligung entscheidende Informationsfluß im Konzern kann nicht für alle Konzernarten einheitlich bestimmt werden.

Zwar sind nach § 18 AktG Konzerne legaldefiniert als Unternehmen, die unter einheitlicher Leitung zusammengefaßt sind. Wie bereits oben dargelegt, bezieht sich dieser Begriff der einheitlichen Leitung auf die Möglichkeit, Einfluß auf die allgemeine Geschäftspolitik zu nehmen.[709] Hierfür reicht es aus, kraft der Personalhoheit über einen längeren Zeitraum Konsequenzen herbeiführen zu können.[710] Der Begriff der einheitlichen Leitung impliziert hingegen nicht die Möglichkeit oder gar die Pflicht, Einfluß auf einzelne Geschäftsführungsmaßnahmen zu nehmen.[711] Es kann daher nicht davon ausgegangen werden, aufgrund einer einheitlichen Leitung i.S.d. § 18 AktG besitze eine „leitende" Obergesellschaft generell Kenntnis von allen Angeboten, die in ihrem Konzern abgegeben würden. Um feststellen zu können, ob eine solche Annahme gerechtfertigt ist, ist vielmehr eine eingehende Untersuchung erforderlich, die nach der Art des Konzerns als Vertragskonzern oder faktischer Konzern differenziert sowie im letzteren Fall auch nach der Rechtsform der abhängigen Gesellschaft.

Eine Ausnahme gilt freilich für die Fälle der Personenidentität. Dies beruht indes nicht auf generellen Konzernregeln, sondern darauf, daß es sich um allgemeine Erwägungen handelt, die nicht auf Konzernsachverhalte beschränkt sind. Die Konstellationen personeller Verflechtungen werden im Anschluß an die Untersuchung der einzelnen Konzernarten dargestellt.[712]

IV. Vertragskonzern

Im Vertragskonzern besteht unzweifelhaft die Möglichkeit der Obergesellschaft, sich Informationen über ein Angebot der Tochter zu verschaffen. § 308 Abs. 1 S. 1 AktG gewährt der herrschenden Gesellschaft auch bezüglich einzelner Geschäftsführungsmaßnahmen ein umfassendes Weisungsrecht.[713] Um dieses sachgemäß ausüben zu können, ist spiegelbildlich ein umfassendes Informationsrecht über die Vorgänge in der abhängigen Gesellschaft unabdingbar.[714]

---

709 S.o. Teil 2 B.II.5. (S. 118).
710 S.o. Teil 1 A.II.2.b.bb. und cc. (S. 38).
711 S.o. Teil 2 C.I.1. (S. 126).
712 S.u. Teil 3 D.VII. (S. 212).
713 S.o. Teil 1 A.II.1. (S. 34).
714 *Decher*, ZHR 158 (1994), 473, 480; *Singhof*, ZGR 2001, 146, 158.

Bei einer Mehrfachbeteiligung verschiedener Unternehmen desselben Vertragskonzerns liegt damit eine gegenseitige Kenntnis der Angebote jedenfalls nahe. Entscheidend für eine abstrakte Lösung und die Entbehrlichkeit einer Beweiswürdigung im Einzelfall ist allerdings, ob zunächst generell von einer Kenntnis der Obergesellschaft von den Angeboten ihrer Töchter ausgegangen werden kann. Bejaht man dies, stellt sich die weitere Frage, ob die Kenntnis der Mutter auf ihre Töchter zurückfällt.[715] In diesem Fall wäre auch bei einer Mehrfachbeteiligung zweier Schwestern ausnahmslos die gegenseitige Kenntnis der Angebote zu unterstellen und folglich ein zwingender Ausschluß vorzunehmen – außer bei fehlender Spürbarkeit.

Die Fragestellung, ob aufgrund der Informationsrechte der Obergesellschaft generell von einer Kenntnis auszugehen ist, gliedert sich in zwei getrennt voneinander zu untersuchende Komplexe. Zunächst ist zu klären, ob der Mutter das Wissen ihrer Tochter von deren eigenem Angebot zuzurechnen ist. Sofern dies zu verneinen ist, stellt sich die Frage, ob im Kontext der vergaberechtlichen Mehrfachbeteiligung bereits die Möglichkeit der Informationserlangung ausreicht, um eine Informationseinheit zu begründen.

1. Wissenszurechnung

An dieser Stelle haben die später analysierten Konstellationen der Wissenszurechnung bei personellen Verflechtungen zwischen den Organen der Mehrfachbeteiligten außer acht zu bleiben.[716] Es geht ausschließlich um die Frage, ob kraft der gesellschaftsrechtlichen Verbundenheit eine Wissenszurechnung stattfindet.

Nach den oben dargestellten allgemeinen Grundsätzen zur Wissenszurechnung bei arbeitsteiligen Organisation können diejenigen Kenntnisse zugerechnet werden, die im Rahmen einer ordnungsgemäßen Kommunikationsorganisation üblicherweise weitergegeben werden und verfügbar sind.[717] Im Fall der Angebotserstellung für eine öffentliche Ausschreibung scheidet jedenfalls eine generelle Pflicht zur Weiterleitung der diesbezüglichen Informationen an die Obergesellschaft aus.[718] Zwar ist es im Vertragskonzern unzweifelhaft möglich, daß eine Obergesellschaft ihre Tochter wie eine bloße Betriebsabteilung führt, ihr keinen

---

715 In diesem Sinne offensichtlich *Schüler*, Wissenszurechnung im Konzern, S. 265.
716 S.u. Teil 3 D.VII. (S. 212).
717 S.o. Teil 3 C.II.1.b.aa. (S. 183).
718 Bei einer rechtlich unselbständigen Zweigniederlassung folgt die Pflicht zur generellen Weiterleitung der Angebotsabsicht an den Unternehmensträger daraus, daß dieser durch einen Zuschlag verpflichtet wird, s.o. Teil 3 C.II.1.b.bb. (S. 184). Eine konzernangehörige Gesellschaft besitzt dagegen eigene Rechtspersönlichkeit und wird durch ein von ihr eingereichtes Angebot selbst verpflichtet, auch wenn sie einer intensiven Leitung der Obergesellschaft untersteht.

eigenen Entscheidungsspielraum beläßt und sie zur Weiterleitung jeglicher Information verpflichtet. Eine derart intensive Konzernleitung bezüglich jeder einzelnen Geschäftsführungsmaßnahme der abhängigen Gesellschaft ist allerdings für übliche Konzerngestaltungen nicht praktikabel. In diesen Fällen sind an die Obergesellschaft nicht alle Informationen weiterzuleiten, sondern nur solche von einem gewissen Gewicht.

Dementsprechend ist für die allgemeinen Grundsätze der Wissenszurechnung anerkannt, daß die Pflicht zur Kommunikationsorganisation nicht sämtliche Informationen erfaßt, sondern nur jene, die üblicherweise weitergeleitet werden.[719] Eine Informationsweiterleitungspflicht als Voraussetzung der Wissenszurechnung besteht danach nur bei wichtigen Informationen.[720] Über die Wichtigkeit der Beteiligung an einer öffentlichen Ausschreibung lassen sich keine allgemeingültigen Aussagen treffen. Einerseits ist es denkbar, daß das mit einem einzigen Auftrag verbundene Risiko eine konzernangehörige Gesellschaft und möglicherweise den gesamten Konzern in seiner Existenz bedroht. Andererseits fällt ein Auftrag, der nur knapp die Schwellenwerte überschreitet, bei einer Tochtergesellschaft eines internationalen Konzerns, die das gesamte Deutschland-Geschäft abwickelt, nicht weiter ins Gewicht. Die Hypothese, eine Information über die beabsichtigte Teilnahme an einem Vergabeverfahren und deren Weiterleitung an die Obergesellschaft sei per se wichtig, um einer unzulässigen Mehrfachbeteiligung vorbeugen zu können, stellt einen unzulässigen Zirkelschluß dar.

Eine Wissenszurechnung kann folglich nur aufgrund konkreter Umstände des jeweiligen Einzelfalls erfolgen.[721] Dabei liegt eine Zurechnung fern, wenn innerhalb eines Konzerns mehrere Angebote in demselben Vergabeverfahren abgegeben werden, ohne daß die Angebote auf dieselben konzerninternen Ressourcen zurückgreifen. Denn ist der als Bieter bzw. Mitglied einer Bietergemeinschaft übernommene Leistungsanteil so gering, daß der Konzern mit seinen Ressourcen die übernommene Leistung zweimal ausführen könnte, hat der konkrete Auftrag regelmäßig kein so großes Gewicht, daß eine Koordination über die Konzernmutter bzw. deren vorherige Zustimmung zur Angebotsabgabe erforderlich ist.[722] Die

---

719 Statt aller *Schüler*, Wissenszurechnung im Konzern, S. 79 ff. mwN, der den Begriff der Wesentlichkeit der Information verwendet.
720 Ausf. zur Informationsweiterleitungspflicht *Buck*, Wissen und juristische Person, S. 410 ff., allerdings kritisch zur „sehr unklaren Formulierung" des Merkmals wichtig (S. 414); vgl. auch Teil 3 D.VII.1.c. (S. 215) mwN in Fn 799.
721 *Buck*, Wissen und juristische Person, S. 502 ff., 509 geht bei Vorliegen der Voraussetzungen einer Wissenszurechnung davon aus, daß diese auch durch effektive chinese walls nicht verhindert werden kann, da letzteren keine zurechnungsbeschränkende Wirkung zukomme. Denn eine Abänderung der allgemeinen Regeln des Kennens und Kennenmüssens könne nur der Gesetzgeber regeln.
722 Für den umgekehrten Fall, daß sich zwei Unternehmen eines Vertragskonzerns auf die Kapazitäten desselben konzernangehörigen Unternehmens berufen s.u. Teil 3 D.IV.5. (S. 202).

Teilnahme an dem konkreten Vergabeverfahren erscheint dann nicht als wichtige Information, so daß keine Wissenszurechnung erfolgt.

Eine Einzelfallbetrachtung wäre entbehrlich, wenn bei der Beurteilung der Mehrfachbeteiligung bereits die Möglichkeit der Informationserlangung für die Annahme einer Informationseinheit ausreicht.

2. Möglichkeit der Informationserlangung

Wie bereits erwähnt, besteht im Vertragskonzern unzweifelhaft die Möglichkeit der Obergesellschaft, sich auch über einzelne Geschäftsführungsmaßnahmen der abhängigen Gesellschaft zu informieren. Im allgemeinen Kartellrecht wird die Möglichkeit einer Einflußnahme sowohl im Rahmen des Konzernprivilegs als auch der Verbundklausel als ausreichend für die Annahme einer wirtschaftlichen Einheit angesehen.[723] Übertragen auf die Mehrfachbeteiligung konzernverbundener Unternehmen könnte dies bedeuten, daß bereits die Möglichkeit der Einflußnahme und Informationserlangung zur Annahme einer Informationseinheit führt, welche zum Ausschluß der Angebote zwingt.

a. Wertung des Konzernprivilegs

Für die Anwendung des Konzernprivilegs genügt es grundsätzlich, daß die Konzernleitung in der Lage ist, beherrschenden Einfluß auf die konzernangehörigen Unternehmen auszuüben.[724] Ein tatsächlicher Gebrauch dieser Möglichkeit wird nicht gefordert.[725] Um die Übertragbarkeit auf das Vergaberecht ergründen zu können, ist der Anlaß des Konzernprivilegs in den Blick zu nehmen: Die Abstimmung im Konzern ist nicht als Wettbewerbsbeschränkung zu qualifizieren, weil es an Wettbewerb fehlt, der beschränkt werden könnte.[726] Allerdings findet das Kon-

---

723 Vgl. bzgl. des Konzernprivilegs Teil 1 A.III.2. (S. 46), bzgl. der Verbundklausel sogleich Teil 3 D.IV.2.b. (S. 198).
724 S.o. Teil 1 A.III.2. (S. 46).
725 *Heitzer*, Konzerne im Europäischen Wettbewerbsrecht, S. 177; *Mestmäcker/Schweitzer*, Europäisches Wettbewerbsrecht, § 8 Rn 46; *Nordemann*, in: Loewenheim/Meessen/Riesenkampff, Kartellrecht, Bd. 2, § 1 Rn 95; *Roth/Ackermann*, in: FK-KartellR, Art. 81 Abs. 1 Grundfragen, Rn 217; *Stockenhuber*, in: Grabitz/Hilf, EGV, Art. 81 Rn 167.
726 *Zimmer*, in: Immenga/Mestmäcker, GWB, § 1 Rn 134; einen Überblick über zahlreiche – im Detail unterschiedliche – Ansichten bezüglich der Anwendungsvoraussetzungen des Konzernprivilegs bietet *Buntscheck*, Das Konzernprivileg, S. 27 f.

zernprivileg im Vertragskonzern generell Anwendung,[727] also auch dann, wenn tatsächlich Wettbewerb besteht. *Zimmer* begründet dies wie folgt:

„Die jederzeit bestehende Möglichkeit, den Vertragsinhalt durch Erlaß einer – nicht vom Kartellverbot erfaßten – Weisung verbindlich zu machen, entzieht Vereinbarungen, die zwischen den Beteiligten eines Vertragskonzerns geschlossen werden, dem Tatbestand des § 1. So wie einerseits schon potentieller Wettbewerb im Schutzbereich der Norm liegt, ist andererseits der jederzeit durch Weisung zu realisierende potentielle Nicht-Wettbewerb beachtlich."[728]

Verkürzt ausgedrückt wird eine bei formaler Beurteilung unter das Kartellverbot zu subsumierende Verhaltensweise von dem Verbot ausgenommen, weil den Beteiligten ein Alternative zur Verfügung steht, welche wirtschaftlich dasselbe bewirkt, aber rechtlich nicht unter das Kartellverbot fällt. Auch bei einer tatsächlich vorliegenden wirtschaftlichen Selbständigkeit wird aufgrund der rechtlichen Beherrschungsmöglichkeit eine wirtschaftliche Einheit angenommen.

Übertragen auf die vergaberechtliche Mehrfachbeteiligung verbundener Unternehmen würde das bedeuten, statt deren tatsächlicher Selbständigkeit aufgrund der rechtlichen Beherrschungsmöglichkeit eine Wirtschafts- bzw. Informationseinheit anzunehmen. Gegen ein solches Vorgehen bestehen aufgrund der gegensätzlichen Interessenlage durchgreifende Bedenken. Die Anwendung des Konzernprivilegs kommt den verbundenen Unternehmen zugute, so daß es ihnen nur recht ist, wenn ein formal rechtswidriges Tun aufgrund eines rechtmäßigen Alternativverhaltens gerechtfertigt wird. Im Fall der Mehrfachbeteiligung würde hingegen umgekehrt ein tatsächlich rechtmäßiges Handeln aufgrund der Möglichkeit eines Verstoßes für rechtswidrig erklärt. Eine tatsächliche Konkurrenz konzernverbundener Unternehmen würde einer rechtlichen Fiktion geopfert. Dies würde den Entscheidungen Assitur und Serrantoni des *EuGH* widersprechen, nach denen eine unwiderlegbare Vermutung, daß Angebote verbundener Unternehmen für denselben Auftrag stets voneinander beeinflußt worden sind, gegen den Grundsatz der Verhältnismäßigkeit verstößt.[729]

Haben verbundene Unternehmen in einem Verfahren unabhängig voneinander konkurrierende Angebote abgegeben, kann ihre Eigenständigkeit bei der Ange-

---

[727] *Bunte*, in: Langen/Bunte, Kartellrecht Bd. 1, § 1 Rn 117; *Fleischer*, AG 1997, 493, 498 f.; *Mestmäcker/Schweitzer*, Europäisches Wettbewerbsrecht, § 8 Rn 48; *Nordemann*, in: Loewenheim/Meessen/Riesenkampff, Kartellrecht, Bd. 2, § 1 Rn 95; aA *Potrafke*, Konzerninterne Vereinbarungen S. 234.
[728] *Zimmer*, in: Immenga/Mestmäcker, GWB, § 1 Rn 136 mwN.
[729] *EuGH*, Urteil vom 19.05.2009, Rs. C-538/07, „Assitur", NZBau 2009, 607, Rn 30; *EuGH*, Urteil vom 23.12.2009, Rs. C-376/08, „Serrantoni", NZBau 2010, 261, Rn 38.

botserstellung folglich nicht unter Rückgriff auf die Wertungen des Konzernprivilegs negiert werden.[730]

b. Wertung der Verbundklausel

Die Verbundklausel des § 36 Abs. 2 S. 1 GWB verweist auf die Abhängigkeits- und Konzernvermutung der §§ 17, 18 AktG. Durch den Verweis auf die Abhängigkeitsvermutung des § 17 Abs. 2 AktG, welche bei Mehrheitsbesitz eingreift, sind auch möglicherweise wirtschaftlich eigenständig agierende Unternehmen eines faktischen AG-Konzerns als einheitliches Unternehmen anzusehen. Die Abhängigkeitsvermutung hat die gesellschaftsrechtlich abgesicherte Herrschaftsmöglichkeit zum Bezugspunkt.[731] Eine Obergesellschaft kann die Abhängigkeitsvermutung somit nur bei einem Verlust der Mehrheit der Stimmrechte widerlegen.[732] Die tatsächliche Ausübung bestehender Stimmrechte ist irrelevant. Gemäß § 36 Abs. 2 S. 1 GWB i.V.m. § 17 Abs. 2 AktG reicht folglich bereits die Möglichkeit der Einflußnahme aus, um die verbundenen Unternehmen als Einheit anzusehen.

Bei Bestehen eines Beherrschungsvertrages wird die einheitliche Leitung gemäß § 18 Abs. 1 S. 2 AktG sogar unwiderleglich vermutet, so daß kraft der Verbundklausel die Annahme eines einheitlichen Unternehmens zwingend ist. Angewandt auf die Mehrfachbeteiligung innerhalb eines Vertragskonzerns lägen mehrere Angebote desselben einheitlichen Unternehmens vor, so daß von der Kenntnis des jeweils anderen Angebots ausgegangen werden müßte.[733]

Es ist allerdings fraglich, ob die Verbundklausel derart auf die vergaberechtliche Mehrfachbeteiligung anzuwenden ist. Zur Lösung trägt auch hier ein Blick auf die Motive der Regelung bei. Die Verbundklausel betrifft unmittelbar die Zusammenschlußkontrolle. Dort ist es erforderlich, bereits die Möglichkeit der Beherrschung als ausreichend zur Begründung eines einheitlichen Unternehmens anzusehen. Denn bei der Genehmigung einer Fusion handelt es sich um eine einmalige Ent-

---

730 Die Feststellung einer Unternehmenseinheit muß stets anhand des jeweiligen Gesetzeszwecks erfolgen (*Mestmäcker/Schweitzer*, Europäisches Wettbewerbsrecht, § 8 Rn 47), welcher im Kontext der vergaberechtlichen Mehrfachbeteiligung bei tatsächlicher Konkurrenz der verbundenen Unternehmen für deren getrennte Betrachtung spricht.
731 *BGH*, Beschluß vom 19.01.1993, KVR 32/91, „WAZ/IKZ I", BGHZ 121, 137, 145 sowie Beschluß vom 17.03.1997, II ZB 3/96, „VW-AG", BGHZ 135, 107, 114; *Casper*, in: Ulmer, GmbHG, Anh. § 77 Rn 28; *Emmerich*/Habersack, Aktien- und GmbH-Konzernrecht, § 17 Rn 5.
732 S.o. Teil 1 A.II.2.b.bb. (S. 38) sowie *Emmerich*/Habersack, Aktien- und GmbH-Konzernrecht, § 17 Rn 35.
733 Die Einheitlichkeit des Unternehmens könnte die Grundlage einer Wissenszurechnung bilden, welche selbst durch effektive chinese walls nicht verhindert werden könnte; vgl. *Buck*, Wissen und juristische Person, S. 502 ff., 509 sowie oben Fn 721.

scheidung, die ein späteres koordiniertes Vorgehen der dann verbundenen Unternehmen infolge des Konzernprivilegs grundsätzlich legalisiert. Da die Fusionskontrolle sich auch auf die künftigen Marktverhältnisse bezieht, muß eine noch nicht realisierte Möglichkeit der Bildung einer wirtschaftlichen Einheit berücksichtigt werden.

Bei der Mehrfachbeteiligung verbundener Unternehmen ist hingegen das künftige Verhalten der Bieter belanglos. Einzig relevant ist jenes, welches sie im Rahmen der Angebotserstellung an den Tag gelegt haben.[734] Agierten sie hierbei unabhängig voneinander, ist es nicht gerechtfertigt, die Angebote aufgrund der potentiellen Möglichkeit einer Koordinierung auszuschließen. Auch *Opitz* stellt in Abgrenzung zur Zusammenschlußkontrolle für die Mehrfachbeteiligung fest:

> „Solange zwei verbundene Unternehmen ihre wirtschaftliche Selbständigkeit tatsächlich nicht aufgegeben haben, besteht kein Grund, beide Unternehmen als wettbewerbliche Einheit zu behandeln […]"[735]

Die *2. VK Mecklenburg-Vorpommern* führt zutreffend aus:

> „Die Beurteilung im Rahmen der Zusammenschlußkontrolle ist strukturbezogen; nach einer Freigabeentscheidung besteht keine Möglichkeit mehr, den Zusammenschluß zu untersagen. Soweit tatsächlich konzerninterner Wettbewerb herrschen sollte, ist dieser nicht strukturell gesichert und kann daher im Rahmen der fusionskontrollrechtlichen Bewertung kein entscheidendes Gewicht beanspruchen. Bei der Beteiligung an einem Vergabeverfahren handelt es sich dagegen um ein punktuelles Verhalten, das einer Überprüfung danach zugänglich ist, ob die Mitglieder des Unternehmensverbundes einander mit ihren Angeboten als Wettbewerber gegenüberstehen. Daher können bei Angeboten mehrerer konzernangehöriger Unternehmen nicht ohne weiteres wettbewerbsbeschränkende Absprachen angenommen werden."[736]

Überdies würde das mit einer Anwendung der Verbundklausel bewirkte generelle Verbot der Mehrfachbeteiligung von Unternehmen eines Vertragskonzerns über das Ziel hinausschießen. In der Absicht, eine Beschränkung des Wettbewerbs zu verhindern, würde der Wettbewerb eliminiert und damit das Wettbewerbsprinzip konterkariert.[737] Es ist auch im Vertragskonzern möglich und verbreitet, eine lockerere Führung der abhängigen Gesellschaften zu betreiben, so daß diese eigenständig auf dem Markt agieren. Damit besteht die Möglichkeit einer unbewußten Konkurrenz um denselben Auftrag, für welchen beide konzernangehörigen Unternehmen unabhängig voneinander – entsprechend dem Leitbild des Vergaberechts – ein möglichst knapp kalkuliertes Angebot abgegeben. Wäre im Vertrags-

---

734 Ggf. kommt im Rahmen der Beweiswürdigung einem früheren Verhalten der verbundenen Unternehmen indizielle Bedeutung zu: Wenn die Unternehmen in aller Regel kooperiert haben, dürften erhöhte Anforderungen an ihre Behauptung gestellt werden, diesmal agierten sie völlig unabhängig voneinander.
735 *Opitz*, Marktmacht und Bieterwettbewerb, S. 125.
736 *2. VK Mecklenburg-Vorpommern*, Beschluß vom 07.01.2008, 2 VK 5/07, Umdruck S. 69.
737 Vgl. *EuGH*, Urteil vom 23.12.2009, Rs. C-376/08, „Serrantoni", NZBau 2010, 261, Rn 45.

konzern nur ein Angebot zugelassen, müßte eine Koordination stattfinden, welche Gesellschaft dieses abgibt. Dadurch würde im Vergleich zur unbewußten Mehrfachbeteiligung der unverfälschte Wettbewerb um einen Bieter verringert.[738] Hierin liegt ein entscheidender Unterschied zur Grundkonstellation der Mehrfachbeteiligung als Einzelbieter und Mitglied einer Bietergemeinschaft. Dort besteht zur Mehrfachbeteiligung die rechtmäßige Alternative, der Bietergemeinschaft fernzubleiben und in unverfälschter Konkurrenz ein eigenes Angebot abzugeben. Für konzernverbundene Unternehmen käme hingegen diese Alternative bei einer generellen Untersagung ihrer Mehrfachbeteiligung nicht in Betracht.

3. Umkehr der Darlegungs- und Beweislast

Für den Auftraggeber als außenstehenden Dritten ist der Informationsfluß im Konzern nicht ersichtlich. Aufgrund der jederzeitigen Möglichkeit der Obergesellschaft, sich über jegliche Geschäftsführungsmaßnahme Informationen zu beschaffen und über ihr Weisungsrecht eine Koordinierung der Angebote durchzuführen, ist die gegenseitige Kenntnis der Angebote in einem Vertragskonzern ohne weitere Anhaltspunkte zu vermuten.

Um diese Vermutung zu widerlegen, haben die verbundenen Unternehmen entgegen der Ansicht des *OLG Düsseldorf* nicht schon mit dem Angebot „nachvollziehbar darzulegen und nachzuweisen, daß und aufgrund welcher besonderen Vorkehrungen der Geheimwettbewerb bei der Angebotserstellung ausnahmsweise gewährleistet war."[739] Wie bereits dargelegt, besteht jedenfalls keine generelle Informationsweiterleitungspflicht.[740] Somit ist es trotz pflichtgemäßen Verhaltens der verbundenen Unternehmen naheliegend, daß sie nicht um die Mehrfachbeteiligung wissen. Dann besteht für sie überhaupt keine Veranlassung, in dem Angebot Vorkehrungen zur Wahrung des Geheimwettbewerbs darzulegen. An die Nicht-Vorlage entsprechender Erklärungen darf daher keine negative Konsequenz geknüpft werden. Es ist ein Gebot des Rechtsstaatsprinzips und des Untersuchungsgrundsatzes des § 110 Abs. 1 S. 1 GWB, daß demjenigen, der aufgrund einer Vermutung von einer Sanktion bedroht ist, ohne hiervon Kenntnis zu haben, Gelegenheit gegeben werden muß, diese Vermutung zu entkräften.

---

738 In den Entscheidungen Assitur und Serrantoni hat der *EuGH* jüngst das Interesse des Gemeinschaftsrecht betont, daß die Beteiligung möglichst vieler Bieter an einer Ausschreibung sichergestellt wird, vgl. *EuGH*, Urteil vom 19.05.2009, Rs. C-538/07, „Assitur", NZBau 2009, 607, Rn 26; *EuGH*, Urteil vom 23.12.2009, Rs. C-376/08, „Serrantoni", NZBau 2010, 261, Rn 40.
739 *OLG Düsseldorf*, Beschluß vom 27.07.2006, VII-Verg 23/06, „Vorlieferant", VergabeR 2007, 229, 232 f.
740 S.o. Teil 3 D.IV.1. (S. 194).

Der *EuGH* stellt in den Entscheidungen Assitur und Serrantoni fest, den wegen einer Mehrfachbeteiligung vom Ausschluß bedrohten Unternehmen müsse die Möglichkeit gegeben werden, nachzuweisen, daß ihre Angebote völlig unabhängig voneinander formuliert sind.[741] Ob dies bei einer konkreten Mehrfachbeteiligung gelingt, ist eine Frage der Beweiswürdigung im Einzelfall.[742] Eine erschöpfende Behandlung ist im Rahmen dieser Arbeit daher nicht möglich. Es sollen aber beispielhaft einige Tatsachen genannt werden, aufgrund derer der Auftraggeber bzw. die Nachprüfungsinstanz zu der Überzeugung gelangen können, die Vermutung der Kenntnis des jeweils anderen Angebots sei widerlegt. Dies ist zunächst in großen Konglomeraten denkbar, insbesondere, wenn einer der Bieter erst vor kurzem zugekauft wurde. Eine Kenntnis der Konkurrenz liegt auch dann fern, wenn die verbundenen Unternehmen üblicherweise nicht konkurrieren, weil sie in unterschiedlichen Branchen oder Regionen tätig sind und der konkrete Auftrag in dem kleinen Aufgabengebiet liegt, das beide abdecken. Daran schließt sich für den Fall der Doppelbewerbung eines Konzerns jeweils durch Beteiligung an einer Bietergemeinschaft die denkbare Konstellation an, daß die verbundenen Unternehmen auf vollkommen unterschiedlichen Feldern tätig sind und im Rahmen der Bietergemeinschaft jeweils eine Aufgabe ihres Spezialbereichs übernommen haben. In solchen Konstellationen dürfen an die Widerlegung der Vermutung keine unerreichbaren Anforderungen gestellt werden.

Jedenfalls hat der Mehrfachbeteiligte, um die Vermutung zu widerlegen, die konkreten Umstände der Angebotserstellung einschließlich der Entscheidungswege im Konzern darzulegen. Die zur Auftragsdurchführung vorgesehenen Ressourcen sind ebenso zu benennen wie die mit der Angebotserstellung befaßten Mitarbeiter. Die Abgabe eidesstattlicher Versicherungen der Mitarbeiter, daß sie keine Kenntnis von der Abgabe des konkurrierenden konzerninternen Angebots hatten, vermag substantiierten Vortrag nicht zu ersetzen, kann aber möglicherweise die Überzeugungsbildung des Auftraggebers bzw. der Nachprüfungsinstanz zugunsten des Mehrfachbeteiligten beeinflussen.

4. Zwischenergebnis

Eine Mehrfachbeteiligung mehrerer Unternehmen eines Vertragskonzerns ist nicht prinzipiell unzulässig. Hierbei ist eine wettbewerbsbeschränkende Kenntnis des jeweils anderen Angebots nicht generell kraft einer Wissenszurechnung anzunehmen. Die unzweifelhaft existierende Möglichkeit der Kenntniserlangung genügt

---

741 *EuGH*, Urteil vom 19.05.2009, Rs. C-538/07, „Assitur", NZBau 2009, 607, Rn 30; *EuGH*, Urteil vom 23.12.2009, Rs. C-376/08, „Serrantoni", NZBau 2010, 261, Rn 39.
742 So jüngst auch *Hölzl*, NZBau 2009, 751 ff.; *Gabriel*, NZBau 2010, 225 ff.

entgegen den Wertungen des Konzernprivilegs und der Verbundklausel nicht als Rechtfertigung eines Ausschlusses.

Die Möglichkeit der Informationserlangung führt jedoch zu einer Umkehr der Darlegungs- und Beweislast. Die Tatsachen zur Widerlegung der vermuteten Kenntnis des anderen Angebots müssen noch nicht mit dem Angebot vorgelegt werden. Vielmehr reicht ein entsprechender Vortrag aus, nachdem der Auftraggeber den Mehrfachbeteiligten auf die Prüfung eines Ausschlusses wegen Verletzung des Geheimwettbewerbs hingewiesen hat.

Da die Obergesellschaft sich über die Angebote verschiedener Töchter informieren und diese sodann im Wege der Weisung koordinieren kann, besteht die Vermutung der Kenntnis auch bei der Mehrfachbeteiligung mehrerer Schwestergesellschaften, die nicht direkt miteinander verbunden sind.

Gelingt es den Mehrfachbeteiligten nicht, die Vermutung des Informationsaustausches zu widerlegen, ist von einer bezweckten Wettbewerbsbeschränkung auszugehen. Diese zwingt grundsätzlich zum Ausschluß der Angebote, allenfalls auf zersplitterten Märkten kann die Spürbarkeit zu verneinen sein.

5. Einsatz derselben konzerninternen Ressourcen

Abschließend ist auf den Fall einzugehen, daß sich zwei Unternehmen eines Vertragskonzerns in demselben Vergabeverfahren auf die Kapazitäten desselben konzernangehörigen Unternehmens berufen. Hierunter soll auch jene Konstellation verstanden werden, in welcher beide Mütter eines paritätischen Gemeinschaftsunternehmens sich jeweils deren Ressourcen bedienen wollen.

Es ist hierbei irrelevant, ob einer der Bieter die Kapazitäten kraft Konzernverbundenheit in Anspruch nimmt oder dem verpflichteten Unternehmen jeweils die formale Stellung als Nachunternehmer zukommt. In beiden Konstellationen hat das verpflichtete Unternehmen Kenntnis davon, daß sich aus seinem Konzern zwei Gesellschaften um denselben Auftrag bewerben. Zumindest müßte diese Kenntnis bei einer ordnungsgemäßen Kommunikationsorganisation vorliegen. Aufgrund der Stellung als Nachunternehmer handelt es sich nicht um eine Kenntnis der Inhalte, sondern nur des „Ob" der Angebote.[743] Im Vertragskonzern bestehen keine Bedenken, diese Kenntnis des verpflichteten Unternehmens den beiden Bietern zuzurechnen. Angesichts des hohen Risikos eines Ausschlusses beider Angebote, sofern keine Vorkehrungen zum Schutz des Geheimwettbewerbs ergriffen werden, handelt es sich eine Information, die üblicherweise weitergeleitet wird.[744]

---

743 S.o. Teil 3 C.III.1. (S. 188).
744 Vgl. Teil 3 C.II.1.b.aa. (S. 183) sowie Teil 3 D.IV.1. (S. 194).

Die bei den Bietern vorhandene oder ihnen jedenfalls zugerechnete Kenntnis des „Ob" des jeweils anderen Angebots ist nicht als bezweckte Wettbewerbsbeschränkung zu qualifizieren.[745] Sie führt jedoch dazu, daß nach der Rechtsprechung des *OLG Düsseldorf* eine Obliegenheit der Mehrfachbeteiligten besteht, bereits mit dem Angebot „nachvollziehbar darzulegen und nachzuweisen, daß und aufgrund welcher besonderen Vorkehrungen der Geheimwettbewerb bei der Angebotserstellung ausnahmsweise gewährleistet war."[746] Wissen die Bieter um die Mehrfachbeteiligung, bestehen gegen diese Auffassung nicht die oben vorgebrachten Einwände, so daß in diesem Fall dem *OLG Düsseldorf* gefolgt werden kann.[747]

Wollen zwei verbundene Unternehmen die Ressourcen einer demselben Konzern angehörigen Gesellschaft für dasselbe Vergabeverfahren in Anspruch nehmen, hat das mehrfach verpflichtete Unternehmen die Kenntnis der Mehrfachbeteiligung an die berufenden Unternehmen weiterzuleiten. Diese sollten tunlichst Vorkehrungen zum Schutze des Geheimwettbewerbs ergreifen, sie dokumentieren und bereits mit dem Angebot darlegen. Wird entsprechend verfahren, bestehen gegen eine Kombination der konzerninternen Konkurrenz unter jeweiliger Kooperation mit demselben konzernangehörigen Unternehmen keine durchgreifenden Bedenken. Es ist grundsätzlich keine Vermittlung des Inhalts der Angebote durch das mehrfach verpflichtete Unternehmen anzunehmen, so daß eine bezweckte Wettbewerbsbeschränkung nicht in Betracht kommt. Aufgrund der Besonderheiten eines konkreten Falles kann allerdings eine bewirkte Wettbewerbsbeschränkung vorliegen.

V. Faktischer GmbH-Konzern

1. Alleinbesitz

Besitzt eine Obergesellschaft 100 % der Anteile an einer GmbH, steht ihr ein umfassendes Weisungs- und damit auch Informationsrecht zu.[748] Die Situation entspricht jener im Vertragskonzern. Für die Beurteilung einer Mehrfachbeteiligung von Unternehmen eines GmbH-Konzerns im Alleinbesitz der Obergesellschaft kann daher auf die zum Vertragskonzern getätigten Ausführungen verwiesen werden.

---

745 S.o. Teil 3 C.III.2. (S. 190).
746 *OLG Düsseldorf*, Beschluß vom 27.07.2006, VII-Verg 23/06, „Vorlieferant", VergabeR 2007, 229, 232 f.
747 Vgl. Teil 3 C.II.1.c. (S. 185) zur entsprechenden Situation bei der Mehrfachbeteiligung als Einzelbieter und Mitglied einer Bietergemeinschaft und dagegen Teil 3 D.IV.3. (S. 200) zu den Einwänden bei einer möglicherweise nicht vorhanden Kenntnis.
748 S.o. Teil 1 A.II.2.a. (S. 36).

2. Mehrheitsbeteiligung

Unterschiede könnten hingegen im faktischen GmbH-Konzern bestehen, wenn die Obergesellschaft lediglich eine Mehrheitsbeteiligung hält. Zwar gewährt § 51 a Abs. 1 GmbHG den Gesellschaftern weitreichende Auskunftsrechte.[749] Danach haben die Geschäftsführer jedem Gesellschafter auf Verlangen unverzüglich Auskunft über die Angelegenheiten der Gesellschaft zu geben. Dieses Informationsrecht ist umfassend ausgestaltet, prinzipiell unbeschränkt und findet seine Grenze erst bei einer nicht zweckentsprechenden Wahrnehmung.[750] Es erstreckt sich unter anderem auf die rechtsgeschäftliche Betätigung der GmbH und damit auch auf in Vorbereitung befindliche Verträge.[751] Eine Obergesellschaft als Gesellschafterin einer GmbH-Tochter kann von dieser damit grundsätzlich uneingeschränkt Auskunft über deren beabsichtigte Teilnahme an Vergabeverfahren verlangen.

In den Fällen konzerninterner Konkurrenz mittels einer Mehrfachbeteiligung ist jedoch das Verweigerungsrecht des § 51 a Abs. 2 S. 1 GmbHG zu beachten. Danach dürfen die Geschäftsführer die Auskunft verweigern, wenn zu besorgen ist, daß der Gesellschafter sie zu gesellschaftsfremden Zwecken verwenden und dadurch der Gesellschaft einen nicht unerheblichen Nachteil zufügen wird. Ein wesentlicher Anwendungsfall der gesellschaftsfremden Verwendung ist die Ausnutzung der erlangten Kenntnisse in einem Konkurrenzunternehmen.[752] Gedenkt die Obergesellschaft selbst ein Angebot abzugeben oder ist mit der Weitergabe der Informationen an einen anderen konzernangehörigen Konkurrenten zu rechnen, ist die Verwendung zu gesellschaftsfremden Zwecken zu besorgen.[753] Denn hierfür genügt die Gefahr zweckwidriger Informationsverwendung, es wird keine an Sicherheit grenzende Wahrscheinlichkeit verlangt.[754] Würde aufgrund der erlangten Kenntnisse die Obergesellschaft oder ein von ihren Töchtern für ihr eigenes Angebot einen günstigeren Preis fordern, verliert die GmbH die Chance auf den Zuschlag, so daß

---

749 Umfassend hierzu *Karl*, DStR 1995, 940 ff.
750 *BGH*, Urteil vom 06.03.1997, II ZB 4/96, BGHZ 135, 48, 54; *Wicke*, GmbHG, § 51 a Rn 3.
751 *Roth*/Altmeppen, GmbHG, § 51 a Rn 8.
752 *Hüffer*, in: Ulmer, GmbHG, § 51 a Rn 48; *Karl*, DStR 1995, 940, 944; *Wicke*, GmbHG, § 51 a Rn 8.
753 *Roth*/Altmeppen, GmbHG, § 51 a Rn 23 stellt klar, daß es ausreicht, wenn der Nachteil sich „aus dem Handeln Dritter [ergibt], an die die fragliche Information weitergegeben wurde".
754 *Hüffer*, in: Ulmer, GmbHG, § 51 a Rn 49 mwN; ausf. *Ivens*, GmbHR 1989, 273, 273 f., der – vergleichbar der oben erläuterten fast zwangsläufigen kartellrechtlichen Vermutung des kausalen Marktverhaltens bei der Kenntnis des Verhaltens eines Konkurrenten – bezüglich einer natürlichen Person als Konkurrentgesellschafter ausführt: „Danach besteht die Besorgnis einer nachteiligen Informationsverwendung grundsätzlich dann, wenn der Gesellschafter in dem Konkurrenzunternehmen über die Geschäftspolitik (mit)entscheidet. Es ist dann hinreichend wahrscheinlich, daß er die intern erlangten Informationen *auch ungewollt* bei seinen Entscheidungen im Konkurrenzunternehmen verwertet. Denn eine Person kann unmöglich einen Teilbereich ihres Wissens vorübergehend „ausblenden", wenn sie in einem Bereich tätig wird, in dem sie bestimmte Informationen nicht verwerten darf".

auch ein Nachteil zu besorgen ist. Die Voraussetzungen einer Informationsverweigerung liegen damit vor.[755]

Der Geschäftsführer ist jedoch zur Verweigerung der Information nicht verpflichtet, sondern nur berechtigt. In Anbetracht des erheblichen Einflusses und Drohpotentials des Mehrheitsgesellschafters einer GmbH gegenüber dessen Geschäftsführer – nicht zuletzt aufgrund der in § 38 Abs. 1 GmbHG eingeräumten Möglichkeit der jederzeitigen Abberufung ohne Angabe von Gründen – kann vermutet werden, daß der Geschäftsführer sich dem Willen der Obergesellschaft meist beugen wird.[756] Trotz des bestehenden Verweigerungsrechts des § 51a Abs. 2 S. 1 GmbHG kann der Auftraggeber daher bei einer Mehrfachbeteiligung im faktischen GmbH-Konzern den Informationsaustausch vermuten. Die Ausführungen zum Vertragskonzern gelten daher entsprechend.

VI. Faktischer AG-Konzern

Die Möglichkeit der Einflußnahme auf eine abhängige AG im faktischen Konzern – und damit spiegelbildlich auch die Informationsrechte – unterscheiden sich wesentlich von jenen im Vertragskonzern oder gegenüber einer abhängigen GmbH. So ist der Vorstand einer abhängigen AG an Weisungen der Obergesellschaft auch dann nicht gebunden, wenn diese 100 % der Anteile an der AG hält.[757] Die Möglichkeit, sich dem Willen eines Groß- oder Alleinaktionärs zu widersetzen, wird durch § 82 Abs. 3 AktG abgesichert, wonach ein Widerruf der Bestellung des Vorstands nur bei Vorliegen eines wichtigen Grundes zulässig ist.

1. Informationsaustausch im faktischen AG-Konzern

Die Obergesellschaft kann dem Vorstand der abhängigen AG keine Weisungen bezüglich einzelner Geschäftsführungsmaßnahmen erteilen. Folglich benötigt sie zur sachgemäßen Ausübung ihrer Rechte grundsätzlich keine Informationen über bevorstehende Geschäfte der Tochter-AG, ergo geplante Teilnahmen an öffentlichen Ausschreibungen.

---

755 Auch die formale Voraussetzung, daß die Verweigerung eines Beschlusses der Gesellschafter bedarf (§ 51a Abs. 2 S. 2 GmbHG) stellt kein Hindernis dar, da der von der Informationsverweigerung betroffene Gesellschafter bei der Beschlußfassung kein Stimmrecht hat; *Hüffer*, in: Ulmer, GmbHG, § 51a Rn 53 mwN.
756 Vgl. zu den faktischen Möglichkeiten der Einflußnahme Teil 2 B.II.2.c.aa. (S. 109).
757 S.o. Teil 1 A.II.2.b. (S. 37) sowie *Seibt*, in: K. Schmidt/Lutter, AktG § 76 Rn 17; *Spindler*, in: MüKo AktG, § 76 Rn 22; *Wiesner*, in: MüHdb. AG, § 19 Rn 28.

a. Informationsrechte der Konzernrechnungslegung

Ein solches Recht läßt sich auch nicht aus § 294 Abs. 3 HGB herleiten, in dessen Satz 1 für die Konzernrechnungslegung die Übermittlung bestimmter Unterlagen an die Obergesellschaft angeordnet wird. Gemäß § 294 Abs. 3 S. 2 HGB ist dem Mutterunternehmen das Recht eingeräumt, von jedem Tochterunternehmen alle Aufklärungen und Nachweise zu verlangen, welche die Aufstellung des Konzernabschlusses und des Konzernlageberichts erfordert. Dieser Auskunftsanspruch erfaßt mit seinem Bezug auf den Konzernabschluß und Konzernlagebericht überwiegend eine vergangenheitsbezogene Berichterstattung.[758] Der Konzernlagebericht enthält gemäß § 315 Abs. 1 S. 5 HGB zwar auch einen zukunftsbezogenen Prognose- und Risikobericht, in welchem die voraussichtlichen Entwicklungen mit ihren wesentlichen Chancen und Risiken zu beurteilen und zu erläutern sind. Die bloße Absicht zur Abgabe eines Angebots ist allerdings noch nicht als wesentliche Chance oder Risiko im Sinne des Lageberichts zu qualifizieren.[759] Eine mögliche Pflicht zur Meldung des erhaltenen Zuschlags hat keine Rückwirkungen auf den Geheimwettbewerb bei Erstellung der Angebote.

Ein weitergehender Informationsanspruch im Hinblick auf aktuelle Angebotserstellungen ergibt sich auch nicht aufgrund der durch das BilMoG[760] neuerdings in § 315 Abs. 2 Nr. 5 HGB geforderten „Erklärung des Konzernlageberichts zu den wesentlichen Merkmalen des internen Kontroll- und des Risikomanagementsystems im Hinblick auf den Konzernrechnungslegungsprozeß."[761] Denn diese Regelung bezieht sich explizit auf den Prozeß der Rechnungslegung und schafft für die abhängigen Unternehmen keine darüber hinausgehenden neuen Informationspflichten. Insbesondere soll nach dem Willen des Gesetzgebers nicht die Schaffung eines internen Kontroll- oder Risikomanagementsystems vorgeschrieben werden.[762] Es trifft daher weiterhin die prägnante Formulierung *Hüffers* zu:

> „Die aus § 294 Abs. 3 S. 2 HGB folgenden Informationsrechte erweisen sich danach als inhaltlich schmal und vor allem wegen ihres Bezugs zur Konzernrechnungslegung als vergangenheitsorientiert."[763]

---

758 *Decher*, ZHR 158 (1994), 473, 478.
759 Eine ausreichende Wahrscheinlichkeit für eine mögliche Realisierung von Chancen oder Risiken wird man vor Erhalt des Zuschlags allenfalls im Verhandlungsverfahren oder im wettbewerblichen Dialog in einem späten Verfahrensstadium annehmen können.
760 Gesetz zur Modernisierung des Bilanzrechts (Bilanzrechtsmodernisierungsgesetz - BilMoG) vom 26.05.2009, BGBl. I S. 1102.
761 Umfassend hierzu *Wolf*, DStR 2009, 920 ff.; *Strieder*, BB 2009, 1002, 1004 stellt klar, daß das „Kontroll- und Risikomanagementsystem im Hinblick auf den Konzernrechnungslegungsprozeß" als Teilbereich des allgemeinen, in § 91 Abs. 2 AktG genannten Risikomanagementsystems zu verstehen ist.
762 *Burwitz*, NZG 2008, 694, 699; *Hommelhoff/Mattheus*, BB 2007, 2787, 2788.
763 *Hüffer*, in: FS Schwark, 185, 188.

Dieses Informationsrecht und die korrespondierende Pflicht der Konzernrechnungslegung sind aufgrund der dort bestehenden Besonderheit, daß den abhängigen Unternehmen durch die Information kein Nachteil erwächst, nicht verallgemeinerungsfähig.[764]

b. Risiko-Überwachungssysteme

Die immer detailliertere Kodifizierung von Risiko-Überwachungssystemen sorgt zwischen einer AG und ihrer Obergesellschaft im faktischen Konzern jedenfalls nicht generell für einen verstärkten Informationsaustausch in Bezug auf künftige Geschäfte der Tochter. Durch das KonTraG[765] wurde der Vorstand einer AG gemäß § 91 Abs. 2 AktG verpflichtet, ein – konzernweites – Überwachungssystem einzurichten, um den Fortbestand der Gesellschaft gefährdende Entwicklungen früh zu erkennen.[766] Hierdurch wurde die Informationsordnung zwischen den konzernangehörigen Unternehmen jedoch nicht entscheidend verändert, da die Regelung nur die auch schon zuvor bestehende Kontroll- und Überwachungspflicht präzisierte.[767] Die Regierungsbegründung stellt klar, daß „die Überwachungs- und Organisationspflicht *im Rahmen der gesellschaftsrechtlichen Möglichkeiten* konzernweit zu verstehen" ist.[768] Weigert sich der Vorstand einer abhängigen AG, an der Einrichtung eines Risiko-Überwachungssystems oder an der Informationsübermittlung an ein bestehendes System mitzuwirken, sind der Obergesellschaft aufgrund der Weisungsfreiheit des Vorstands jedenfalls auf kurze Sicht die Hände gebunden.[769]

Durch das BilMoG wurde in § 107 Abs. 3 S. 2 AktG für den Aufsichtsrat normiert, daß dieser einen Prüfungsausschuß bestellen kann, der sich unter anderem mit „der Wirksamkeit des internen Kontrollsystems [und] des Risikomanagementsystems [...] befaßt." Auch diese gesetzliche Konkretisierung der Überwachungsaufgabe beinhaltet nicht die implizite Anordnung, generell und konzernweit solche Systeme einzurichten.[770]

---

764 *Singhof*, ZGR 2001, 146, 156 mwN auch zur aA.
765 Gesetz zur Kontrolle und Transparenz im Unternehmensbereich (KonTraG) vom 27.04.1998, BGBl. I S. 786.
766 *Preußner/Becker*, NZG 2002, 846, 847, umfassend zur Ausgestaltung von Risikomanagementsystemen unter Geltung des KonTraG.
767 *Singhof*, ZGR 2001, 146, 157 mwN.
768 Gesetz zur Kontrolle und Transparenz im Unternehmensbereich (KonTraG) vom 27.04.1998, BGBl. I S. 786, ZIP-Dokumentation, ZIP 1997, 2059, 2061.
769 *Preußner/Becker*, NZG 2002, 846, 847; *Dreher/Schaaf*, WM 2008, 1765, 1772 f. in Bezug auf das in § 64a Abs. 2 VAG versicherungsrechtlich geforderte angemessene Risikomanagement im Konzern.
770 *Dreher*, in: FS Hüffer, 161, 164 f.; *Lanfermann/Röhricht*, BB 2009, 887, 889 mwN.

Für den Informationsfluß aufgrund von Risiko-Überwachungssystemen ergibt sich damit im faktischen Konzern ein differenziertes Bild: Besteht ein solches System konzernweit, kann der Vorstand einer abhängigen AG die beabsichtigte Teilnahme an einem Vergabeverfahren melden, wenn damit entsprechende Risiken verbunden sind.[771] Bei einer Weigerung des Vorstands zur Teilnahme an einem oder der Einrichtung eines solchen Systems kann die Informationsübermittlung von der Obergesellschaft aber nicht erzwungen werden.

c. Informationsfluß für Dritte nicht ersichtlich

Die bisherigen Ausführungen hinsichtlich des Informationsaustauschs im faktischen Konzern bedeuten für die beabsichtigte Teilnahme an einem Vergabeverfahren, daß ein diesbezüglicher Austausch nicht zwangsläufig stattfindet, aber möglich ist. Für einen öffentlichen Auftraggeber als außenstehenden Dritten ist der konzerninterne Informationsfluß nicht ersichtlich. Im Interesse einer erleichterten Beweisführung der Vergabestelle bzw. der Nachprüfungsinstanz könnte daher die Kenntnis der Obergesellschaft von einem Angebot einer Tochter-AG vermutet werden.[772]

d. Grundsatz Verschwiegenheitspflicht

Diese Einschätzung ändert sich allerdings unter Berücksichtigung der Besonderheiten der Mehrfachbeteiligung im Konzern. Der konzerninternen Konkurrenz kommt bei der Prüfung der Weitergabe von Informationen über ein beabsichtigtes Angebot entscheidende Bedeutung zu. Im Vergleich zu den bislang behandelten Konzernarten des Vertragskonzerns und des GmbH-Konzerns hat die Obergesellschaft im faktischen AG-Konzern nicht nur kein Recht, die Informationen zu verlangen, sondern dem Vorstand der abhängigen AG ist auch gegenüber der Obergesellschaft eine *Pflicht zur Geheimhaltung* auferlegt. Bei einer potentiellen Kon-

---

771 Ist der Umfang des übernommenen Leistungsanteils so gering, daß innerhalb eines Konzerns mehrere Angebote abgegeben werden, ohne daß die konkurrierenden Angebote auf dieselben konzerninternen Ressourcen zurückgreifen, dürften die mit dem Auftrag verbundenen Risiken für den Konzern jedenfalls nicht bestandsgefährdend i.S.d. § 91 Abs. 2 AktG sein. Vgl. zu dieser Leitlinie für die Wissenszurechnung im Vertragskonzern bereits Teil 3 D.IV.1. (S. 194).
772 Dies würde dem europäischen Kartellrecht entsprechen, in dem von einer 100 %-igen Tochter widerlegbar vermutet wird, daß sie ihr Marktverhalten nicht selbständig bestimmt, sondern mit ihrer Mutter eine wirtschaftliche Einheit bildet; vgl. *EuG*, Urteil vom 30.04.2009, Rs. T-12/03, „Itochu", WuW/E EU-R 1562 Rn 49, 51 sowie *EuGH*, Urteil vom 10.09.2009, Rs. C-97/08 P, „Akzo Nobel", WM 2009, 2048 Rn 60, 62.

kurrenz durch die Obergesellschaft oder eine von dieser abhängigen Gesellschaft entspricht die Interessenlage jener, welche bereits bezüglich der GmbH im Mehrheitsbesitz erläutert wurde.[773] Bei der Weitergabe von Informationen über ein geplantes Angebot an die Obergesellschaft als einen potentiellen Konkurrenten ist damit zu rechnen, daß die vertraulichen Daten bei einer konkurrierenden Beteiligung Berücksichtigung finden – und im Fall der vorliegenden Mehrfachbeteiligung tatsächlich gefunden haben. Während das GmbHG für diese Konstellation nur ein Verweigerungs*recht* des Geschäftsführers zur Weitergabe der Information normiert, ist im AktG eine Verschwiegenheits*pflicht* kodifiziert: Gemäß § 93 Abs. 1 S. 3 AktG haben die Vorstandsmitglieder über vertrauliche Angaben und Geheimnisse der Gesellschaft, namentlich Betriebs- oder Geschäftsgeheimnisse, Stillschweigen zu bewahren. Ein Verstoß gegen die Verschwiegenheitspflicht kann nach § 93 Abs. 2 S. 1 AktG zu einer Schadensersatzpflicht gegenüber der Gesellschaft führen. Gemäß § 404 Abs. 1 S. 1 AktG ist eine Verletzung der Geheimhaltungspflicht überdies strafbewehrt, dem Vorstand droht Freiheitsstrafe bis zu einem Jahr, bei börsennotierten Gesellschaften bis zu zwei Jahren.

e. Verschwiegenheitspflicht im faktischen Konzern

Eine Einschränkung der Verschwiegenheitspflicht ergibt sich allerdings im Verhältnis zum herrschenden Unternehmen im faktischen AG-Konzern aus der Anerkennung des Sonderrechtsverhältnisses in den §§ 311 ff. AktG.[774] In diesen Normen werden die einheitliche Leitung und deren Funktionsbedingungen anerkannt und damit auch die Erteilung der hierfür erforderlichen Informationen.[775] Informationen an den herrschenden Aktionär werden im faktischen Konzern daher nicht aufgrund seiner Aktionärsstellung, sondern aufgrund der Leitungsfunktion gegeben.[776]

§ 311 AktG setzt jedoch voraus, daß ein durch die Informationsweitergabe entstehender Nachteil ausgeglichen wird. Die Nachteiligkeit ist dabei im Fall der Mehrfachbeteiligung sicher anzunehmen. Denn indiziert durch die Eigenart der gewünschten Information, nämlich über den Inhalt eines beabsichtigten Angebots, ist bzw. war damit zu rechnen, daß das herrschende Unternehmen seine Kenntnis zu Wettbewerbshandlungen verwenden wird.[777] Der folglich vorzunehmende Aus-

---

773 S.o. Teil 3 D.V.2. (S. 204).
774 *Habersack/Verse*, AG 2003, 300, 305; *Hüffer*, in: FS Schwark, 185, 192 f.; *Singhof*, ZGR 2001, 146, 160.
775 *Hüffer*, AktG, § 131 Rn 38 mwN; *Lutter*, ZIP 1997, 613, 617.
776 *Decher*, ZHR 158 (1994), 473, 483 f.; *Kubis*, in: MüKo AktG, § 131 Rn 142; *Lutter*, ZIP 1997, 613, 618.
777 Vgl. *Hüffer*, in: FS Schwark, 185, 193 f.

gleich erfordert zunächst einmal, daß der Nachteil quantifiziert werden kann.[778] Bereits dies bereitet im Fall der Mehrfachbeteiligung Schwierigkeiten, weil die Chancen auf den Zuschlag ungewiß sind. Im Interesse seiner AG dürfte der Vorstand der abhängigen Gesellschaft als quantifizierten Nachteil allerdings nicht weniger als die kalkulierte Gewinnmarge akzeptieren. Daß diese von der Obergesellschaft ausgeglichen wird, erscheint aufgrund der auch bei ihr bestehenden Ungewißheit über die eigenen Erfolgsaussichten als nahezu ausgeschlossen. Es kann daher grundsätzlich nicht angenommen werden, daß ein Einzelausgleich des durch die Information entstehenden Nachteils stattfindet.

f. Zwischenergebnis

Im Fall der potentiellen Mehrfachbeteiligung würde eine Informationsweitergabe an die Obergesellschaft eine nicht ausgleichsfähige Nachteilszufügung darstellen. Folglich darf der Vorstand einer abhängigen AG Informationen über ein beabsichtigtes Angebot nicht an eine potentiell konkurrierende Obergesellschaft weitergeben, sondern unterliegt auch im Verhältnis zu dieser der Verschwiegenheitspflicht.[779]

2. *Ausschluß der Wissenszurechnung*

Das Bestehen der Verschwiegenheitspflicht führt dazu, daß der Obergesellschaft das Wissen der abhängigen AG keinesfalls zugerechnet werden kann. Denn die Wissenszurechnung basiert auf der Pflicht zur ordnungsgemäßen Kommunikationsorganisation.[780] Die Begründung einer solchen Pflicht muß jedenfalls dort enden, wo ihre Beachtung nur unter Mißachtung einer anderen Pflicht möglich wäre und ein rechtswidriges, Schadensersatzansprüche begründendes und strafbewehrtes Verhalten erzwingen würde.[781]

---

778 *Lutter*, ZIP 1997, 613, 617.
779 *Passarge*, NZG 2003, 441, 443; *Hüffer*, in: FS Schwark, 185, 193 geht im faktischen Konzern generell von einer teleologischen Reduktion des § 93 Abs. 1 S. 3 AktG oder einer verdrängenden Spezialität der §§ 311 ff. AktG aus. Danach stünde zwar kein Verstoß gegen die Verschwiegenheitspflicht im Raum, aber das Ergebnis, daß eine Informationserteilung nur bei Beachtung des § 311 AktG zulässig ist, stimmt überein.
780 S.o. Teil 3 C.II.1.b.aa. (S. 183).
781 *Buck*, Wissen und juristische Person, S. 476 f., 519; *Faßbender/Neuhaus*, WM 2002, 1253, 1256.

3. Darlegungs- und Beweislast

Hinsichtlich des Nachweises eines Informationsaustausches kann sich der Auftraggeber bzw. die Nachprüfungsinstanz bei der mehrfachen Beteiligung von Unternehmen eines Vertragskonzerns oder eines faktischen GmbH-Konzerns auf die Vermutung der Kenntnis stützen. Die im Unterschied zu diesen Konstellationen im faktischen AG-Konzern bestehende Verschwiegenheitspflicht verhindert die Annahme einer entsprechenden Vermutung. Denn grundsätzlich ist ein rechtstreues Verhalten der Bieter anzunehmen, ein grob pflichtwidriges Verhalten kann nicht ohne weiteres unterstellt werden.[782] Ohne besondere Anhaltspunkte – also beispielsweise Verdachtsmomente in den Angeboten oder Informationen von Konkurrenten über ein ansonsten koordiniertes Auftreten der nun konkurrierenden Bieter – kann ein Informationsaustausch und damit eine Kenntnis des Inhalts der Angebote nicht vermutet werden.

4. Zwischenergebnis

Bei der Mehrfachbeteiligung von Unternehmen eines faktischen AG-Konzerns kann die Kenntnis eines anderen Angebots weder zugerechnet noch vermutet werden. Aufgrund der konzerninternen Konkurrenz würde der Vorstand einer AG pflichtwidrig handeln und sich Schadensersatzansprüchen der Gesellschaft sowie der Gefahr der Strafverfolgung aussetzen, wenn er Geschäftsgeheimnisse über das beabsichtigte Angebot an die Obergesellschaft als potentielle Konkurrentin weitergeben würde. Wie im Verhältnis zwischen voneinander unabhängigen Bietern trägt der Auftraggeber die Darlegungs- und Beweislast für das Vorliegen einer wettbewerbsbeschränkenden Abrede im Sinne der §§ 25 VOB/A;VOL/A.

---

[782] Im Vergleich zur GmbH fällt insbesondere die unterschiedliche strafrechtliche Behandlung ins Gewicht. Auch bei der GmbH existiert mit § 85 Abs. 1 GmbHG zwar ein Straftatbestand, nach welchem bestraft wird, wer ein Geheimnis unbefugt offenbart. Die Informationsweitergabe an einen Gesellschafter ist indes grundsätzlich nicht unbefugt und damit nicht strafbar, weil gemäß § 51 a Abs. 2 GmbHG nur ein Recht zur Informationsverweigerung besteht, aber keine Pflicht. Entsprechend führt *Ransiek*, in: Ulmer, GmbHG, § 85 Rn 29 zur Unbefugkeit i.S.d. § 85 GmbHG aus: „Die Verweigerung der Information bedarf nach § 51 a einer besonderen Legitimation – nämlich eines Beschlusses der Gesellschafter –, nicht aber die Information." *Schulze-Osterloh/Servatius*, in: Baumbach/Hueck, GmbHG, § 85 Rn 20 konstatieren: „Unterlassen der Auskunftsverweigerung nach § 51 a II begründet nicht Strafbarkeit nach § 85; Auskunftsrecht der Gesellschafter nach § 51 a I hat Vorrang gegenüber strafrechtlichem Geheimnisschutz nach § 85".

5. Einsatz derselben konzerninternen Ressourcen

Auch für den faktischen AG-Konzern ist abschließend auf die Konstellation einzugehen, daß sich die Mehrfachbeteiligten beide auf die Ressourcen desselben mit ihnen verbundenen Unternehmens berufen. Hierzu kann grundsätzlich auf die oben zum Vertragskonzern gemachten Aussagen verwiesen werden.[783]

Fraglich ist lediglich, ob auch im faktischen AG-Konzern den Bietern ohne weiteres das Wissen des mehrfach verpflichteten Unternehmens vom „Ob" der Mehrfachbeteiligung zugerechnet werden kann. Schließlich handelt es sich bei einer unterlassenen Weiterleitung der Information unmittelbar um eine Pflichtwidrigkeit des Nachunternehmers, mit welchem die Bieter nur faktisch verbunden sind. Es obliegt jedoch den Bietern, welche mit dem Einsatz des Nachunternehmers eine arbeitsteilige Organisation geschaffen haben, die damit einhergehenden Kommunikationsprobleme zu bewältigen. Für die Wissenszurechnung kann damit auf den vom *BGH* verwandten Gedanken der Beherrschung eines selbst eröffneten Verkehrsbereichs zurückgegriffen werden.[784] Folglich ist den Bietern auch bei einer Konkurrenz im faktischen Konzern, bei welcher beide mit demselben verbundenen Unternehmen kooperieren, dessen Wissen um die Mehrfachbeteiligung zuzurechnen. Dann ist es ihnen auch zumutbar, die Vorkehrungen zum Schutz des Geheimwettbewerbs bereits mit dem Angebot darzulegen.[785]

VII. Personelle Verflechtungen

Abschließend sind die Fälle personeller Verflechtungen zwischen konkurrierenden Bietern darzustellen. Hierbei handelt es sich strenggenommen um ein allgemeines Problem. Mit Konzernverbindungen gehen jedoch typischerweise einige Fälle der Personenidentität durch Doppelmandate einher, so daß deren Erläuterung im vorliegenden Kontext nicht unterbleiben darf.[786] Die personellen Verflechtungen sind dabei grundsätzlich getrennt von der soeben behandelten nicht-personenbezogenen Verbindung der juristischen Personen zu beurteilen. Sofern allerdings weder aus letzterer noch aus einer personenbezogenen Unternehmensverbindung eine generelle Unzulässigkeit der Mehrfachbeteiligung folgt, sondern eine Beweiswürdi-

---

783 S.o. Teil 3 D.IV.5. (S. 202).
784 Vgl. *Kort*, in: Fleischer, Hdb. des Vorstandsrechts, § 2 Rn 102 f.; *Raiser*, in: FS Bezzenberger, S. 561, 566 ff.; sowie Teil 3 C.II.1.b.aa. (S. 183).
785 Ausf. Teil 3 D.IV.5. (S. 202).
786 Umfassend zur Zweckmäßigkeit von Vorstands-Doppelmandaten im Konzern und den verbundenen Problemen *Passarge*, NZG 2007, 441 ff. mwN.

gung im Einzelfall anzustellen ist, ist es denkbar, daß beide Elemente im Rahmen einer Gesamtwürdigung Berücksichtigung finden.[787]

1. Doppelmandat in den Leitungsgremien

Zweifellos ist eine gegenseitige Kenntnis des Inhalts der Angebote gegeben, wenn ein und derselbe Geschäftsführer oder Vorstand – im folgenden wird nur noch letzterer genannt – beide Angebote der konkurrierenden konzernangehörigen Unternehmen unterzeichnet hat.[788] Folglich liegt eine bezweckte Wettbewerbsbeschränkung vor, die in aller Regel – mit Ausnahme eines zersplitterten Marktes – zum Ausschluß der Angebote zwingt.

a. Wissenszurechnung

Problematisch sind indes Konstellationen, in denen der doppelmandatierte Vorstand nur eines oder keines der konkurrierenden Angebote unterzeichnet hat. Nach einer früher verbreiteten Ansicht war das Wissen oder – bei fahrlässiger Unkenntnis – das Wissenmüssen eines Vorstandsmitglieds der Gesellschaft automatisch zuzurechnen.[789] Nach heute allgemeiner Meinung ist hingegen eine absolute Wissenszurechnung in dem Sinne, daß dem Vorstand das Wissen der gesamten Gesellschaft und umgekehrt der Gesellschaft das gesamte Wissen eines Vorstands zugerechnet wird, nicht sachgerecht.[790] Vielmehr ist eine *wertende Beurteilung* vorzunehmen.[791] Im Anschluß an eine dahin gehende Rechtsprechungsänderung des *BGH* hat sich die Auffassung durchgesetzt, daß die Wissenszurechnung in ar-

---

787 Nähere Ausführungen zu einzelfallabhängigen Beweiswürdigungen in fiktiven Gestaltungen verbieten sich an dieser Stelle.
788 So etwa im Fall des *OLG Jena*, Beschluß vom 19.04.2004, 6 Verg 3/04, „Neue Sorge", VergabeR 2004, 520, 521.
789 Umfassend zur Organtheorie und anderen Spielarten der absoluten Wissenszurechnung *Buck*, Wissen und juristische Person, S. 208 ff.; vgl. auch *Baum*, Die Wissenszurechnung, S. 317 ff.
790 Statt aller *Kort*, in: Fleischer, Hdb. des Vorstandsrechts, § 2 Rn 102.
791 *BGH*, Urteil vom 08.12.1989, V ZR 246/87, „Gemeinde", BGHZ 109, 327, 331 f.; *BGH*, Urteil vom 02.02.1996, V ZR 239/94, „Altlasten", BGHZ 132, 30, 35 ff.; *Habersack*, in: Großkomm AktG, § 78 Rn 24.

beitsteiligen Strukturen auf dem Verkehrsschutzgedanken und einer daraus abgeleiteten Pflicht zur Organisation unternehmensinterner Kommunikation beruht.[792]

Diese Grundsätze sind auch auf die Zurechnung von Wissen innerhalb eines Leitungsgremiums anzuwenden.[793] Ist dort beispielsweise durch Bildung von Ressorts eine Aufgabenteilung vorgenommen, verbleibt es bei der Gesamtverantwortung des Vorstands.[794] Um diese wahrnehmen zu können, ist – als Ausprägung der Pflicht zur ordnungsgemäßen Organisation der Kommunikation – ein vorstandsinternes Informationssystems zu installieren, welches für einen reibungslosen Informationsfluß innerhalb des Gesamtorgans sorgt.[795] Infolgedessen kann das Wissen eines jeden Vorstandsmitglieds zur entsprechenden Kenntnis der AG führen, ohne daß es darauf ankommt, daß das Vorstandsmitglied von der betreffenden Maßnahme Kenntnis hat oder gar an ihr beteiligt ist.[796] Wie bereits oben dargestellt, setzt eine solche Zurechnung das Bestehen einer Informationsweiterleitungspflicht und einer Informationsabfragepflicht im Rahmen des Zumutbaren voraus.[797]

b. Informationsabfragepflicht

Hat eine Person ein Angebot selbst unterzeichnet und ist diese Person zugleich Vorstand eines anderen konzernangehörigen Unternehmens, welches ebenfalls ein Angebot abgegeben hat, läßt sich mit leichter Hand die These aufstellen, die Gefahr der potentiellen Mehrfachbeteiligung sei für den Vorstand offensichtlich gewesen, er hätte sich also kundig machen müssen. Auf diese Weise läßt sich indes nur eine Informationsabfragepflicht begründen. Stehen die Informationen über die Abgabe eines Angebots im anderen Unternehmen indes nicht zur Verfügung – und müssen sie dies auch nicht, vermag alleine die Abfragepflicht eine Wissenszurechnung

---

792 Vgl. zur Entwicklung der BGH-Rechtsprechung oben Teil 3 C.II.1.b.aa. (S. 183); *Raiser*, in: FS Bezzenberger, S. 561, 563 ff.; *Baum*, Die Wissenszurechnung, S. 93 ff., mit ausf. Darstellung der gesellschaftsrechtlichen Kommentarliteratur (S. 338 ff.), die sich gleichfalls bei *Schulenburg*, Bankenhaftung, S. 24 ff. findet; vgl. auch *Faßbender/Neuhaus*, WM 2002, 1253, 1257, welche der hM kritisch gegenüberstehen: „Eine verhaltensunabhängige Zurechnung von Wissen im Wege wertender Betrachtung sowie die Annahme einer Pflicht zur innerbetrieblichen Wissensorganisation entbehren einer rechtlichen Grundlage, und es besteht auch kein Bedürfnis nach einer Ausdehnung der bestehenden Regelungen." (S. 1258 f).
793 *Faßbender/Neuhaus*, WM 2002, 1253, 1255 mwN.
794 *Peters*, GmbHR 2008, 682, 684; ausf. zur Gesamtverantwortung des Vorstands *Hoffmann-Becking*, NZG 2003, 745, 747.
795 *Fleischer*, NZG 2003, 449, 454 f. mwN; *Zöllner/Noack*, in: Baumbach/Hueck, GmbHG, § 37 Rn 27.
796 *Habersack*, in: Großkomm AktG, § 78 Rn 26 mwN.
797 S.o. Teil 3 C.II.1.b.aa. (S. 183) sowie *BGH*, Urteil vom 02.02.1996, V ZR 239/94, „Altlasten", BGHZ 132, 30, 36; *Drexl*, ZHR 161 (1997), 491, 496, 506 f.; *Kort*, in: Fleischer, Hdb. des Vorstandsrechts, § 2 Rn 103; *Zöllner/Noack*, in: Baumbach/Hueck, GmbHG, § 35 Rn 150.

nicht zu rechtfertigen. Entscheidend ist somit, ob seitens der Vorstandsmitglieder, welche für die Gesellschaft in einem Vergabeverfahren ein Angebot abzugeben gedenken, *vor der Angebotsabgabe* eine Pflicht zur Weiterleitung dieser Absicht an das Gesamtorgan besteht.[798]

c. Informationsweiterleitungspflicht

Im Rahmen eines vorstandsinternen Informationssystems muß nicht jegliche Information weitergeleitet werden. Der damit verbundene Arbeitsaufwand würde die Aufgabenteilung durch Ressortbildung konterkarieren. Folglich ist nur über *wichtige* Vorgänge und Entwicklungen aus den Ressorts zu berichten.[799]

Die Unbestimmtheit der Voraussetzung *wichtig* bedingt, daß keine allgemeingültige Lösung existiert. Auch ein öffentlicher Auftrag, der nur knapp den Schwellenwert überschreitet, kann für ein kleines oder mittleres Unternehmen schon einen Umfang besitzen, der ihn als wichtig für die Zukunft des Unternehmens qualifiziert. Folglich hat bei einer Aufgabenteilung im Vorstand das zuständige Mitglied die übrigen Mitglieder des Leitungsorgans vor der Angebotsabgabe über diese Absicht zu informieren. Bei einem weltweit agierenden Konzern mit immensen Umsätzen kann hingegen die Größe eines einzelnen öffentlichen Auftrags – und auch das damit verbundene Risiko – verschwindend gering erscheinen.

d. Zwischenergebnis

Hinsichtlich der Beteiligung an einem Vergabeverfahren kann nicht pauschal von einer Informationsweiterleitungspflicht innerhalb des Leitungsgremiums ausgegangen werden. Dies verhindert bei Mitgliedern, die mit dem Auftrag nicht befaßt sind, eine generelle Zurechnung der Kenntnis. Ist ein und dieselbe Person Vorstand bzw. Geschäftsführer zweier Bieter, hat sie aber nur eines oder keines der konkurrierenden Angebote unterzeichnet, ist folglich nicht generell von der Kenntnis des

---

[798] Ausf. zur Informationsweiterleitungspflicht *Buck*, Wissen und juristische Person, S. 410 ff. Besteht eine solche Pflicht, muß ein Vorstand zweier potentieller Konkurrenten die zur Verfügung stehende Information auch dann zur Kenntnis nehmen, wenn er selbst kein Angebot unterzeichnet – eine solche Konstellation lag etwa dem Beschluß der VK Saarbrücken vom 22.12.2003, 1 VK 8/2003 zugrunde. Im Hinblick auf die Zurechnungsproblematik ist es also irrelevant, ob der Doppelmandatierte eines der Angebote selbst unterzeichnet hat, entscheidend ist jeweils die Informationsweiterleitungspflicht.

[799] *Fleischer*, NZG 2003, 449, 452; *Hoffmann-Becking*, NZG 2003, 745, 747; kritisch zur „sehr unklaren Formulierung" des Merkmals „wichtig" *Buck*, Wissen und juristische Person, S. 414 in Bezug auf die allgemeine Informationsweitergabepflicht; *Mertens*, in: KK AktG, § 77 Rn 20 und *Wiesner*, in: MüHdb. AG, § 22 Rn 15 verwenden den Begriff der *bedeutsamen* Angelegenheiten.

Doppelmandatierten von beiden Angeboten auszugehen. Die weitergehende Frage, ob den Bietern die Kenntnis ihres Vorstands zuzurechnen ist, stellt sich somit nicht. Eine Personenidentität auf Vorstandsebene ist für die Zurechnung des Wissens der Vorstandsmitglieder von verbundenen Unternehmen weder notwendige noch hinreichende Voraussetzung.[800]

Ein genereller Ausschluß der Angebote ist mangels Kenntnis folglich nicht angezeigt. Die bloße Möglichkeit der Informationserlangung aufgrund bestehender Informationsrechte kann einen Ausschluß der Angebote nicht rechtfertigen.[801]

Ob aufgrund des möglichen Informationsaustauschs im Leitungsgremium als Interna der Gesellschaften eine Umkehr der Darlegungs- und Beweislast stattfindet, muß an dieser Stelle nicht entschieden werden. Bei einer Mehrfachbeteiligung im Vertragskonzern und im GmbH-Konzern findet eine entsprechende Vermutung bereits wegen der gesellschaftsrechtlichen Verbundenheit Anwendung. Im faktischen AG-Konzern würde eine Umkehr der Darlegungs- und Beweislast aufgrund der Verschwiegenheitspflicht des § 93 Abs. 1 S. 3 AktG auf die Unterstellung eines rechtswidrigen, Schadensersatzansprüche begründenden und strafbewehrten Verhaltens hinauslaufen und hat daher zu unterbleiben.[802] Unabhängig von der Größe und Wichtigkeit des Auftrags verhindert die Verschwiegenheitspflicht im faktischen AG-Konzern generell eine Wissenszurechnung.[803]

2. Doppelmandat in Vorstand und Aufsichtsrat

Schließlich ist auf den Fall einzugehen, daß dieselbe Person bei einem Bieter im Vorstand und bei einem konkurrierenden Bieter im Aufsichtsrat vertreten ist. Diese Konstellation ist typischerweise im unmittelbaren Beherrschungsverhältnis anzutreffen, wobei die Mutter oftmals ein gesellschaftsrechtlich abgesichertes Recht zur Entsendung ihres Vorstands in den Aufsichtsrat der Tochter besitzt.[804]

Gemäß § 90 Abs. 1 Nr. 4 AktG hat der Vorstand dem Aufsichtsrat über Geschäfte zu berichten, die für die Rentabilität oder Liquidität der Gesellschaft von erheblicher Bedeutung sein können – und zwar nach § 90 Abs. 2 Nr. 4 AktG möglichst so rechtzeitig, daß der Aufsichtsrat *vor Vornahme der Geschäfte* Gelegenheit

---

800 *Habersack*, in: Großkomm AktG, § 78 Rn 27 mwN.
801 S.o. Teil 3 D.IV.2. (S. 196); zu den Informationsrechten im Leitungsgremium formuliert *Schneider*, in: Scholz, GmbHG, § 37 Rn 25 prägnant „Jeder darf alles wissen, und jeder hat Anspruch darauf, über alles informiert zu werden." Vgl. hierzu auch *Peters*, GmbHR 2008, 682, 685 mwN.
802 S.o. Teil 3 D.VI.3. (S. 211); zur Verschwiegenheitspflicht eines Vorstands im faktischen Konzern vgl. Teil 3 D.VI.1.d. (S. 208), *Hüffer*, in: FS Schwark, 185, 192 ff. sowie *Passarge*, NZG 2003, 441, 443.
803 S.o. Teil 3 D.VI.1.d. (S. 208) sowie Teil 3 D.VI.2. (S. 210).
804 Umfassen zum Entsendungsrecht *Habersack*, in: MüKo AktG, § 101 Rn 30 ff.

hat, zu ihnen Stellung zu nehmen. Um die Stellungnahme des Aufsichtsrats berücksichtigen zu können, hat daher bei der beabsichtigten Teilnahme an bedeutenden Ausschreibungen vor der Angebotsabgabe eine Information des Aufsichtsrats zu erfolgen. Bei der Teilnahme an – im Verhältnis zur AG – relativ großen Ausschreibungen hat der Aufsichtsrat damit von dem beabsichtigten Angebot Kenntnis bzw. ist ihm diese Kenntnis zuzurechnen. Unterzeichnet eines der Aufsichtsratsmitglieder das Angebot eines Konkurrenten, ist davon auszugehen, daß er hierbei die Kenntnis des anderen Angebots zumindest unbewußt berücksichtigt hat.[805]

Ist das gemäß § 90 Abs. 1 Nr. 4 AktG informierte Aufsichtsratsmitglied zwar im Vorstand eines anderen Bieters vertreten, hat aber dessen Angebot nicht unterzeichnet, scheidet eine Wissenszurechnung aufgrund der Verschwiegenheitspflicht als Aufsichtsratsmitglied gemäß § 116 AktG aus.[806] Umgekehrt wird die Wissenszurechnung durch die Geheimhaltungspflicht des § 93 Abs. 1 S. 3 AktG gehindert.[807] Diese Verschwiegenheitspflichten verhindern auch die Vermutung einer gegenseitigen Kenntnis der Angebote, da ansonsten ein rechtswidriges, Schadensersatzansprüche begründendes und strafbewehrtes Verhalten unterstellt würde.[808]

Ist eine Person bei einem Bieter im Vorstand und bei einem anderen Bieter im Aufsichtsrat vertreten, ist folglich nur dann von einer wettbewerbsbeschränkenden Abrede auszugehen, wenn es sich (1.) für das Unternehmen, in welchem der Doppelmandatierte Aufsichtsrat ist, um einen bedeutenden Auftrag handelt und (2.) der Doppelmandatierte zudem das Angebot des anderen Unternehmens unterzeichnet hat. In allen anderen Konstellationen ist ein solches Doppelmandat für die konkurrierende Teilnahme verbundener Unternehmen unschädlich, eine gegenseitige Kenntnis der Angebote ist nicht zuzurechnen und nur in jenem Umfang zu vermuten, der bereits aufgrund der gesellschaftsrechtlichen Verbundenheit vermutet wird.

---

[805] Bezüglich der AG, bei welcher der Doppelmandatierte im Aufsichtsrat vertreten ist, liegt beim Vorstand keine Kenntnis des Angebots des Konkurrenten vor und ist auch eine Wissenszurechnung aufgrund der Verschwiegenheitspflicht des Doppelmandatierten als Vorstand des anderen Mehrfachbeteiligten grundsätzlich nicht möglich. Eine Kenntnis ist aber zu vermuten, denn wenn der Doppelmandatierte gegen seine Verschwiegenheitspflicht als Aufsichtsrat verstoßen hat, erscheint auch ein Verstoß gegen die Verschwiegenheitspflicht als Vorstand nicht fernliegend. Kann diese Vermutung nicht widerlegt werden, sind beide Angebote auszuschließen, sofern nicht ausnahmsweise die Spürbarkeit zu verneinen ist.

[806] Eine Zurechnung kommt allenfalls im Vertragskonzern in Betracht. Ausf. zur Verschwiegenheitspflicht von Aufsichtsratsmitgliedern als Zurechnungshindernis bei voneinander unabhängigen Gesellschaften *Buck*, Wissen und juristische Person, S. 470 ff.

[807] S.o. Teil 3 D.VI.1.d. (S. 208) sowie Teil 3 D.VI.2. (S. 210).

[808] Allenfalls im Vertragskonzern könnte diese Vermutung angestellt werden, dort besteht sie aber ohnehin bereits aufgrund der gesellschaftsrechtlichen Verbundenheit, s.o. Teil 3 D.IV.3. (S. 200).

E. Ergebnis Teil 3

Das Prinzip des kartellrechtlichen Geheimwettbewerbs bzw. das Selbständigkeitspostulat bilden das dogmatische Fundament der vergaberechtlichen Mehrfachbeteiligung. Danach ist die Kenntnis des Inhalts eines anderen Angebots als bezweckte Wettbewerbsbeschränkung zu qualifizieren. Nur in extremen Ausnahmefällen eines zersplitterten Marktes kann trotz des Bezweckens einer Wettbewerbsbeschränkung deren Spürbarkeit zu verneinen sein.

Die Mehrfachbeteiligung stellt damit in aller Regel eine wettbewerbsbeschränkende Abrede dar, die gemäß §§ 25 Nr. 1 Abs. 1 lit. c VOB/A 2006, 25 Nr. 1 Abs. 1 lit. f VOL/A 2006 zum Ausschluß der Angebote zwingt, wenn mit ihr die Kenntnis eines anderen Angebots einhergeht. Dies ist bei der Beteiligung als Einzelbieter und Mitglied einer Bietergemeinschaft prinzipiell der Fall, hingegen nicht bei einer Beteiligung als Bieter und Nachunternehmer.

Hinsichtlich der Mehrfachbeteiligung verbundener Unternehmen ist eine differenzierte Betrachtung erforderlich. Dabei gilt allgemein, daß die gesellschaftsrechtliche Möglichkeit der Informationserlangung nicht zur Begründung der Unzulässigkeit ausreicht. Konkurrieren mehrere Unternehmen eines Vertragskonzerns um denselben öffentlichen Auftrag, ist nicht per se eine Informationseinheit anzunehmen. Allerdings kann ein Austausch über den Inhalt der Angebote vermutet werden. Auch im faktischen GmbH-Konzern findet eine solche Umkehr der Darlegungs- und Beweislast statt.

Im faktischen AG-Konzern kann ein Informationsaustausch hingegen nicht vermutet werden. Denn der Vorstand einer AG ist auch gegenüber deren Alleingesellschafter im Hinblick auf den Inhalt eines geplanten Angebots zur Verschwiegenheit verpflichtet, wenn es sich um einen potentiellen Konkurrenten handelt.

Kommen zu der bloßen gesellschaftsrechtlichen Verbundenheit personelle Verflechtungen zwischen den Mehrfachbeteiligten hinzu, ergibt sich für die jeweilige Konzernart im Grundsatz keine andere Bewertung.

Teil 4 Rechtslage in Polen

A. Grundlagen

I. Gesellschaftsrecht

Das polnische Gesellschaftsrecht ist hinsichtlich der Aktiengesellschaft, spółka akcyjna (S. A.)[809] und der Gesellschaft mit beschränkter Haftung, spółka z ograniczoną odpowiedzialnością (sp. z o. o.)[810] einheitlich im Kodeks spółek handlowych (KSH)[811] kodifiziert. Dabei lehnt sich das polnische Gesellschaftsrecht in weiten Teilen an das deutsche Recht an.[812] In diesem Bereich kann zur Lösung einzelner Probleme daher ein Vergleich beider Rechtsordnungen zielführend sein.[813]

Eine in sich geschlossene Kodifikation des Konzerns enthält das polnische Recht nicht. Seit der grundlegenden Reform des KSH 2000[814] finden sich jedoch eine Reihe von Vorschriften mit konzernrechtlichem Bezug.[815] Eine umfassende Kodifikation des Konzernrechts in Polen, gegebenenfalls auf Grundlage der schon vorhandenen Regelungen, wird weiterhin diskutiert.[816]

Im folgenden wird zunächst auf die kodifizierten Elemente des Vertragskonzerns eingegangen, bevor die Herrschaftsmöglichkeiten bei Fehlen eines Beherr-

---

809 Einen Überblick über die Regelungen der S. A. vermitteln *Schnell/Brockhuis*, WiRO 2002, 15 ff. sowie *Oplustil*, in: Liebscher/Zoll: Einführung in das polnische Recht, § 15 Rn 39 ff.; zur Gewaltenteilung zwischen den Organen der S. A. vgl. *Liebscher/Oplustil*, WiRO 2008, 97, 98 ff.
810 Zur Entstehung einer sp. z o. o. vgl. ausf. *Diedrich/Kos*, WiRO 2000, 41 ff. sowie – zu den Grenzen der Privatautonomie bei der Gestaltung des Gesellschaftsvertrages – *Lewandowski/Kwasnicki*, WiRO 2004, 65 ff.; umfassend *Oplustil*, in: Liebscher/Zoll: Einführung in das polnische Recht, § 15 Rn 4 ff.
811 Eine deutsche Übersetzung findet sich bei *Schnell/Brockhuis*, in: Breidenbach, Handbuch Wirtschaft und Recht in Osteuropa, Bd. 2, PL 350.
812 *Hommelhoff/Oplustil*, in: FS Konzen, S. 309 ff., 316.
813 So auch *Hommelhoff/Oplustil*, in: FS Konzen, S. 309, 319.
814 Vgl. dazu *Sołtysiński/Szumański*, in: Unternehmensgruppen in mittel- und osteuropäischen Ländern, S. 89 ff.
815 Eine Auflistung findet sich bei *Oplustil*, in: Liebscher/Zoll: Einführung in das polnische Recht, § 15 Rn 97; zu konzernrechtlichen Bezügen in anderen Rechtsgebieten vgl. *Lächler*, Konzernrecht der SE, S. 178; kritisch zur lediglich fragmentarischen Regelung des Konzernrechts insbes. im Hinblick auf für eine abhängige Gesellschaft nachteilige Geschäfte *Kwaśnicki/Nilsson*, in: Harmonisierung des Wirtschaftsrechts, 237, 251 f.
816 *Targosz*, Rejent 1/2003, 105 ff.; ausf. zu aktuellen Überlegungen der Gesetzgebungskommission *Romanowski*, PPH 7/2008, 4 ff.

schungsvertrages dargestellt werden, differenziert nach der Rechtsform der abhängigen Gesellschaft. Dabei treten Parallelen, aber auch bedeutende Unterschiede im Vergleich zum deutschen Recht zu Tage.

1. Vertragskonzern

Der Vertragskonzern ist in Artt. 4, 7 KSH anerkannt:[817] Art. 4 § 1 Nr. 4 lit. f KSH definiert als „herrschende Gesellschaft – eine Handelsgesellschaft, sofern sie entscheidenden Einfluß auf die Tätigkeit einer abhängigen Kapitalgesellschaft [...] ausübt, insbesondere auf Grund der in Art. 7 beschriebenen Verträge." Art. 7 § 1 KSH regelt bestimmte Publizitätspflichten für den Abschluß eines Vertrages „zwischen einer herrschenden und einer abhängigen Gesellschaft über die Führung der abhängigen Gesellschaft." Der Abschluß eines solchen Beherrschungsvertrages bedarf gemäß Artt. 228 Nr. 6, 393 Nr. 7 KSH der Zustimmung der Gesellschafter- bzw. Hauptversammlung der beteiligten Gesellschaften.[818] Hierbei ist weder die Zustimmung aller Gesellschafter der abhängigen Gesellschaft erforderlich, wie es für die GmbH diskutiert wird,[819] noch entsprechend § 293 Abs. 1 AktG eine qualifizierte Mehrheit, sondern es genügt die absolute Mehrheit.

Wie im deutschen Recht führt ein Beherrschungsvertrag zur Begründung eines qualifizierten Abhängigkeitsverhältnisses in Form eines Unterordnungskonzerns und die abhängige Tochtergesellschaft untersteht der Leitungsmacht der Obergesellschaft.[820] Der polnische KSH enthält allerdings keine Regelungen darüber, auf welche konkrete Weise die Leitungsmacht ausgeübt werden kann. Im deutschen Recht normiert § 308 Abs. 1 S. 1 AktG für die Obergesellschaft ein Weisungsrecht und § 308 Abs. 2 S. 1 AktG spiegelbildlich eine Folgepflicht des Vorstands des abhängigen Unternehmens. Für die Übertragung dieser Weisungskonzeption des AktG auf das polnische Recht spricht, daß die deutsche Regelung als Modell der konzernrechtlichen Bestimmungen des KSH diente.[821] Dieser Schluß aus dem Modellcharakter der deutschen Regelung wird durch das allgemeine kontinentaleuropäische Konzernverständnis und die Übernahme von Begrifflichkeiten des AktG in den KSH bestätigt.[822] Ob das Weisungsrecht auch für die abhängige Gesellschaft

---

817 Ausf. zur Regelung des Vertragskonzerns im polnischen Recht *Romanowski*, PiP 5/2004, 76 ff.; *Staranowicz*, Radca Prawny 6/2003, 78 ff.; *Wąż*, PPH 6/2008, 44 ff. sowie unter Berücksichtigung des Europarechts *Szumanski*, PiP 3/2001, 20 ff.
818 Vgl. dazu *Lewandowski/Kwasnicki*, WiRO 2004, 234, 237; *Leipert*, WiRO 2005, 225, 228.
819 *Hüffer*, in: FS Heinsius, 337, 353 f. sowie *K. Schmidt*, in: Scholz, GmbHG, § 47 Rn 115 jeweils mwN.
820 *Leipert*, WiRO 2005, 225, 228.
821 *Leipert*, WiRO 2005, 225.
822 *Leipert*, WiRO 2005, 225, 228 f., der allerdings mangels expliziter Regelung eine persönliche Verpflichtung des Vorstands zur Befolgung einer Weisung ablehnt (S. 228).

nachteilige Weisungen umfaßt, ist aufgrund der im KSH fehlenden Vorschriften zum Gläubiger- und Minderheitsschutz zweifelhaft.[823] Grundsätzlich untersteht die abhängige Gesellschaft eines Beherrschungsvertrages allerdings der Leitungsmacht der Obergesellschaft.

2. Faktischer Konzern

Detaillierte Regelungen hinsichtlich des faktischen Konzerns enthält der KSH nicht. Der Kodex beschränkt sich neben den Normierungen von Mitteilungspflichten in Art. 6 KSH im wesentlichen darauf, in Art. 4 § 1 Nr. 4 lit. a – e KSH das Vorliegen einer faktischen Herrschaft zu definieren. Danach ist „herrschende Gesellschaft eine Handelsgesellschaft, sofern:

a) sie unmittelbar oder mittelbar in der Gesellschafter- bzw. Hauptversammlung, sei es als Pfandnehmer oder Nießbraucher, oder im Vorstand bzw. Geschäftsführung einer anderen Kapitalgesellschaft (abhängiger Gesellschaft) über eine Stimmenmehrheit verfügt, die auch auf einer Vereinbarung mit Dritten beruhen kann, oder
b) sie zur Bestellung bzw. Abberufung der Mehrheit der Geschäftsführer bzw. Vorstandsmitglieder einer anderen Kapitalgesellschaft (abhängigen Gesellschaft) [...] berechtigt ist, wobei die Berechtigung auch auf einer Vereinbarung mit Dritten beruhen kann, oder
c) sie zur Bestellung bzw. Abberufung der Mehrheit der Aufsichtsratsmitglieder einer anderen Kapitalgesellschaft (abhängigen Gesellschaft) [...] berechtigt ist, wobei die Berechtigung auch auf einer Vereinbarung mit Dritten beruhen kann, oder
d) ihre Vorstands- bzw. Aufsichtsratsmitglieder die Mehrheit der Geschäftsführer bzw. Vorstandsmitglieder einer anderen Kapitalgesellschaft stellen (abhängige Gesellschaft) [...], oder
e) sie über unmittelbar oder mittelbar über die Stimmenmehrheit in einer abhängigen Personengesellschaft [...] verfügt, die auch auf einer Vereinbarung mit Dritten beruhen kann."

Weitgehend entsprechend sind die Definitionen des „beherrschenden Unternehmers" in Art. 4 Nr. 3, 4 lit. a – d des Wettbewerbsgesetzes[824] und des „herrschenden Rechtsträgers" in Art. 4 Nr. 14 lit. a – d des „Gesetzes über das öffentliche Ange-

---

823 Siehe hierzu unten Teil 4 B.I.1.a. (S. 232).
824 Ustawa o ochronie konkurencji i konsumentów – Gesetz über den Schutz des Wettbewerbs und der Verbraucher vom 16.02.2007, Dz.U. 2007, Nr. 50, Pos. 331; deutsche Übersetzung: *de Vries*, in: Breidenbach, Handbuch Wirtschaft und Recht in Osteuropa, Bd. 2, PL 410.

bot"[825] formuliert. Als Quintessenz der Aufzählung des KSH wird ein faktisches Herrschaftsverhältnis angenommen, soweit die gesicherte Möglichkeit besteht, dem abhängigen Unternehmen bzw. dessen Organen Konsequenzen für den Fall anzudrohen, daß diese dem Willen des herrschenden Unternehmens zuwiderhandeln.[826]

Die Möglichkeiten der Einflußnahme der herrschenden Gesellschaft auf das abhängige Unternehmen divergieren nach dessen Rechtsform als sp. z o. o. oder S. A.

a. Sp. z o. o. als abhängige Gesellschaft

Nach herrschender Meinung in Polen steht der Gesellschafterversammlung einer sp. z o. o. gegenüber deren Vorstand ein Weisungsrecht zu. Während Art. 375[1] KSH für die S. A. bestimmt, daß „die Hauptversammlung und der Aufsichtsrat dem Vorstand keine verbindlichen Anweisungen" bezüglich der Geschäftsführung erteilen dürfen, setzt Art. 219 § 2 KSH dieses Verbot bei der sp. z o. o. ausschließlich für den Aufsichtsrat fest. Hinsichtlich der Weisungsbefugnis der Gesellschafterversammlung fehlt dort eine gesetzliche Regelung. Für die sp. z o. o. ist in Art. 207 KSH normiert, daß die Vorstandsmitglieder den in den Beschlüssen der Gesellschafter bestimmten Beschränkungen unterliegen.[827] Seitdem das Weisungsverbot der Gesellschafter mit Gesetz vom 12.12.2003[828] ausschließlich für die S. A. und nicht für die sp. z o. o. kodifiziert wurde, folgt aus dem argumentum a contrario[829] nach fast einhelliger Meinung für die Gesellschafterversammlung der sp. z o. o. kein Verbot der Erteilung verbindlicher Weisungen an den Vorstand.[830]

Zwar wird die Divergenz zwischen S. A. und sp. z o. o. von einigen Autoren kritisiert.[831] Diese stellen Überlegungen de lege ferenda an, daß bei der sp. z o. o. eine Art. 375[1] KSH entsprechende Regelung eingeführt werden sollte.[832] Als Argument wird vorgebracht, sowohl bei der S. A. als auch bei der sp. z o. o. trügen die Gesellschafter keine Verantwortung für die Verbindlichkeiten der Gesellschaft

---

825 Gesetz über das öffentliche Angebot und die Bedingungen für die Einführung von Finanzinstrumenten in das organisierte Handelssystem sowie über die Publikumsgesellschaft, deutsche Übersetzung: *Lewandowski*, in: Breidenbach, Handbuch Wirtschaft und Recht in Osteuropa, Bd. 2, PL 525.
826 *Karolak*, Prawo Spółek 6/2001, 9, 13; *Leipert*, WiRO 2005, 225, 227.
827 Art. 207 KSH ermöglicht allerdings abweichende Regelungen durch die Satzung der sp. z o. o., vgl. hierzu rechtsvergleichend *Schubel*, StudZR 2005, 165, 172.
828 Dz.U. 2003, Nr. 94, Pos. 1037.
829 *Kidyba*, KSH, tom II, Art. 375[1] Rn 1, S. 382; *Szwaja/Kwaśnicki*, PPH, 8/2004, 32, 34.
830 Im Ergebnis entsprechend *Opalski/Wiśniewski*, PPH 1/2005, 52 ff.; *Stroiński*, PPH, 3/2005, 29 ff.
831 *Kidyba*, KSH, tom I, Art. 219 Rn 2, S. 908; *Szwaja/Kwaśnicki*, PPH, 8/2004, 32, 35.
832 Umgekehrt fordert *Stroiński*, PPH, 3/2005, 29, 35 die ausdrückliche gesetzliche Kodifikation, daß Weisungen in der sp. z o. o. erlaubt sind.

und bei einer Weisungsbefugnis der Gesellschafter einer sp. z o. o. könne es zu einer Trennung der Entscheidungs- und Verantwortungssphäre und damit zu einem Verstoß gegen den Grundsatz des Gleichlaufs von Verantwortung und Haftung kommen.[833] De lege lata ist eine analoge Anwendung des Art. 375¹ KSH auf die sp. z o. o. jedoch in Ermangelung einer Regelungslücke nicht möglich, da Art. 207 KSH für die sp. z o. o.das Verhältnis zwischen den Gesellschaftern und dem Vorstand regelt.[834] Bei der derzeitigen Gesetzeslage findet sich daher kein Autor, der von einem Verbot verbindlicher Weisungen der sp. z o. o.-Gesellschafter an den Vorstand ausgeht.[835]

Eine divergierende Reglung beider Formen der Kapitalgesellschaften ist auch durch ihren unterschiedlichen Charakter gerechtfertigt: Während die S. A. in der Regel Kapitalanlagecharakter hat, weist eine sp. z o. o. einen eher persönlichen Charakter auf, in dessen Natur es liegt, daß die Gesellschafter faktisch Einfluß auf die Geschäftsführung nehmen.[836] Hiervon ging auch die Gesetzesbegründung zu Art. 375¹ KSH aus und sah deshalb von einer entsprechende Regelung für die sp. z o. o. ab.[837] Zudem beruht die Regelung der Organisationsverfassung der sp. z o. o. auf dem System der deutschen GmbH, für welche die Weisungsabhängigkeit des Geschäftsführers allgemein anerkannt ist.[838]

Die Gesellschafterversammlung einer sp. z o. o. kann dem Vorstand folglich verbindliche Weisungen erteilen. Eine herrschende Gesellschaft, die über die Mehrheit der Stimmrechte verfügt, kann auf diesem Weg die Geschäftsführung der sp. z o. o. unmittelbar beeinflussen.

b. S. A. als abhängige Gesellschaft

Die Möglichkeiten einer Einflußnahme auf eine Tochtergesellschaft in der Rechtsform der S. A. sind im polnischen Recht verworren und teilweise widersprüchlich normiert. Einerseits ist entsprechend der Rechtslage bei der deutschen AG nach Art. 375¹ KSH die Weisungsunabhängigkeit des Vorstandes gesetzlich garantiert. Andererseits räumt der KSH einem Allein- oder Mehrheitsaktionär im Verhältnis zum Vorstand erhebliche Rechte ein, die über jene des deutschen Rechts hinaus-

---

833 *Kidyba*, KSH, tom I, Art. 219 Rn 2, S. 908.
834 *Szwaja/Kwaśnicki*, PPH, 8/2004, 32, 34.
835 Von *Popiołek*, in: *Frąckowiak/Kidyba/Popiołek/Pyzioł/Witosz*, KSH, Art. 219 Rn 5 wird zwar noch auf eine aA verwiesen, allerdings ohne Nachweis.
836 *Szwaja/Kwaśnicki*, PPH, 8/2004, 32, 34; zu vergleichbaren Ergebnissen kommt *Stroiński*, PPH, 3/2005, 29 ff. in seiner ökonomischen Analyse des Rechts.
837 Vgl. *Szwaja/Kwaśnicki*, PPH, 8/2004, 32, 34 f.
838 *Szwaja/Kwaśnicki*, PPH, 8/2004, 32, 34; ablehnend zur unkritischen Übernahme dieses ausländischen Regelungskomplexes ins polnische Recht *Opalski/Wiśniewski*, PPH 1/2005, 52, 53.

gehen. Im Zuge der jüngsten Reform des KSH wurde der Schutz des Mehrheitsaktionärs vor einem illoyalen Vorstand weiter gestärkt.

aa. 100 %-ige S. A.-Tochter

Aufgrund der in Art. 375[1] KSH gesetzlich garantierten Weisungsunabhängigkeit des Vorstandes kann auch ein Alleingesellschafter dem Vorstand „seiner" S. A. keine rechtlich verbindlichen Weisungen erteilen.

Allerdings kann die Hauptversammlung gemäß Art. 368 § 4 S. 2 KSH ein Vorstandmitglied abberufen oder suspendieren, selbst wenn dieses gemäß § 368 § 4 S. 1 KSH vom Aufsichtsrat berufen wurde.[839] Nach Art. 370 § 1 S. 1 KSH ist dies grundsätzlich jederzeit und ohne wichtigen Grund möglich, was einen entscheidenden Unterschied zum deutschen Recht darstellt, in welchem § 84 Abs. 3 AktG für die Abberufung eines Vorstand einen wichtigen Grund fordert. Bei einer S. A. im Alleineigentum eines Gesellschafters ist zudem das formalisierte Verfahren zur Einberufung einer außerordentlichen Hauptversammlung (Artt. 398 ff. KSH) entbehrlich. Gemäß Art. 405 § 1 KSH können wirksame Beschlüsse auch ohne formgerechte Einberufung gefaßt werden, wenn das ganze Stammkapital vertreten ist.

Einem Alleinaktionär eröffnet das polnische Recht daher die legale Möglichkeit, einen unliebsamen Vorstand jederzeit und ohne Angabe von Gründen abzusetzen und durch einen gefügigen Vorstand zu ersetzen. Bei einer 100 %-igen Tochter-S. A. besitzt die Mutter folglich die rechtlichen Mittel, ihren Willen zwar nur mittelbar, aber in kurzer Zeit auch hinsichtlich konkreter Entscheidungen aus dem Bereich der Geschäftsführung durchzusetzen.

bb. S. A.-Tochter im Mehrheitsbesitz

Unter der bislang – bis zum 02.08.2009 – geltenden Rechtslage beklagen Mehrheitsaktionäre bisweilen ein illoyales Verhalten des Vorstands. Kurzfristig stehen ihnen dagegen keine effektiven Druckmittel zur Verfügung. Zwar kann der Mehrheitsaktionär einen Beschluß der Hauptversammlung herbeiführen und gemäß Artt. 368 § 4 S. 2, 370 § 1 S. 1 KSH den Vorstand ohne Angabe von Gründen abberufen. Für die Wirksamkeit eines Hauptversammlungsbeschlusses ist aber die formgerechte Einberufung erforderlich, was gemäß Art. 399 § 1 KSH originäre Aufgabe des Vorstandes ist. Eine Beschlußfassung ohne formelle Einberufung ist zwar zulässig, wenn das ganze Stammkapital vertreten ist. Es besteht aber für einen an-

---

839 Zur historischen Entwicklung der damit geschwächten Position des Aufsichtsrats vgl. *Michalski*, Spółka akcyjna, S. 428 ff.

wesenden Minderheitsaktionär die Möglichkeit, gegen das Abhalten der Hauptversammlung oder einzelner Tagesordnungspunkte Einspruch zu erheben (Art. 405 § 1 KSH). Die Wirksamkeit eines Beschlusses ist daher nur bei einer formgerecht einberufenen Hauptversammlung gewährleistet. Will ein Mehrheitsaktionär eine solche zum Zweck der Abberufung eines widerspenstigen Vorstandes durchführen, kann letzterer das Verfahren verzögern. Allein durch die vorgeschriebenen Mindestfristen der Artt. 400 § 1[840] (ein Monat), 401 § 1 S. 1[841] (zwei Wochen) und 402 § 1 KSH[842] (drei Wochen) vergehen mehrere Wochen, bis eine Gesellschafterversammlung ein- und der Vorstand abberufen werden kann. Darüber hinaus haben sich in der polnischen Rechtspraxis Methoden etabliert, mit denen ein Vorstand seine Abberufung zusätzlich um weitere Wochen hinauszögern kann.[843]

Nunmehr – ab dem 03.08.2009 – gibt die Novelle des KSH einem Mehrheitsaktionär ein Mittel zur Hand, mit dem er den Vorstand innerhalb von nur drei Wochen abberufen kann. In Art. 399 § 3 S. 1 KSH wird dem Mehrheitsaktionär ein autonomes Recht zur Einberufung der Gesellschafterversammlung eingeräumt, so daß er nicht mehr auf die Mitwirkung des Vorstands angewiesen ist. Art. 399 § 3 KSH lautet:

„Aktionäre, die mindestens die Hälfte des Stammkapitals oder mindestens die Hälfte der gesamten Stimmenzahl in der Gesellschaft vertreten, können die außerordentliche Hauptversammlung einberufen. Die Aktionäre ernennen den Vorsitzenden dieser Hauptversammlung."

Zum Zweck der Einberufung einer Gesellschafterversammlung muß sich ein Mehrheitsaktionär somit nicht mehr erst an den Vorstand wenden und eine gewisse Frist verstreichen lassen, bevor er das Registergericht mit der Einberufung beauftragen kann. Es entsteht durch den Ablauf der Einberufungsfrist des Art. 402 § 1 KSH lediglich eine Verzögerung von drei Wochen.

Ausweislich der Gesetzesbegründung soll das in Art. 399 § 3 KSH neu geschaffene Mehrheitsrecht den Schutz der Aktionäre vor einem illoyalen Verhalten der

---

840 Art. 400 § 1 KSH a.F. lautete: „Ein Aktionär [... kann] die Einberufung der außerordentlichen Hauptversammlung verlangen [...]. Ein solches Gesuch muß dem Vorstand spätestens einen Monat vor dem vorgeschlagenen Termin [...] vorgelegt werden".
841 Art. 401 § 1 S. 1 KSH a.F.: „Ist innerhalb einer Frist von zwei Wochen vom Tag der Vorlage des Gesuchs beim Vorstand die außerordentliche Hauptversammlung nicht einberufen worden, kann das Registergericht [...] mit der Einberufung [...] beauftragt werden".
842 402 § 1 KSH lautet unverändert: „Die Hauptversammlung wird durch Bekanntmachung einberufen, die spätestens drei Wochen vor dem Termin der Hauptversammlung durchgeführt werden muß".
843 Nach der Entscheidung des *OG* vom 21.03.2007, III CZP 94/06, MoP 19/2007, 1079 ff. ist ein abberufenes Organmitglied allerdings nicht zur Anstrengung einer Klage auf Feststellung der Nichtigkeit des Abberufungsbeschlusses legitimiert; vgl. dazu *Bilewska*, MoP 19/2007, 1096 ff.

Vorstands- und Aufsichtsratsmitglieder zum Zweck haben.[844] Die Herrschaftsmöglichkeiten des Mehrheitsaktionärs einer S. A. sind damit jenen eines Alleingesellschafters angenähert. Aufgrund der Möglichkeit, den Vorstand innerhalb von drei Wochen abzuberufen, kann der Vorstand im Widerspruch zu Art. 375¹ KSH zur willfährigen Marionette des Mehrheitsaktionärs verkommen.

cc. Zwischenergebnis

Sowohl einem Allein- als auch einem Mehrheitsaktionär einer S. A. stehen damit – zumindest ab dem 03.08.2009 – grundsätzlich die rechtlichen Mittel zur Verfügung, seinen Willen entgegen Art. 375¹ KSH auch hinsichtlich konkreter Maßnahmen der Geschäftsführung durchzusetzen.[845]

II. Kartellrecht

Das polnische Wettbewerbsgesetz (UOKK)[846] ist ebenso wie das deutsche GWB mittlerweile stark europäisch geprägt.[847] In Bezug auf die vorliegend relevanten kartellrechtlichen Problemkreise bestehen zwischen dem polnischen, deutschen und europäischen Recht allenfalls marginale Unterschiede. Dies gilt insbesondere für die Frage, inwieweit konzerninterne Vereinbarungen von dem in Art. 6 Abs. 1 UOKK normierten Kartellverbot ausgenommen sind.[848] Bezüglich des Konzernprivilegs kann deshalb vollumfänglich auf die obigen Ausführungen verwiesen werden, zumal auch die polnische Literatur sich europäischer und deutscher Bezugnahmen bedient.[849] Eine dem deutschen Recht vergleichbare Fragestellung, ob die kartellrechtliche Verweisungsnorm der Verbundklausel auch für das Vergaberecht Geltung beansprucht, stellt sich im polnischen Recht nicht, da das Vergaberecht in einem eigenen Gesetz kodifiziert ist.

---

844 Druk nr 1130 wpłynął 08.10.2008 (Drucksache 1130 vom 08.10.2008), Uzasadnienie (Gesetzesbegründung), S. 19 f., im Internet abrufbar unter http://orka.sejm.gov.pl/proc6.nsf/opisy/1130.htm.
845 Zur bereits derzeit erfolgenden Aushöhlung des Art. 375¹ vgl. *Liebscher/Oplustil*, WiRO 2008, 97, 98; den Grundsatz des Art. 375¹ verteidigt *Kidyba*, Prawo handlowe, Rn 423, 427.
846 Ustawa o ochronie konkurencji i konsumentów – Gesetz über den Schutz des Wettbewerbs und der Verbraucher vom 16.02.2007, Dz.U. 2007, Nr. 50, Pos. 331; deutsche Übersetzung: *de Vries*, in: Breidenbach, Handbuch Wirtschaft und Recht in Osteuropa, Bd. 2, PL 410.
847 *Brandt*, Angleichung des Kartellrechts, S. 55 ff.; *Skoczny*, Angleichung der Wettbewerbsregeln, S. 25 ff.
848 Ausf. zum Konzernprivileg *Kohutek*, in: Kohutek/Sieradzka, UOKK, Art. 6 Rn 5 (S. 258 ff.); allg. zum Verbot wettbewerbsbeschränkender Vereinbarungen im polnischen Recht *Zinser* WiRO 2001, 321, 322.
849 S.o. Teil 1 A.III.2. (S. 46).

III. Vergaberecht

Das polnische Vergaberecht ist einheitlich im prawo zamówień publicznych (PZP)[850] geregelt.[851] Dieses beruht wie das deutsche Kartellvergaberecht auf der Vergabekoordinierungsrichtlinie.[852] Diese identische europäische Vorgabe verhindert zwar fundamentale Divergenzen, hat jedoch keineswegs dazu geführt, daß bestehende Unterschiede marginalisiert wurden. Auf einige Besonderheiten des PZP ist sogleich einzugehen, weitere werden später im jeweiligen Kontext behandelt, in welchem sie virulent werden.

1. Zulässigkeit der Betrachtung des Konzerns als Einheit

Eine Beantwortung der Frage, ob bzw. inwieweit im PZP verbundene Unternehmen nicht als jeweils eigenständige juristische Personen, sondern als Einheit verstanden werden können, muß die kodifizierte Definition des Unternehmers zum Ausgangpunkt haben. Art. 2 Nr. 11 PZP normiert:

„Unternehmer – ist eine natürliche Person, eine juristische Person oder eine Organisationseinheit ohne Rechtspersönlichkeit, die sich um die Vergabe des öffentlichen Auftrags bewirbt, ein Angebot abgibt oder einen Leistungsvertrag abschließt."

Der Konzern fehlt in dieser Auflistung. Man kann ihn nicht unter den Begriff der Organisationseinheit ohne Rechtspersönlichkeit subsumieren, da dieser auf die Gesellschaft nach dem ZGB abzielt.[853] Aus der Tatsache, daß der Gesamtkonzern nicht als Unternehmer definiert ist, könnte der Schluß gezogen werden, im PZP seien konzernangehörige Gesellschaften prinzipiell getrennt als eigenständige juristische Personen zu betrachten. Dies scheint dadurch bestätigt zu werden, daß der polnische Gesetzgeber in Art. 130 Abs. 2 PZP für die Auftragsweitergabe an Dritte im Fall von Baukonzessionsaufträgen eine spezielle Konzernproblematik normiert hat:

„Die [...] Verträge mit Unternehmen, die zu dem Unternehmer in einem Abhängigkeits- oder Beherrschungsverhältnis [...] stehen, gelten nicht als Subunternehmerverträge im Sinne des Abs. 1."

---

850 Gesetz der öffentlichen Aufträge vom 29.01.2004, Dz.U. 2004, Nr. 19, Pos. 177.
851 Einen Überblick über die wesentlichen Regelungen und insbesondere die Entwicklung des polnischen Vergaberechts im Lichte der europäischen Vorgaben vermitteln *Suchon/Schürmann*, WiRO 2002, 1 ff.; *Schwierskott/Suchon/Schürmann*, WiRO 2005, 7 ff.; *Suchon/Schürmann*, WiRO 2007, 45 ff. sowie *Brzeski*, in: Vergaberecht im Wandel, S. 37 ff.
852 Vgl. zu den Änderungen durch die VKR im polnischen Recht, *Suchon/Schürmann*, WiRO 2007, 45 ff.
853 Diese entspricht im Ergebnis weitgehend der deutschen GbR, weist jedoch einige Besonderheiten auf, auf welche vorliegend nicht eingegangen werden kann.

Aus der gesonderten Nennung des Konzerns in diesem speziellen Fall kann jedoch nicht der Umkehrschluß gezogen werden, wenn der Konzern ansonsten im PZP nicht genannt sei, würden nach der gesetzgeberischen Intention für ihn auch keine besonderen Regeln gelten. Denn Art. 130 Abs. 2 PZP beruht auf Art. 63 Abs. 2 VKR und stellt eine streng am Wortlaut der europäischen Vorgabe orientierte Umsetzung dar. Die einzige Normierung einer Konzernproblematik im Rahmen des PZP beruht damit auf der wortlautgetreuen Umsetzung einer europäischen Vorgabe.

Im Rahmen der allgemeinen Definition des bei Art. 2 Nr. 11 PZP hat der Gesetzgeber offensichtlich nicht an die spezifischen Probleme gedacht, die bei einer Konzernbeteiligung auftreten können. Zudem wäre im Bereich allgemeiner Definitionen eine Normierung von Einzelfällen fehl am Platz. In einer dort unterlassenen Definierung des Gesamtkonzerns als ein Unternehmer kann daher keine gesetzgeberische Absicht im Hinblick auf die generelle Behandlung von verbundenen Unternehmen im PZP erblickt werden. Sofern aufgrund der Interessenlage eine Qualifizierung des Konzerns als Einheit geboten ist, steht die Definition in Art. 2 Nr. 11 PZP einer solchen Auslegung daher nicht prinzipiell entgegen.

2. Grundzüge der Eignungsprüfung

Die europäischen Vorgaben betreffend der wirtschaftlichen und finanziellen (Art. 47 VKR) sowie technischen und/oder beruflichen Leistungsfähigkeit (Art. 48 VKR) und der Zuverlässigkeit sind im nationalen Recht in Art. 22 Abs. 1 PZP umgesetzt. Danach muß ein Bieter zum Bestehen der Eignungsprüfung folgende Voraussetzungen erfüllen:

„1. fachliche Befugnisse für die Ausübung einer bestimmten Tätigkeit [...], sofern solche Befugnisse zwingend durch Gesetze vorgeschrieben sind,
2. das erforderliche Wissen und die Erfahrung sowie das technische Potential [...] und über Personen verfügen, die zur Durchführung des Auftrags befähigt sind
3. sich in einer wirtschaftlichen und finanziellen Lage befinden, die die Durchführung des Auftrags gewährleistet"

Im Rahmen einer Bietergemeinschaft braucht jedes beteiligte Unternehmen nur für die in seinem Aufgabenbereich liegende Tätigkeiten geeignet zu sein, so daß es ausreicht, wenn die Bietergemeinschaft in ihrer Gesamtheit sämtliche Eignungskriterien erfüllt.[854] Ebenso braucht ein Bieter nicht selbst für alle Bereiche geeignet

---

854 Für Art. 22 Abs. 1 Nrn. 2 u. 3 PZP ist dies allgemeine Ansicht, für Art. 22 Abs. 1 Nr. 1 PZP wird dies teilweise bestritten, vgl. *Płużański*, PZP, Art. 23 Rn 3; *Stachowiak*, in: Dies./Jerzykowski/Dzierżanowski, PZP, Art. 22 Rn 10; *Wicik/Wiśniewski*, PZP, Art. 23 Rn 15 f.

zu sein, wenn er sich für einige Teile eines Nachunternehmers bedient. In diesen Fällen hat der Bieter jedoch gemäß Art. 47 Abs. 2 S. 2 und Art. 48 Abs. 3 S. 2 VKR eine Zusage des Nachunternehmers vorzulegen, daß dieser seine Kapazitäten dem Bieter zur Verfügung stellt.[855] Mittels einer solchen Verpflichtungszusage des Nachunternehmers weist der Bieter seine insoweit abgeleitete Eignung nach. Der Auftraggeber kann gemäß der Art. 25 S. 1 VKR entsprechenden Regelung des Art. 36 Abs. 4 PZP verlangen, daß der Bieter mit seinem Angebot diejenigen Leistungen angibt, für deren Ausführung er sich eines Subunternehmers bedienen will.[856]

Der Zeitpunkt der Eignungsprüfung richtet sich nach der jeweiligen Verfahrensart. Im folgenden sollen nur das offene und das nichtoffene Verfahren untersucht werden, da diese beiden Verfahrensarten in Polen in Übereinstimmung mit den europarechtlichen Vorgaben die Hauptverfahren zur Vergabe öffentlicher Aufträge darstellen, zwischen denen der Auftraggeber nach seinem Ermessen wählen kann.[857]

Im offenen Verfahren sind die nach Artt. 25, 26 Abs. 1 PZP in der öffentlichen Bekanntmachung geforderten Eignungsnachweise gemäß Art. 44 PZP „mit dem Angebot" einzureichen, im nichtoffenen Verfahren mit dem Gesuch auf Zulassung zur Teilnahme (Art. 50 PZP). Bis zu diesen Zeitpunkten hat ein Bieter daher auch eine Verpflichtungserklärung vorzulegen, wenn er sich des Mittels der abgeleiteten Eignung bedienen will. Dies gilt auch dann, wenn der Bieter sich auf die Kapazitäten eines demselben Konzern angehörenden Unternehmens berufen will, sofern ihm dies nicht allein kraft der gesellschaftsrechtlichen Verbundenheit möglich ist.

3. Nachreichen fehlender Erklärungen

Seit einer Änderung vom 13.04.2007 mit dem Ziel einer Liberalisierung des Verfahrens ermöglicht Art. 26 Abs. 3 PZP das Nachreichen zuvor gänzlich fehlender Erklärungen bis zu einem vom Auftraggeber festgesetzten Termin.[858] Auch ein Eignungsnachweis gemäß Art. 22 Abs. 1 PZP kann danach nachgereicht wer-

---

855 Eine entsprechende Kodifizierung vergleichbar §§ 8 a Nr. 10 VOB/A; § 7 a Nr. 3 Abs. 6 VOL/A findet sich im nationalen polnischen Recht nicht.
856 Zu den Rechtsfolgen eines Einsatzes von Subunternehmern bei unterlassener Angabe gemäß Art. 36 Abs. 4 PZP vgl. *Szostak*, ST 5/2007, 72, 76; zur Reichweite des Art. 25 S. 1 VKR – und damit entsprechend des Art. 36 Abs. 4 PZP – s.o. Teil 1 B.II.2.b.bb.(2)(c) (S. 69).
857 *Głowacka/Kwaśnik/Franken*, PZP - Recht des öffentlichen Vergabewesens, Einleitung, S. XXVII.
858 Vgl. zur Novellierung *Stachowiak*, in: Dies./Jerzykowski/Dzierżanowski, PZP, Art. 26 Rn 4; *Pieróg*, PZP, Art. 26 Rn 13 f.

den.⁸⁵⁹ Im deutschen Recht ist eine entsprechende Regelung im Rahmen der VOB/A und VOL/A 2009 geplant.⁸⁶⁰ Insoweit hat das polnische Recht also eine Vorreiterrolle gegenüber dem deutschen Recht eingenommen.

Gegen die Norm des Art. 26 Abs. 3 PZP in der aktuellen Fassung werden in der polnischen Literatur teilweise europarechtliche Bedenken geäußert. So diskutiert *Pieróg* die Vereinbarkeit mit Europarecht aufgrund eines möglichen Abweichung des von Art. 51 VKR vorgegebenen Rahmens.⁸⁶¹ Gemäß Art. 51 VKR kann der öffentliche Auftraggeber Wirtschaftsteilnehmer auffordern, „Bescheinigungen und Dokumente zu vervollständigen oder zu erläutern."⁸⁶² Wie bereits zum deutschen Recht dargelegt, überschreitet eine zusätzlich eingeräumte Möglichkeit des Nachreichens komplett neuer Unterlagen die Vorgaben des Art. 51 VKR.⁸⁶³ Hieraus folgt indes nicht die Europarechtswidrigkeit des Art. 26 Abs. 3 PZP.

Nach der La Cascina-Entscheidung des *EuGH* sind die Gründe für den Ausschluß eines Angebots vom Vergabeverfahren wegen fehlender Eignung durch die Richtlinien nicht strikt vorgegeben, sondern es steht dem nationalen Gesetzgeber frei, insoweit eine großzügige Handhabung zu eröffnen.⁸⁶⁴ Die Gestattung eines Nachreichens fehlender Eignungsnachweise verstößt damit nicht gegen europarechtliche Vorgaben.

4. Zeitpunkt des Nachforderns einer fehlenden Verpflichtungserklärung

Bei einer Nutzung der damit zulässigerweise eröffneten Möglichkeit, fehlende Erklärungen nachzureichen, sind die Grundsätze der Gleichbehandlung und der Transparenz zu beachten. Diese bedingen den Zeitpunkt der Nachforderung, der in Art. 26 Abs. 3 PZP – ebenso wie in den geplanten deutschen Neuregelungen – nicht vorgegeben ist. Das Fehlen einer Verpflichtungserklärung im Angebot darf der Auftraggeber nicht dazu nutzen, diese Erklärung im offenen Verfahren erst in der engeren Wahl zu verlangen, wie es der *BGH* unter dem Gesichtspunkt der Unzumutbarkeit für das deutsche Recht erwägt. Eine solche Abforderung erst nach Abschluß der eigentlichen Eignungsprüfung – im nichtoffenen Verfahren also beispielsweise erst mit dem Angebot – würde eine Abweichung von der im europäischen und polnischen Recht vorgegebenen Prüfungsreihenfolge darstellen. Soll selbst ungeeigneten Bietern diese Privilegierung einer späteren Prüfung ihrer ab-

---

859 *Stachowiak*, in: Dies./Jerzykowski/Dzierżanowski, PZP, Art. 26 Rn 2.
860 S.o. Teil 1 B.II.2.b.cc.(10)(a)(aa) (S. 90) und Teil 1 B.II.2.b.cc.(10)(b) (S. 94).
861 *Pieróg*, PZP, Art. 26 Rn 14.
862 Entsprechende Regelungen enthielten schon Art. 28 BKR, Art. 24 LKR und Art. 34 DKR.
863 S.o. Teil 1 B.II.2.b.cc.(4)(a)(aa) (S. 78) mwN.
864 *EuGH*, Urteil vom 09.02.2006, Rs. C-226/04, „La Cascina", Slg. 2006, I-1347, vgl. oben Teil 1 B.II.2.b.cc.(4)(a)(bb) (S. 79).

geleiteten Eignung zugute kommen, müßte dies zur Wahrung des Transparenz- und Gleichbehandlungsgrundsatzes in den Vergabeunterlagen angekündigt worden sein. Eine derartige Gestaltung der Vergabeunterlagen dürfte im polnischen Recht allerdings unzulässig sein, da keine entsprechende Ermächtigungsgrundlage existiert. Ein fehlender Eignungsnachweis muß daher während der laufenden Eignungsprüfung nachgefordert und nachgereicht werden. Gleiches gilt für eine fehlende Verpflichtungserklärung, da diese die abgeleitete Eignung eines selbst ungeeigneten Bieters begründet.[865] Eine großzügigere Handhabung würde gegen die Grundsätze der Gleichbehandlung und der Transparenz verstoßen.

Will ein selbst ungeeigneter Bieter sich der abgeleiteten Eignung eines anderen Unternehmers bedienen, bedeutet die Regelung des Art. 26 Abs. 3 PZP somit nur eine kleine Erleichterung. Die Nachunternehmer- und Verpflichtungserklärungen haben danach zwar noch nicht zwingend mit dem Angebot bzw. Teilnahmegesuch vorzuliegen, müssen aber bereits vor Abschluß der für alle Bieter gleichermaßen angewandten Eignungsprüfung nachgefordert und eingereicht werden.

B. Kooperation im Konzern

Ein Unternehmen kann sich allein kraft Konzernverbundenheit auf die Eignung eines verbundenen Unternehmens berufen, wenn es diesem gegenüber zur Erteilung verbindlicher Weisungen berechtigt ist. Diese vergaberechtliche Voraussetzung stimmt im polnischen und deutschen Recht schon deshalb überein, weil sie europarechtlich durch die Rechtsprechung des *EuGH* und die Regelungen der VKR vorgegeben ist.

Bei einer Analyse der Frage, wann diese Voraussetzung im Konzern erfüllt ist, treten hingegen entscheidende Unterschiede zutage. Hinsichtlich des Vertragskonzerns bereiten die lediglich rudimentären Regelungen im polnischen Recht Schwierigkeiten. Im faktischen Konzern verfügt eine Obergesellschaft nicht nur gegenüber einer abhängigen sp. z o. o., sondern auch gegenüber einer S. A. grundsätzlich über Mittel, ihren Willen hinsichtlich konkreter Maßnahmen der Geschäftsführung durchzusetzen. Die Rechtslage scheint damit jener gegenüber einer GmbH im Alleinbesitz zu entsprechen. Dies könnte zu der Annahme verleiten, eine Kooperation

---

865 Ist der Bieter selbst geeignet, bedarf es keiner Prüfung der Eignung eines gleichwohl eingesetzten Nachunternehmers. Die Vorlage einer Verpflichtungserklärung des Nachunternehmers ist daher weder erforderlich noch existiert eine Ermächtigungsgrundlage, deren Vorlage zu verlangen – Art. 25 S. 1 VKR; Art. 36 Abs. 4 PZP gestatten nur ein Verlangen der Benennung der subzuvergebenden Leistungen (vgl. ausf. Teil 1 B.II.2.b.bb.(2)(c), S. 69). Fordern die Vergabeunterlagen dennoch pauschal eine Verpflichtungserklärung, sollte ein selbst geeigneter Bieter dies rügen, wenn er sich den Aufwand der Beibringung dieser Erklärung ersparen will.

im Konzern unter Berufung auf die Eignung konzernangehöriger Gesellschaften müsse sowohl gegenüber einer sp. z o. o. als auch gegenüber einer S. A. ohne weiteres möglich sein. Genauere Untersuchungen ergeben jedoch, daß dies keineswegs der Fall ist. Die Regelungen des KSH bedürften folglich einer eingehenden Analyse.

I. Obergesellschaft als berufendes Unternehmen

1. Vertragskonzern

Im Vertragskonzern ist die Mutter gegenüber der Tochter grundsätzlich zur Erteilung verbindlicher Weisungen berechtigt.[866] Sie kann damit den Vorstand der abhängigen Gesellschaft anweisen, deren Kapazitäten zur Ausführungen eines bestimmten Auftrags zur Verfügung zu stellen. Wie bei einem Vertragskonzern nach deutschem Recht scheint danach eine Verpflichtungserklärung seitens der Tochter entbehrlich zu sein.

a. Problem nachteiliger Rechtsgeschäfte

Allerdings besteht im polnischen Recht im Vergleich zum AktG ein gravierender Unterschied. Der KSH normiert hinsichtlich des Vertragskonzerns keine Verlustausgleichspflicht des herrschenden Unternehmens, wie sie in im deutschen Recht in § 302 AktG bestimmt ist. Auch eine § 303 AktG entsprechende Norm zum Gläubigerschutz bei Beendigung eines Beherrschungsvertrages existiert nicht. Die Wahrung der Interessen der Gläubiger und der Minderheitsgesellschafter ist danach nicht sichergestellt, wenn die Obergesellschaft ihren Einfluß zum Nachteil der Tochter ausübt.

Es ist daher fraglich, ob die Mutter ihrer Tochter auch dann die Weisung erteilen darf, ihr die benötigten Kapazitäten zur Verfügung zu stellen, wenn die Tochter jene an einen Dritten gewinnbringender überlassen könnte. Spiegelbildlich stellt sich die Frage, ob der Vorstand der Tochter an eine solche Weisung gebunden ist. Der Vorstand der abhängigen Gesellschaft ist stets und ausschließlich dem Interesse eben dieser Gesellschaft und nicht Einzelinteressen von Gesellschaftern verpflichtet.[867] Wenn er für diese Gesellschaft nachteilige, schadenszufügende Verträge eingeht, macht er sich schadensersatzpflichtig (Art. 293 § 1 KSH für die sp.

---

866 S.o. Teil 4 A.I.1. (S. 220).
867 *Opalski*, PPH 11/2008, 16, 22; *Kwaśnicki/Nilsson*, in: Harmonisierung des Wirtschaftsrechts, S. 237 f.

z o. o. und Art. 483 § 1 KSH für die S. A.) und sogar strafbar (Art. 585 § 1 KSH).[868] In der polnischen Literatur wird daraus der Schluß gezogen, die strenge Einhaltung dieser gesetzlichen Vorgaben mache die Vornahme von Rechtsgeschäften durch die abhängige Gesellschaft, die objektiv ihren Interessen entgegenstehe, de facto unmöglich.[869] De lege lata sei die Vornahme eines für die abhängige Gesellschaft nachteiligen Rechtsgeschäftes auch dann unzulässig, wenn es für den Gesamtkonzern vorteilhaft sei.[870]

b. Anerkennung des Vertragskonzerns

Diese Straf- und Schadensersatzvorschriften, welche die Vornahme eines nachteiligen Rechtsgeschäfts sanktionieren, könnten aber im Vertragskonzern keine Anwendung finden. Immerhin hat der polnische Gesetzgeber die Zusammenfassung mehrerer juristischer Personen zu einem Vertragskonzern gebilligt und die „Führung einer abhängigen Gesellschaft kraft Beherrschungsvertrag" in Artt. 4, 7 KSH anerkannt. Es entspricht im deutschen Recht, welches Vorbild der polnischen Regelung war, gerade dem Zweck eines Beherrschungsvertrages, daß die Obergesellschaft das abhängige Unternehmen ihren eigenen Interessen bzw. dem Gruppeninteresse unterordnen kann.[871] Für das polnische Recht könnte daraus der Schluß zu ziehen sein, daß mit dem Abschluß des Beherrschungsvertrages das Wohl der Gesellschaft nicht mehr isoliert für die abhängige Gesellschaft zu bestimmen, sondern am Konzerninteresse auszurichten ist.

Um das mit dem Abschluß eines Beherrschungsvertrages verfolgte Ziel erreichen zu können, müßte es zulässig sein, innerhalb eines Konzerns Rechtsgeschäfte vorzunehmen, die zwar für einzelne konzernangehörige Gesellschaften isoliert betrachtet nachteilig sind, aber in mindestens gleichem Umfang dem Gesamtinteresse zugute kommen. Geschäfte üblichen Umfangs müßte eine abhängige Gesellschaft im Vertragskonzern auch dann mit ihrer Obergesellschaft vornehmen dürfen, wenn ihr von Dritten bessere Konditionen geboten werden. Der zunächst scheinbar bestehende Schaden für die abhängige Gesellschaft wird nivelliert, wenn man diese nicht isoliert, sondern als Teil des Konzerns als einer wirtschaftlichen Einheit begreift. Eine solche Auslegung, die einen Schaden und eine Beeinträchtigung des Wohls der Gesellschaft verneint, würde Bindungswirkung sowohl für den Schadensersatzanspruch als auch den Straftatbestand entfalten.

---

868 Art. 585 § 1 KSH lautet: „Wer [...] Mitglied ihres Vorstandes [...] ist und zum Schaden der Gesellschaft tätig wird, wird mit Freiheitsstrafe bis zu fünf Jahren und Geldstrafe bestraft".
869 *Kwaśnicki/Nilsson*, in: Harmonisierung des Wirtschaftsrechts, S. 238.
870 *Kwaśnicki/Nilsson*, in: Harmonisierung des Wirtschaftsrechts, S. 242.
871 Statt aller *Hirte*, in: Großkomm AktG, § 308 Rn 48.

Diese Auslegung ist jedoch nur dann haltbar, wenn sie mit dem Schutz der Außenseiter – also der Minderheitsgesellschafter und der Gläubiger – vereinbar ist. Primär deren Schutz dient im deutschen Recht die Kodifikation des Konzernrechts.[872] Die rudimentären Regelungen des Konzernrechts in Polen enthalten hingegen keine derartigen Schutzvorschriften. Eine fehlende Sicherung fremder Interessen könnte der Annahme einer Zulässigkeit nachteiliger Rechtsgeschäfte im Konzerninteresse entgegenstehen.

c. Schutz der Minderheitsgesellschafter

Im deutschen Recht ist die Sicherung der außenstehenden Aktionäre bei Beherrschungs- und Gewinnabführungsverträgen in den §§ 304 ff. AktG geregelt. Ihnen stehen nach §§ 304, 305 AktG bei Abschluß des Unternehmensvertrages Ausgleichs- und Abfindungsrechte zu. Sofern kein variabler Ausgleich vereinbart wird, ist gemäß § 304 Abs. 2 S. 1 AktG „als Ausgleichszahlung mindestens die jährliche Zahlung des Betrags zuzusichern, der nach der bisherigen Ertragslage der Gesellschaft und ihren künftigen Ertragsaussichten [...] voraussichtlich als durchschnittlicher Gewinnanteil [...] verteilt werden könnte." Die Minderheitsgesellschafter werden damit im Rahmen der Konzerneingangskontrolle geschützt. Nach dem Zeitpunkt der vertraglichen Einbindung in den Konzern können sie hingegen aus einer nachteiligen Einflußnahme der Obergesellschaft keine isolierten Rechte herleiten. Als Ausgleich für die weitgehenden Eingriffsrechte der Obergesellschaft normiert § 302 Abs. 1 AktG für jene lediglich eine Pflicht zur Verlustübernahme.[873]

Die im Vergleich zu deutschen Recht fehlenden Vorschriften zum Schutz der Minderheitsgesellschafter im Vertragskonzern nötigen allerdings nicht automatisch zur Annahme eines Verbots nachteiliger Rechtsgeschäfte. Im polnischen Recht besteht generell kein derart hohes Schutzniveau für die Minderheitsgesellschafter wie im deutschen Recht. Die fehlende Kodifikation zwingt daher nicht dazu, eine Auslegung vorzunehmen, welche den Minderheitsgesellschaftern einen dem deutschen Recht vergleichbaren Schutz gewährt. Gerade die jüngste Novelle des KSH mit dem Ziel der Stärkung des Mehrheitsaktionärs verdeutlicht, daß es eine bewußte Entscheidung des polnischen Gesetzgebers ist, den Schutz der Minderheit nicht zum Kern gesellschaftsrechtlicher Regelungen zu erheben. Hierin liegt ein entscheidender Unterschied zur Konzeption des deutschen Konzernrechts, welcher bei der Auslegung des KSH nicht unberücksichtigt bleiben darf.

---

872 Emmerich/*Habersack*, Aktien- und GmbH-Konzernrecht, Einl. Rn 1; *Hüffer*, AktG, § 15 Rn 3.
873 Vgl. *Emmerich*/Habersack, Aktien- und GmbH-Konzernrecht, § 302 Rn 16 mwN.

Auch nach polnischem Recht sind die Minderheitsgesellschafter bei Abschluß eines Beherrschungs- oder Gewinnabführungsvertrags aber nicht schutzlos gestellt. Zwar existieren keine expliziten Regelungen zu ihren Gunsten. Allerdings steht es ihnen frei, gegen einen für sie nachteiligen Beschluß über die Zustimmung zu einem Unternehmensvertrag zu klagen. Gerichtsentscheidungen, die diese Konstellation betreffen, existieren, soweit ersichtlich, bislang nicht. Allgemein kann gemäß Artt. 249 § 1; 422 § 1 KSH ein Gesellschafter- oder Hauptversammlungsbeschluß angefochten werden, wenn er die Benachteiligung eines Gesellschafters bzw. Aktionärs bezweckt.[874] Diese Voraussetzung sieht das *OG* sowohl als erfüllt an, wenn der Zweck der Benachteiligung bereits im Zeitpunkt der Vornahme des Beschlusses vorliegt, als auch dann, wenn der Inhalt des Beschlusses veranlassen kann, daß dessen Ausführung zur Benachteiligung eines Aktionärs führt.[875] In dieser Entscheidung behandelt das *OG* auch die Frage, ob das Vorliegen subjektiver Elemente („Absicht der Benachteiligung") auf der Seite der Großaktionäre eine Voraussetzung einer Anfechtung ist. Das *OG* verneint dies und stellte fest, daß allein der objektive Inhalt des Beschlusses darüber entscheidet, ob dessen Ausführung einen Aktionär benachteiligen kann.

Auch im polnischen Schrifttum überwiegt die Auffassung, daß bereits eine potentielle Benachteiligung eines Gesellschafters aus der Perspektive ex ante die Anfechtbarkeit begründet. Ein Gesellschafter muß demnach mit der Anfechtung nicht warten, bis der fragliche Beschluß ausgeführt wird und sich der absehbare Nachteil verwirklicht. Wenn aus der Sicht eines durchschnittlich sorgfältigen Teilnehmers des Rechtsverkehrs angenommen werden kann, daß ein Beschluß zu einer Benachteiligung des Aktionärs führen wird, sind die Voraussetzungen einer Anfechtbarkeit gemäß Artt. 249 § 1; 422 § 1 KSH erfüllt.[876]

Enthält ein Beherrschungsvertrag weder Ausgleichs- und Abfindungsansprüche noch andere Bestimmungen zum wirtschaftlichen Schutz der Minderheit vor einer nachteiligen Einflußnahme der herrschenden Gesellschaft, ist seine Durchführung objektiv geeignet, die Minderheitsgesellschafter zu benachteiligen. Den Zustimmungsbeschluß der Gesellschafter- oder Hauptversammlung zu einem solchen Beherrschungs- oder Gewinnabführungsvertrag kann ein Minderheitsgesellschafter daher mit Erfolg anfechten.

Erhebt dieser hingegen innerhalb der Klagefrist der Artt. 251; 424 KSH keine Klage, hat er seine Rechte in Bezug auf die Umsetzung des Unternehmensvertrages verwirkt. Aufgrund dieser Verwirkung bedarf er insbesondere keines Schutzes vor

---

874 Poln. ma na celu pokrzywdzenie wspólnika.
875 *OG*, Urteil vom 16.04.2004, II CK 537/03, OSNC 12/2004, Pos. 204; vgl. hierzu *Oplustil*, Glosa 3/2005, 41 ff.
876 *Spyra*, in: Włodyka, PSH, Tom 2B, S. 498; *Szwaja*, in: Sołtysiński/Szajkowski/Szumański/Szwaja, KSH, tom III, Art. 422 Rn 65 (S. 1256) mwN.

Rechtsgeschäften der abhängigen mit der herrschenden Gesellschaft, welche für erstere nachteilig sind.

Eine gegenteilige Auslegung würde dem Schutz der Minderheitsgesellschafter im Widerspruch zur Konzeption des KSH eine größere Bedeutung beimessen als im deutschen Recht, in welchem ein Minderheitsgesellschafter bei Bestehen eines Beherrschungsvertrages aus einer nachteiligen Einflußnahme der Obergesellschaft keine isolierten Rechte herleiten kann.

Der Schutz der Minderheitsgesellschafter zwingt damit im Vertragskonzern nicht dazu, nachteilige Einflußnahmen der herrschenden auf die abhängige Gesellschaft als unzulässig einzustufen.

d. Gläubigerschutz

Im Gegensatz zu den Minderheitsgesellschaftern haben die Gläubiger der abhängigen Gesellschaft grundsätzlich keine Möglichkeit, gegen den Inhalt des Beherrschungsvertrages vorzugehen. Der Schutz der Gläubigerinteressen könnte daher dazu zwingen, entgegen einer Übernahme des Grundgedankens des § 308 Abs. 1 S. 2 AktG eine Unzulässigkeit nachteiliger Weisungen anzunehmen. Im deutschen Recht werden die Gläubiger einer abhängigen Gesellschaft vor allem durch die Verlustausgleichspflicht des § 302 Abs. 1 AktG geschützt.[877] Dieses Korrelat für die Leitungsbefugnis des herrschenden Unternehmens ist nach dem KSH nicht zwangsläufig gegeben.

Die Gläubiger einer abhängigen Gesellschaft im Vertragskonzern werden im polnischen Recht zwar durch die Registerpublizität geschützt. Gemäß Art. 7 § 1 KSH muß bei Abschluß eines Beherrschungs- oder Gewinnabführungsvertrages „der Teil des Vertrages, der die Bestimmungen [...] über den Umfang der Haftung der herrschenden Gesellschaft für die Verbindlichkeiten der abhängigen Gesellschaft gegenüber ihren Gläubigern enthält, zu den registrierten Unterlagen der Gesellschaft eingereicht werden." Besteht danach eine vollumfängliche Haftung der Mutter, ist auch im polnischen Vertragskonzern der Schutz der Gläubiger der abhängigen Gesellschaft gewährleistet. Folglich bedürfen sie dann keines Schutzes durch ein Verbot der Erteilung bzw. Befolgung nachteiliger Weisungen.

Allerdings ist die Haftung der Mutter für ihre Tochter im Vertragskonzern nicht zwingend. Dies ergibt sich aus Art. 7 § 2 KSH, wonach es der Bekanntgabe unterliegt, „wenn ein Vertrag gemäß § 1 keine Regelung über die Haftung der herrschenden Gesellschaft enthält oder sie ausschließt."[878] Hat die Mutter keine Haftung übernommen oder diese gar ausgeschlossen, müssen die Gläubiger der ab-

---

877 Emmerich/*Habersack*, Aktien- und GmbH-Konzernrecht, Einl. Rn 5.
878 Vgl. *Kwaśnicki/Nilsson*, in: Harmonisierung des Wirtschaftsrechts, S. 252.

hängigen Gesellschaft vor einer Ausplünderung durch die Obergesellschaft geschützt werden. Es wäre grob unbillig und widerspräche dem Grundsatz des Gläubigerschutzes, wenn die herrschende Gesellschaft nur die Vorteile des Vertragskonzerns nutzen könnte, ohne korrelierende Pflichten zu übernehmen.

Gegen die Unbilligkeit kann nicht eingewandt werden, der polnische Gesetzgeber habe den Vertragskonzern als legitimes Mittel zur Verfolgung wirtschaftlicher Interessen kodifiziert und es hierfür ausweislich Art. 7 § 2 KSH zugelassen, daß die Mutter nicht für Verbindlichkeiten der Tochter hafte. Für potentielle Geschäftspartner sei aus dem Register ersichtlich, daß das Unternehmen abhängige Gesellschaft eines Beherrschungsvertrages sei und die Mutter keine Haftung übernommen habe. Würde man die Registerpublizität als Schutzinstrumentarium ernstnehmen, müsse ein dort ersichtlicher Haftungsausschluß als Gläubigerschutz ausreichen.

Diese Einwände verfangen jedoch nicht. Das Handelsregister weist grundsätzlich nur auf die bestehende Lage hin, ohne sie zu gestalten oder zu legitimieren. Verstößt die aus dem Register ersichtliche Regelung gegen den Gläubigerschutz, verwandelt die Ersichtlichkeit dieser Unbilligkeit eine rechtswidrige Situation nicht in eine rechtmäßige.

Hat die Obergesellschaft keine Haftung für die Verbindlichkeiten der Tochter übernommen, ist daher zum Gläubigerschutz von einem Verbot nachteiliger Rechtsgeschäfte mit der abhängigen Gesellschaft auszugehen. Mit der Vornahme derartiger Geschäfte würde sich der Vorstand der abhängigen Gesellschaft schadensersatzpflichtig sowie strafbar machen. Infolgedessen besteht bei entsprechenden Weisungen der Obergesellschaft keine Folgepflicht des Vorstands der abhängigen Gesellschaft.

e. Zwischenergebnis

Hat die Obergesellschaft im Vertragskonzern eine vollumfängliche Haftung für die Verbindlichkeiten der abhängigen Gesellschaft übernommen, zwingen weder der Minderheits- noch der Gläubigerschutz zu einem Verbot nachteiliger Rechtsgeschäfte. In dieser Konstellation folgt aus der in den Artt. 4, 7 KSH zum Ausdruck kommenden Anerkennung der Führung einer abhängigen Gesellschaft kraft Beherrschungsvertrag, daß für die Bestimmung des Wohls der Gesellschaft und eines etwaigen Schadens auf das Konzerninteresse abzustellen ist. Kommt ein für die abhängige Gesellschaft nachteiliges Rechtsgeschäft dem Gesamtkonzern zugute, macht sich der Vorstand weder schadensersatzpflichtig noch strafbar. Entsprechend § 308 Abs. 1 S. 2 AktG ist daher in dieser Konstellation auch die Erteilung nachteiliger Weisungen zulässig.

Ergibt sich aus dem zum Handelsregister eingereichten Beherrschungsvertrag eine vollumfängliche Haftung der Obergesellschaft, ist ein Berufen der Mutter auf die Eignung der Tochter allein kraft Konzernverbundenheit möglich.

Das muß für Vertragskonzerne ohne Haftungsübernahme indes nicht zwangsläufig bedeuten, daß ein Berufen auf die abgeleitete Eignung einer verbundenen Gesellschaft ausgeschlossen ist. Gäbe es Konstellationen, in denen diese Befugnis im faktischen Konzern bestünde, müßte dies auch in einem entsprechend organisierten Vertragskonzern gelten. Der zusätzliche Abschluß eines Beherrschungsvertrages kann nicht zu geringeren Befugnissen führen, als eine rein faktische Beherrschung. Mithin würde dort ein Gleichlauf zwischen dem Vertragskonzern und dem faktischen Konzern bestehen.

2. Faktischer Konzern

Zur Beurteilung der Rechtslage im faktischen Konzern ist zwischen einer abhängigen Gesellschaft in der Rechtsformen der sp. z o. o. und der S. A. zu unterscheiden, da nur bei letzterer die Weisungsfreiheit des Vorstands in Art. 375^1 KSH kodifiziert ist.

a. 100 %-ige sp. z o. o.-Tochter als verpflichtetes Unternehmen

Der Vorstand einer sp. z o. o. ist hingegen grundsätzlich an die Weisungen der Gesellschafterversammlung gebunden, welche ein Alleingesellschafter jederzeit erteilen kann.[879] Hieraus könnte entsprechend der Rechtslage bei der GmbH der Schluß gezogen werden, es sei von einer Befolgung der Weisung auszugehen und damit die Vorlage einer Verpflichtungserklärung entbehrlich. Bei der faktisch abhängigen sp. z o. o. ist jedoch fraglich, ob deren Vorstand mit einer hinreichenden Gewißheit die Weisung befolgen oder statt dessen in bestimmten Konstellationen die Befolgung der Weisung verweigern wird. Kann der Vorstand der sp. z o. o.-Tochter die Kapazitäten anderweitig gewinnbringender einsetzen, bestehen mehrere Regelungskomplexe, nach welchen dem Vorstand bei einer Befolgung der Weisung Nachteile drohen.

---

879 S.o. Teil 4 A.I.2.a. (S. 222).

aa. Drohende Schadensersatzpflicht und Strafbarkeit des Vorstands

Der Vorstand setzt sich bei einem Verzicht auf einen lukrativeren Einsatz der Kapazitäten der Gefahr eine Schadensersatzpflicht gemäß Art. 293 § 1 KSH und einer Strafbarkeit gemäß Art. 585 § 1 KSH aus.[880] Im Vertragskonzern mit vollumfänglicher Haftung der Obergesellschaft ist sowohl ein Schaden der abhängigen Gesellschaft als auch eine Verletzung ihres Wohls zu verneinen, weil jeweils auf den Gesamtkonzern abzustellen ist. Diese Auslegung rechtfertigt sich dort aus drei Gründen. Erstens der Anerkennung der Führung der abhängigen Gesellschaft kraft Beherrschungsvertrag in Artt. 4, 7 KSH, zweitens des aufgrund der Haftung entbehrlichen Gläubigerschutzes und drittens des verwirkten Minderheitenschutzes. Demgegenüber ist die faktische Beherrschung in Art. 4 § 1 Nr. 4 lit. a – e KSH nur definiert und legitimiert keine einheitliche Führung. Aufgrund der zudem fehlenden Haftung des Alleingesellschafters (Art. 151 § 4 KSH) ist auch der Gläubigerschutz nicht sichergestellt. Für die Bestimmung des Schadens und des Wohls der Gesellschaft ist folglich im faktischen Konzern nicht auf den Gesamtkonzern, sondern isoliert auf die abhängige sp. z o. o. abzustellen. Nimmt deren Vorstand ein nachteiliges Rechtsgeschäft mit der Obergesellschaft vor, scheint er sich damit schadensersatzpflichtig und strafbar zu machen.

bb. Wertung des Art. 244 KSH

Dieses Ergebnis ist jedoch im Hinblick auf die Wertung des Art. 244 KSH in Zweifel zu ziehen. Gemäß Art. 244 KSH besteht bei einer sp. z o. o., im Gegensatz zur Rechtslage bei einer GmbH, für den Gesellschafter kein Stimmverbot, wenn über die Vornahme eines Rechtsgeschäfts mit ihm abgestimmt wird. Zwar normiert Art. 244 KSH Einschränkungen der Abstimmungsberechtigung für die Gesellschafter. Entsprechend § 47 Abs. 4 GmbHG unterliegt der betroffene Gesellschafter danach bei der Beschlußfassung über seine Entlastung, der Befreiung von einer Verbindlichkeit und hinsichtlich eines Rechtsstreit einem Stimmverbot. Im Gegensatz zu § 47 Abs. 4 GmbHG gilt das Stimmverbot aber nicht für die Vornahme eines Rechtsgeschäfts. In Art. 235 KH von 1934 war der Abschluß eines Vertrages mit einem Gesellschafter noch ausdrücklich als Fall eines Stimmverbots genannt.[881] Wie sich aus der Begründung zum KSH ergibt, wurde in Art. 244 KSH jedoch bewußt eine andere, engere Regelung getroffen. Bereits ein Mehrheitsgesellschafter hat daher die Möglichkeit, in der Gesellschafterversammlung einen

---

880 Art. 585 § 1 KSH lautet: „Wer [...] Mitglied ihres Vorstandes [...] ist und zum Schaden der Gesellschaft tätig wird, wird mit Freiheitsstrafe bis zu fünf Jahren und Geldstrafe bestraft".
881 *Kidyba*, KSH, tom I, Art. 244 Rn 1, S. 1019; *Litwińska-Werner*, KSH, Art. 244 Rn 2, S. 652.

Beschluß über die Überlassung der Kapazitäten an sich durchzusetzen und dem Vorstand eine entsprechende Weisung zu erteilen. Dies gilt erst recht für einen Alleingesellschafter.

Die Regelung des Art. 244 KSH, dem betroffenen Gesellschafter sein Stimmrecht zu belassen, würde faktisch leerlaufen, wenn der Vorstand zur Vermeidung nachteiliger Konsequenzen verpflichtet wäre, sich einem entsprechenden Gesellschafterbeschluß zu widersetzen, sofern er ein lukrativeres Drittgeschäft abschließen könnte. Denn es gilt der Grundsatz, daß eine Weisung der Gesellschafterversammlung ein schädigendes Handeln des Vorstands nicht rechtfertigt.[882] Die Weisung würde somit nur dann Wirkung entfalten, wenn das Geschäft mit dem Gesellschafter das bestmögliche Geschäft darstellen würde. In diesem Fall ist es aber nicht erforderlich, daß der befangene Gesellschafter entgegen der früheren Regelung keinem Stimmverbot unterliegt, weil ohnehin auch mit der Zustimmung der übrigen Gesellschafter zu rechnen ist.

Die im Vergleich zum deutschen Recht und der früheren polnischen Regelung erfolgte Streichung eines Stimmverbots ist allerdings ein relativ schwaches Indiz für die Annahme einer Zulässigkeit nachteiliger Rechtsgeschäfte. Denn in praxi wird es oft vorkommen, daß der Vorstand infolge einer Weisung zur Vornahme eines Geschäfts mit der Obergesellschaft darauf verzichten wird, für die dafür benötigten Kapazitäten konkrete Drittangebote einzuholen. In diesem Fall kommt dem Mehrheitsgesellschafter die Regelung des Art. 244 KSH zugute.

cc. Verdeckte Einlagenrückgewähr

Besteht für die kraft Gesellschafterbeschluß angeforderten Ressourcen hingegen ein konkretes lukrativeres Drittangebot, untersagt Art. 189 Abs. 1 KSH die Vornahme des nachteiligen Rechtsgeschäfts. Danach „dürfen den Gesellschaftern eingebrachte Einlagen weder ganz noch teilweise zurückgewährt werden, wenn die Vorschriften […] nichts anderes bestimmen."

Der Schutz des Gesellschaftsvermögens geht damit weit über das deutsche Modell der Kapitalerhaltung hinaus. Danach darf bei der GmbH gemäß § 30 Abs. 1 GmbHG nur das zur Erhaltung des Stammkapitals erforderliche Vermögen nicht an die Gesellschafter ausgezahlt werden. Das über das Stammkapital hinausgehende Gesellschaftsvermögen unterliegt hingegen keinem Ausschüttungsverbot. Eine § 30 Abs. 1 GmbHG entsprechende Regelung findet sich zwar in Art. 189 § 2 KSH.

---

882 *Pyzioł/Szumański/Weiss*, Prawo spółek, S. 441.

Zusätzlich ist in Art. 189 Abs. 1 KSH allerdings der Numerus-clausus der Ausschüttungstatbestände kodifiziert. Das Gesellschaftsvermögen darf danach nur in den gesetzlich vorgesehenen Fällen ausgeschüttet werden, also etwa als Gewinn unter Beachtung des Verfahrens der Artt. 191 ff. KSH. Besteht für die vom Gesellschafter angeforderten Kapazitäten ein lukrativeres Drittangebot, würde eine gleichwohl erfolgende Überlassung an den Gesellschafter unter Marktpreis eine verdeckte Einlagenrückgewähr darstellen. Dies verletzt die Vorschrift des Art. 189 Abs. 1 KSH.

Aufgrund dieses Verstoßes ist es gerechtfertigt, den Vorstand einer sp. z o. o. im faktischen Konzern bei Vornahme eines nachteiligen Rechtsgeschäfts der Haftung der Artt. 293 § 1, 585 § 1 KSH zu unterwerfen.[883]

dd. Zwischenergebnis

Liegt für die von der Obergesellschaft benötigten Kapazitäten ein lukrativeres Drittangebot vor, würde sich der Vorstand einer faktisch abhängigen sp. z o. o. mit einer gleichwohl erfolgenden Überlassung an die Mutter schadensersatzpflichtig und strafbar machen.[884] Es existieren daher nicht gänzlich unwahrscheinliche Konstellationen, in denen sich der Vorstand der abhängigen sp. z o. o. auch auf die Gefahr seiner Abberufung hin der Anweisung der Obergesellschaft widersetzen wird. Es kann folglich nicht mit hinreichender Gewißheit davon ausgegangen werden, daß eine Mutter alleine kraft ihrer Stellung im Konzern auf die Kapazitäten ihrer Tochter zugreifen kann. Will sich ein Bieter auf die Eignung einer 100 %-igen sp. z o. o.-Tochter berufen, hat er daher wie bei einer Berufung auf Drittunternehmen eine Verpflichtungserklärung vorzulegen.

---

883 Im Vertragskonzern ist Art. 189 Abs. 1 KSH bei einer vollumfänglichen Haftung der Obergesellschaft teleologisch zu reduzieren. Um die in Artt. 4, 7 KSH gesetzlich anerkannte Führung der abhängigen Gesellschaft kraft Beherrschungsvertrag in praxi umsetzen zu können, ist ein für die Obergesellschaft vorteilhaftes, aber für eine abhängige sp. z o. o. nachteiliges Rechtsgeschäft nicht als unzulässige Einlagenrückgewähr zu qualifizieren. Dogmatisch läßt sich dies damit begründen, daß aufgrund der Haftungsübernahme der Gläubigerschutz gewährleistet ist, so daß für die demselben Zweck dienende Vorschrift des Art. 189 Abs. 1 KSH kein Bedürfnis besteht und zudem der ausgeschüttete Betrag im Haftungsfall von der begünstigten Obergesellschaft wieder eingefordert werden kann.
884 Gemäß Art. 297 S. 1 KSH verjährt der Schadensersatzanspruch frühestens nach drei Jahren. Auch wenn die sp. z o. o. im Zeitpunkt der Anforderung finanziell solide aufgestellt ist und nicht mit einer Inanspruchnahme durch den Alleingesellschafter zu rechnen ist, besteht für den Vorstand die Gefahr, bei einer späteren Insolvenz vom Insolvenzverwalter in Anspruch genommen zu werden.

ee. Wohl der Gesellschaft

Im polnischen Recht existieren starke Tendenzen, den Geschäftsführer einer sp. z o. o. zur Beachtung eines vom Interesse der Gesellschafter abweichenden Unternehmensinteresses zu verpflichten. Bei dessen Mißachtung droht sowohl eine Schadensersatzpflicht als auch eine Strafbarkeit gemäß Art. 585 Abs. 1 KSH. Von der wohl herrschenden Meinung wird vertreten, in die Bestimmung des Wohls der Gesellschaft seien nicht nur die Interessen der Gesellschafter, sondern auch der Gläubiger und Arbeitnehmer einzubeziehen.[885] Danach könnte eine Strafbarkeit des Vorstands einer abhängigen Gesellschaft in Betracht kommen, wenn er die für die Auftragsdurchführung geeigneten Arbeitnehmer für einen nur kurzfristigen Auftrag der Obergesellschaft überließe und der abhängigen Gesellschaft deshalb ein langfristiger Auftrag eines Dritten entginge. Zumal in wirtschaftlich schwierigen Zeiten wären mit dieser Handlung die Interessen der Arbeitnehmer verletzt. Würde man diesen bei der Bestimmung des Wohls der Gesellschaft im Zweifel mehr Gewicht zumessen als den gemeinsamen Interessen der Gesellschafter – also insbesondere eines Alleingesellschafters – könnte die beschriebene Überlassung der Ressourcen an die Obergesellschaft zu einer Strafbarkeit des Vorstands der abhängigen Gesellschaft führen. Aus diesem Grund könnte sich der Vorstand einer faktisch abhängigen sp. z o. o. veranlaßt sehen, die Befolgung einer Weisung des Alleingesellschafters zu verweigern.

Auch im deutschen Recht ist es zwar anerkannt, daß der Vorstand dem Interesse der Gesellschaft und nicht Einzelinteressen von Gesellschaftern verpflichtet ist.[886] Hinsichtlich der GmbH geht die herrschende Meinung aber zutreffend davon aus, daß die Gesamtheit der Gesellschafter und damit jedenfalls ein Alleingesellschafter das Wohl der Gesellschaft definieren können.[887] Die zum deutschen Recht vorgebrachten Argumente[888] lassen sich im wesentlichen auf das polnische Recht übertragen. So handelt es sich bei der Lehre vom Unternehmensinteresse um eine „konturenlose, durch die Pflichtadressaten beliebig ausfüllbare Leerformel."[889] *Rittner* stellt prägnant fest, es sei „oft nicht hinreichend klar, ob de lege lata oder de lege ferenda, ob juristisch oder ökonomisch-soziologisch argumentiert wird."[890] *Zöllner* sieht die Lehre vom Unternehmensinteresse gar als „nichts weiter als eine die wahren Zusammenhänge verschleiernde Ideologie" an.[891] *Wiedemann* stellt

---

885 Vgl. *Kidyba*, KSH, tom II, Art. 585 Rn 1, 2 (S. 1217).
886 Für das polnische Recht *Opalski*, PPH 11/2008, 16, 22; *Kwaśnicki/Nilsson*, in: Harmonisierung des Wirtschaftsrechts, S. 237 f.
887 S.o. Teil 2 B.II.1. (S. 104).
888 Vgl. *Kling*, DZWIR 2005, 45, 51.
889 *Paefgen*, Struktur und Aufsichtsratsverfassung der mitbestimmten AG, S. 86.
890 *Rittner*, in: FS Hefermehl, 365, 368.
891 *Zöllner*, AG 2003, 2, 8; ähnlich *Wiedemann*, Gesellschaftsrecht, Bd. 1, § 11 III. 2. b. (S. 626).

sachlich fest, die erwerbswirtschaftliche Orientierung des Unternehmens und damit das Interesse der Anteilseigner[892] müsse im Konfliktfall den Interessen der Arbeitnehmer vorgehen, weil deren Schutz in vielfältiger Weise im Arbeitsrecht gewährleistet sei, der Kapitalschutz hingegen nur im Gesellschaftsrecht wahrgenommen werde.[893]

Ob mit diesen Argumenten die wohl herrschende Meinung in Polen erschüttert werden kann, ist in dieser Arbeit nicht zu entschieden. Der Weisung eines Alleingesellschafters, ihm Kapazitäten unter Marktpreis zu überlassen, wird sich der Vorstand einer sp. z o. o. gegebenenfalls bereits wegen des darin liegenden Verstoßes gegen das Verbot der Einlagenrückgewähr widersetzen. Ein Berufen auf die Eignung einer 100 %-igen sp. z o. o.-Tochter allein kraft Konzernverbundenheit ist schon aufgrund der daraus folgenden Ungewißheit ausgeschlossen. Ob darüber hinaus auch eine Verletzung der Arbeitnehmerinteressen mit den dadurch drohenden Konsequenzen für den Vorstand zur Mißachtung einer Weisung führen können, ist daher für die Lösung der vorliegenden Problemstellung unbeachtlich.

b. sp. z o. o.-Tochter im Mehrheitsbesitz als verpflichtetes Unternehmen

Bei einer verpflichteten sp. z o. o. im Mehrheitsbesitz des berufenden Unternehmens kann die Obergesellschaft über ihre Mehrheit in der Gesellschafterversammlung dem Vorstand der abhängigen sp. z o. o. zwar grundsätzlich die Weisung erteilen, ihr die benötigten Kapazitäten zur Verfügung zu stellen. Liegt der abhängigen Gesellschaft allerdings ein lukrativeres Angebot für die angeforderten Ressourcen vor, würde eine Überlassung an die Obergesellschaft unter Marktpreis eine verdeckte Einlagenrückgewähr darstellen. Eine solche läßt Art. 189 Abs. 1 KSH nicht zu. Wie bereits bei der sp. z o. o. im Alleineigentum dargelegt, würde sich der Vorstand bei einer gleichwohl erfolgenden Vornahme des nachteiligen Rechtsgeschäfts der Haftung der Artt. 293 § 1, 585 § 1 KSH aussetzen. Infolgedessen ist in bestimmten Konstellationen damit zu rechnen, daß der Vorstand der Weisung der Gesellschafterversammlung nicht folgen wird. Es kann daher nicht generell von einer Entbehrlichkeit einer Verpflichtungserklärung ausgegangen werden. Eine solche ist daher mit dem Angebot einzureichen, um sich auf die Eignung einer sp. z o. o.-Tochter berufen zu können.

---

892 Das Anteilseignerinteresse oder Gesellschaftsinteresse meint dabei „nicht das Profitinteresse des einzelnen Gesellschafters, sondern das typisierte Gesellschaftsinteresse, also die erwerbswirtschaftliche Orientierung," *Wiedemann*, Gesellschaftsrecht, Bd. 1, § 11 III. 2. b. (S. 627 f.).
893 *Wiedemann*, a.a.O. (S. 627).

c. S. A.-Tochter als verpflichtetes Unternehmen

Obwohl die Weisungsfreiheit des Vorstands einer S. A. in Art. 375¹ KSH garantiert ist, hat ein Mehrheits- und erst recht ein Alleinaktionär im polnischen Recht erhebliche Möglichkeiten der Einflußnahme.⁸⁹⁴ Zumal nach der jüngsten Novelle des KSH gehen diese weit über jene im deutschen AktG hinaus.

Die Einflußnahme erreicht indes nicht die hinreichende Gewißheit einer unbedingten Befolgung der Wünsche des Mehrheits- oder Alleinaktionärs, welche für einen Gebrauch der abgeleiteten Eignung allein kraft Konzernverbundenheit erforderlich ist. Für die S. A. normiert Art. 344 Abs. 1 KSH mit Ausnahme der gesetzlich vorgeschriebenen Fälle ein Art. 189 Abs. 1 KSH entsprechendes Ausschüttungsverbot. Ebenso wie der Vorstand einer sp. z o. o. würde sich jener einer S. A. daher mit Vornahme eines nachteiligen Rechtsgeschäfts schadensersatzpflichtig (Art. 483 § 1 KSH) und strafbar machen (Art. 585 § 1 KSH). Auch wenn ihm der Mehrheits- oder Alleinaktionär mit der zeitnahen Abberufung drohen kann, ist zur Vermeidung nachteiliger Konsequenzen ein Widerstand des Vorstand gegen die Weisung zu erwarten, ein für die S. A. nachteiliges Rechtsgeschäft vorzunehmen. Für das Berufen auf die Eignung einer faktisch abhängigen S. A. ist folglich wie im Verhältnis zu unabhängigen Unternehmen die Vorlage einer Verpflichtungserklärung erforderlich.

d. Zwischenergebnis

Aufgrund des in Artt. 189 Abs. 1, 344 Abs. 1 KSH verankerten Verbots der verdeckten Einlagenrückgewähr darf der Vorstand sowohl einer sp. z o. o. als auch einer S. A. grundsätzlich kein Geschäft mit einem Gesellschafter abschließen, wenn ihm von dritter Seite bessere Konditionen geboten werden. Der Vorstand einer abhängigen Gesellschaft im faktischen Konzern wird sich einer Anweisung der Obergesellschaft zur Überlassung bestimmter Ressourcen daher möglicherweise widersetzen. Die Konzernmutter hat folglich keine uneingeschränkte Zugriffsmöglichkeit auf die Kapazitäten ihrer Tochter. Will sie sich gleichwohl im Vergabeverfahren auf deren Eignung berufen, reicht der Nachweis der faktischen Beherrschung nicht aus, so daß die Vorlage einer Verpflichtungserklärung unerläßlich ist.

---

894   S.o. Teil 4 A.I.2.b. (S. 223).

3. Gemeinschaftsunternehmen als verpflichtete Gesellschaft

Gemeinschaftsunternehmen werden nach dem gesellschaftsrechtlichen Verständnis verbundener Unternehmen zwar als mehreren Konzernen zugehörig angesehen.[895] Gleichwohl folgt aus den bisherigen Ergebnissen, daß sich eine Obergesellschaft grundsätzlich nicht allein kraft der Konzernverbundenheit auf die Eignung eines abhängigen Gemeinschaftsunternehmens berufen kann. Im rein faktischen Konzernverbund ist unabhängig von der Rechtsform der verpflichteten Gesellschaft als sp. z o. o. oder S. A. ohnehin deren Verpflichtungserklärung erforderlich.

Im Vertragskonzern ist eine solche Erklärung nur dann entbehrlich, wenn aus dem zum Handelsregister eingereichten Beherrschungsvertrag eine vollumfängliche Haftung der Obergesellschaft für die Verbindlichkeiten der verpflichteten Tochter ersichtlich ist.[896] Diese Vertragsgestaltung ist auch bei einem Gemeinschaftsunternehmen nicht ausgeschlossen. Zusätzlich muß hierbei aber – unabhängig von den vielfältigen Organisationsstrukturen – ausschließlich die berufende Mutter zur Erteilung verbindlicher Weisungen berechtigt sein. Bei Bestehen einer gemeinsamen Koordinationseinheit der Mütter verhindert die damit regelmäßig einhergehende Koordinationspflicht die uneingeschränkte Zugriffsmöglichkeit einer Mutter. Eine Obergesellschaft kann sich daher nur dann kraft Konzernverbundenheit auf die Eignung eines abhängigen Gemeinschaftsunternehmens berufen, wenn keine Pflicht zur Abstimmung mit den anderen Müttern vorgesehen, sondern ihr ein isoliertes Weisungsrecht eingeräumt ist und sie zudem für die Verbindlichkeiten der verpflichteten Gesellschaft vollumfänglich haftet. Hingegen ist im Regelfall die Möglichkeit eines Berufens auf die Kapazitäten eines Gemeinschaftsunternehmens allein kraft der Konzernverbundenheit durch eine einzelne Mutter ausgeschlossen. Zum Belegen ihrer abgeleiteten Eignung hat sie vielmehr eine Verpflichtungserklärung des Gemeinschaftsunternehmens vorzulegen.

4. Zwischenergebnis

Die Möglichkeiten einer Obergesellschaft, sich allein kraft Konzernverbundenheit auf die Eignung des verpflichteten Unternehmens zu berufen, sind bei einer Tochtergesellschaft in der Rechtsform einer sp. z o. o. oder S. A. geringer als nach deutschem Recht. Im Vertragskonzern steht der Mutter diese Befugnis nur zu, wenn sie eine vollumfängliche Haftung für die Verbindlichkeiten der Tochter übernommen hat. Im faktischen Konzern führen die in Artt. 189 Abs. 1, 344 Abs. 1 KSH nor-

---

895 Vgl. ausf. zum deutschen Recht oben Teil 1 A.II.3. (S. 41).
896 S.o. Teil 4 B.I.1.e. (S. 237).

mierten Ausschüttungsverbote dazu, daß die verpflichtete Tochter einem Wunsch der Mutter nach Überlassung von Betriebsmitteln nicht nachkommen darf, wenn ihr ein lukrativeres Drittangebot vorliegt. Dies verhindert eine gesicherte Zugriffsmöglichkeit der Mutter auf die Ressourcen ihrer Tochter, so daß im faktischen Konzern in keinem Fall ein Gebrauch der abgeleiteten Eignung kraft Konzernverbundenheit möglich ist.

II. Tochter als berufendes Unternehmen

Will sich eine Tochtergesellschaft polnischen Rechts auf die Eignung ihrer Mutter oder einer Schwester berufen, ist dies ebenfalls nicht allein kraft Verbundenheit möglich.

1. Mutter als verpflichtetes Unternehmen

Die Obergesellschaft eines Vertragskonzerns kann sich bei vollumfänglicher Haftung für die Verbindlichkeiten einer Tochter auf deren Eignung berufen, weil ihr der Beherrschungsvertrag die Befugnis verleiht, die Vornahme gewünschter Handlungen bei der Tochter durchzusetzen. Die Richtung des Einsatzes der abgeleiteten Eignung kraft Verbundenheit kann nicht umkehrt werden, da die gesellschaftsrechtliche Abhängigkeit der Tochter kein Recht gibt, bestimmte Handlungen von dem herrschenden Unternehmen zu fordern. Hierzu ist der Abschluß einer zusätzlichen Vereinbarung erforderlich.

Um den Anforderungen der vergaberechtlichen Eignungsprüfung zu genügen, ist es dabei nicht möglich, eine pauschale Verpflichtungserklärung abzuschließen, nach welcher die Mutter ihrer Tochter bei Bedarf generell alle erforderlichen Mittel zur Verfügung zu stellen hat. Denn das berufende Unternehmen muß in der Lage sein, aus der Erklärung einen Anspruch auf Überlassung der Kapazitäten herzuleiten,[897] wozu jedenfalls die Nennung der konkreten Ressourcen erforderlich ist.[898] Da der Tochter gegenüber ihrer Mutter keine konzernrechtliche Zugriffsmöglichkeit zusteht, ist kein Raum für eine Privilegierung der verbundenen Unternehmen. Wie bei voneinander unabhängigen Unternehmen ist daher auch im Verhältnis zur eigenen Obergesellschaft eine auf die konkrete Ausschreibung bezogene Verpflichtungserklärung erforderlich.

---

897 *Diemon-Wies/Viegener*, VergabeR 2007, 576, 578; *Weyand*, Vergaberecht, § 25 VOB/A Rn 5413.
898 Vgl. ausf. die Erläuterungen zu deutschen Recht unter Teil 2 C.I.3 (S. 128), welche für das polnische Recht entsprechend gelten.

2. Schwester als verpflichtetes Unternehmen

Insbesondere bei einer Holding-Struktur eines Konzerns mit einer nicht operativ tätigen Obergesellschaft stellt sich die Frage, ob konzernintern die Zuständigkeit zur Teilnahme an öffentlichen Ausschreibungen generell bei einer einzigen Tochtergesellschaft konzentriert werden kann.[899] Nicht zuletzt könnten hierdurch problematische Mehrfachbeteiligungen der verbundenen Unternehmen vermieden werden.

Im faktischen Konzern ist es bereits der Obergesellschaft nicht gestattet, sich kraft der Verbundenheit auf die Eignung einer Tochter zu berufen. Da der Mutter somit kein Recht zusteht, welches sie ihrer Tochter übertragen könnte, erübrigen sich an dieser Stelle Ausführungen zum faktischen Konzern.

Im Vertragskonzern wird bezüglich der Weitergabe der Rechte aus einem Beherrschungsvertrag zwischen der *echten Übertragung* des Weisungsrechtes zur Ausübung *anstelle* des zuvor berechtigten Unternehmens einerseits und andererseits der *Delegation* des Weisungsrechts zur Wahrnehmung *neben* dem herrschenden Unternehmen unterschieden.[900]

a. Delegation des Weisungsrechts

Im deutschen Recht kommt als dogmatische Grundlage einer Delegation neben einer Bevollmächtigung gemäß §§ 164 ff. BGB auch eine Ermächtigung gemäß § 185 BGB in Betracht. Da eine § 185 BGB vergleichbare Regelung im polnischen Recht nicht existiert, kann eine Delegation nur als Bevollmächtigung durch die Vertreter des herrschenden Unternehmens gemäß Artt. 98 ff. ZGB konstruiert werden. Weitere Ausführungen hierzu verbieten sich indes, da eine Delegation des Weisungsrechts auf eine Tochter letzterer keine gesicherte Zugriffsmöglichkeit auf die Ressourcen einer Schwestergesellschaft verschafft. Neben dem Delegatar ist weiterhin die Mutter zur Erteilung von Weisungen an die verpflichtete Tochter berechtigt, so daß die Gefahr widersprüchlicher Weisungen besteht. Dies führt grundsätzlich zu deren wechselseitiger Aufhebung. Bei einer Delegation des Weisungsrechts an die berufende Tochter ist deren Möglichkeit der Einflußnahme auf eine verpflichtete Schwester damit nicht gesichert.

---

899 Allgemein zur Übertragung der Aufgaben einer reinen Finanzholding auf eine abhängige Gesellschaft *Karolak*, Prawo Spółek, 5/2001, 2, 9.
900 S.o. Teil 2 C.II.1. (S. 131) sowie *Emmerich*/Habersack, Aktien- und GmbH-Konzernrecht, § 308 Rn 12.

b. Verdrängende Übertragung des Weisungsrechts

Mittels einer *echten Übertragung* könnte einer Tochter zwar im Ergebnis eine gesicherte Zugriffsmöglichkeit verschafft werden, weil sodann ausschließlich die Tochter *anstelle* der Mutter das Weisungsrecht ausüben dürfte.

Die Übertragung eines Rechts ist in Polen nicht kodifiziert. Es ist ungeklärt, ob – entsprechend der deutschen Kodifikation in §§ 398, 413 BGB – die in Art. 509 ZGB normierte Forderungsabtretung analog angewandt werden kann.[901] Auch auf diese dogmatische Frage ist im Rahmen der vorliegenden Untersuchung nicht näher einzugehen. Denn der auch im polnischen Gesellschaftsrecht geltende Grundsatz der Einheit von Leitung und Verantwortung untersagt eine isolierte Übertragung des Weisungsrechts. Die Weisungsbefugnis ist untrennbar mit der Stellung des herrschenden Unternehmens verbunden.[902] Eine Übertragung der Weisungsbefugnis erfordert daher eine materielle Auswechslung des herrschenden Unternehmens des Beherrschungsvertrages, was nur durch eine Vertragsänderung bzw. -übernahme möglich ist. Der damit einhergehende Aufwand ist zum Zweck einer Konzentration der Teilnahme an Vergabeverfahren bei einer Tochter nicht angemessen. Vor allem aber hat die Mutter kein Interesse daran, sich ihrer Weisungsbefugnis vollkommen zu begeben ihren Status als Konzernobergesellschaft einzubüßen.

c. Empfehlung

Sowohl eine Delegation als auch eine echte Übertragung erscheinen damit im Vertragskonzern nicht als gangbare Wege, um konzernintern die Zuständigkeit zur Teilnahme an Vergabeverfahren generell bei einer einzigen Tochtergesellschaft zu konzentrieren. Das Ziel der ausschließlichen Zuständigkeit einer Tochter zur Teilnahme an Vergabeverfahren in Verbindung mit einer vereinfachten Nutzung konzernweiter Ressourcen läßt sich gleichwohl erreichen. Hierzu kann die Mutter eine Weisung an sämtliche konzernangehörigen Gesellschaften erteilen, generell einer Anfrage der konzernintern für die Beteiligung an Vergabeverfahren auserkorenen Gesellschaft nach Überlassung benötigter Kapazitäten Folge zu leisten. Wird zudem eine vorformulierte Verpflichtungserklärung verwandt und stehen konzerninterne Verrechnungspreise von vornherein fest, erleichtert dies der zur Teilnahme an Vergabeverfahren bestimmten Tochter die Erstellung der Angebote enorm, wenn sie sich auf die Kapazitäten verbundener Unternehmen beruft.

---

901 Allgemein zur Abtretung im polnischen Recht *Kawałko/Witczak*, prawo cywilne, Rozdział XXVII. Rn 2 ff. (S. 574 ff.).
902 Vgl. zum deutschen Recht statt aller *Hirte*, in: Großkomm AktG, § 308 Rn 17 sowie Teil 2 C.II.1.b. (S. 133).

III. Formaler Nachweis der Verfügungsmacht

Die Frage des formalen Nachweises der gesellschaftsrechtlichen Zugriffsmöglichkeit auf Ressourcen eines verpflichteten konzernangehörigen Unternehmens stellt sich im polnischen Recht nur bei der Obergesellschaft eines Vertragskonzerns, welche für die Verbindlichkeiten ihrer verpflichteten Tochter vollumfänglich haftet. Denn lediglich in dieser Konstellation ist ein Gebrauch der abgeleiteten Eignung kraft Verbundenheit möglich.

Hinsichtlich des formalen Nachweises können die zum deutschen Recht getätigten Aussagen im wesentlichen entsprechend herangezogen werden.[903] Allerdings dürfte sich die Diskussion erübrigen, ob grundsätzlich auch Eigenerklärungen des Bieters als Nachweis ausreichen. Im Gegensatz zum deutschen Recht ist es im polnischen Recht für den Gebrauch der abgeleiteten Eignung allein kraft Konzernverbundenheit bereits materiellrechtlich erforderlich, daß aus dem zum Handelsregister eingereichten Beherrschungsvertrag eine vollumfängliche Haftung der Obergesellschaft ersichtlich ist.[904] Aufgrund dieser Bezugnahme auf die Registereintragung dürfte zum Belegen der materiellrechtlichen Befugnis die Vorlage des Handelsregisterauszugs der abhängigen Gesellschaft erforderlich sein, auch wenn die Vergabestelle keine Fremdbelege gefordert hat.

IV. Ergebnis Abschnitt B

Im polnischen Recht ist es ausschließlich der Obergesellschaft eines Vertragskonzerns gestattet, sich kraft Verbundenheit auf die Eignung einer konzernangehörigen Gesellschaft zu berufen, sofern sie für die Verbindlichkeiten der jeweils verpflichteten Tochter vollumfänglich haftet. Zum Nachweis dieser Voraussetzungen sollte mit dem Angebot bzw. Teilnahmeantrag der Handelsregisterauszug der verpflichteten abhängigen Gesellschaft vorgelegt werden.

C. Konkurrenz im Konzern

Die Konkurrenz konzernverbundener Unternehmen um denselben öffentlichen Auftrag ist im polnischen Recht, soweit ersichtlich, noch nicht problematisiert worden. Gleichwohl erfordert die Untersuchung dieses Problemkreises keinen so großen Aufwand wie im deutschen Recht. Denn die Grundkonstellation der Mehrfachbeteiligung ist im polnischen Vergaberecht kodifiziert. Nach einer kurzen

---

903 S.o. Teil 2 E. (S. 137).
904 S.o. Teil 4 B.I.1.e. (S. 237); vgl. Art. 7 § 1 KSH.

Darstellung dieser gesetzlichen Regelung können daher sogleich die Besonderheiten der mehrfachen Beteiligung verbundener Unternehmen analysiert werden. Hierbei ist ein Rückgriff sowohl auf die bisher zum polnischen Recht getätigten Aussagen als auch auf die Behandlung der konzerninternen Konkurrenz im deutschen Recht möglich.

I. Grundlagen der Mehrfachbeteiligung

1. Artt. 82 Abs. 1, 89 Abs. 1 Nr. 1 PZP

Im polnischen Recht existiert mit Art. 82 Abs. 1 PZP – „Jeder Unternehmer darf nur ein Angebot abgeben" – eine Regelung, die die Abgabe mehrerer Angebote durch ein und dasselbe Unternehmen explizit untersagt.[905] Als Unternehmer im Sinne der Artt. 2 Nr. 11, 82 Abs. 1 PZP ist auch jeder Beteiligte einer Bietergemeinschaft zu verstehen,[906] da er Kenntnis des gesamten Angebots hat und gegenüber dem Auftraggeber als Teil des bietenden Unternehmers in Erscheinung tritt. Sofern im folgenden von der Abgabe eines Angebots die Rede ist, ist hierunter auch die Beteiligung an einer Bietergemeinschaft zu verstehen.

Gemäß Art. 89 Abs. 1 Nr. 1 PZP hat der Auftraggeber ein Angebot auszuscheiden, wenn es dem Gesetz widerspricht. Nach herrschender Meinung zieht der Verstoß gegen Art. 82 Abs. 1 PZP durch die Abgabe mehrerer Angebote etwa als Einzelbieter und als Mitglied einer Bietergemeinschaft den Ausschluß aller Angebote gemäß Art. 89 Abs. 1 Nr. 1 PZP nach sich, an denen der Mehrfachbeteiligte mitwirkt.[907]

Dagegen vertritt *Pieróg* die Auffassung, das Verbot der Mehrfachbeteiligung sei nicht erfolgreich und daher sanktionslos. Es fehle eine gesetzliche Ermächtigung dafür, die mehrfach abgegebenen Angebote ein und desselben Unternehmers zusammen zu beurteilen, so daß jedes von ihnen einzeln untersucht und beurteilt werden müsse.[908]

---

905 Das PZP verwendet einheitlich den Begriff „Unternehmer" und trennt sprachlich im Gegensatz zum deutschen Recht („Bieter" und „Bewerber") nicht verschiedene Verfahren bzw. deren Stufen; vgl. *Głowacka/Kwaśnik/Franken*, PZP - Recht des öffentlichen Vergabewesens, zu Art. 2 Nr. 11, S. 7, Fn 1.
906 *Wicik/Wiśniewski*, PZP, Art. 23 Rn 7.
907 *Bogacz/Łempicka/Pyliński*, PZP, Art. 82 Rn 2; *Granecki*, PZP, Artt. 82 Rn 2 u. 89 Rn 3; *Norek*, PZP, Art. 82 Rn 2; *Płużański*, PZP, Art. 82 Rn 3 f.; *Wicik/Wiśniewski*, PZP, Artt. 23 Rn 21 u. 82 Rn 1.
908 *Pieróg*, PZP, Art. 82 Rn 2.

2. Vergleich mit Art. 89 Abs. 1 Nr. 4 PZP

Die Ansicht von *Pieróg* läßt eine funktionale Auslegung vermissen. *Pieróg* räumt selbst ein, mit dem Verbot des Art. 82 Abs. 1 PZP sei bezweckt, sämtliche Angebote eines Mehrfachbeteiligten auszuschließen.[909] Eine teleologische Auslegung nach dem Sinn und Zweck der Norm spricht damit für die Möglichkeit eines Ausschlusses. Der formale Einwand, leider habe der Gesetzgeber es versäumt, die entsprechenden Voraussetzungen eines Ausschlusses zu regeln,[910] kann allein durch einen Verweis auf den Regelungszweck jedoch nicht beiseite geschoben werden.

Allerdings ist das formale Argument *Pierógs* zu relativieren. Zwar hat der polnische Gesetzgeber nirgends geregelt, daß eine gemeinsame Prüfung mehrerer Angebote zulässig ist, allerdings ist umgekehrt auch nicht ausdrücklich normiert, daß jedes Angebot für sich alleine geprüft werden müßte. Einer Auslegung im erstgenannten Sinne steht also keine unüberwindliche Hürde in Form einer Wortlautschranke im Weg.

Ein Vergleich mit der Rechtslage bezüglich des Ausschlusses eines Angebotes, welches einen ungewöhnlich niedrigen Preis aufweist (Artt. 89 Abs. 1 Nr. 4, 90 PZP) ergibt, daß entgegen *Pieróg* auch im polnischen Recht die gemeinsame Beurteilung mehrerer Angebote im Rahmen der Prüfung des Angebotsausschlusses anerkannt ist. Zweck dieser Vorschrift ist der Ausschluß unglaubwürdiger Bieter, bei denen die Abgabe eines Unterkostenangebots das Risiko der Insolvenz in sich trägt.[911] Zwar vertritt *Pieróg* konsequent auch hinsichtlich dieses Ausschlußgrundes die Auffassung, zur Feststellung eines ungewöhnlich niedrigen Preises eines Angebots solle dieses nicht mit anderen Angeboten, sondern nur mit dem vom Auftraggeber vor Beginn der Ausschreibung ermittelten Schätzpreis verglichen werden.[912] Daß grundsätzlich ein Vergleich mit dem Schätzpreis anzustellen ist, entspricht der allgemeinen Meinung.[913] Allerdings gilt hiervon eine im vorliegenden Zusammenhang entscheidende Ausnahme, wenn zwischen dem Schätzpreis und dem Preis eines Angebotes kein großer Unterschied besteht, wohl aber ein ungewöhnlicher Unterschied des Preises eines Angebotes zu jenen aller anderen Angebote.[914] In diesem Fall soll der Auftraggeber zunächst analysieren, ob der

---

[909] *Pieróg*, PZP, Art. 82 Rn 1.
[910] *Pieróg*, PZP, Art. 82 Rn 1.
[911] *Pieróg*, PZP, Art. 90 Rn 2.
[912] *Pieróg*, PZP, Art. 90 Rn 2.
[913] Opinia prawna „Rażąco niska cena" Urzędu Zamówień Publicznych (Rechtsgutachten „ungewöhnlich niedriger Preis" des Vergabeamtes), abgedruckt bei *Granecki*, PZP, S. 775 ff. sowie abrufbar auf der Internetseite des Vergabeamtes unter „http://www.uzp.gov.pl/zagadnienia-merytoryczne/prawo-polskie/opinie-prawne/aktualne/razaco-niska-cena"; vgl. auch *Norek*, PZP, Art. 89 Rn 11 ff.; *Płużański*, PZP, Art. 90 Rn 3; *Wicik/Wiśniewski*, PZP, Art. 89 Rn 21 ff.
[914] Opinia prawna „Rażąco niska cena" unter II., 5.; *Dzierżanowski*, in: Stachowiak/Jerzykowski/Dzierżanowski, PZP, Art. 89 Rn 5.

ursprüngliche Schätzwert korrekt aufgestellt war. Ist dies nicht der Fall, darf der ursprüngliche Schätzwert für die Feststellung, ob ein ungewöhnlich niedriger Preis vorliegt, nicht zum Maßstab genommen werden, sondern ist dieser ausschließlich zur Prüfung des Ausschlußgrundes Art. 89 Abs. 1 Nr. 4 PZP neu festzustellen.[915]

Zur Beurteilung dieses Ausschlußgrundes ist also gegebenenfalls ein Vergleich aller Angebote anzustellen. Dies zeigt, daß eine gemeinsame Betrachtung mehrerer Angebote im Rahmen der Prüfung des Ausschlusses eines Angebotes nicht prinzipiell unzulässig ist. Entgegen *Pieróg* gibt es dabei also gerade kein Dogma, daß hierbei jedes Angebot einzeln geprüft werden müsse. Der Auftraggeber ist damit dazu berechtigt und verpflichtet, zu prüfen, ob ein Unternehmer mehrere Angebote abgegeben hat.

3. Zwischenergebnis

Die Abgabe mehrerer Angebote durch einen Unternehmer, sei es als Einzelbieter oder als Mitglied einer Bietergemeinschaft, stellt einen Verstoß gegen Art. 82 Abs. 1 PZP dar und zwingt zum Ausschluß aller betroffenen Angebote gemäß Art. 89 Abs. 1 Nr. 1 PZP.

Art. 82 Abs. 1 PZP nennt als Voraussetzung die Abgabe eines Angebots. Die Norm kodifiziert damit unmittelbar kein Verbot der Mehrfachbeteiligung in einem der Angebotsabgabe vorausgehendem Teilnahmewettbewerb. Ein solches Zulassungsverfahren findet im nichtoffenen Verfahren (Artt. 47 ff. PZP) und im Verhandlungsverfahren mit vorheriger Bekanntmachung (Artt. 54 ff. PZP) statt. Der Frage, ob eine Mehrfachbeteiligung schon in diesem Verfahrensstadium unzulässig ist, kann im Rahmen dieser Arbeit wie bereits im deutschen Recht nicht nachgegangen werden.

II. Mehrfachbeteiligung konzernverbundener Unternehmen

Für die Beurteilung der Konkurrenz verbundener Unternehmen ist entscheidend, ob „der Konzern" als ein Unternehmer im Sinne des Art. 82 Abs. 1 PZP anzusehen ist. Der Wortlaut dieser Norm und die allgemeine Definition des Art. 2 Nr. 11 PZP lassen es zu, unter das Tatbestandsmerkmal „Unternehmer" auch einen Konzern in seiner Gesamtheit zu subsumieren. Die Qualifizierung des Konzerns als Einheit hätte zur Konsequenz, daß bei der gleichzeitigen Angebotsabgabe durch mehrere Konzerngesellschaften ein zum Ausschluß dieser Angebote nach Art. 89 Abs. 1 Nr. 1 PZP zwingender Gesetzesverstoß vorliegen würde. Eine Relativierung des

---

915 Opinia prawna „Rażąco niska cena" unter II., 5.

Verstoßes etwa aufgrund fehlender Spürbarkeit ist im polnischen Recht nicht vorgesehen. Auch auf einem zersplitterten Markt ist daher das Absehen von einem Ausschluß nicht möglich, sofern der Konzern, welchem zwei konkurrierende Bieter angehören, als ein Unternehmer im Sinne des Art. 82 Abs. 1 PZP anzusehen ist.

1. Bestehen ehrlichen Wettbewerbs

Die Qualifizierung eines Konzerns als Einheit hat nicht pauschal und umfassend für alle Rechtsbereiche zu erfolgen. Vielmehr muß die Feststellung einer Unternehmenseinheit stets anhand des jeweiligen Gesetzeszwecks erfolgen.[916] Art. 82 Abs. 1 PZP soll einen ehrlichen Wettbewerb sicherstellen.[917] Die Norm bezieht sich dabei nur auf ein einzelnes Vergabeverfahren. Der Gesetzeszweck ist folglich gewahrt, wenn die Bieter in dem jeweiligen Vergabeverfahren in einem unverfälschten Wettbewerb zueinander stehen. Ob zwischen ihnen die abstrakte Möglichkeit zu einer Koordination des Marktverhaltens besteht, ist demgegenüber irrelevant. Treten konzernverbundene Unternehmen in einem Vergabeverfahren mit eigenständig kalkulierten Angeboten auf, ist es damit nicht gerechtfertigt, sie aufgrund der Möglichkeit einer Verhaltenskoordinierung als Einheit zu qualifizieren. Entscheidend ist allein, ob im konkreten Fall tatsächlich ehrlicher Wettbewerb besteht.[918]

2. Informationsaustausch

Wie im deutschen Recht ist daher ausschlaggebend, ob im konkreten Fall ein Austausch über den Inhalt der Angebote erfolgte. Das bloße Bestehen einer gesellschaftsrechtlichen Möglichkeit der Informationserlangung rechtfertigt es nicht, alle Unternehmen bestimmter Konzernarten per se als Einheit zu qualifizieren. Für die Chancen des Auftraggebers, einen Informationsaustausch in Bezug auf eine konkrete Ausschreibung nachzuweisen, ist entscheidend, ob eine Vermutung der Kenntnis angestellt werden kann, welche von den verbundenen Unternehmen zu widerlegen ist.

---

916 *Mestmäcker/Schweitzer*, Europäisches Wettbewerbsrecht, § 8 Rn 47.
917 *Pieróg*, PZP, Art. 82 Rn 1.
918 Vgl. ausf. zum deutschen Recht Teil 3 D.IV.2. (S. 196).

3. Vertragskonzern

a. Voraussetzungen einer Vermutung der Kenntnis

Im deutschen Recht kann bei einem Vertragskonzern ein Austausch über den Inhalt der Angebote vermutet werden, weil es sich hierbei um Interna der Gesellschaft handelt, in welche der Auftraggeber keinen Einblick hat. Aus dem Vergleich mit dem faktischen AG-Konzern im deutschen Recht folgt allerdings noch eine weitere Voraussetzung der Vermutung. Im faktischen AG-Konzern kann sie nicht angestellt werden, weil die Vermutung aufgrund der Verschwiegenheitspflicht des Vorstands die Unterstellung bedeuten würde, daß er im Verhältnis zu seiner AG pflichtwidrig handeln, sich Schadensersatzansprüchen aussetzen und einen Straftatbestand verwirklichen würde.[919] Eine negative Voraussetzung der Vermutung eines Informationsaustauschs ist somit, daß die Weiterleitung des Inhalts eines Angebots durch die handelnden Personen nicht grob pflichtwidrig wäre.

b. Nachteilige Maßnahmen im Vertragskonzern

Nach deutschem Recht ist dem Vorstand einer abhängigen Gesellschaft eines Vertragskonzerns auch die Vornahme von nachteiligen Maßnahmen gestattet, wenn sie dem übergeordneten Konzerninteresse dienen.[920] Für das polnische Recht wird hingegen in der Literatur vertreten, die Vornahme eines für die abhängige Gesellschaft nachteiligen Rechtsgeschäftes sei auch dann unzulässig, wenn es für den Gesamtkonzern vorteilhaft sei.[921] Denn nach dem Gesetzeswortlaut macht sich auch der Vorstand einer abhängigen Gesellschaft in einem Vertragskonzern schadensersatzpflichtig (Art. 293 § 1 KSH für die sp. z o. o. und Art. 483 § 1 KSH für die S. A.) und sogar strafbar (Art. 585 § 1 KSH), wenn er für die Gesellschaft nachteilige, schadenszufügende Maßnahmen vornimmt.

Hat die Obergesellschaft im Vertragskonzern allerdings eine vollumfängliche Haftung für die Verbindlichkeiten der abhängigen Gesellschaft übernommen, zwingen weder der Minderheits- noch der Gläubigerschutz zu einem Verbot nachteiliger Maßnahmen im Konzerninteresse.[922] Aufgrund der im polnischen Recht anerkannten Führung einer abhängigen Gesellschaft kraft Beherrschungsvertrag ist dann für die Bestimmung des Wohls der Gesellschaft und eines etwaigen Schadens auf das Konzerninteresse abzustellen. Kommt ein für die abhängige Gesellschaft

---

919 S.o. Teil 3 D.VI.3. (S. 200).
920 S.o. Teil 2 B.I.1. (S. 101).
921 *Kwaśnicki/Nilsson*, in: Harmonisierung des Wirtschaftsrechts, S. 242; s.o. Teil 4 B.I.1.a. (S. 232).
922 S.o. Teil 4 B.I.1.c. (S. 234) und Teil 4 B.I.1.d. (S. 236).

nachteiliges Rechtsgeschäft dem Gesamtkonzern zugute, macht sich der Vorstand weder schadensersatzpflichtig noch strafbar.[923]

c. Differenziertes Ergebnis

Für den Vertragskonzern ist im polnischen Recht danach auch bei der Frage der Vermutung eines Informationsaustauschs eine differenzierte Lösung angezeigt. Hat die Obergesellschaft eine vollumfängliche Haftung für die Verbindlichkeiten der abhängigen Gesellschaft übernommen, sind im Konzerninteresse auch für die abhängige Gesellschaft nachteilige Maßnahmen zulässig. Es kann davon ausgegangen werden, daß eine Informationsweitergabe über den Inhalt eines Angebots an eine konkurrierende Obergesellschaft dem Konzerninteresse zugute kommt, indem entweder durch eine Erhöhung eines außergewöhnlich niedrigen Preises des Angebots der abhängigen Gesellschaft die Gewinnmarge des Gesamtkonzerns optimiert wird oder ein zu hohes Angebot an den vermeintlichen Marktpreis angeglichen wird. Der Vermutung eines Informationsaustauschs steht damit nicht die negative Voraussetzung der groben Pflichtwidrigkeit entgegen. Wird diese Vermutung nicht widerlegt, ist der Konzern als Einheit und folglich als ein Unternehmer i.S.d. Art. 82 Abs. 1 PZP zu qualifizieren. Folglich sind die Angebote der konzernangehörigen Unternehmen gemäß Art. 89 Abs. 1 Nr. 1 PZP auszuscheiden.

Hat die Obergesellschaft eines Vertragskonzerns hingegen keine vollumfängliche Haftung für die Verbindlichkeiten ihrer Tochter übernommen, macht sich deren Vorstand schadensersatzpflichtig und strafbar, wenn er für die Tochter nachteilige Maßnahmen vornimmt. Wie bereits bei der Beurteilung der konzerninternen Konkurrenz innerhalb eines faktischen AG-Konzerns im deutschen Recht dargestellt, ist die Weitergabe des Inhalts eines beabsichtigten Angebots an einen potentiellen Konkurrenten per se als nachteilig zu qualifizieren.[924] Indiziert durch die Eigenart der gewünschten Information ist damit zu rechnen, daß das herrschende Unternehmen seine Kenntnis des konkurrierenden Angebots zu Wettbewerbshandlungen verwenden wird.[925] Da der Vorstand bei der Weitergabe der Information über das Angebot grob pflichtwidrig handeln und sich Schadensersatzansprüchen sowie der Gefahr der Strafverfolgung aussetzen würde, kann ein solches Handeln nicht allein aufgrund der Verbundenheit der Gesellschaften unterstellt werden. Folglich ist ein Informationsaustausch in dieser Konstellation nur bei Vorliegen weiterer Anhaltspunkte zu vermuten.

---

923 S.o. Teil 4 B.I.1.e. (S. 237).
924 S.o. Teil 3 D.VI.1.e. (S. 209).
925 Vgl. *Hüffer*, in: FS Schwark, 185, 193 f.

4. Faktischer Konzern

Die soeben vorgebrachten Argumente bezüglich des Vorstands einer abhängigen Gesellschaft im Vertragskonzern ohne vollumfängliche Haftung durch die Obergesellschaft treffen erst recht auf faktische Konzerne zu. Hierbei macht es keinen entscheidenden Unterschied, ob die Tochtergesellschaften die Rechtsform einer sp. z o. o. oder einer S. A. haben. In jedem Fall würde sich der Vorstand einer abhängigen Gesellschaft im faktischen Konzern gemäß Artt. 293 § 1; 483 § 1 KSH schadensersatzpflichtig und gemäß Art. 585 § 1 KSH strafbar machen, wenn er einer konkurrierenden Obergesellschaft Informationen über den Inhalt eines beabsichtigten Angebots weitergeben würde. Ein solches grob pflichtwidriges Handeln kann nicht ohne konkrete Anhaltspunkte vermutet werden.

III. Ergebnis Abschnitt C

Bei einer Mehrfachbeteiligung verbundener Unternehmen sind deren Angebote gemäß Artt. 82 Abs. 1, 89 Abs. 1 Nr. 1 PZP auszuscheiden, wenn der Konzern als ein Unternehmer i.S.d. Art. 82 Abs. 1 PZP einzustufen ist. Eine solche Qualifizierung ist auch bezüglich eines Vertragskonzerns nicht per se möglich. Sie kann nur bei der Kenntnis eines anderen Angebots vorgenommen werden, wenn also im Hinblick auf das konkrete Vergabeverfahren kein ehrlicher Wettbewerb besteht. Zu vermuten ist ein Informationsaustausch ohne weitere Anhaltspunkte nur bei der Konkurrenz innerhalb eines Vertragskonzerns, in welchem die Obergesellschaft eine vollumfängliche Haftung für die Verbindlichkeiten ihrer Töchter übernommen hat.

Teil 5 Resümee

Die Arbeit basiert auf dem scheinbaren Widerspruch, daß verbundene Unternehmen bei ihrer Kooperation im Vergabeverfahren als „andere Unternehmen" betrachtet werden und andererseits bei ihrer Konkurrenz der Konzern als „einheitliches Unternehmen" angesehen wird.

Bezüglich beider Komplexe erforderte eine ganzheitliche Betrachtung zunächst eine Auseinandersetzung mit allgemeinen Problemen, bevor die spezifisch konzernrechtlichen Fragestellungen angegangen werden konnten. Auch an dieser Stelle sind in der gebotenen Kürze erst diese Zwischenschritte darzustellen, bevor abschließend auf die Betrachtung verbundener Unternehmen als Einheit zurückzukommen ist.

I. Nachunternehmereinsatz

Bereits im einleitenden Teil über die *Grundlagen* der untersuchten Regelungsbereiche war auf die Frage einzugehen, welche formalen Anforderungen an eine Kooperation im Konzern zu stellen sind, wenn ein Gebrauch der abgeleiteten Eignung nicht allein kraft der Konzernverbundenheit möglich ist. Bezüglich des dann vorliegenden Nachunternehmereinsatzes hat der *BGH* in einem obiter dictum vom 10.06.2008 mit seiner bislang ständigen Rechtsprechung gebrochen. Nunmehr führt der *BGH* aus, die Forderung nach einer Nennung der Namen der Nachunternehmer und der Vorlage von Verpflichtungserklärungen mit dem Angebot könne unzumutbar sein mit der Konsequenz, daß diese Erklärungen erst in der engeren Wahl vorzulegen seien (Teil 1 B.II.1.f., S. 60 f.) Als Ergebnis einer eingehenden Analyse konnte ermittelt werden, daß die Reichweite dieser neuen Großzügigkeit begrenzt ist.

Ist der Bieter selbst geeignet und will er sich der Unterstützung des Nachunternehmers lediglich im Ausführungsstadium bedienen, ist grundsätzlich nur die Eignung des Bieters zu prüfen (Teil 1 B.II.2.b.bb.(2), S. 68 ff.). Einer Vorlage der Nachunternehmer- und Verpflichtungserklärung bedarf es dann nicht (Teil 1 B.II.2.b.bb.(2)(f), S. 73 f.). Ist der Bieter hingegen selbst nicht geeignet und bedarf er der von den Nachunternehmern abgeleiteten Eignung, bestehen an der Erforderlichkeit der Nachunternehmer- und Verpflichtungserklärung keine Zweifel. Allerdings ist bezüglich des Zeitpunktes ihrer Vorlage zu differenzieren. Weisen die Verdingungsunterlagen nicht auf die Möglichkeit eines späteren Einreichens der

Erklärungen hin, sind sie zur Wahrung des Gleichbehandlungsgrundsatzes bereits mit dem Angebot vorzulegen (Teil 1 B.II.2.b.cc.(3), S. 76 f.). Der Auftraggeber hat es aber mit der Gestaltung der Verdingungsunterlagen in der Hand, die Vorlage der Nachunternehmer- und Verpflichtungserklärung erst in der engeren Wahl ausreichen zu lassen. Hiergegen bestehen keine durchgreifenden europarechtlichen Bedenken (Teil 1 B.II.2.b.cc.(4), S. 77 ff.). Diese neue Großzügigkeit im offenen Verfahren kann auf das nichtoffene Verfahren trotz einer vergleichbaren Interessenlage nicht übertragen werden. Denn dort sind die Eignungsnachweise gemäß der unmißverständlichen Anordnung des § 8 Nr. 3 Abs. 4 S. 2 VOB/A 2006 bereits mit dem Teilnahmeantrag vorzulegen, der Vorbehalt einer späteren Anforderung ist im Gegensatz zum offenen Verfahrens nicht gestattet (Teil 1 B.II.2.b.cc.(7), S. 84 ff.). Entsprechendes gilt für das Verhandlungsverfahren und den wettbewerblichen Dialog (Teil 1 B.II.2.b.cc.(8), S. 87). Auch auf ein offenes Verfahren nach der VOL/A 2006 kann die neue Großzügigkeit nicht übertragen werden, da dort gleichfalls ein Vorbehalt der späteren Abforderung der Erklärungen nicht möglich ist (Teil 1 B.II.2.b.cc.(9), S. 88 ff.).

Gemäß der beabsichtigten Neuregelung in der VOB/A 2009 ist die Verpflichtungserklärung im offenen Verfahren erst in der engeren Wahl zu verlangen. Die Nachunternehmererklärung ist dagegen bereits mit dem Angebot vorzulegen, bei ihrem Fehlen darf die zulässige Nachforderung nicht nach Abschluß der eigentlichen Eignungsprüfung erfolgen (Teil 1 B.II.2.b.cc.(10)(a)(aa), S. 90 ff.). Für die Verfahren mit Teilnahmewettbewerb besteht die aktuelle Rechtslage fort (Teil 1 B.II.2.b.cc.(10)(a)(bb), S. 92 ff.). Auch im Anwendungsbereich der VOL/A bleibt es bei der strikten Regelung und damit im Hinblick auf das offene Verfahren bei der Divergenz zur VOB/A (Teil 1 B.II.2.b.cc.(10)(b), S. 94 f.).

II. Kooperation im Konzern

In *Teil 2* über die *Kooperation im Konzern* galt es zu ermitteln, wann die Verbindung eines Bieters zu einer anderen konzernangehörigen Gesellschaft so intensiv ist, daß er sich allein kraft der Konzernverbundenheit auf deren Eignung berufen kann. Dies setzt allgemein eine gesellschaftsrechtlich begründete Verfügungsmacht voraus, welche nur bei einem uneingeschränkten Weisungsrecht des Bieters und einer entsprechenden Folgepflicht des verpflichteten Unternehmens besteht. Die Obergesellschaft eines Vertragskonzerns kann sich kraft ihrer Stellung im Konzern sowohl auf die Eignung einer Tochter als auch einer Enkel-Gesellschaft berufen (Teil 2 B.I., S. 100 ff.). Ursache hierfür ist die gesellschaftsrechtliche Zugriffsmöglichkeit der Mutter in Verbindung mit der Zulässigkeit der Vornahme nachteiliger Rechtsgeschäfte im übergeordneten Konzerninteresse durch die abhängige Gesellschaft. Entsprechendes gilt im faktischen Konzern, wenn sich die Mutter auf die Eignung einer GmbH in ihrem Alleineigentum beruft (Teil 2 B.II. 1., S. 104 f.). Demgegenüber kann sich eine Mutter auf die Ressourcen einer GmbH-Tochter im Mehrheitsbesitz aufgrund des Stimmverbots des § 47 Abs. 4 S. 2 Alt. 1 GmbHG nicht allein kraft Verbundenheit berufen. Vielmehr ist wie im Verhältnis zu Dritten die Vorlage einer Verpflichtungserklärung erforderlich. Etwas anderes gilt nur dann, wenn entweder das Stimmverbot wirksam abbedungen ist oder die Obergesellschaft über 90 % der Anteile an der Tochter-GmbH hält und deren Geschäftsführung mit jener der Mutter identisch ist (Teil 2 B.II.2., S. 106 ff.). Aufgrund der Weisungsfreiheit des Vorstands einer AG kann sich deren Mutter im faktischen Konzern in keinem Fall allein aufgrund ihrer beherrschenden Stellung auf die Kapazitäten der AG berufen (Teil 2 B.II.4., S. 117 f.). Der Gebrauch der Eignung eines Gemeinschaftsunternehmens ist grundsätzlich nur kraft Verpflichtungserklärung möglich (Teil 2 B.III., S. 123 ff.).

Eine Tochtergesellschaft kann sich auch dann nicht allein kraft Konzernverbundenheit auf die Eignung ihrer Mutter berufen, wenn dies umgekehrt möglich ist (Teil 2 C.I., S. 125 ff.). Daß sich eine abhängige Gesellschaft kraft Verbundenheit auf die Eignung einer Schwester beruft, ist allenfalls theoretisch konstruierbar (Teil 2 C.II., S. 130 ff.).

Ist ein Gebrauch der abgeleiteten Eignung allein kraft der herrschenden Stellung im Konzern möglich, reicht als formaler Nachweis der Verfügungsmacht grundsätzlich eine Eigenerklärung des Bieters aus, aus welcher sich die gesellschaftsrechtliche Beherrschung ergibt. Jedenfalls ausreichend ist ein Handelsregisterauszug mit entsprechendem Inhalt (Teil 2 E., S. 137 ff.).

III. Konkurrenz im Konzern

Teil 3 behandelt die *Konkurrenz im Konzern*. Hiergegen wird teilweise pauschal der Vorwurf eines Verstoßes gegen den Geheimwettbewerb erhoben (Teil 3 A.III., S. 152 ff.) Eine Auseinandersetzung mit dem Problemkreis der unzulässigen Mehrfachbeteiligung wurde dadurch erschwert, daß oftmals allein die Schlagworte des Geheimwettbewerbs und der unzulässigen Mehrfachbeteiligung anstelle einer juristisch nachprüfbaren Begründung den Ausschluß der Angebote tragen. Entgegen der wohl herrschenden vergaberechtlichen Meinung sind auch im Vergaberecht die Wurzeln des Geheimwettbewerbs im allgemeinen Kartellrecht zu berücksichtigen (Teil 3 A.IV.2., S. 159 ff.). Das Institut des Geheimwettbewerbs bzw. das Selbständigkeitspostulat bilden die dogmatische Grundlage einer Beurteilung der vergaberechtlichen Mehrfachbeteiligung. Die Kenntnis eines anderen Angebots ist danach als bezweckte Wettbewerbsbeschränkung zu qualifizieren (Teil 3 C.II.3.,

S. 187 f.). Damit geht in aller Regel die Spürbarkeit der Wettbewerbsbeschränkung einher. Diese kann allenfalls in Ausnahmefällen extrem zersplitterter Märkte zu verneinen sein, so daß nur bei einer außergewöhnlichen Vielzahl abgegebener Angebote Anlaß zu einer eingehenden Prüfung der Spürbarkeit besteht (Teil 3 C.I. 3.a.bb., S. 177 f.).

In der Grundkonstellation einer Mehrfachbeteiligung als Einzelbieter und Mitglied einer Bietergemeinschaft kann die Kenntnis der Angebote dem Mehrfachbeteiligten jedenfalls zugerechnet werden. Folglich sind die Angebote aufgrund einer bezweckten Wettbewerbsbeschränkung auszuschließen, sofern nicht mit dem Angebot effektive Vorkehrungen zur Wahrung des Geheimwettbewerbs mitgeteilt worden sind (Teil 3 C.II., S. 180 ff.).

Die Anwendung der entwickelten Grundsätze auf die Konkurrenz im Konzern ergibt, daß sogar eine Mehrfachbeteiligung mehrerer Unternehmen eines Vertragskonzerns nicht prinzipiell unzulässig ist (Teil 3 D.IV., S. 193 ff.). Hierbei ist eine wettbewerbsbeschränkende Kenntnis des jeweils anderen Angebots keineswegs generell kraft einer Wissenszurechnung anzunehmen. Wenn dem Konzern die mehrfache Beteiligung möglich ist, ohne daß die konkurrierenden Angebote auf dieselben konzerninternen Ressourcen zurückgreifen, liegt eine Wissenszurechnung aufgrund der verhältnismäßig geringen Bedeutung des konkreten Auftrags fern (Teil 3 D.IV.1., S. 194 ff.). Die unzweifelhaft existierende Möglichkeit der Kenntniserlangung genügt entgegen den Wertungen des Konzernprivilegs und der Verbundklausel nicht als Rechtfertigung eines Ausschlusses (Teil 3 D.IV.2., S. 196 ff.). Die Möglichkeit der Informationserlangung führt jedoch zu einer Umkehr der Darlegungs- und Beweislast. Allerdings müssen die Tatsachen zur Widerlegung der Vermutung noch nicht mit dem Angebot vorgelegt werden, da die Mehrfachbeteiligten nicht um ihre Konkurrenz wissen müssen (Teil 3 D.IV.3., S. 200 f.). Werden allerdings von beiden konkurrierenden verbundenen Unternehmen dieselben Ressourcen einer demselben Konzern angehörigen Gesellschaft eingesetzt, ist das Wissen dieses mehrfach verpflichteten Unternehmens von der Mehrfachbeteiligung den Bietern zuzurechnen. In diesem Fall kann der Ansicht des *OLG Düsseldorf* gefolgt werden, daß schon mit dem Angebot die Vorkehrungen zur Wahrung des Geheimwettbewerbs darzulegen sind (Teil 3 D.IV.5., S. 202 f.).

Bei der Konkurrenz im faktischen GmbH-Konzern gilt entsprechendes. Zwar besteht seitens der Geschäftsführer gegenüber einer Obergesellschaft, welche in potentiellem Wettbewerb steht, gemäß § 51 a Abs. 2 S. 1 GmbHG ein Recht zur Informationsverweigerung hinsichtlich des Inhalts eines beabsichtigten Angebots. Da aber kein Verbot der Weitergabe der Information normiert ist, kann ein Informationsaustausch vermutet werden (Teil 3 D.V., S. 203 ff.). Demgegenüber besteht im faktischen AG-Konzern auch gegenüber einem Alleingesellschafter eine

Pflicht zur Verschwiegenheit, sofern der Gesellschafter ein potentieller Konkurrent ist (Teil 3 D.VI.1.d. - f., S. 208 ff.). Die Vermutung eines Austauschs von Informationen über die Angebote muß daher bei einer Mehrfachbeteiligung im faktischen AG-Konzern unterbleiben, da damit ein grob pflichtwidriges Handeln des Vorstands unterstellt würde, mit welchem er sich Schadensersatzansprüchen der Gesellschaft (§ 93 Abs. 2 S. 1 AktG) und der Gefahr der Strafverfolgung aussetzen würde, § 404 Abs. 1 S. 1 AktG (Teil 3 D.VI.3., S. 211). Eine Ausnahme gilt wiederum für den Einsatz derselben konzerninternen Ressourcen durch beide Mehrfachbeteiligte (Teil 3 D.VI.5., S. 212.).

Treten zu der gesellschaftsrechtlichen Verbundenheit personelle Verflechtungen hinzu, ergeben sich für die jeweilige Konzernart grundsätzlich keine anderen Resultate (Teil 3 D.VII., S. 212 ff.).

IV. Rechtslage in Polen

Im *polnischen Recht* (Teil 4, S. 219 ff.) ist es ausschließlich der Obergesellschaft eines Vertragskonzerns gestattet, sich kraft Verbundenheit auf die Eignung einer konzernangehörigen Gesellschaft zu berufen. Dies gilt jedoch nur dann, wenn die Mutter von der Option Gebrauch gemacht hat, eine vollumfänglich Haftung für die Verbindlichkeiten der jeweils verpflichteten Tochter zu übernehmen und dies gemäß Art. 7 § 1 KSH im Handelsregister publiziert ist. In diesem Fall ist es der Tochter gestattet, im Konzerninteresse auch für sie nachteilige Maßnahmen vorzunehmen (Teil 5 B.I.1., S. 220 f.). Entsprechend kann bei der Beurteilung der konzerninternen Konkurrenz auch nur im Vertragskonzern mit vollumfänglicher Haftung ein Informationsaustausch über die Angebote vermutet werden (Teil 5 C.II.3., S. 254 ff.). In allen anderen Konstellationen wäre ein Handeln des Vorstands einer abhängigen Gesellschaft zu unterstellen, mit welchem er sich gemäß Artt. 293 § 1; 483 § 1 KSH schadensersatzpflichtig und gemäß Art. 585 § 1 KSH strafbar machen würde; es wäre grob pflichtwidrig und würde die genannten Konsequenzen nach sich ziehen, bei der Kooperation im Konzern einem Wunsch der Obergesellschaft nach einer Überlassung von Ressourcen zu nachteiligen Konditionen und bei der Konkurrenz im Konzern nach einer Überlassung von Informationen über ein beabsichtigtes Angebot nachzukommen. Im polnischen Recht entsprechen sich also bei der Kooperation und der Konkurrenz im Konzern die Kriterien, nach welchen die verbundenen Unternehmen als Einheit anzusehen sind und auch die daraus folgenden Ergebnisse sind vergleichbar.

V. Kein einheitliches Konzernverständnis

Dies führt zu der *konzernspezifischen Leitfrage* zurück, ob es für beide Konstellationen ein *einheitliches Verständnis von verbundenen Unternehmen als Bietern im Vergabeverfahren* gibt, welches gegebenenfalls auf weitere Fallgruppen übertragen werden kann.

Übereinstimmend konnte für beide untersuchten Komplexe festgestellt werden, daß eine Divergenz zum gesellschaftsrechtlichen Verständnis der Abhängigkeit und der einheitlichen Leitung besteht (Teil 2 B.II.5., S. 118 ff. sowie Teil 3 D.III., S. 193). Auch eine Übernahme der Wertungen des kartellrechtlichen Konzernprivilegs und der Verbundklausel scheidet sowohl für die Kooperation als auch die Konkurrenz innerhalb eines Konzerns im Vergabeverfahren aus (Teil 2 B.II.6., S. 120 ff. sowie Teil 3 D.IV.2., S. 196 ff.). Ursächlich für diese Divergenz ist im Wesentlichen, daß im Unterschied zum gesellschaftsrechtlichen und kartellrechtlichen Verständnis bei beiden analysierten vergaberechtlichen Komplexen jeweils auf ein konkretes Vergabeverfahren abzustellen ist. Bei der Kooperation ist im Rahmen der Eignungsprüfung die Zugriffsmöglichkeit auf konkrete Ressourcen zu einem bestimmten Zeitpunkt maßgeblich, bei der Konkurrenz ist lediglich eine tatsächlich vorgenommene Abstimmung in Bezug auf das konkrete Vergabeverfahren als Bezwecken einer Wettbewerbsbeschränkung zu qualifizieren. Zudem konnte für beide vergaberechtlichen Komplexe übereinstimmend als entscheidender Anknüpfungspunkt die Möglichkeit einer abhängigen Gesellschaft ermittelt werden, im Konzerninteresse für die einzelne Gesellschaft nachteilige Maßnahmen durchzuführen; nämlich die Überlassung einerseits benötigter Ressourcen und andererseits gewünschter Informationen.

Neben diesen Gemeinsamkeiten bestehen allerdings auch Unterschiede. Der Gebrauch der abgeleiteten Eignung kraft Verbundenheit setzt nicht nur den Konzernverbund, sondern auch eine beherrschende Stellung in diesem voraus. Liegen diese Voraussetzungen vor, besteht per se die Möglichkeit, sich der Ressourcen abhängiger Gesellschaften allein kraft der Stellung im Konzern zu bedienen. Bezüglich der Konkurrenz im Konzern ist es im Gegensatz dazu abzulehnen, etwa den Vertragskonzern per se als Informationseinheit zu qualifizieren und infolgedessen eine Mehrfachbeteiligung für unzulässig zu erklären. Ein deckungsgleiches Konzernverständnis liegt damit nicht vor.

Die Gemeinsamkeiten im Hinblick auf das Verständnis verbundener Unternehmen als Einheit beruhen nicht auf einem eigenständigen vergaberechtlichen Konzernverständnis, sondern auf identischen Anknüpfungspunkten im Gesellschaftsrecht. Eine Übertragung der in dieser Arbeit ermittelten Ergebnisse zum Verständnis verbundener Unternehmen im Vergabeverfahren auf andere vergaberechtliche Konstellationen mit konzernrechtlichem Bezug ist daher nicht ohne weiteres möglich.

Literaturverzeichnis

Adler, Hans / Düring, Walther / Schmaltz, Kurt (Begr.): Rechnungslegung und Prüfung der Unternehmen, Kommentar zum HGB, AktG, GmbHG, PublG nach den Vorschriften des Bilanzrichtlinien-Gesetzes, Teilband 4, AktG, GmbHG, PublG, 6.Aufl., Stuttgart 1997 (zit. *Adler/ Düring/Schmaltz*)

Altmeppen, Holger: Zur Delegation des Weisungsrechts im mehrstufigen Konzern, in: Festschrift für Marcus Lutter zum 70. Geburtstag – deutsches und europäisches Gesellschafts-, Konzern- und Kapitalmarktrecht, Köln 2000, S. 975 ff. (zit. *Altmeppen*, in: FS Lutter)

Ders.: Die Haftung des Managers im Konzern, München 1998

Anwaltkommentar Aktienrecht: Aktienrecht – Aktiengesetz, Gesellschaftsrecht, Kapitalmarktrecht, Steuerrecht, Europarecht, hrsg. von Heidel, Thomas, Bonn 2007 (zit. *Bearbeiter*, in: AnwK-AktienR)

Aschenbeck, Tanja: Personenidentität bei Vorständen in Konzerngesellschaften (Doppelmandat im Vorstand), NZG 2000, S. 1015 ff.

Bacher, Philipp: Das Stimmverbot bei Beteiligungsverhältnissen bei Befangenheit eines Geschäftsführers analog § 47 Abs. 4 GmbHG, GmbHR 2002, S. 143 ff.

Ders.: Die Abdingbarkeit des Stimmverbots nach § 47 Abs. 4 GmbHG in der Satzung, GmbHR 2001, S. 133 ff.

Bachmann, Gregor: Zum Verbot von Insichgeschäften im GmbH-Konzern, ZIP 1999, S. 85 ff.

Baetzgen, Oliver: Insichgeschäfte im Gesellschaftsrecht, RNotZ 2005, S. 193 ff.

Bartl, Harald: Angebote von Generalübernehmern in Vergabeverfahren – EU-rechtswidrige nationale Praxis, NZBau 2005, S. 195 ff.

Baum, Marcus: Die Wissenszurechnung, (Schriften zum Bürgerlichen Recht; Bd. 223), Berlin 1999, Univ. Diss. Regensburg 1997

Baumbach, Adolf / Hueck Alfred (Begr. u. Hrsg.): GmbH-Gesetz, 18. Aufl., München 2006 (zit. *Bearbeiter*, in: Baumbach/Hueck, GmbHG)

Baumbach, Adolf / Hopt, Klaus J. (Begr. u. Hrsg.): Handelsgesetzbuch, 34. Aufl., München 2010 (zit. *Bearbeiter*, in: Baumbach/Hopt, HGB

Baums, Theodor: Aktuelle Entwicklungen im Europäischen Gesellschaftsrecht, AG 2007, S. 57 ff.

Bayer, Walter / Habersack, Mathias (Hrsg.): Aktienrecht im Wandel – Band II, Grundsatzfragen des Aktienrechts, Tübingen 2007 (zit. *Bearbeiter*, in: Bayer/Habersack, Aktienrecht im Wandel, Bd. II)

Bechtold, Rainer: Kartellgesetz – Gesetz gegen Wettbewerbsbeschränkungen, Kommentar, 5. Aufl., München 2008 (zit. *Bearbeiter*, in: Bechtold, GWB)

Beck'scher VOB-Kommentar: Teil A, hrsg. von Motzke, Gerd / Pietzcker, Jost Pietzcker / Prieß, Hans, 2. Aufl., München 2001 (zit. *Bearbeiter,* in: Beck'scher VOB-Kommentar)

Benisch, Werner: Die Kartellrechtspraxis zum „Geheimwettbewerb", in: Festschrift für Ernst Steindorff, Berlin u.a. 1990, S. 937 ff. (zit. *Benisch*, in: FS Steindorff)

Bestermann, Andreas / Petersen, Malte: Der Konzern im Vergabeverfahren – Die Doppelbeteiligung auf Bewerber-/Bieterseite und aufseiten der Vergabestelle sowie die Möglichkeiten von „Chinese Walls", VergabeR 2006, S. 740 ff.

Bien, Florian: Anmerkung zu BGH, Urteil vom 16.01.2007, KVR 12/06, „National Geographic II", WuB V A § 36 GWB 2.07

Bilewska, Katarzyna: Zaskarżanie uchwał zgromadzenia wspólników przez odwołanych członków organów spółki (Die Anfechtung von Beschlüssen der Gesellschafterversammlung durch abberufene Mitglieder von Gesellschaftsorganen), MoP 19/2007, S. 1096 ff.

Bischof, Elke / Stoye, Jörg: Vergaberechtliche Neuerungen für IT/TK- Beschaffungen der öffentlichen Hand – Das ÖPP-Beschleunigungsgesetz als erste Umsetzung des EU-Richtlinienpakets, MMR 2006, S. 138 ff.

Bischoff, Kristina: Die VOL/A 2006 – Änderungen zur VOL/A 2002, NZBau 2007, S. 13 ff.

Boesen, Arnold / Upleger, Martin: Das Gebot der Selbstausführung und das Recht zur Unterbeauftragung, NVwZ 2004, S. 919 ff.

Bogacz, Ludomir / Łempicka, Magdalena / Pyliński, Grzegorz: Prawo zamówień publicznych: komentarz, Bydgoszcz, Warschau 2006

*Bohrer, Michael :*Zur Frage, inwieweit sich eine Gemeinde bezüglich des arglistigen Verschweigens im Rahmen von BGB § 463 S. 2 das Wissen eines – zwischenzeitlich aus dem Amt ausgeschiedenen – Organvertreters zurechnen lassen muß, DNotZ 1991, S. 124 ff.

Bornkamm, Joachim / Becker, Mirko: Die privatrechtliche Durchsetzung des Kartellverbots nach der Modernisierung des EG-Kartellrechts – Einflußmöglichkeiten der Kommission, ZWeR 2005, S. 213 ff.

Böttcher, Lars / Liefekett, Kai Haakon: Mitbestimmung bei Gemeinschaftsunternehmen mit mehr als zwei Muttergesellschaften – Eine kautelarjuristische Betrachtung, NZG 2003, S. 701 ff.

Brandt, Claudia: Die Angleichung des polnischen und tschechischen Kartellrechts an das EU-Recht (Schriften zur Rechtsangleichung, Band 2), Dresden 2002 (zit. *Brandt*, Angleichung des Kartellrechts)

Breidenbach, Stephan (Hrsg.)*:* Handbuch Wirtschaft und Recht in Osteuropa, Loseblattsammlung, Band 2, Stand: 82. Ergänzungslieferung, München 2009

Bremer, Jürgen: Stimmrechtsausschlüsse von Gesellschaftern, GmbHR 1999, S. 651 f.

Brzeski, Marek: Stand und Entwicklung des polnischen Vergaberechts, in: Vergaberecht im Wandel – Vorträge auf dem 4. Speyerer Wirtschaftsforum vom 29. bis 30. September 2004 an der DHV Speyer (Schriftenreihe der Hochschule Speyer, Band 176), Berlin 2006, S. 37 ff. (zit. *Brzeski*, Vergaberecht im Wandel)

Buck, Petra: Wissen und juristische Person – Wissenszurechnung und Herausbildung zivilrechtlicher Organisationspflichten, (Tübinger rechtswissenschaftliche Abhandlungen, Bd. 89), Tübingen 2001, Univ. Habil.-Schrift Tübingen 1999 (zit. *Buck*, Wissen und juristische Person)

Bürgers, Tobias / Körber, Torsten (Hrsg.)*:* Heidelberger Kommentar zum Aktiengesetz, Heidelberg, 2008 (zit. Bearbeiter, in: Bürgers/Körber, AktG)

Bungenberg, Marc: Schwerpunkte der Vergaberechtspraxis, WuW 2009, S. 503 ff.

Bungert, Hartwin: Konzernbildungskontrolle – Eine Rezension von vier Dissertationen, VersR 1997, S. 27 ff.

Buntscheck, Martin: Das "Konzernprivileg" im Rahmen von Art. 81 Abs. 1 EG-Vertrag – Analyse der Entscheidungspraxis von Kommission und Gerichtshof unter besonderer Berücksichtigung der Beziehung zwischen Gemeinschaftsunternehmen und ihren Müttern, (Schriftenreihe europäisches Recht, Politik und Wirtschaft, Bd. 267), Baden-Baden 2002, Univ. Diss. Mainz 2001 (zit. *Buntscheck*, Das Konzernprivileg)

Burchardt, Hans-Peter (Hrsg.) */ Pfülb, Wolfgang:* ARGE-Kommentar – juristische und betriebswirtschaftliche Erläuterungen, ARGE-Vertrag 2005, Dach-ARGE-Vertrag 2005, Bietergemeinschaftsvertrag 2003, 4. Aufl., Gütersloh 2006 (zit. *Bearbeiter*, in: Burchardt/Pfülb, ARGE-Kommentar)

Burgi, Martin: Die Bedeutung der allgemeinen Vergabegrundsätze Wettbewerb, Transparenz und Gleichbehandlung, NZBau 2008, S. 29 ff.

Burwitz, Gero: Das Bilanzrechtsmodernisierungsgesetz – eine Analyse des Regierungsentwurfs und der Änderungsvorschläge des Bundesrats, NZG 2008, S. 694 ff.

Byok, Jan: Anmerkung zu OLG Düsseldorf, Beschluß vom 06.06.2007, VII Verg 8/07, „Abwasserkanal", VergabeR 2008, S. 110 ff.

Ders.: Das Gesetz zur Modernisierung des Vergaberechts – GWB 2009, NVwZ 2009, S. 551 ff.

Ders.: Die Entwicklung des Vergaberechts seit 2004, NJW 2006, S. 2076 ff.

Cahn, Andreas: Zur Anwendbarkeit der §§ 311 ff. AktG im mehrstufigen Vertragskonzern, BB 2000, S. 1477 ff.

Dauses, Manfred A. (Hrsg.)*:* Handbuch des EU-Wirtschaftsrechts, Loseblattsammlung, Stand: 22. Lieferung, München 2008 (zit. *Bearbeiter,* in: Dauses, EU-WirtschaftsR)

Decher, Christian E.: Information im Konzern und Auskunftsrecht der Aktionäre gem. § 131 Abs. 4 AktG, ZHR 158 (1994), S. 473 ff.

Diedrich, Peter / Kos, Rafal: Entstehung einer GmbH nach polnischem Recht, WiRO 2000, 41 ff.

Diehl, Heinz: Die Strafbarkeit von Baupreisabsprachen im Vergabeverfahren, BauR 1993, S. 1 ff.

Diemon-Wies, Ingeborg / Viegener, Gerd: Die Beteiligung von Drittunternehmen bei der Vergabe öffentlicher Bauaufträge, VergabeR 2007, S. 576 ff.

Diercks, Gritt: Anmerkung zu OLG München, Beschluß vom 06.11.2006, Verg 17/06, VergabeR 2007, S. 227 ff.

Dreher, Meinrad: Die wettbewerbsrechtliche Zulässigkeit der Information über Marktdaten, in: Bewertung und Zulässigkeit von Marktinformationsverfahren, (FIW-Schriftenreihe Heft 150), Köln u.a. 1993, S. 15 ff. (zit. *Dreher,* in: Bewertung und Zulässigkeit von Marktinformationsverfahren)

Ders.: Das GWB als Magna Charta des Wettbewerbs oder als Einfallstor politischer Interessen, WuW 1997, S. 949 ff.

Ders.: Die Vorstandsverantwortung im Geflecht von Risikomanagement, Compliance und interner Revision, in: Festschrift für Uwe Hüffer zum 70. Geburtstag, München 2010, S. 161 ff. (zit. *Dreher,* in: FS Hüffer)

Ders.: Die Berücksichtigung mittelständischer Interessen bei der Vergabe öffentlicher Aufträge, NZBau 2005, S. 427 ff.

Ders.: Das In-house-Geschäft – Offene und neue Rechtsfragen der Anwendbarkeit der In-house-Grundsätze, NZBau 2004, S. 14 ff.

Ders.: Konvergenz oder Divergenz von Kartellrecht und Kartellvergaberecht? – Rechtsgrundlagen und Rechtsdurchsetzung des Ausschreibungswettbewerbs, in: Enforcement – Die Durchsetzung des Wettbewerbsrechts, (FIW-Schriftenreihe Heft 202), Köln u.a. 2005, S. 85 ff. (zit. *Dreher,* in: Enforcement)

Ders.: Kurzkommentar zu OLG Düsseldorf, Beschluß vom 15.06.2000, Verg 6/00, „Euro-Münzplättchen III", EWiR 2001, S. 76

Ders. / Kling, Michael: Kartell- und Wettbewerbsrecht der Versicherungen, München 2007 (zit. *Dreher/Kling,* Versicherungskartellrecht)

Ders. / Schaaf, Martin: Versicherungsunternehmensrecht und Risikomanagement – Gesamtverantwortung der Geschäftsleitung, Outsourcing des Risikomanagements und konzernweites versicherungsaufsichtsrechtliches Risikomanagement, WM 2008, S. 1765 ff.

Drexl, Josef: Wissenszurechnung im Konzern, ZHR 161 (1997), S. 491 ff.

Ebenroth, Carsten Thomas / Boujong, Karlheinz / Joost, Detlev / Strohn, Lutz (Begr. u. Hrsg.): Handelsgesetzbuch, Band 1 (§§ 1 – 342 e), 2. Aufl., München 2008 (zit. *Bearbeiter,* in: Ebenroth/Boujong/Joost/Strohn, HGB)

Ebenroth, Carsten Thomas / Lange, Knut Werner: Sorgfaltspflichten und Haftung des Geschäftsführers einer GmbH nach § 43 GmbHG, GmbHR 1992, S. 69 ff.

Egger, Alexander: Europäisches Vergaberecht, Baden-Baden 2007

Emmerich, Volker: Konzernbildungskontrolle, AG 1991, S. 303 ff.

Ders. / Habersack, Matthias: Konzernrecht, 8. Auflage, München 2005

Dies.: Aktien- und GmbH-Konzernrecht, 5. Aufl., München 2008

Ensthaler, Jürgen (Hrsg.)*:* Gemeinschaftskommentar zum Handelsgesetzbuch mit UN-Kaufrecht, 7. Aufl., Neuwied 2007 (zit. *Bearbeiter*, in: Ensthaler, GK-HGB)

Exner, Werner: Beherrschungsvertrag und Vertragsfreiheit – Ein Beitrag zur Gestaltung des aktienrechtlichen Beherrschungsvertrags (Europäische Hochschulschriften, Reihe II, Bd. 388), Frankfurt u.a. 1984, Univ. Diss. Göttingen 1983 (zit. *Exner*, Beherrschungsvertrag)

Faßbender, Christian / Neuhaus, Heiner: Zum aktuellen Stand der Diskussion in der Frage der Wissenszurechnung, WM 2002, S. 1253 ff.

Feldkamp, Hans-Martin: Statistische Marktinformationsverfahren und das europäische Kartellrecht, EuZW 1991, S. 617 ff.

Fleischer, Holger: Zum Grundsatz der Gesamtverantwortung im Aktienrecht, NZG 2003, S. 449 ff.

Ders.: Konzerninterne Wettbewerbsbeschränkungen und Kartellverbot, AG 1997, S. 491 ff.

Ders.: Konzernleitung und Leitungssorgfalt der Vorstandsmitglieder im Unternehmensverbund, DB 2005, S. 759 ff.

Ders. (Hrsg.): Handbuch des Vorstandsrechts, München 2006 (zit. *Bearbeiter*, in: Fleischer, Hdb. des Vorstandsrechts)

Flume, Werner: Allgemeiner Teil des Bürgerlichen Rechts, Erster Band – Zweiter Teil, Die juristische Person, Berlin u.a. 1983 (zit. *Flume*, Die juristische Person)

Forum Europaeum Konzernrecht: Konzernrecht für Europa, ZGR 1998, S. 672 ff.

Frąckowiak, Józef / Kidyba, Andrzej / Popiołek, Wojciech / Pyzioł, Wojciech / Witosz, Antoni: Kodeks spółek handlowych, Komentarz, Warschau 2008 (zit. *Bearbeiter*, in: Frąckowiak/ Kidyba/Popiołek/Pyzioł/Witosz, KSH)

Franke, Horst / Häußler, Ingrid: Präqualifikation von Bauunternehmen in der Europäischen Gemeinschaft, ZfBR 1993, S. 47 ff.

Franke, Horst / Kemper, Ralf / Zanner, Christian / Grünhagen, Matthias (Hrsg.)*:* VOB-Kommentar – Bauvergaberecht, Bauvertragsrecht, Bauprozeßrecht, 3. Aufl., München 2007 (zit. *Bearbeiter*, in: Franke/Kemper/Zanner/Grünhagen, VOB)

Frankfurter Kommentar zum Kartellrecht: hrsg. von Jaeger, Wolfgang / Pohlmann, Petra / Rieger, Harald / Schroeder, Dirk; mit Kommentierung des EG-Kartellrechts, des GWB und einer Darstellung ausländischer Kartellrechtsordnungen, Loseblattsammlung, Stand: 67. Ergänzungslieferung, Köln 2009 (zit. *Bearbeiter*, in: FK-KartellR)

Frenz, Walter: Ausschreibungspflicht bei Anteilsveräußerungen und Enkelgesellschaften – In-House-Geschäfte nach den Urteilen Bari und Carbotermo, NJW 2006 S. 2665 ff.

Fuchs, Andreas: Neue Entwicklungen beim Konzept der Wettbewerbsbeschränkung in Art. 81 Abs. 1 EG, ZWeR 2007, S. 369 ff.

Gabriel, Marc: Neues zum Ausschluss von Bietern und Bietergemeinschaften wegen Mehrfachbeteiligungen: Einzelfallprüfung statt Automatismus, NZBau 2010, S. 225 ff.

Glahs, Heike: Anmerkung zu OLG Naumburg, Beschluß vom 09.09.2003, 1 Verg 5/03, „Restabfallentsorgung", VergabeR 2004, S. 85 ff.

Gleichmann, Karl: Überblick über neue Kooperationsformen und über Entwicklungen im Gesellschaftsrecht der Europäischen Wirtschaftsgemeinschaft, AG 1988, S. 159 ff.

Głowacka, Joanna / Kwaśnik, Andrzej / Franken, Paul: Prawo zamówień publicznych - Recht des öffentlichen Vergabewesens: Zweisprachige Textausgabe Polnisch-Deutsch, Warschau 2004 (zit. *Głowacka/Kwaśnik/Franken*, PZP - Recht des öffentlichen Vergabewesens)

Goede, Matthias: Anmerkung zu OLG Düsseldorf, Beschluß vom 05.05.2004, VII-Verg 10/04, VergabeR 2004, S. 653 f.

Ders.: Anmerkung zu OLG Koblenz, Beschluß vom 07.11.2007, 1 Verg 6/07, „PPK-Fraktion", VergabeR 2008, 268 f.

Goette, Wulf: „Nichtbefassungsbeschluß" und § 50 GmbHG, in: Festschrift für Peter Ulmer zum 70. Geburtstag am 2. Januar 2003, Berlin 2003, S. 129 ff. (zit. *Goette*, in: FS Ulmer)

Ders.: Die GmbH – Darstellung anhand der Rechtsprechung des BGH, 2. Aufl., München 2002 (zit. *Goette*, Die GmbH)

Gölles, Hans: Mehrfachbeteiligung eines Bieters – Ausschluß oder nicht?, ZVB 2005, S. 230 ff.

Götz, Jürgen: Der Entherrschungsvertrag im Aktienrecht (Frankfurter wirtschaftsrechtliche Studien, Band 19), Frankfurt 1991, Univ. Diss. Frankfurt 1991

Grabitz, Eberhard / Hilf, Meinhard (Begr. u. Hrsg.)*:* Das Recht der Europäischen Union – Band II, EGV, Loseblattsammlung, Stand: 34. Ergänzungslieferung, München 2008 (zit. *Bearbeiter*, in: Grabitz/Hilf, EGV)

Granecki, Paweł: Prawo zamówień publicznych: komentarz, Warschau 2007

Gröning, Jochem: Die VOB/A 2009 – ein erster Überblick, VergabeR 2009, S. 117 ff.

Ders.: Spielräume für die Auftraggeber bei der Wertung von Angeboten, NZBau 2003, S. 86 ff.

Großkommentar Aktiengesetz: hrsg. von Hopt, Klaus J. / Wiedemann, Herbert, erster Band (Einleitung; §§ 1 – 53), 4. Aufl., Berlin 2004; dritter Band (§§ 76 – 94), 4. Aufl., Berlin 2008; 23. Lieferung: §§ 300 – 310, 4. Aufl., Berlin 2005 (zit. *Bearbeiter*, in: Großkomm AktG)

Grundmann, Stefan: Europäisches Gesellschaftsrecht – Eine systematischen Darstellung unter Einbeziehung des Europäischen Kapitalmarktrechts, Heidelberg 2004 (zit. *Grundmann*, Europäisches Gesellschaftsrecht)

Ders.: Die rechtliche Verfassung des Marktes für Unternehmenskontrolle nach Verabschiedung der Übernahme-Richtlinie, NZG 2005, 122

Gulich, Joachim: Anmerkung zu OLG München, Beschluß vom 21.08.2008, Verg 13/08, VergabeR 2009, S. 75 f.

Habersack, Mathias: Europäisches Gesellschaftsrecht - Einführung für Studium und Praxis, 3. Aufl., München 2006 (zit. *Habersack*, Europäisches Gesellschaftsrecht)

Ders.: Europäisches Gesellschaftsrecht im Wandel – Bemerkungen zum Aktionsplan der EG-Kommission betreffend die Modernisierung des Gesellschaftsrechts und die Verbesserung der Corporate Governance in der Europäischen Union, NZG 2004, S. 1 ff.

Ders.: Die Mitgliedschaft – subjektives und "sonstiges" Recht (Jus privatum, Bd. 17), Tübingen 1996, Univ. Habil.-Schrift Heidelberg, 1995 (zit. *Habersack*, Mitgliedschaft)

Ders. / Verse, Dirk A.: Zum Auskunftsrecht des Aktionärs im faktischen Konzern – zugleich Besprechung des Beschlusses des OLG Frankfurt a.M. vom 6.1.2003, 20 W 449/93, AG 2003, S. 300 ff.

Hammann, Peter / Korte, Edgar: Die Einflüsse kartellrechtlicher Rahmenbedingungen in der Bauwirtschaft – dargestellt am Beispiel eines Marktinformationsverfahrens bei Submissionen, DBW 1988, S. 621 ff.

Handkommentar zum Vertrag über die Europäische Union (EUV/EGV): hrsg. von Hailbronner, Kay / Klein, Eckart / Magiera, Siegfried / Müller-Graff, Peter-Christian, Loseblattsammlung, Stand: 7. Lieferung, Köln u.a. 1998 (zit. *Bearbeiter*, in: Handkommentar EUV)

Hardraht, Karsten: In-house-Geschäfte und europäisches Vergaberecht, (Schriften zum europäischen Recht; Heft 119), Berlin 2006, Univ. Diss. Berlin 2005 (zit. *Hardraht,* In-house-Geschäfte)

Hausmann, Friedrich Ludwig / Wendenburg, Albrecht: Vergabeausschluß von Generalübernehmern rechtswidrig, NZBau 2004, S. 315 ff.

Heiermann, Wolfgang: Der wettbewerbliche Dialog, ZfBR 2005, S. 766 ff.

Ders. / Ridl, Richard / Rusam, Martin / Kuffer, Johann / Kullack, Andrea Maria / Mansfeld, Lutz: Handkommentar zur VOB – Teil A und B, Vergabe- und Vertragsordnung für Bauleistungen mit Rechtsschutz im Vergabeverfahren, 11. Aufl., Wiesbaden 2008 (zit. *Bearbeiter,* in: Heiermann/Riedl/Rusam, VOB)

Heinrich, Björn: Praxishinweis zu VK Brandenburg, Beschluß vom 02.10.2006, 2 VK 38/06, IBR 2007, S. 1025

Heitzer, Eric: Konzerne im Europäischen Wettbewerbsrecht unter vergleichender Berücksichtigung ihrer wettbewerbsrechtlichen Behandlung durch Aufsichtsbehörden und Gerichte in den USA, (Abhandlungen zum Recht der internationalen Wirtschaft, Bd. 50, Heidelberg 1999, Univ. Diss. Bonn 1997 (zit. *Heitzer,* Konzerne im Europäischen Wettbewerbsrecht)

Hentzen, Matthias: Der Entherrschungsvertrag im Aktienrecht, ZHR 157 (1993), S. 65 ff.

Henze, Hartwig: Konzernrecht –höchst- und obergerichtliche Rechtsprechung, Köln 2001 (zit. *Henze,* Konzernrecht)

Hermanns, Marc: Übertragung von Mitgliedschaftsrechten an Dritte – Gestaltungsmöglichkeiten und -grenzen, ZIP 2005, S. 2284 ff.

High Level Group: Bericht der Hochrangigen Gruppe von Experten auf dem Gebiet des Gesellschaftsrechts über „Moderne gesellschaftsrechtliche Rahmenbedingungen in Europa", S. 105 ff., im Internet abrufbar unter „http://ec.europa.eu/internal_market/company/modern/index_de.htm #background"

Hoffmann-Becking, Michael: Vorstandsvorsitzender oder CEO?, NZG 2003, S. 745 ff.

Ders.: Vorstands-Doppelmandate im Konzern, ZHR 150 (1986), S. 570 ff.

Höfler, Heiko: Der Eröffnungstermin im Verfahren zur Vergabe öffentlicher Bauaufträge, ZfBR 2000, S. 75 ff.

Ders.: Ausschreibungspflicht und In-house- Geschäfte, NZBau 2003 S. 431 ff.

Hölzl, Franz Josef:„Assitur": Die Wahrheit ist konkret!, NZBau 2009, S. 751 ff.

Holtmann, Michael: Der Konzern als Holding-Organisation, DStR 1998, S. 1278 ff.

Hommelhoff, Peter: Die Konzernleitungspflicht. Zentrale Aspekte eines Konzernverfassungsrechts, Köln u.a. 1982 (zit. *Hommelhoff,* Konzernleitungspflicht)

Ders.: Unternehmensführung in der mitbestimmten GmbH, ZGR 1978, S. 119 ff.

Ders.: Konzerneingangsschutz durch Takeover-Recht?, in: Festschrift für Johannes Semler zum 70. Geburtstag, Unternehmen und Unternehmensführung im Recht, Berlin u.a. 1993, S. 309 ff. (zit. *Hommelhoff,* in: FS Semler)

Ders.: Konzernrecht für den europäischen Binnenmarkt, ZGR 1992, 121 ff.

Ders. / Mattheus, Daniela: Risikomanagementsystem im Entwurf des BilMoG als Funktionselement der Corporate Governance, BB 2007, S. 2787 ff.

Ders. / Oplustil, Krzysztof: Deutsche Einflüsse auf das polnische Recht der Kapitalgesellschaften: Vorgesellschaft, Eigenkapitalersatz und dualistische Organstruktur in Aktiengesellschaften, in: Festschrift für Horst Konzen zum siebzigsten Geburtstag, Tübingen 2006, S. 309 ff. (zit. *Hommelhoff/Oplustil,* in: FS Konzen)

Hoppmann, Erich: Preismeldestellen und Wettbewerb – Einige Bemerkungen zu den wettbewerbstheoretischen Grundlagen der neueren Diskussion über Preismeldestellen, WuW 1966, S. 97 ff.

Hopt, Klaus J.: ECLR, Harmonisierung im europäischen Gesellschaftsrecht – Status quo, Probleme, Perspektiven, ZGR 1992, S. 265 ff.

Ders.: Europäisches Gesellschaftsrecht – Der Aktionsplan und die ersten Durchführungsmaßnahmen, in: Festschrift für Volker Röhricht zum 65. Geburtstag, Gesellschaftsrecht, Rechnungslegung, Sportrecht, Köln 2005, S. 235 ff. (zit. *Hopt*, in: FS Röhricht)

Ders.: Europäisches Gesellschaftsrecht und deutsche Unternehmensverfassung - Aktionsplan und Interdependenzen, ZIP 2005, S. 461 ff.

Horn, Lutz: Anmerkung zu BGH, Urteil vom 10.06.2008, X ZR 78/07, „Nachunternehmererklärung", VergabeR 2008, 785 ff.

Hüffer, Uwe: Aktiengesetz, 8. Aufl., München 2008

Ders.: Informationen zwischen Tochtergesellschaft und herrschendem Unternehmen im vertragslosen Konzern, in: Festschrift für Eberhard Schwark zum 70. Geburtstag – Unternehmensrecht zu Beginn des 21. Jahrhunderts, München 2009, S. 185 ff. (zit. *Hüffer*, in: FS Schwark)

Ders.: Der korporationsrechtliche Charakter von Rechtsgeschäften – Eine hilfreiche Kategorie bei der Begrenzung von Stimmverboten in der GmbH?, in: Festschrift für Theodor Heinsius zum 65. Geburtstag am 25. September 1991, Berlin u.a. 1991, S. 337 ff. (zit. *Hüffer*, in: FS Heinsius)

Hüttemann, Rainer: Der Entherrschungsvertrag im Aktienrecht – Zulässiges Gestaltungsinstrument oder Verstoß gegen die aktienrechtliche Kompetenzordnung?, ZHR 156 (1992), S. 314 ff.

Immenga, Ulrich: Bietergemeinschaften im Kartellrecht – ein Problem potentiellen Wettbewerbs, DB 1984, S. 385 ff.

Ders.: Fusionskontrolle auf Ausschreibungsmärkten, WuW 1998, S. 809 ff.

Ders. / Mestmäcker, Ernst-Joachim (Hrsg.): Wettbewerbsrecht GWB, Kommentar zum Deutschen Kartellrecht, 4. Aufl., München 2007 (zit. *Bearbeiter*, in: Immenga/Mestmäcker, GWB)

Ders. / Mestmäcker, Ernst-Joachim (Hrsg.): Wettbewerbsrecht EG, Kommentar zum Europäischen Kartellrecht, Teil 2, 4. Aufl., München 2007 (zit. *Bearbeiter*, in: Immenga/Mestmäcker, Wettbewerbsrecht EG)

Ingenstau, Heinz / Korbion, Hermann (Begr.): VOB – Teile A und B, Kommentar, hrsg. von Locher, Horst / Vygen, Klaus, 16. Aufl., Neuwied 2007 (zit. *Bearbeiter*, in: Ingenstau/Korbion, VOB)

Ivens, Michael: Informationsverweigerung gem. § 51 a Abs 2 GmbHG gegenüber Konkurrenzgesellschaftern, GmbHR 1989, S. 273 ff.

Jaeger, Olaf: Anmerkung zu Thüringer OLG, Beschluß vom 19.04.2004, 6 Verg 3/04, VergabeR 2004, S. 522 ff.

Jansen, Nicola: Wettbewerbsbeschränkende Abreden im Vergabeverfahren, WuW 2005, S. 502 ff.

Jungkurth, Frank: Konzernleitung bei der GmbH – die Pflichten des Geschäftsführers (Untersuchungen über das Spar-, Giro- und Kreditwesen, Abteilung B, Rechtswissenschaft, Band 126; Konzern, Konzernrecht und Konzernfinanzierung, Teil X), Berlin 2000, Univ. Diss. Darmstadt, 1998 (zit. *Jungkurth*, Konzernleitung bei der GmbH)

juris Praxiskommentar Vergaberecht: Vergaberecht – GWB - VgV - VOB/a, hrsg. von Heiermann, Wolfgang, 2. Aufl., Saarbrücken 2008 (zit. *Bearbeiter*, in: jurisPK-VergabeR)

Kantzas, Ioannis: Das Weisungsrecht im Vertragskonzern (Europäische Hochschulschriften, Reihe II, Bd. 727), Frankfurt u.a. 1988, Univ. Diss. München 1987

Kapellmann, Klaus / Messerschmidt, Burkhard (Hrsg.): VOB, Teile A und B, Vergabe- und Vertragsordnung für Bauleistungen mit Vergabeverordnung (VgV) 2. Aufl., München 2007 (zit. *Bearbeiter*, in: Kapellmann/Messerschmidt, VOB)

Karl, Günter: Das Auskunfts- und Einsichtsrecht des GmbH-Gesellschafters nach § 51 a GmbHG, DStR 1995, S. 940 ff.

Karolak, Adam: Prawne mechanizmy ochrony spółki córki oraz jej wierzycieli w sturkturze holdingowej (Rechtliche Mechanismen des Schutzes der Tochtergesellschaften sowie ihrer Gläubiger in der Holding-Struktur), Prawo Spółek, 5/2001, S. 2 ff.

Ders.: Stosunki wewnątrzholdingowe (Beziehungen innerhalb der Holding), Prawo Spólek 6/2001, S. 9 ff.

Kawałko, Agnieszka / Witczak, Hanna: Prawo cywilne, Warschau 2008

Kidyba, Andrzej: Prawo handlowe, 9. Aufl., Warschau 2008

Ders.: Kodeks spółek handlowych, Komentarz, tom I, Komentarz do art. 1 – 300 k.s.h., 5. Aufl., Warschau 2007; tom II, Komentarz do art. 301 – 633 k.s.h., 6. Aufl., Warschau 2008

Kling, Michael: Die Innenhaftung des Aufsichtsratsmitglieds in der Aktiengesellschaft, DZWIR 2005, S. 45 f.

Ders. / Thomas, Stefan: Kartellrecht, München 2007

Koenig, Christian / Hentschel, Kristin / Steiner, Ulrike: Das vergaberechtliche System der Präqualifikation von Bietern auf dem Prüfstand des Kartellverbots des Art. 81 Abs. 1 EG, VergabeR 2006, S. 691 ff.

Kohutek, Konrad / Sieradzka, Małgorzata: Ustawa o ochronie konkurencji i konsumentów, Komentarz, Warschau 2008 (zit. *Bearbeiter*, in: Kohutek/Sieradzka, UOKK)

Kölner Kommentar zum Aktiengesetz: hrsg. von Zöllner, Wolfgang: Band 2 (§§ 76 – 117 AktG und Mitbestimmung im Aufsichtsrat), 2. Aufl., Köln u.a. 1996; hrsg. von Zöllner, Wolfgang / Noack, Ulrich: Band 6 (§§ 15 – 22 AktG, §§ 291 – 328 AktG), 3. Aufl., Köln u.a. 2004 (zit. *Bearbeiter*, in: KK AktG)

Konstas, Jannis: Das vergaberechtliche Inhouse-Geschäft – die Ausschreibungspflicht für öffentliche Aufträge an verselbständigte Verwaltungseinheiten und Rechtsschutzmöglichkeiten übergangener Wettbewerber, (Forum Rechtswissenschaften, Band 6), München 2004, Univ. Diss. Augsburg 2003 (zit. *Konstas*, Das vergaberechtliche Inhouse-Geschäft)

Konzen, Horst: Geschäftsführung, Weisungsrecht und Verantwortlichkeit in der GmbH und GmbH & Co KG, NJW 1989, S. 2977 ff.

Kratzenberg, Rüdiger: Die neue Gesamtausgabe der VOB 2006 im Oktober 2006 – Das Sofortpaket zur VOB/A, Neues in VOB/B, VOB/C und bei der Präqualifikation von Bauunternehmen, NZBau 2006, S. 601 ff.

Kropff, Bruno (Hrsg.): Aktiengesetz – Textausgabe des Aktiengesetzes vom 6.9.1965 (Bundesgesetzblatt I S. 1089) und des Einführungsgesetzes zum Aktiengesetz vom 6.9.1965 (Bundesgesetzblatt I S. 1185); mit Begründung des Regierungsentwurfs, Düsseldorf 1965 (zit. *Kropff*, AktG 1965)

Kuhlmann, Jens / Ahnis, Erik: Konzern- und Umwandlungsrecht, 2. Aufl., Heidelberg u.a. 2007

Kulartz, Hans-Peter / Marx, Friedhelm / Portz, Norbert / Prieß, Hans-Joachim (Hrsg.): Kommentar zur VOL/A, Köln 2007 (zit. *Bearbeiter*, in: Kulartz/Marx/Portz/Prieß, VOL/A)

Kus, Alexander: Anmerkung zu OLG Naumburg, Beschluß vom 04.09.2008, 1 Verg 4/08, „Autowäsche", VergabeR 2009, 219 ff.

Kwaśnicki/Nilsson: Konzernrecht – für eine abhängige Gesellschaft nachteilige Rechtsgeschäfte, in: Harmonisierung des Wirtschaftsrechts in Deutschland, Österreich und Polen, Jahrbuch des Krakauer Forums der Rechtswissenschaften der Jagiellonen-Universität, S. 237 ff., Baden-Baden 2008 (zit. *Kwaśnicki/Nilsson*, in: Harmonisierung des Wirtschaftsrechts)

Lächler, Christoph: Das Konzernrecht der Europäischen Gesellschaft (SE) – Unter besonderer Berücksichtigung der Mitgliedsstaaten Deutschland, Frankreich, England und Polen (Heidelberger Schriften zum Wirtschaftsrecht und Europarecht, Band 39), Baden-Baden 2007, Univ. Diss. Heidelberg 2006/2007 (zit. *Lächler*, Konzernrecht der SE)

Lanfermann, Georg / Röhricht, Victoria: Pflichten des Prüfungsausschusses nach dem BilMoG, BB 2009, S. 887 ff.

Lange, Martin: Der Begriff des „eingeschalteten Unternehmens" i.S. des § 16 I Nr. 3 lit. b VgV, NZBau 2008, S. 422 ff.

Langen, Eugen (Bcgr.) */ Bunte, Hermann-Josef* (Hrsg.)*:* Kommentar zum deutschen und europäischen Kartellrecht, Band 1, Deutsches Kartellrecht, 10. Aufl., München 2006; Band 2, Europäisches Kartellrecht, 10. Aufl., München 2006 (zit. *Bearbeiter*, in: Langen/Bunte, Kartellrecht Bd. 1 bzw. Bd. 2)

Leipert, Thorsten: Vertragskonzerne und verbundene Unternehmen in Polen, WiRO 2005, 225 ff.

Lettl, Tobias: Betriebswirtschaftliche Vor- und Nachteile bzw. Gefahren der Unternehmensorganisation in Form der Holding-Struktur, DStR 1997, S. 1016 ff.

Leuering, Dieter / Rubner, Daniel: Doppelmandate von Vorstandsmitgliedern und Geschäftsführern, NJW-Spezial 2008, S. 495 f.

Lewandowski, Robert / Kwasnicki, Radoslaw L.: „Große" Änderung des polnischen Gesetzbuchs über die Handelsgesellschaften, WiRO 2004, 234 ff.

Dies.: Grundsatz der Privatautonomie bei der Gestaltung des Gesellschaftsvertrags, WiRO 2004, 65 ff.

Liebs, Rüdiger: Stimmrechtsausschluß im GmbH-Konzern, in: Festschrift für Carsten Peter Claussen – zum 70. Geburtstag, Köln u.a. 1997, S. 251 ff. (zit. *Liebs*, in: FS Claussen)

Liebscher, Marc / Oplustil, Krzysztof: Regelungen und Praxis der internen Corporate Governance in polnischen Aktiengesellschaften, WiRO 2008, 97 ff.

Liebscher, Marc / Zoll, Fryderyk: Einführung in das polnische Recht (Schriftenreihe der Juristischen Schulung, Band 172), München 2005 (zit. *Bearbeiter*, in: Liebscher/Zoll: Einführung in das polnische Recht)

Liebscher, Thomas: GmbH-Konzernrecht – Die GmbH als Konzernbaustein, München 2006 (zit. *Liebscher*, GmbH-Konzernrecht)

Ders.: Konzernbildungskontrolle –rechtsformspezifische und rechtsformunabhängige Aspekte der Problematik eines konzernrechtlichen Präventivschutzes im Rahmen des Konzernierungsprozesses (Schriften zum Wirtschaftsrecht, Bd. 85) Berlin 1995, Univ. Diss. Mannheim 1994 (zit. *Liebscher*, Konzernbildungskontrolle)

Litwińska-Werner, Marta: Kodeks spółek handlowych, Komentarz, 3. Aufl., Warschau 2007

Loewenheim, Ulrich / Meessen, Karl / Riesenkampff, Alexander (Hrsg.)*:* Kartellrecht, Band 1 – Europäisches Recht, Kommentar, München 2005; Band 2 – GWB, Kommentar, München 2006 (zit. *Bearbeiter*, in: Loewenheim/Meessen/Riesenkampff, Kartellrecht, Bd. 1 bzw. Bd. 2)

Lohr, Martin: Der Stimmrechtsausschluss des GmbH-Gesellschafters (§ 47 IV GmbHG), NZG 2002, S. 551 ff.

Lotze, Andreas / Mager, Stefan: Entwicklung der kartellrechtlichen Fallpraxis im Entsorgungsmarkt, WuW 2007, S. 241 ff.

Luber, Hermann: Der formalistische Angebotsausschluß, das Wettbewerbsprinzip und der Grundsatz der sparsamen Mittelverwendung im Vergaberecht, VergabeR 2009, S. 14 ff.

Lutter, Marcus: Due diligence des Erwerbers beim Kauf einer Beteiligung, ZIP 1997, S. 613 ff.

Ders.: Stand und Entwicklung des Konzernrechts in Europa, ZGR 1987, S. 324 ff.

Ders.: Europäisches Unternehmensrecht, ZGR Sonderheft 1, 4. Aufl., Berlin u.a. 1996

Ders.: Zur Privilegierung einheitlicher Leitung im französischen (Konzern)Recht, in: Festschrift für Alfred Kellermann zum 70. Geburtstag, ZGR-Sonderheft 10, Berlin u.a. 1991 (zit. *Lutter*, in: FS Kellermann)

Lutter, Marcus (Hrsg.): Holding-Handbuch, Recht – Management – Steuern, 4. Aufl., Köln 2004 (zit. Bearbeiter, in: *Lutter*, Holding-Handbuch)

Ders. / Hommelhoff, Peter: GmbH-Gesetz, Kommentar, 16. Aufl., Köln 2004

Maier, Clemens: Der Ausschluß eines unvollständigen Angebots im Vergabeverfahren, NZBau 2005, S. 374 ff.

Maul, Silja: Aktienrechtliches Konzernrecht und Gemeinschaftsunternehmen (GU), NZG 2000, S. 470 ff.

Dies.: Haftungsprobleme im Rahmen von deutsch-französischen Unternehmensverbindungen, NZG 1998 S. 965 ff.

Dies. / Lanfermann, Georg / Eggenhofer, Erich: Aktionsplan der Europäischen Kommission zur Reform des Europäischen Gesellschaftsrechts, BB 2003, S. 1289 ff.

Meininger, Frank / Kayser, Karsten: Die Mehrfachbeteiligung von Unternehmen in Vergabeverfahren – Mögliche Fallkonstellationen und deren Folgen, BB 2006, S. 283 ff.

Memento Rechtshandbücher: Gesellschaftsrecht für die Praxis 2009, 10. Aufl., Freiburg 2008 (zit. Memento Gesellschaftsrecht)

Mennicke, Petra: Zum Weisungsrecht der Gesellschafter und der Folgepflicht des Geschäftsführers in der mitbestimmungsfreien GmbH, NZG 2000, S. 622 ff.

Mertens, Susanne: Praxishinweis zu VK Lüneburg, Beschluss vom 08.05.2006, VgK-07/2006, IBR 2006, S. 468

Dies.: Praxishinweis zu OLG Naumburg, Beschluss vom 30.07.2004, 1 Verg 10/04, IBR 2005, S. 115

Messerschmidt, Burkhard / Thierau, Thomas: Die Bau-ARGE – Teil 2: Die Dach-ARGE insbesondere, NZBau 2007, S. 205 ff.

Mestmäcker, Ernst-Joachim / Bremer, Eckhard: Die koordinierte Sperre im deutschen und europäischen Recht der öffentlichen Aufträge, BB Beilage 1995, Nr. 19, S. 2 ff.

Mestmäcker, Ernst-Joachim / Schweitzer, Heike: Europäisches Wettbewerbsrecht, 2. Aufl., München 2004

Meyer, Lena / Müller, Ulf: Die Zukunft des Geheimwettbewerbs in einer vernetzten Welt, WuW 2007, S. 117 ff.

Michalski, Lutz: Kommentar zum Gesetz betreffend die Gesellschaften mit beschränkter Haftung (GmbH-Gesetz), Band I, Systematische Darstellungen 1 – 7, §§ 1 – 34 GmbHG, München 2002; Band II, §§ 35 – 86 GmbHG, München 2002 (zit. *Bearbeiter*, in: Michalski, GmbHG)

Michalski, Marek: Spółka akcyjna, Warschau 2008

Möllenkamp, Christian: Ausschluß unvollständiger Angebote, NZBau 2005,S, 557 ff.

Mülbert, Peter O.: Shareholder Value aus rechtlicher Sicht, ZGR 1997, S. 129 ff.

Ders.: Unternehmensbegriff und Konzernorganisationsrecht – Bemerkungen zum BGH-Beschluß vom 17.03.1997 – II ZB 3/96 (VW/Niedersachsen), ZHR 163 (1999), S. 1 ff.

Müller-Stoy, Walter: Praxishinweis zu OLG Düsseldorf, Beschluß vom 13.04.2006, Verg 10/06, „Zustellungsdienste OLG Hamm", IBR 2006, 585

Müller-Wrede, Malte (Hrsg.)*:* Kompendium des Vergaberechts – systematische Darstellung unter Berücksichtigung des EU-Vergaberechts, Köln 2008 (zit. *Bearbeiter*, in: Müller-Wrede, Kompendium)

Münchener Handbuch des Gesellschaftsrechts: Bd. 1, BGB-Gesellschaft, Offene Handelsgesellschaft, Partnergesellschaft, Partenreederei, EWIV, hrsg. von Gummert, Hans / Riegger, Bodo / Weipert, Lutz, Band 1, 2. Aufl., München 2004 (zit. *Bearbeiter*, in: MüHdb. Bd. 1); Bd. 3, Gesellschaft mit beschränkter Haftung, hrsg. von Piester, Hans-Joachim / Mayer, Dieter, 2. Aufl., München 2003 (zit. *Bearbeiter*, in: MüHdb. GmbH); Bd. 4, Aktiengesellschaft, hrsg. von Hoffmann-Becking, Michael, 3. Aufl., München 2007 (zit. *Bearbeiter*, in: MüHdb. AG)

Münchener Kommentar zum Aktiengesetz: hrsg. von Goette, Wulf / Habersack, Mathias / Kalss, Susanne: Band 1, §§ 1 – 75, 3. Aufl., München 2008; Band 2, §§ 76 – 117, MitbestG, DrittelbG, 3. Aufl., München 2008 hrsg. von Kropff, Bruno / Semler, Johannes: Band 8, §§ 278 – 328, 2. Aufl., München 2000 (zit. *Bearbeiter*, in: MüKo AktG)

Münchener Kommentar zum Handelsgesetzbuch: hrsg. von Schmidt, Karsten, Band 4 (§§ 238 – 342 a), München 2001 (zit. *Bearbeiter*, in: MüKo HGB)

Noch, Rainer: Praxishinweis zu VK Brandenburg, Beschluss vom 19.01.2006, 2 VK 76/05, IBR 2006, S. 352

Ders.: Vergaberecht kompakt – Handbuch für die Praxis, 4. Aufl., Köln 2008 (zit. *Noch*, Vergaberecht)

Noelle, Thomas: Absteigerungen auf Internet-Marktplätzen und Vergaberecht, NZBau 2002, S. 197 ff.

Norek, Emil A.: Prawo zamówień publicznych: komentarz, 3. Aufl., Warschau 2008

Oechsler, Jürgen: Die Anwendung des Konzernrechts auf Austauschverträge mit organisationsrechtlichem Bezug, ZGR 1997, S. 464 ff.

Ohrtmann, Nicola: Bietergemeinschaften – Chancen und Risiken, VergabeR 2008, S: 426 ff.

Opalski, Adam: O pojęciu interesu spólki handlowej (Über den Begriff des Interesses der Handelsgesellschaft), PPH 11/2008, S. 16 ff.

Ders. / Wiśniewski, Andrzej W.: W sprawie autonomii zarządu spólki z o. o. (Über die Autonomie des Vorstands in der sp. z o. o.), PPH 1/2005, S. 52 ff.

Opitz, Marc: Die Entwicklung des EG-Vergaberechts in den Jahren 2001 und 2002 – Teil 1 – Die Rechtstatsachen und der Rechtsrahmen, NZBau 2003, S. 183 ff.

Ders.: Marktmacht und Bieterwettbewerb – Die deutsche Zusammenschlußkontrolle unter dem Einfluß des Kartellvergaberechts, (FIW-Schriftenreihe, Heft 195), Köln u.a. 2003, Univ. Diss. Mainz 2002 (zit.: *Opitz*, Marktmacht und Bieterwettbewerb)

Ders.: Marktabgrenzung und Vergabeverfahren – Bildet die Ausschreibung einen relevanten Markt?, WuW 2003, S. 37 ff.

Oplustil, Krzystof: Glosa do uchwały SN z dnia 16 kwietnia 2004 (II CK 537/03) (Anmerkung zum Beschluß des obersten Gerichts vom 16. April 2004 (II CK 537/03)), Glosa 3/2005, S. 41 ff.

Oppenländer, Frank / Trölitzsch, Thomas (Hrsg.)*:* Praxishandbuch der GmbH-Geschäftsführung, München 2004 (zit. *Bearbeiter*, in: Oppenländer/Trölitzsch, GmbH-Geschäftsführung)

Orlowski, Matthias Christian: Zulässigkeit und Grenzen der In-house-Vergabe, NZBau 2007, S. 80 ff.

Paefgen, Walter: Struktur und Aufsichtsratsverfassung der mitbestimmten AG – zur Gestaltungsmacht der Satzung und der Geschäftsordnung des Aufsichtsrats (Abhandlungen zum deutschen und europäischen Handels- und Wirtschaftsrecht; 34), Köln u.a. 1982, Univ. Diss. Bielefeld 1981 (zit. *Paefgen*, Struktur und Aufsichtsratsverfassung der mitbestimmten AG)

Pape, Ulf-Dieter / Holz, Henning: Die Voraussetzungen vergabefreier In-house-Geschäfte, NJW 2005, S. 2264 ff.

Passarge, Malte: Vorstands-Doppelmandate – ein nach wie vor aktuelles Thema!, NZG 2007, S. 441 ff.

Pauly, Holger: Ist der Ausschluß des Generalübernehmers vom Vergabeverfahren noch zu halten?, VergabeR 2005, S. 312 ff.

Pentz, Andreas: Die Rechtsstellung der Enkel-AG in einer mehrstufigen Unternehmensverbindung (Europäische Hochschulschriften, Reihe II, Bd. 1593), Frankfurt u.a. 1994, Univ. Diss. Heidelberg 1994 (zit. *Pentz*, Die Rechtsstellung der Enkel-AG)

Peters, Oliver: Ressortverteilung zwischen GmbH-Geschäftsführern und ihre Folgen, GmbHR 2008, S. 682 ff.

Pieróg, Jerzy: Prawo zamówień publicznych: komentarz, 8. Aufl., Warschau 2007

Płużański, Marcin: Prawo zamówień publicznych: komentarz, 2. Aufl., Warschau 2007

Pohlmann, Petra: Die Marktbeherrschungsvermutung des GWB im Zivilprozeß, ZHR 164 (2000), S. 589 ff

Potrafke, Christian: Kartellrechtswidrigkeit konzerninterner Vereinbarungen und darauf beruhender Verhaltensweisen - Nach § 1 Sherman Act, Art. 85 EWGV und §§ 25, 1 GWB, (Wirtschaftsrecht und Wirtschaftspolitik, Bd. 115), Baden-Baden 1991, Univ. Diss. Tübingen 1991 (zit. *Potrafke*, Konzerninterne Vereinbarungen)

Preußner, Joachim / Becker, Florian: Ausgestaltung von Risikomanagementsystemen durch die Geschäftsleitung – Zur Konkretisierung einer haftungsrelevanten Organisationspflicht, NZG 2002, S. 846 ff.

Prieß, Hans-Joachim: Handbuch des europäischen Vergaberechts, 3. Aufl., Köln u.a. 2005 (zit. *Prieß*, Hdb. des europäischen Vergaberechts)

Ders. / Decker, Daniela: Die Beteiligungsfähigkeit von Generalübernehmern in VOB-Vergabeverfahren – keine Frage der Schwellenwerte, VergabeR 2004, S. 159 ff.

Ders. / Friton, Pascal: Ausschluß bleibt Ausnahme, NZBau 2009, S. 300 ff.

Ders. / Gabriel, Marc: Die Bildung und Beteiligung von Bietergemeinschaften in Vergabe- und Nachprüfungsverfahren, WuW 2006, S. 385 ff.

Ders. / Sachs, Bärbel: Irrungen, Wirrungen: Der vermeintliche Bieterwechsel- Warum entgegen OLG Düsseldorf (NZBau 2007, 254) im Falle einer Gesamtrechtsnachfolge die Bieteridentität regelmäßig fortbesteht, NZBau 2007, S. 763 ff.

Pyzioł, Wojciech / Szumański, Andrzej / Weiss, Ireneusz: Prawo spólek, 2. Aufl., Bydgoszcz, Kraków, 2005

Raiser, Thomas: Kenntnis und Kennenmüssen von Unternehmen, in: Festschrift für Gerold Bezzenberger zum 70. Geburtstag am 13. März 2000 – Rechtsanwalt und Notar im Wirtschaftsleben, Berlin u.a. 2000, S. 561 ff. (zit. *Raiser*, in: FS Bezzenberger)

Ders. / Veil, Rüdiger: Recht der Kapitalgesellschaften, 4. Aufl., München 2006

Reichert, Jochem / Harbarth, Stephan: Stimmrechtsvollmacht, Legitimationszession und Stimmrechtsausschlußvertrag in der AG, AG 2001, S. 447 ff.

Rittner, Franz: Die Verschwiegenheitspflicht der Aufsichtsratsmitglieder nach BGHZ 64, 325, in: Strukturen und Entwicklungen im Handels-, Gesellschafts- und Wirtschaftsrecht – Festschrift für Wolfgang Hefermehl zum 70. Geburtstag am 18. September 1976, München 1976, S. 365 ff. (zit. *Rittner*, in: FS Hefermehl)

Rittwage, Ralf: Unternehmensverschmelzung als unzulässiger Bieterwechsel?, NZBau 2007, S. 232 ff.

Ders.: Vergleichsvereinbarungen bei der Vergabe öffentlicher Aufträge, NZBau 2007, S. 484 ff.

Ders.: Einzel- und Gesamtrechtsnachfolge bei öffentlichen Aufträgen, VergabeR 2006, S. 327 ff.

Romanowski, Michał: W sprawie potrzeby nowej regulacji prawa grup kapitałowych w Polsce (Über die rechtliche Erforderlichkeit eines neuen Konzernrechts in Polen), PPH 7/2008, 4 ff.

Ders.: Pojęcie spółki dominującej w kodeksie spółek handlowych (Die Definition der herrschenden Gesellschaft im KSH), PiP 5/2004, S. 76 ff.

Roth, Frank: Änderung der Zusammensetzung von Bietergemeinschaften und Austausch von Nachunternehmern im laufenden Vergabeverfahren, NZBau 2005, S. 316 ff.

Roth, Günter / Altmeppen, Holger: Gesetz betreffend die Gesellschaften mit beschränkter Haftung (GmbHG) – Kommentar, 5. Aufl., München 2005 (zit. Roth/Altmeppen, GmbHG)

Rowedder, Heinz / Schmidt-Leithoff, Christian (Begr. u. Hrsg.): Gesetz betreffend die Gesellschaften mit beschränkter Haftung (GmbHG), Kommentar, 4. Aufl., München 2002 (zit. *Bearbeiter*, in: Rowedder/Schmidt-Leithoff, GmbHG)

Säcker, Franz Jürgen: Abschied vom Bedarfsmarktkonzept – zur Erfassung wettbewerbsrelevanter Produktmärkte mit Hilfe des Wirtschaftsplankonzepts, ZweR 2004, S. 1 ff.

Schabel, Thomas: Anmerkung zu EuGH, Urteil vom 09.02.2006, Rs. C-226/04, „La Cascina", VergabeR 2006, S. 346 ff.

Schäfer, Carsten: Antragsrecht und Bescheidungsanspruch des GmbH-Gesellschafters, ZHR 167 (2003), S. 66 ff.

Schäfer, Peter W.: Grundzüge des öffentlichen Auftragswesens, BB Beilage 1996, Nr. 12, S. 2 ff.

Schaller, Hans: Verdingungsordnung für Leistungen (VOL) Teile A und B, Kommentar, 4. Aufl., München 2008

Schaupensteiner, Wolfgang: Submissionsabsprachen und Korruption im öffentlichen Bauwesen, ZRP 1993, S. 250 ff.

Schmidt, Karsten: „Unternehmen" und „Abhängigkeit": Begriffseinheit und Begriffsvielfalt im Kartell- und Konzernrecht – Besprechung der Entscheidung BGHZ 74, 359, ZGR 1980, S. 277 ff.

Ders.: Gesellschaftsrecht, 4. Aufl., Köln u.a. 2002

Ders.: Konzernunternehmen, Unternehmensgruppe und Konzern-Rechtsverhältnis – Gedanken zum Recht der verbundenen Unternehmen nach §§ 15 ff., 291 ff. AktG, in: Festschrift für Marcus Lutter zum 70. Geburtstag – deutsches und europäisches Gesellschafts-, Konzern- und Kapitalmarktrecht, Köln 2000, S. 1167 ff. (zit. *K. Schmidt*, in: FS Lutter)

Ders. / Lutter, Marcus (Hrsg.): Aktiengesetz Kommentar, I. Band, §§ 1 – 149, Köln 2008; II. Band, §§ 150 – 410, Köln 2008 (zit. *Bearbeiter*, in: K. Schmidt/Lutter, AktG)

Schmidt-Leithoff, Christian: Die Verantwortung der Unternehmensleitung, Tübingen, 1989, Univ. Habil.-Schrift, Freiburg 1986/87

Schneevogel, Kai-Uwe: Generalübernehmervergabe – Paradigmenwechsel im Vergaberecht, NZ-Bau 2004, S. 418 ff.

Schneider, Uwe H.: Stimmverbote im GmbH-Konzern, ZHR 150 (1986), S. 609 ff.

Schneider, Wilhelm: Anmerkung zu OLG München, Beschluß vom 06.11.2006, Verg 17/06, VergabeR 2007, S. 227 ff.

Schnell, Christian / Brockhuis, Jörn: Polen: Gesetzbuch der Handelsgesellschaften – AG, WiRO 2002, 15 ff.

Scholz, Franz: Kommentar zum GmbH-Gesetz – mit Anhang Konzernrecht, I. Band, §§ 1 – 34, Anh. § 13 Konzernrecht, Anh. § 34 Austritt und Ausschließung eines Gesellschafters, 10. Aufl., Köln 2006; II. Band, §§ 35 – 52, 10. Aufl., Köln 2007 (zit. *Bearbeiter*, in: Scholz, GmbHG)

Schröter, Helmuth / Jakob, Thinam / Mederer, Wolfgang (Hrsg.): Kommentar zum Europäischen Wettbewerbsrecht, Baden-Baden 2003 (zit. *Bearbeiter*, in: Schröter/Jakob/Mederer, Europ. WettbewerbsR)

Schubel, Christian: Deutsch-polnisch-ungarische Rechtsvergleichung im GmbH-Recht, StudZR 2005, 165 ff.

Schüler, Wolfgang: Die Wissenszurechnung im Konzern, (Schriften zum Wirschaftsrecht; Bd. 128), Berlin 2000, Univ. Diss. Bonn 1998 (zit. *Schüler*, Wissenszurechnung im Konzern)

Schürnbrand, Jan: Gestaltungsrechte als Verfügungsgegenstand, AcP 204 (2004), S. 177 ff.

Schulenburg, Volker: Bankenhaftung bei geschlossenen Immobilienfonds – zugleich eine Untersuchung der Wissenszurechnung im Konzern, (Schriftenreihe zum Gesellschafts- und Kapitalmarktrecht; Bd. 1), Frankfurt u.a. 2002, Univ. Diss. Bayreuth 2001 (zit. *Schulenburg*, Bankenhaftung)

Schwarz, Günter Christian: Europäisches Gesellschaftsrecht - ein Handbuch für Wissenschaft und Praxis, Baden-Baden 2000 (zit. *Schwarz*, Europäisches Gesellschaftsrecht)

Schwierskott, Ewa / Suchon, Aneta / Schürmann, Jan: Das polnische Vergaberecht nach dem Beitritt Polens zur Europäischen Union, WiRO 2005, 7 ff.

Sedemund, Joachim: Entwicklung der kartellrechtlichen Bewertung von Marktinformationsverfahren, in: Festschrift für Otfried Lieberknecht, München 1997, S. 571 ff. (zit. *Sedemund*, in: FS Lieberknecht)

Semler, Johannes: Minderheitenschutz in Kapitalgesellschaften, AnwBl 1991, S. 440 ff.

Seydel, Eberhard: Konzernbildungskontrolle bei der Aktiengesellschaft (Wirtschaftsrecht und Wirtschaftspolitik, Bd. 138), Baden-Baden 1995, Univ. Diss. Bayreuth 1994 (zit. *Seydel*, Konzernbildungskontrolle bei der AG)

Siegel, Thorsten: Wie rechtssicher sind In-House-Geschäfte? – Aktuelle Entwicklungstendenzen in der Rechtsprechung des EuGH, NVwZ 2008, S. 7 ff.

Singhof, Bernd: Zur Weitergabe von Insiderinformationen im Unterordnungskonzern, ZGR 2001, S. 146 ff.

Skoczny, Tadeusz: Die Angleichung der Wettbewerbsregeln in den neuen und zukünftigen Mitgliedsstaaten an das Gemeinschaftsrecht (I) – Polen (Schriftenreihe des Europa-Kollegs Hamburg zur Integrationsforschung, Band 49), Hamburg 2006 (zit. *Skoczny*, Angleichung der Wettbewerbsregeln)

Sołtysińska, Aleksandra: Europejskie prawo zamówień publicznych, Komentarz, Krakau 2006 (zit. *Sołtysińska*, Europejskie PZP)

Sołtysiński, Stanisłav / Szumański, Andrzej: Shareholder and Creditor Protection in Company Groups under Polish Law, in: Unternehmensgruppen in mittel- und osteuropäischen Ländern: Entstehung, Verhalten und Steuerung aus rechtlicher und ökonomischer Sicht, Tübingen 2003, S. 89 ff. (zit. *Sołtysiński/Szumański*, in: Unternehmensgruppen in mittel- und osteuropäischen Ländern)

Sołtysiński, Stanisław / Szajkowski, Andrzej / Szumański, Andrzej / Szwaja, Janusz: Kodeks spółek handlowych, tom III, 2 Auflage, Warschau 2008 (zit. *Bearbeiter*, in: Sołtysiński/Szajkowski/Szumański/Szwaja, KSH, tom III)

Stachowiak, Małgorzata / Jerzykowski, Jarosław / Dzierżanowski, Włodzimierz: Prawo zamówień publicznych, wprowadzenie, 3. Aufl., Krakau 2007 (zit. *Bearbeiter*, in: Stachowiak/Jerzykowski/Dzierżanowski, PZP)

Stancke, Fabian: Marktinformation, Benchmarking und Statistiken – Neue Anforderungen an Kartellrechts-Compliance, BB 2009, S. 912 ff

Staranowicz, Tomasz: Regulacja prawna holdingu w k.s.h. (Die gesetzliche Regulation der Holding im KSH), Radca Prawny 6/2003, S. 78 ff.

Stockmann, Kurt: Das Wettbewerbselement in der Spruchpraxis des Vergabeüberwachungsausschusses des Bundes, in: Festschrift für Ingo Schmidt zum 65. Geburtstag – Wettbewerbspolitik im Spannungsfeld nationaler und internationaler Kartellrechtsordnungen (Wirtschaftsrecht und Wirtschaftspolitik, Bd. 150), Baden-Baden 1997 (zit. *Stockmann*, in: FS Schmidt)

Stoye, Jörg: Praxishinweis zu BGH, Urteil vom 10.06.2008, X ZR 78/07, IBR 2008, 588

Ders. : Praxishinweis zu OLG Naumburg, Beschluß vom 04.09.2008, - 1 Verg 4/08, IBR 2008, 753

Strieder, Thomas: Erweiterung der Lageberichterstattung nach dem BilMoG, BB 2009, S. 1002 ff.

Stroiński, Rafał T.: Dopuszczalność wydawania zarządowi wiążących poleceń przez organ właścicielski spółki kapitałowej (Erlaubnis zur Erteilung von verbindlichen Weisungen an den Vorstand durch das Eigentumsorgan der Kapitalgesellschaft), PPH, 3/2005, S. 29 ff.

Suchoń, Aneta / Schürmann, Jan: Polnisches Vergaberecht nach der Novellierung, WiRO 2007, 45 ff.

Dies.: Das polnische Vergaberecht und seine Harmonisierung mit dem Recht der EG, WiRO 2002, 1 ff.

Szostak, Ryszard: Glosa do uchwały SN z dnia 28 czerwca 2006 r. (III CZP 36/06) (Anmerkung zum Beschluß des obersten Gerichts vom 28. Juni 2006 (III CZP 36/06)), ST 5/2007, S. 72 ff.

Ders.: Udzielenie zamówienia publicznego w trybie tzw. zapytania o cenę (Die Vergabe öffentlicher Aufträge im Vergabeverfahren der Preisnachfrage), St. Prawn. 2/2007, S. 55 ff.

Szumanski, Andrzej: Ograniczona regulacja prawa holdingowego w kodeksie spółek handlowych (Die beschränkte Regulierung des Konzernrechts (Recht der Unternehmensgruppe) im KSH), PiP 3/2001, S. 20 ff.

Szwaja, Janusz / Kwaśnicki, Radosław L.: W sprawie wykładni nowego art. 375[1], a także art. 375, art. 207 oraz art. 219 § 2 k.s.h. (Über die Auslegung der neuen Art. 375[1], Art. 375, Art. 207 und Art. 219 § 2 KSH), PPH, 8/2004, S. 32 ff.

Targosz, Tomasz: Art. 7 k.s.h. – czy rzeczywiście zalążek regulacji prawa holdingowego? (Art. 7 KSH – ist er ein Anfang der Kodifizierung des Konzernrechts), Rejent 1/2003, S. 105 ff.

Terwiesche, Michael: Ausschluß und Marktzutritt des Newcomers, VergabeR 2009, S. 26 ff.

Thierau, Thomas / Messerschmidt, Burkhard: Die Bau-ARGE – Teil 1: Grundstrukturen und Vertragsgestaltung, NZBau 2007, S. 129 ff.

Thomas, Stefan: Unternehmensverantwortlichkeit und -umstrukturierung nach EG-Kartellrecht, (Schriftenreihe Kapitalgesellschafts-, Kapitalmarkt- und Kartellrecht, Bd. 6) München 2005, Univ. Diss. Mainz 2004 (zit. *Thomas*, Unternehmensverantwortlichkeit)

Ders.: Konzernprivileg und Gemeinschaftsunternehmen – Die kartellrechtliche Beurteilung konzerninterner Wettbewerbsbeschränkungen mit Gemeinschaftsunternehmen, ZWeR 2005, S. 236 ff.

Timm, Wolfram: Mehrfachvertretung im Konzern – Überlegungen zum Binnenrecht der Unternehmensgruppe, AcP 193 (1993), S. 423 ff.

Ders.: Die Aktiengesellschaft als Konzernspitze – die Zuständigkeitsordnung bei der Konzernbildung und Konzernumbildung (Abhandlungen zum deutschen und europäischen Handels- und Wirtschaftsrecht; 30) Köln u.a. 1980, Univ. Diss. Bochum 1979 (zit. *Timm*, Die AG als Konzernspitze)

Tugendreich, Bettina: Die kartellrechtliche Zulässigkeit von Marktinformationsverfahren – eine juristische und ökonomische Untersuchung zum deutschen und europäischen Kartellrecht unter Berücksichtigung der US-amerikanischen Rechtspraxis (Schriftenreihe des Instituts für Energie- und Wettbewerbsrecht in der Kommunalen Wirtschaft, Bd. 11), Berlin 2004, Univ. Diss. Berlin 2003 (zit. *Tugendreich*, Zulässigkeit von Marktinformationsverfahren)

Ulmer, Peter: Der Gläubigerschutz im faktischen GmbH-Konzern beim Fehlen von Minderheitsgesellschaftern, ZHR 148 (1984), S. 391 ff.

Ders. / Habersack, Mathias / Winter, Martin: Gesetz betreffend die Gesellschaften mit beschränkter Haftung (GmbHG) – Großkommentar, Band II, §§ 29 – 52, Tübingen 2006; Band III, §§ 53 bis 87, Tübingen 2008 (zit. *Bearbeiter*, in: Ulmer, GmbHG)

Urząd Zamówień Publicznych (Vergabeamt): Opinia prawna „Rażąco niska cena" Urzędu Zamówień Publicznych (Rechtsgutachten „ungewöhnlich niedriger Preis" des Vergabeamtes), abgedruckt bei *Granecki*, PZP, S. 775 ff. sowie abrufbar auf der Internetseite des Vergabeamtes unter „http://www.uzp.gov.pl/zagadnienia-merytoryczne/prawo-polskie/opinie-prawne/aktualne/razaco-niska-cena"

van Hulle, Karl / Maul, Silja: Aktionsplan zur Modernisierung des Gesellschaftsrechts und Stärkung der Corporate Governance, ZGR 2004, S. 484 ff.

Voet van Vormizeele, Philipp: Möglichkeiten und Grenzen von Benchmarking nach europäischem und deutschem Kartellrecht, WuW 2009, S. 143 ff.

Völlink, Uwe-Carsten / Kehrberg, Jan: Vergabe- und Vertragsordnung für Bauleistungen Teil A (VOB/A), Kommentar, München 2004 (zit. *Bearbeiter*, in: Völlink/Kehrberg, VOB/A)

von der Groeben, Hans / Schwarze, Jürgen (Hrsg.)*:* Kommentar zum Vertrag über die Europäische Union und zur Gründung der Europäischen Gemeinschaft, Band 2, Art. 81 – 97 EGV, 6. Aufl., Baden Baden 2003 (zit. *Bearbeiter*, in: von der Groeben/Schwarze, EGV)

Wagner, Olav: Anmerkung zu OLG Düsseldorf, Beschluß vom 13.09.2004, VI-W (Kart) 24/04, VergabeR 2006, S. 120 f.

Wagner-von Papp, Florian: Wie "identifizierend" dürfen Marktinformationsverfahren sein?, WuW 2005, S. 732 ff.

Ders.: Marktinformationsverfahren: Grenzen der Information im Wettbewerb – die Herstellung praktischer Konkordanz zwischen legitimen Informationsbedürfnissen und Geheimwettbewerb (Wirtschaftsrecht und Wirtschaftspolitik, Bd. 191), Baden-Baden 2004, Uni. Diss. Tübingen 2004 (zit. *Wagner-von Papp*, Marktinformationsverfahren)

Waldner, Thomas: Anmerkung zu OLG München, Beschluß vom 11.08.2008, Verg 16/08, „Angebotsaustausch", VergabeR 2009, S. 64 f.

Wąż, Piotr: Kodeks spółek handlowych jako źródło polskiego prawa koncernowego (Der KSH als Quelle des polnischen Konzernrechts), PPH 6/2008, S. 44 ff.

Werner, Michael: Einführung eines nationalen Präqualifizierungssystems am deutschen Baumarkt, NZBau 2006, S. 12 ff.

Westermann, Harm Peter: Zur Anwendung des § 47 Abs. 4 GmbHG im Konzern und in Gemeinschaftsunternehmen, in: Unternehmen, Recht und Wirtschaftsordnung – Festschrift für Peter Raisch zum 70. Geburtstag, Köln u.a. 1995, S. 309 ff. (zit. *Westermann*, in: FS Raisch)

Weyand, Rudolf: Vergaberecht – Praxiskommentar zu GWB, VgV, VOB/A, VOL/A, VOF, 2. Aufl., München 2007 (zit. *Weyand*, Vergaberecht)

Ders.: ibr-online-Kommentar Vergaberecht, Stand: 24.04.2009

Wicik, Grzegorz / Wiśniewski, Piotr: Prawo zamówień publicznych: Komentarz, Warschau 2007

Wicke, Hartmut: Gesetz betreffend die Gesellschaften mit beschränkter Haftung – GmbHG, Kommentar, München 2008 (zit. *Wicke*, GmbHG)

Wiedemann, Gerhard (Hrsg.)*:* Handbuch des Kartellrechts, 2. Aufl., München 2008 (zit. *Bearbeiter*, in: Wiedemann, Kartellrecht)

Wiedemann, Herbert: Gesellschaftsrecht – ein Lehrbuch des Unternehmens- und Verbandsrechts, Band I, Grundlagen, München 1980 (zit. *Wiedemann*, Gesellschaftsrecht, Bd. 1)

Ders.: Das Mitbestimmungsgesetz zwischen Gesellschafts-, Arbeits- und Unternehmensrecht, ZGR 1977, S. 160 ff.

Wiedemann, Jörg: Die Bietergemeinschaft im Vergaberecht, ZfBR 2003, S. 240 ff.

Wiesner, Peter M.: Corporate Governance und kein Ende - Zum Aktionsplan der EU-Kommission über die Modernisierung des Gesellschaftsrechts und Verbesserung der Corporate Governance, ZIP 2003, S. 977 ff.

Willenbruch, Klaus: Anmerkung zu OLG Koblenz, Beschluß vom 26.10.2005, Verg 4/05, VergabeR 2006, S. 404 ff.

Ders. / Bischoff, Kristina (Hrsg.)*:* Kompaktkommentar Vergaberecht, Köln 2008 (zit. *Bearbeiter*, in: Willenbruch/Bischoff, Vergaberecht)

Windbichler, Christine: Die „kohärente und auf Dauer angelegte Gruppenpolitik", in: Festschrift für Peter Ulmer zum 70. Geburtstag, Berlin 2003, S. 683 ff. (zit. *Windbichler*, in: FS Ulmer)

Wirner, Helmut: Die Eignung von Bewerbern und Bietern bei der Vergabe öffentlicher Bauaufträge, ZfBR 2003, S. 545 ff.

Ders.: Der Eigenleistungsanteil bei der Vergabe öffentlicher Aufträge, LKV 2005, S. 185 ff.

Wittchen, Ingo: Praxishinweis zu 2. VK Bund, Beschluß vom 30.03.2000, VK 2 – 2/00, IBR 2000, S. 354

Włodyka, Stanisław (Hrsg.): Prawo spółek handlowych, tom 2B, Warszawa 2007

(zit. *Bearbeiter*, in: Włodyka, PSH, Tom 2B)

Wohlgemuth, Michael: Überblick über das System der verbundenen Unternehmen nach AktG und nach HGB (Teil I), DStR 1991, S. 1495 ff.; (Teil II), DStR 1991, S. 1529 ff.

Wolf, Klaus: Zur Anforderung eines internen Kontroll- und Risikomanagementsystems im Hinblick auf den (Konzern-) Rechnungslegungsprozess gemäß BilMoG, DStR 2009, S. 920 ff.

Zerhusen, Jörg / Nieberding, Felix: Der Muster-ARGE-Vertrag 2005 des Hauptverbandes der deutschen Bauindustrie e.V., BauR 2006, S. 296 ff

Zinser, Alexander: Das neue polnische Kartellgesetz, WiRO 2001, S. 321 ff.

Zöllner, Wolfgang: Die Schranken mitgliedschaftlicher Stimmrechtsmacht bei den privatrechtlichen Personenverbänden, München u.a. 1963 (zit. *Zöllner*, Schranken mitgliedschaftlicher Stimmrechtsmacht)

Ders.: Unternehmensinnenrecht – Gibt es das?, AG 2003, S. 2 ff.

Rechtstransformation in der Europäischen Union

Der Betriebsübergang in Deutschland und Polen
Eine rechtsvergleichende Studie zur Umsetzung europäischer Richtlinienvorgaben im Individualarbeitsrecht
Von Dr. Sonja Justine Kokott
2010, Band 3, 460 S., brosch., 99,– €,
ISBN 978-3-8329-4907-5

Betriebsübergänge prägen das Tagesgeschäft europäischer Wettbewerbswirtschaft. Ihre komplexe rechtliche Ausgestaltung beschäftigt und fordert die europäische und nationale Wissenschaft, Justiz und Praxis wie kaum ein anderes Themenfeld des Europäischen Arbeitsrechts. Die Richtlinie zum Betriebsübergang harmonisiert seit 1977 europaweite Arbeitnehmeransprüche und wird von einem umfassenden Auslegungswerk des Europäischen Gerichtshofs begleitet.

Die Studie gibt anhand eines Vergleichs der rechtlichen Position eines in das deutsche und polnische Arbeitsrechtssystem eingebundenen Arbeitnehmers Auskunft über verschiedene Aspekte des laufenden legislativen und judikativen Rechtsangleichungsprozesses. Besondere Aufmerksamkeit kommt dem an Aktualität nicht einbüßenden justiziellen Dialog zwischen dem höchsten europäischen Gericht und den nationalen Instanzen im Prozess der Normenkonkretisierung zu. Der Vergleich zwischen Deutschland als einem Gründungsstaat der Europäischen Union und dem jungen Beitrittsmitglied Polen mit seiner sozialistischen Vergangenheit zeigt den Einfluss politischer Entwicklungen auf und beantwortet Fragen nach dem Nutzen und Erfolg der erstrebten Rechtsangleichung.

Nomos

Rechtstransformation in der Europäischen Union

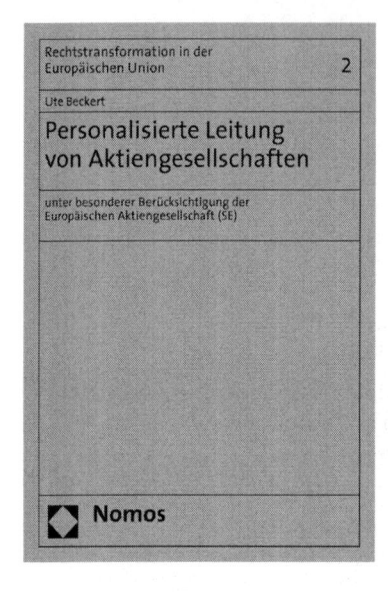

Personalisierte Leitung von Aktiengesellschaften
unter besonderer Berücksichtigung der Europäischen Aktiengesellschaft (SE)
Von Dr. Ute Beckert, LL.M.
2009, Band 2, 232 S., brosch., 59,– €,
ISBN 978-3-8329-4245-8

Die Studie analysiert die Personalisierungsmöglichkeiten für eine Aktiengesellschaft mit Sitz in Deutschland. Untersucht werden sowohl die klassische Aktiengesellschaft als auch die seit 2004 mögliche Europäische Aktiengesellschaft (SE).

Ausgangspunkt der Untersuchung ist eine Systematisierung des Kollegialprinzips sowie der bereits im Gesetz angelegten Personalisierungsmöglichkeiten, wie der Vorstandsvorsitzende und der Vorstandssprecher. Sodann wird erörtert, auf welchen Faktoren deren faktische Macht beruht und wo die gesetzlichen Grenzen liegen. Daraus leitet die Autorin ab, ob die bestehenden gesetzlichen Regeln noch angemessen sind.

Darüber hinaus werden die Personalisierungsmöglichkeiten bei einer Europäischen Aktiengesellschaft (mit Sitz in Deutschland) aufgezeigt, und zwar zunächst für eine SE mit dem sogenannten dualistischen Leitungssystem. Für die SE mit monistischem System untersucht die Autorin rechtsvergleichend, inwieweit die Regelungen des deutschen SE-Ausführungsgesetzes bestehenden Corporate Governance-Grundsätzen entsprechen. Außerdem schlägt sie Regelungen über die monistische SE zur Aufnahme im Deutschen Corporate Governance Kodex vor.

Nomos

Bitte bestellen Sie im Buchhandel oder versandkostenfrei unter ► www.nomos-shop.de